Kunst-Reiseführer in der Reihe DuMont Dokumente

Übersichtskarte in der vorderen Einbandklappe

In der rückwärtigen Klappe: Zeittafel

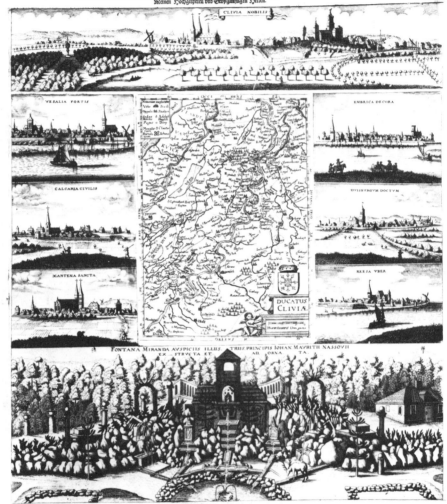

Willehad Paul Eckert

Der Niederrhein

Das Land und seine Städte,
Burgen und Kirchen

DuMont Buchverlag Köln

Einband Vorderseite: Der Niederrhein bei Rees

Einband vordere Innenklappe: Andreas Achenbach, Wassermühle an der Erft. 1866, Öl a. Lwd.
Kunstmuseum Düsseldorf

Einband Rückseite: KALKAR St. Nikolai. Heinrich Douvermann, Jesse aus der Predella des
Altars der ›Sieben Schmerzen Mariens‹

Gegenüber der Titelseite: Karte des Herzogtums Kleve. 1660–63. Kölnisches Stadtmuseum
(s. S. 11)

CIP-Kurztitelaufnahme der Deutschen Bibliothek

Eckert, Willehad Paul
Der Niederrhein : d. Land u. seine Städte, Burgen
u. Kirchen / Willehad Paul Eckert. – Köln : DuMont,
1978.
    (DuMont-Dokumente : DuMont-Kunst-Reiseführer)
    ISBN 3–7701–1085–4

© 1978 DuMont Buchverlag, Köln
Alle Rechte vorbehalten
Druck und buchbinderische Verarbeitung: Boss-Druck, Kleve

Printed in Germany   ISBN 3–7701–1085–4

Inhalt

I Land am Niederrhein

Topographie und Landschaftsmalerei 7
Epochen der Geschichte 15

II Rechtsrheinische Großstädte

Düsseldorf 29
Duisburg 68
Mülheim an der Ruhr 73

III Linksrheinische Großstädte

Krefeld 77
Mönchengladbach 101
Stadt und Kreis Neuss 109

IV Xanten und der Kreis Wesel

Xanten 151
Kreis Wesel 188

V Kalkar – Stadt und Kreis Kleve

Kalkar 205
Kleve 223
Kreis Kleve 256

VI Kempen und der Kreis Viersen

Land um Nette, Niers und Schwalm 277

Praktische Reisehinweise 289

Von niederrheinischen Bräuchen – Von Pumpen und Pumpennachbarschaften – Das Neusser Schützenfest – Martinsumzug und Nikolaustag – Fastelovend in Düsseldorf – Die Dülkener Narrenakademie – Wallfahrten – Und was steht auf der Speisekarte? – Textil hat Tradition – Von der Bauerntöpferei zur modernen Keramik – Künstlersiedlungen – Niederrheinische Theaterlandschaft – Zu Gast auf Burg und Schloß – Reiten, Radfahren, Angeln – Was es sonst noch gibt

Fotonachweis 304

Register 305

I Land am Niederrhein

Topographie und Landschaftsmalerei

Die Landschaft des Niederrheins wirkt herb. Weit breitet sich die Ebene aus. Überraschende Anblicke zerklüfteter Berge oder wilder Stromschnellen fehlen. Doch entbehrt das Land nicht der Bodenerhebungen. Hügelketten wirken gliedernd. Sie sind nicht Ausläufer der Mittelgebirgsregion, sondern Folgen erdgeschichtlicher Veränderungen. Die Gletscher der letzten Eiszeit schoben große Massen von Steinen und Erde vor sich her. Am Rand der Gletscherzonen entstanden Stauchmoränen und Inselhügel.

Und doch ist es ein offenes Land. Sobald der Rhein bei Bonn die Schiefergebirgszone verläßt, weitet sich die Landschaft trichterförmig. Das Gebiet des Mittelrheins konzentriert sich auf die Ufer rechts und links des Stroms. Zum Niederrhein werden jedoch viel weitere Gebiete hinzugerechnet. Das ist aus geschichtlichen Gründen sinnvoll, läßt sich aber auch aus der Eigenart des Stromes selbst begründen. Im Laufe der Jahrhunderte hat er sein Bett wiederholt gewechselt. Städte wie Kleve, Neuss oder Xanten, die einst unmittelbar an seinen Ufern gelegen haben, hat er verlassen. Duisburg war bis zum hohen Mittelalter ein nicht unwichtiger Handelsort, verlor aber durch die Änderung des Stromverlaufs seine Bedeutung, um erst im Zuge der Industrialisierung des 19. Jh. wieder zu einer wichtigen Handelsstadt aufzusteigen und schließlich mit seinen Hafenanlagen den größten binneneuropäischen Hafen überhaupt zu gewinnen.

Städte und Burgen konnten durch die Laune des Stromes von seinem linken auf das rechte Ufer geraten und umgekehrt. Haus Bürgel, 3,5 km südlich von Düsseldorf-Benrath, in Richtung Monheim gelegen, geht auf ein römisches Kastell zurück, das einst auf der linken Rheinseite errichtet wurde. Durch die Verlagerung des Flußbettes im 14. Jh. geriet das Anwesen auf das rechte Ufer. Der Willkür des Stromverlaufs wirkt die Regulierung seit der Mitte des 19. Jh. entgegen.

Gefährlicher noch als diese Launen des Stromes sind seine zerstörerischen Wirkungen, wenn er zur Sturmflut anschwillt. Ist er bei Niedrigwasser 300 bis 350 m breit, so kann er bei Hochwasser eine Ausdehnung von einem oder mehreren Kilometern gewinnen (Abb. 90). Seine Fließgeschwindigkeit, die bei Niedrigwasser 3,2 Stundenkilometer beträgt, kann bis zu 15 steigen. Bei Mittelwasser erreicht der Rhein eine Tiefe bis zu 7 m, bei Hochwasser bis zu 18 m.

EIN STROM PRÄGT DIE LANDSCHAFT

Trotz seiner Breite wirkte der Strom viele Jahrhunderte lang nicht trennend, sondern verbindend. Dies läßt sich durch die Territorialgeschichte belegen. Sowohl Kurköln als auch die Grafschaft bzw. das Herzogtum Kleve umfaßten Landschaften auf beiden Seiten des Stroms. Auch die Vereinigung der Herzogtümer Jülich und Berg darf als ein Beweis dafür angesehen werden, daß der Strom nicht trennte, sondern Landschaften zusammenfaßte. Dies galt bis zur Neuzeit. Dann jedoch begannen sich die Landschaften links und rechts des Stromes auseinanderzuentwickeln. Wer heute in der Lebensmitte steht, kann sich noch gut erinnern, wie fremd in seiner Jugend ihm das linksrheinische und umgekehrt das rechtsrheinische Ufer war: So bestanden zwischen den rechtsrheinischen Städten Emmerich und Wesel, die mehr als 40 km voneinander entfernt sind, bis vor kurzem weit engere politische, wirtschaftliche und kulturelle Beziehungen als zwischen den nur durch den Strom getrennten Städten Kalkar und Rees. Die neuen Rheinbrücken Emmerich–Kleve (Abb. 127) und Rees–Kalkar, die 1965 bzw. 1967 dem Verkehr übergeben wurden, tragen dazu bei, daß die Kontakte zwischen dem rechts- und linksrheinischen Gebiet wesentlich zunehmen und der Strom wieder als verbindend erfahren wird.

Während linksrheinisch nur die Erft ihr Wasser dem Strom zuführt, während Niers, Nette, Schwalm und Rur der Maas zufließen, ergießen sich auf der rechten Seite eine Reihe Nebenflüsse in den Rhein: Schwarz- und Rotbach, Emscher, Anger, Düssel, Wupper, Ruhr und Lippe. Der Schiffahrt (Ft. 1, Abb. 2) kommen außer der Ruhr die Kanäle zugute. Die Lippe, die noch Anfang des 19. Jh. bis Lippstadt schiffbar war, ist inzwischen durch den Wesel-Datteln-Kanal, der parallel zu ihr läuft, ersetzt worden. Noch wichtiger ist der Rhein-Herne-Kanal, der durch seine Verbindung mit dem Dortmund-Ems-Kanal zu einem der wichtigsten europäischen Schiffswege geworden ist. Weniger bedeutend sind heute die linksrheinischen Kanäle. Der Spoy-Kanal, von Kleve bis Brienen, ist eine der ältesten Wasserstraßen Deutschlands überhaupt. Der Baubeginn datiert auf das Jahr 1688. Noch älter ist die Fossa Eugeniana, die während des Dreißigjährigen Krieges unter der Erzherzogin Isabella Clara Eugenia begonnen wurde und den Rhein mit der Maas verbinden sollte (s. S. 200). Das ehrgeizige Projekt scheiterte nicht nur an den kriegerischen Ereignissen, den Invasionen der Holländer, sondern auch an den unzureichenden finanziellen Mitteln. Bis zum heutigen Tage sind aber Teilstücke der Fossa Eugeniana im Gebiet um Geldern und zwischen Kamp-Lintfort und Rheinberg deutlich zu erkennen. Auch das Projekt des Nordkanals, unter Napoleon I. 1808–1810 begonnen, wurde nicht vollendet. Geplant war die Verbindung von Antwerpen mit der Maas bis Venlo hin zum Rhein bis Neuss. Das Teilstück zwischen Neuss und Neersen diente bis Ende der vierziger Jahre des 19. Jh. der Kohlenschiffahrt. Diese wurde eingestellt, als 1851 die Eisenbahn Rheydt–Mönchengladbach–Krefeld eröffnet wurde.

Das Land am Niederrhein ist fruchtbar und dicht besiedelt. Wichtige Verkehrswege durchziehen die Landschaft. Der Boden birgt reiche Schätze. Subtropische Farne verwandelten sich im Laufe der erdgeschichtlichen Epochen in Braunkohlenflöze, und weite Waldgebiete wurden zu Steinkohle. Industrielle Anlagen, die vor allem im vergangenen Jahrhundert entstanden sind, haben das Bild der Landschaft erheblich verändert. Mehr als andere Gebiete Deutschlands ist gerade der Niederrhein dazu immer wieder von Kriegen heimgesucht worden. Der Bombenhagel gegen Ende des Zweiten Weltkrieges und der Artilleriebeschuß ließ den Niederrhein zu der am stärksten zerstörten Kulturlandschaft Europas werden. Auch die industrielle Entwicklung der Nachkriegszeit forderte ihr Opfer. Einst war der Rhein fischreich und vielfältig. Arten, die in ihm gefangen wurden, waren Aal, Bleie, Karpfen, Maifische, Salm und Schleie. Die industriellen Abwässer haben die Vielzahl der Arten und die Menge der Fische erheblich vermindert. Was ist vom Fischereigewerbe geblieben?

In vor- und frühgeschichtlicher Zeit deckten weite Wälder das Land. Rodungen haben die Waldfläche im Laufe der Jahrhunderte erheblich vermindert. So erzwang die Notwendigkeit, Weideland für die Schafherden um Goch zu gewinnen – Goch gehörte zu den Tuchmacherstädten des hohen und späten Mittelalters –, eine teilweise Abholzung des Reichswaldes. Die Anlage von Emigrantendörfern im 18. Jh., als wegen ihres Glaubens in Pfalz-Simmern Verfolgte um Aufnahme suchten, machte weitere Rodungen notwendig. So entstanden im Reichswald im 18. Jh. Pfalzdorf, zu Beginn des 19. Jh. Louisendorf. Ostvertriebene fanden nach dem Zweiten Weltkrieg ebenfalls auf dem Gebiet des Reichswaldes Siedlungsland. 1948–52 wurden die Dörfer Niers- und Reichswalde gegründet. Dennoch blieb der Reichswald das größte zusammenhängende Waldgebiet am Niederrhein. Er verdankt dies seiner einstigen Grenzlage zwischen den Grafschaften Kleve und Geldern. Ein Schiedsspruch des Jahres 1266 verbot jeder der beiden Grafschaften, im Reichswald zu roden. 1473 wurde er zum klevischen Erbbesitz erklärt, 1614 fiel er mit dem Herzogtum Kleve an Kurbrandenburg. Die schlimmsten Verluste erlitt er im Zweiten Weltkrieg und in den darauffolgenden ersten Nachkriegsjahren. Bomben und Granatsplitter sowie verstärkte Abholzung haben seinen Wert erheblich gemindert. Noch 1967 waren lediglich 13% der gesamten Holzmasse des Reichswaldes splitterfrei. Die Armut der ersten Nachkriegsjahre erlaubte nur eine Aufforstung mit Nadelhölzern und dies in einem Gebiet, in dem es natürlicherweise nur Laubholz gibt. Immerhin erreichte der Reichswald gegen Ende der sechziger Jahre wieder rund 33% Laubhölzer. Aber es sind nicht nur Kriegsschäden, die beseitigt werden müssen. Der Rand dieses Waldgebietes wird durch den Kiesabbau beschnitten.

Noch immer gibt es reizvolle Landschaften am Niederrhein, darunter einige sehr bedeutende Naturschutzgebiete. Zu den ansprechendsten Gegenden gehört das Nettetal. Die Öl- und Kornmühlen entlang der Schwalm sind noch nicht ganz verschwunden. Neben den anmutigen Flüßchen wie Nette und Niers (Ft. 16) bieten die stehenden Gewässer des Altrheins und die zahlreichen natürlichen wie künstlich angelegten Seen manchen Anziehungspunkt für das Auge. Zu den wichtigsten Naturschutzgebieten gehören die Krickenbecker Seen, die Bestandteil des Naturparks Schwalm-Nette sind. Einen einzigen Heidesee gibt es am Niederrhein, im Naturschutzgebiet Schwarzes Wasser am Ostrand des Diersfordter Waldes, nördlich von Wesel. Er besitzt nur eine geringe Tiefe, nämlich knapp eineinhalb Meter, in Trockenzeiten ist er nur 80 cm tief.

9

LANDSCHAFT AM NIEDERRHEIN

Zahlreiche Farne kann man dort finden. Dünenlandschaft, wie wir sie beim Schwarzen Wasser finden, begegnen wir auch bei Wissel, in der Nähe von Kalkar.

Trotz der Bevölkerungsdichte ist auch auf der rechten Rheinseite ein ungefähr 5000 ha großes Waldgebiet erhalten geblieben, das als grüne Brücke Duisburg, Mülheim und Düsseldorf verbindet. Die Erkenntnis setzt sich immer mehr durch, wie wichtig die Erhaltung von Erholungs-, aber auch von reinen Naturschutzgebieten ist. Die Industrie braucht sich dabei nicht umweltfeindlich zu verhalten. Es gibt nicht nur Beispiele geglückter Aufforstung, sondern auch das eines wertvollen Lehrparks. Rheinbraun hat einen Teil des Parks von Schloß Paffendorf zu einem botanischen Lehrgarten gestaltet, in dem die Pflanzen zu finden sind, aus denen im Laufe der Erdgeschichte die Braunkohle geworden ist.

Der linksseitige Niederrhein gliedert sich in zwei verschiedene Landschaften: das vornehmlich durch die Getreidewirtschaft bestimmte Oberland und das vorwiegend aus Weide bestehende Unterland. Insgesamt werden rund 60% der Bodenfläche landwirtschaftlich genutzt. Die Bedingungen moderner Landwirtschaft verändern die traditionellen Arten des Anbaus. Aber noch immer sind Kartoffeln, Rüben und Hülsenfrüchte, Gemüse und Blumenzucht bestimmend. Das verhältnismäßig milde Klima und die relativ hohe Menge der Niederschläge kommen den Ernten zugute.

Land und Städte gehen ineinander über und haben sich vielfach in eine Stadtlandschaft verwandelt. Bis zu 637 Menschen leben auf einem km². Industrieanlagen und zuweilen eintönige Siedlungen stehen oft dicht neben Burgen und Kirchen. Die Neuanlagen des Tagebaus der Braunkohle haben viele Spuren früher Kulturgeschichte zerstören müssen. Doch ermöglichte die industrielle Entwicklung auch großräumige Erschließung vorgeschichtlicher Funde wie dies vor wenigen Jahrzehnten noch undenkbar war. Unsere Erkenntnisse von der Vorgeschichte des Niederrheins sind dadurch wesentlich bereichert worden. Daß es geradezu zu einem Bündnis zwischen Braunkohlenindustrie und Vorgeschichtsforschung kommen kann, haben neuere Ausstellungen dokumentiert, so 1974 eine Ausstellung des Rheinischen Landesmuseums in Bonn und zwei Jahre später die vom Römisch-Germanischen Museum in Köln durchgeführte Ausstellung ›Das neue Bild der alten Welt‹.

Kartenwerke und Stadtansichten liegen seit dem 16. Jh. in größerer Zahl vor. Wichtig auch für den Niederrhein ist das Städtebuch von Braun und Hogenberg ›Civitates Orbis Terrarum‹ (1572–1618). Matthäus Merian greift in seiner Topographie mehrfach auf diese Ansichten zurück. Nicht immer sind es die reinen Stadtansichten, die interessieren, zugleich sollen die kriegerischen Ereignisse dargestellt werden. Die Religionskriege des 16. und 17. Jh. – vor allem der Dreißigjährige Krieg – finden einen Spiegel in den zahlreichen Holzschnitten und Kupferstichen ihrer Zeit. Als Beispiel sei Hogenbergs ›Prentwerk voor de Nederlandsche, Frensche, Duitsche en Engelsche Geschiedenis von 1530 tot 1631‹ genannt. Zwischen Holländern und Spaniern heftig umkämpfte Städte wie Wesel und Rheinberg wurden häufig dargestellt; Städte, die weder vom wirtschaftlichen noch politischen Standpunkt interessierten – wie Xan-

Jan van Goyen, Die Rheinniederung oberhalb Eltens. Aus dem Skizzenbuch von 1650. Kreide- und Pinselzeichnung. Städt. Museum Haus Koekkoek, Kleve

ten im 17. Jh. –, wurden nur gelegentlich abgebildet. Vom politischen Hetzblatt bis zur künstlerisch faszinierenden Aussage reichen die Darstellungen. Leid und Leidenschaften, Hoffnungen und Befürchtungen finden in den Zeichnungen und Stichen ihren Niederschlag und vermögen uns daher noch heute zu fesseln.

Ein unbekannter Zeichner gibt um 1660 bis 1663 die Karte des Herzogtums Kleve wieder (Abb. S. 2). Sie wird nach oben begrenzt durch eine Darstellung der Stadt Kleve, nach unten durch das unter dem Statthalter Johann Moritz angelegte Amphitheater. Seitlich ist die Karte durch jeweils drei der klevischen Hauptstädte gerahmt. Bisher ist nur ein einziger Probedruck aufgefunden worden, ein Kupferstich im Besitz des Kölnischen Stadtmuseums. Die barocke Freude am ausführlichen Titel spiegelt sich auch in der Beschriftung dieser Karte: »Dvcatvs Clivensis, Abriß und Beschreibung der weitberümbter Hauptstätte des Fürstenthumbs Cleve / sambt dessen beygefügter Landtaffel. Denen WolEdlen und Hochgelchten / auch WolEhrenfesten und wolweisen sämptlichen Regierenden Bürgemeistern / Scheffen und Räthen der Hauptstätte deß Fürstenthumbs CLEVE. Meinen Hochgeehrten und Großgünstigen Herren«. Die Städte werden mit Ehrennamen ausgezeichnet: Clivia Nobilis – das adlige Kleve, Vesalia Fortis – das starke Wesel, Calcaria Civilis – das bürgerliche Kalkar, Xantena Sancta – das heilige Xanten, Embrica Decora – das stattliche Emmerich, Duisburgum Doctum – das gelehrte Duisburg, Reesa Uber – das wohlhabende Rees. Von den holländischen Flüchtlingen wurde Wesel seit 1578 als hospitalis, als gastfreundlich be-

11

TOPOGRAPHISCHE DARSTELLUNGEN

zeichnet. Der Wandel der Zeit ist spürbar in der Umbenennung in ›fortis‹, eine Anspielung auf die Befestigungsanlagen, die im Dreißigjährigen Krieg verstärkt wurden. Das gelehrte Duisburg hat seinen Ehrennamen wegen der 1655 eröffneten Universität. Xanten wird um seines Viktordoms willen heilig genannt. Die Bezeichnung wohlhabendes Rees erinnert an die besseren Tage, die die Stadt noch im späten Mittelalter gesehen hatte. Werner Kock, dem wir eine Analyse dieser Karte ›Dvcatvs Clivensis‹ verdanken, meint wohl nicht zu Unrecht, daß sie ein Politikum gewesen sein muß; denn gerade um diese Zeit kämpften die klevischen Städte um die Erhaltung ihrer alten Rechte und beriefen alle drei Monate die Landstände. Den absolutistischen Bestrebungen des brandenburgischen Kurfürsten mußte die Widmung der Karte an die Bürgermeister, Schöffen und Räte der klevischen Städte mißfallen haben. Das erklärt, warum sie nur als Unikat erhalten ist.

Die Entwicklung der topographischen Darstellung gehört jedoch vor allem zu den großen Leistungen der holländischen Kunst. Im 17. Jh. ist es das Verdienst der holländischen Maler, die Schönheit der Rheinlandschaft, einschließlich des Niederrheins, zu entdecken. Der Hauptmeister der Landschaftsmalerei, Jan van Goyen (1596–1656), bereiste u. a. auch den Niederrhein. In seinen Skizzenbüchern hielt er seine Natureindrücke fest, die er dann in seine Gemälde umsetzte. Seine Niederrheinmotive beginnen 1640. Sein Spätstil wird durch das heute leider zerteilte Skizzenbuch von 1650 dokumentiert. Mit feinem Strich erfaßte Jan van Goyen das Atmosphärische der Landschaft.

Während in den Skizzenbüchern möglichst getreu die Reiseeindrücke geschildert, die Bauten bis in die Details genau festgehalten wurden, ließen die Maler in ihren Gemälden im Atelier ihrer Erfindungsgabe freieren Spielraum. Die mit Bleistift und Feder angelegten Zeichnungen wurden gerne durch Lavierungen und Aquarellfarben in ihrer Bildwirkung bereichert. Bevorzugtes Reiseland war für die holländischen Künstler Kleve, denn dorthin bestanden wirtschaftliche und persönliche Beziehungen. So kam am Niederrhein gewebtes Leinen nicht selten in Haarlem auf die Bleiche. Holländische Flüchtlinge bildeten am Niederrhein reformierte Gemeinden, so in Emmerich, Rees, Wesel und Duisburg auf der rechten Seite oder in Kleve und Goch auf der linken Seite. Aus Kleve stammt der Rembrandtschüler Govaert Flinck (1615–1660). Ein anderer Rembrandtschüler, Lambert Doomer (1624–1700), ist zwar in Amsterdam geboren, doch stammte sein Vater aus Anrath bei Krefeld. Doomer weilte gerne am Niederrhein. In seinen Zeichnungen verbindet sich topographische Treue mit der Frische der Impression. Kleve bildete aber auch noch aus zwei weiteren Gründen einen Hauptanziehungspunkt für die holländischen Maler und Zeichner. In dem Statthalter Johann Moritz († 1679) fanden sie einen großzügigen Mäzen. Außerdem war Kleve mit seinen Fernansichten, dem Schwanenturm der Burg und dem Amphitheater besonders verlockend. Kein Wunder, daß diese Stadt weit häufiger als alle anderen im Lande dargestellt wurde.

Im 18. Jh. ist der wichtigste Zeichner, von dem Tausende Blätter stammen, Jan de Beyer (1703–1785). Seine Jugend verbrachte er auf der Lateinschule in Emmerich. Auch später gehörte dieser Stadt seine besondere Liebe. Bei seinen Reisen am Nieder-

Jan de Beyer, Die Stiftskirche zu Kleve. 1745. Lavierte Federzeichnung. Privatbesitz, Amsterdam

rhein konzentrierte er sich auf das Klever Land. Er besaß Sinn für den richtigen Standort, erfaßte liebevoll den jeweiligen Ortscharakter, hielt in seinen Zeichnungen sowohl die großen Monumente, wie Kirchen, Stadttore und Marktplätze, als auch schlichte Dorfkirchen fest. Selbst Innenansichten gibt es unter seinen Zeichnungen. Wenn seine Treue zum Detail gerühmt werden darf, so ist doch eine Neigung zum Gotisieren unverkennbar, so daß gelegentlich in Wirklichkeit runde Fenster auf seinen Zeichnungen spitzbogig erscheinen. Seine Blätter zeigen durchweg sommerlich friedliche Landschaften. Die Bildszenen werden liebevoll, jedoch unaufdringlich, durch Staffagefiguren bereichert. Seine Zeichnungen dienten als Vorlage für Kupferstichwerke. Seinen Darstellungen verdanken wir ein gut Teil unserer Kenntnis der inzwischen zerstörten Kirchen, Burgen und Stadtansichten.

Im 18. Jh. verlagerte sich das Interesse der Maler von der Landschaft zum Bühnenbild. Häufig sind topographische Darstellungen Bühnenbildern zum Verwechseln ähnlich. Erst im 19. Jh. trat die Landschaftsmalerei am Niederrhein erneut in den Vordergrund. Der erste Leiter der Düsseldorfer Kunstakademie, Peter Cornelius, vermochte ihr wenig abzugewinnen. Auch sein Nachfolger, Wilhelm Schadow, stand ihr zunächst ablehnend gegenüber. Zwei seiner Schüler jedoch, Karl Friedrich Lessing (1807–1863) und Johann Wilhelm Schirmer (1807–1863), erwanderten den Niederrhein, entdeckten seinen Liebreiz ebenso wie die Schönheit des Ahrtals und der Eifel. An den Holländern des ›Golden Jahrhunderts‹ schulte sich Andreas Achenbach (1815–1910). Das ist spürbar z. B. bei seiner ›Wassermühle an der Erft‹, 1866 entstanden (Düsseldorf, Kunstmuseum, s. vordere Einbandklappe). Heinrich Nauen (1880–1940) verbrachte seine glücklichsten Jahre in Dilborn bei Brüggen. Hier entstand auch sein

LANDSCHAFTSMALEREI

Heinrich Hoerle, Rheinische Landschaft. Um 1932. Wachsfarben auf Holz. Clemens-Sels-Museum, Neuss

schönes Gemälde ›Park von Dilborn‹ (Neuss, Clemens-Sels-Museum). Neben der Düsseldorfer Kunstakademie und den Düsseldorfer Malern im weiteren Sinne sollten jedoch die Klever Maler nicht vergessen werden, vor allem der aus Holland stammende Barend Cornelis Koekkoek (1803–1862). Als beispielhaft sei seine ›Kapelle am Heiderand mit Blick auf Kleve‹ genannt, 1843 in Köln entstanden (Köln, Wallraf-Richartz-Museum). Das Ende der Landschaftsmalerei im Sinne der topographisch richtigen Wiedergabe der Details wird bei Heinrich Hoerle (1895–1936) erreicht, dessen ›Rheinische Landschaft‹ aus Kuben, Kreisen, Rechtecken besteht (Neuss, Clemens-Sels-Museum).

Versuchen wir abschließend eine erste Charakterisierung unseres Gebietes: es ist vorwiegend Flachland. Die überwiegende Zahl der Burgen – es lassen sich mehr als ein halbes Tausend am Niederrhein nachweisen – sind daher Wasserburgen. Höhenburgen sind selten. Den Burgen ähnlich sind die burgartig geschlossenen Einzelgehöfte, die ihr Vorbild im römischen Kastell finden. Neben ihnen ist der T-förmige Haustypus weit verbreitet. Einst dominierte das Fachwerk, heute sind Backsteinbauten vorherrschend. Schon Richard Klapheck stellte bei seiner Beschreibung der Baukunst am Niederrhein zu Beginn des Ersten Weltkrieges fest, daß die bis zur Schwelle unseres Jahrhunderts für den Niederrhein charakteristischen Windmühlen keine Zukunft mehr hatten. Inzwischen ist ihre Zahl erheblich zurückgegangen; sie sind infolge der Industrialisierung der Landwirtschaft funktionslos geworden. Oft steht nur noch der Mühlenturm. Doch hat man aus ästhetischen Gründen auch bei stillgelegten Mühlen nicht selten die Flügel erhalten. Geblieben sind sie als Wahrzeichen der Landschaft (Abb. 40). Sie dienen heute häufig als Wohn- oder Gasthäuser. Das gleiche Schicksal teilen die Wassermühlen.

Der Niederrhein ist territorial stark aufgesplittert. Die rivalisierenden Grafschaften und Herzogtümer, das einstige Kurfürstentum Köln gründeten im Hoch- und Spätmittelalter zahlreiche Städte. Da nicht wirtschaftliche, sondern politische Motive für die Gründungen maßgeblich waren, blieben die Städte oft klein. Manche von ihnen waren gleichwohl mit bedeutenden Bauwerken ausgezeichnet. Vieles davon ist im Hagel der Bomben untergegangen, dennoch haben sich die Kleinstädte ihren Reiz zu bewahren vermocht. Die neuzeitliche Entwicklung förderte die Großstadtentwicklung an Rhein und Ruhr. Eigentümlich ist der Kontrast zwischen diesen Großstädten oft erst jüngeren Datums und den gewachsenen Kleinstädten.

Ein offenes Land, und doch so viele historische Landschaften! Die Grenzziehungen wirken künstlich. Die Landschaft gleicht sich diesseits und jenseits der holländischen Grenze. Auf der rechten Rheinseite geht das Land in die westfälische Landschaft unmerklich über. Wo sollen wir beginnen, wo sollen wir aufhören? Wegen der kulturellen Verflochtenheit mit der Nordeifel und dem Oberbergischen Land werden diese Randgebiete gerne zum Niederrhein hinzugeschlagen. Der unbefangene Betrachter, der weniger auf die historischen Zusammenhänge achtet, sondern sich allein vom Landschaftsbild leiten läßt, wird hingegen den Niederrhein sehr viel enger fassen, an das Unterland denken mit den Schwerpunkten Xanten, Kalkar, Kleve, Emmerich, Rees und Wesel. Wir haben uns dafür entschieden, den Niederrhein in seiner Gesamtheit zu behandeln, jedoch ohne die Randzonen, ohne Aachen, Bonn und Köln. Im Süden folgen wir der Erft, im Westen und Norden der holländischen Grenze, im Osten der Grenze nach Westfalen.

Epochen der Geschichte

Vierzig bis sechzig Jahre alt war der Mann, der rund 35 000 v. Chr. lebte, dessen Schädelkalotte 1856 im Neandertal bei Düsseldorf gefunden und durch den Elberfelder Gymnasialprofessor Johann Carl Fuhlrott richtig gedeutet wurde. Zwar ist der Neandertaler nicht der älteste Mensch, den man in Deutschland entdeckt hat, aber er ist der berühmteste; an ihm entzündete sich eine wissenschaftliche Diskussion, die mit großer Leidenschaft geführt wurde. Heute steht fest, daß der Neandertaler entwicklungs-

15

FRÜHGESCHICHTE · DIE RÖMERZEIT

geschichtlich einen Seitenzweig zwischen dem Alt- und Jetztzeitmenschen darstellt. Wurde er vom späteren Europäer verdrängt? Wurde er von ihm ausgerottet? Wurde er ein Opfer von Epidemien? Das sind ungelöste Fragen, wir wissen nur, daß er schon in der Altsteinzeit aus Europa verschwand. Zum Andenken an ihn wurde 1932 im Neandertal ein Museum gegründet und drei Jahre später durch die Einrichtung eines Wildgeheges bereichert. In diesem werden Tiere gezeigt, wie Wisent und Auerochs, die für die Zeit des Neandertalers charakteristisch waren.

Faustkeile – Werkzeuge eines Menschen, der noch vor dem Neandertaler lebte, nämlich zu Beginn der letzten Eiszeit – wurden an der Westwand der Ziegelei Dreesen in Mönchengladbach-Rheindahlen gefunden.

Ein grundsätzlicher Wandel der Lebensformen fiel erst in die Jungsteinzeit. An die Stelle der Jäger und Sammler traten Bauer und Viehzüchter. Dorfartige Siedlungen in Rechteckhäusern wurden angelegt. Gegen Ende der Jungsteinzeit wanderten Schnurkeramiker aus Nord- und Mitteldeutschland zu. Aus dem Westen dringen in das Gebiet des Niederrheins Vertreter der Glockenbecherkultur ein. Beide Gruppen verschmolzen zur ›Rheinischen Becherkultur‹.

Der Niederrhein ist arm an bronzezeitlichen Funden. Es gab nicht nur wenig Metall im Land, es fehlten auch die wirtschaftlichen Voraussetzungen für den Handel mit Bronze. Um so wertvoller sind Einzelfunde, wie die Kupferaxt aus Weeze (heute Bonn). Das wichtigste Zeugnis der frühen Eisenzeit ist das Gräberfeld bei Duisburg-Wedau mit etwa 5000 Hügeln, eine der größten Nekropolen überhaupt, die infolge der Bewaldung bis zur 2. Hälfte des 19. Jh. erhalten blieb. Zwei Museen teilen sich die Funde aus den Grabhügeln – es handelt sich vor allem um Töpferwaren der Hallstattzeit (um 700–500 v. Chr.) –, das Niederrheinische Museum in Duisburg und das Ruhrland- und Heimat-Museum in Essen.

Erst in der Römerzeit sind wir sehr viel genauer über die Geschichte des Niederrheins unterrichtet. Zu den Funden kommen die Berichte der römischen Geschichtsschreiber, vor allem die des Tacitus. Unter Cäsar kamen die Römer 58 v. Chr. mit Heeresmacht an den Rhein, der nun für fast ein halbes Jahrtausend die Grenze zwischen ihnen und den Germanen bilden sollte. Nicht allein die Niederlage des Varus im Teutoburger Wald, 9 n. Chr., sondern vor allem die Erkenntnis des kulturellen Abstandes zwischen dem keltisch bestimmten linken und dem germanisch geprägten rechten Niederrhein war entscheidend dafür, daß die Römer den Versuch aufgaben, ihre Herrschaft bis zur Elbe auszudehnen. Um die Rheingrenze zu sichern, bauten sie den niedergermanischen Limes. Er verlief vom Vinxtbach bei Bad Breisig über Nimwegen bis nach Valkenburg in Holland. Als besondere Gefahrenpunkte galten die Mündungen der Nebenflüsse in den Rhein. Ihnen gegenüber wurden daher Legionslager errichtet. Der weiteren Sicherung dienten kleinere Kastelle für Hilfstruppen. Zunächst reichten Erdsteinwälle als Schutz. Später traten an ihre Stelle steinerne Mauern. Neben den militärischen Anlagen gewannen auch die römischen Zivilsiedlungen Bedeutung. Den höchsten Rang im Sinne des römischen Rechts als Colonia nahmen am Niederrhein nur zwei Siedlungen ein: das von Kaiser Claudius zur Stadt erhobene Köln und die von

16

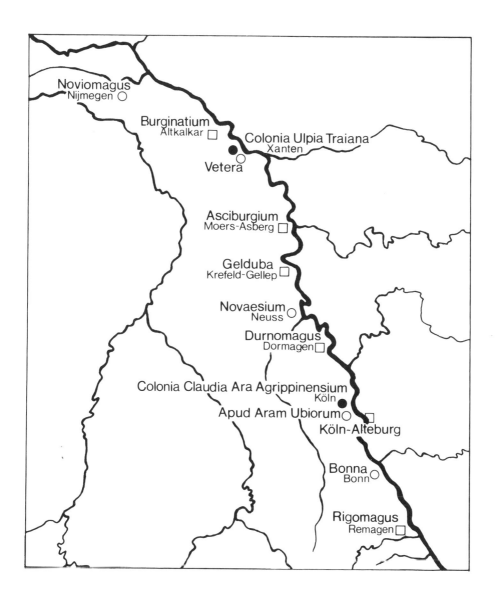

○ = Legionslager   □ = Hilfstruppenkastelle   ● = Zivilsiedlungen

Legionslager und Zivilsiedlungen am Niederrhein. (Nach einer Karte im Regionalmuseum Xanten).

DIE RÖMERZEIT

XANTEN   Modell der Cella memoriae. Ende 4. Jh. Regionalmuseum, Xanten

Kaiser Trajan zur Stadt erhobene Colonia Ulpia Traiana (Xanten). Daß auch Siedlungen, die diesen Rang bei weitem nicht erreichten, wirtschaftlich von großer Bedeutung waren, belegen zahlreiche Funde. Die Militärlager und Handwerkersiedlungen waren Abnehmer der landwirtschaftlichen Produkte der ländlichen Betriebe, Villae rusticae, der näheren und weiteren Umgebung. Zunächst baute man sie entsprechend den keltischen und germanischen Landhäusern in Holz, nach dem 2. Jh. jedoch zumeist in Stein. Trotz der Inflation im 3. und 4. Jh. konnten die Landbesitzer ihren Wohlstand einigermaßen behaupten. Gegenüber den Stadtbewohnern waren sie bis zum Ende der Römerzeit in einer günstigeren Position.

In den römischen Städten lebten und arbeiteten auch zahlreiche Germanen. Der Vergleich mit den Gastarbeitern unserer Tage drängt sich auf. Dies erklärt, daß die Völkerwanderung – die Eroberung des linksrheinischen Gebietes durch die Franken – nicht überall die Siedlungskontinuität unterbrach. Das beweist nicht zuletzt das größte zusammenhängende Gräberfeld der Völkerwanderungszeit auf deutschem Boden in Krefeld-Gellep. Seine Funde präsentiert das Niederrheinische Landesmuseum in Krefeld, darunter auch die aus dem Grab eines Adeligen, entdeckt 1962. Ähnliche ›Fürstengräber‹ wurden in Köln und in Morken gefunden. Sie dokumentieren die Bedeutung

XANTEN   Modell der Cella memoriae. Um 450. Regionalmuseum, Xanten

der fränkischen Adeligen in der Zeit König Chlodwigs. Auf ihre Hilfe war er angewiesen, um die Macht in seinem Reich zu festigen.

Die Franken gaben dem Leben auf dem Land den Vorzug. Den Begräbnisplatz der Römer aber nahmen sie – wie z. B. in Xanten – in Anspruch, denn der war hochwassersicher. Darüber hinaus suchten sie ihre Toten im Schutz einer von ihnen verehrten Persönlichkeit beizusetzen. Walter Bader stieß bei seiner Domgrabung in Xanten 1933/34 auf ein Doppelgrab mit den Gebeinen zweier 30–40 Jahre alter gewaltsam getöteter Männer. Aufgrund von Münzfunden datierte er ihren Tod auf die Jahre zwischen 358 und 363. Schon zwanzig Jahre nach ihrer Beisetzung errichtete man über ihrem Doppelgrab eine hölzerne Cella memoriae. Der Beweis schien erbracht, daß die beiden Toten als frühchristliche Märtyrer angesehen werden dürfen. Allerdings hat Hugo Borger 1966 das Grab eines weiteren gewaltsam Getöteten aus der Spätzeit der Römer entdeckt. Auch über seinem Grab erhob sich eine Gedächtniskapelle. Überhaupt ist es auffallend, daß es bis zur Mitte des 5. Jh. auf dem gleichen Gräberfeld außer der hölzernen Cella memoriae noch zahlreiche andere Gedächtniskapellen gab. Dann jedoch wurden diese zugunsten der einen Kapelle über dem Doppelgrab planiert. An sie allein knüpft sich der Kult des Märtyrers Viktor. Die Gedächtniskapelle wurde im Früh-

19

DIE ERSTEN KIRCHEN UND BURGEN

XANTEN Modell der ersten karolingischen Kirche. 752–68. Regionalmuseum, Xanten (Abb. S. 18–20 mit freundl. Genehmigung des Landschaftsverbandes Rheinland)

mittelalter durch immer größere Kirchenbauten abgelöst. Die Entdeckung weiterer Gebeine, die als Märtyrerreliquien gedeutet werden, ließ die Kirche zum Wallfahrtsort werden. Um der Märtyrer Gebeine willen wurde der Ort Ad Sanctos – zu den Heiligen – Xanten genannt.

Die Kleriker, die sich der Verehrung der Heiligen weihten, führten ein gemeinsames Leben. Schon in der Zeit Pippin d. M. bestand das St. Viktor-Stift. Seine wachsenden Bedürfnisse waren Existenzgrundlage für eine Kaufleutesiedlung. Karl d. Gr. stellte Kirche und Stift unter seinen Schutz. Die Schwäche seines Reiches unter seinen Enkeln machten sich die Normannen zunutze. Bei ihren Raubzügen legten sie die Städte am Rhein in Schutt und Asche. Auch Xanten entging diesem Schicksal nicht. Die Verarmung war so groß, daß erst nach Jahrzehnten an den Wiederaufbau gedacht werden konnte. Einen neuen Aufschwung nahm die Stadt erst in der Zeit der Ottonen. Ihren Sieg über ihren Schwager Giselbert, den Herzog von Lothringen, in der Schlacht bei Birten 939 schrieben Otto d. Gr. und sein Bruder, der Kölner Erzbischof Bruno, nicht zuletzt dem hl. Viktor von Xanten zu. Zum Dank förderten sie das Stift. Dem Plan Bruno von Kölns entsprechend, wurde die erzbischöfliche Pfalz gebaut, eine der ersten Feudalburgen am Niederrhein.

In der Zeit der Normannenstürme gewannen die Burgen an Bedeutung. Nicht selten entstanden sie aus bäuerlichen Siedlungen. Ein gutes Beispiel dafür ist die 1962–72 ausgegrabene Hofanlage in der Nähe von Haus Meer im Gebiet der heutigen Stadt Meerbusch. Die ursprüngliche Siedlung bestand aus sechs Holzhäusern in Stabbautechnik, wie sie uns aus den skandinavischen Ländern vertraut ist. Schützend umgab sie ein drei bis fünf Meter breiter Graben. Als im 12. Jh. in der Nähe ein Prämonstratenserinnenkloster gegründet wurde, war dies offenbar der Anlaß zur Errichtung einer Burg, einer Motte. Die Herkunft des Wortes Motte ist umstritten. Gemeint ist damit die Anlage einer Burg auf künstlich aufgeschüttetem und durch Gräben und Palisaden gesicherten Hügel. Viele dieser Motten sind die Vorstufe einer späteren mauerumwehrten Burg, der Siedlungsform der Feudalschicht der Herren und Grafen auf dem Lande. Das Modell einer frühmittelalterlichen Motte, die auf dem Husterknupp bei Frimmersdorf, zeigt das Rheinische Landesmuseum in Bonn.

Die Königsmacht bezeugten die Pfalzen. Bereits um die Mitte des 9. Jh. bestand Duisburg als karolingische Königspfalz. Sie war ein vorgeschobener Posten gegen die Sachsen. 925 fand hier die erste Reichsversammlung statt. Von diesem Jahr an datiert die Zugehörigkeit des Rheinlandes zum deutschen Kaiserreich. Nicht minder bedeutsam war Kaiserswerth. Dort gründete auf fränkischem Königsgut der Angelsachse Suitbert 695–700 ein Benediktinerkloster, das später in ein Chorherrenstift umgewandelt wurde. Das Gut beim Kloster wurde zur Königsburg erhoben. Die salischen Kaiser und später Friedrich Barbarossa wählten diese Burg gern als Aufenthaltsort. Im Frühjahr 1062 lockte dort der Kölner Erzbischof Anno den zwölfjährigen Heinrich IV. auf ein Schiff, um ihn samt den Reichsinsignien zu entführen. Dadurch bekam er die Regentschaft im Reich in seine Hand. Auf Kaiserswerth wurde auch Friedrich von Spee geboren, der Bekämpfer des Hexenwahns (s. S. 31).

Stadt, Kloster und Burg standen oft in enger Beziehung, z. B. in Neuss. Bereits 877 war Neuss königliche Zollstätte, eine der frühesten am Niederrhein. Im 11. Jh. ergriffen die Kölner Erzbischöfe Besitz vom Königshof. Seither war Neuss die Hauptstadt des Kölner Niederstifts. Gegenüber der erzbischöflichen Burg erhob sich das Benedikterinnenkloster und die heute noch bestehende Kirche St. Quirin. Kaiser und Könige wetteiferten mit den Bischöfen in der Gründung bedeutender Klöster. Aber auch zahlreiche Adlige taten es ihnen nach. Noch vor 870 gründete der fränkische Edle Gerrich in einem nördlichen Seitental der Düssel ein hochadliges Kanonissenstift, Gerresheim. Seine Burg auf dem Eltenberg wandelte Graf Wichmann um 967 in ein freiadliges Damenstift um. Graf Balderich von Kleve gründete um 1000 in Zyfflich ein Kloster, das er dem Frankenheiligen Martin von Tours weihte. Die Benediktinerabtei Mönchengladbach, gegründet von Erzbischof Gero, gewann bald als Stätte der Frömmigkeit, Wissenschaft und Kunstpflege großes Ansehen. Buchmalereien, die dort entstanden sind, verraten den Zusammenhang mit der Kölner ottonischen Malerschule. Erzbischof Friedrich I. (1100–1131) berief 1122 Mönche aus dem französischen Kloster Morimond zur Gründung des ersten deutschen Zisterzienserklosters auf dem Kamper Berg. Insgesamt 40 Tochtergründungen, zumeist in Ostdeutschland, gehen auf Kamp

AUSWEITUNG DER TERRITORIEN

zurück. Die Zahl der Konversi – Laienbrüder – war nicht geringer als die der Mönche. Die Konversi waren gerne gesehene Landarbeiter, deren Dienste auch von anderen in Anspruch genommen wurden. So erbat und erhielt Erzbischof Rainald von Dassel Kamper Konversi zur Bewirtschaftung heruntergekommener Kölner Güter. Bedeutend war das Skriptorium dieses Zisterzienserklosters. Liturgiegeschichtlich wichtig ist das Kamper Graduale. Fast gleichzeitig mit den Zisterzienser- entstanden auch die ersten Prämonstratenserklöster am Niederrhein: Bedburg bei Kleve und Knechtsteden.

Im Kampf gegen die in der späten Karolingerzeit übermächtig gewordenen Stammesherzöge hatte schon Otto I. Unterstützung bei den Bischöfen gesucht. Seither galten die von den Kaisern und Königen mit Reichslehen ausgestatteten Bischöfe als deren verläßlichste Verbündete. Die Herrscher besetzten die Bischofsstühle gerne mit bewährten Mitgliedern der Hofgeistlichkeit. Sie stammten zumeist nicht aus dem Rheinland. Das Bündnis zwischen geistlichen Fürsten und Kaisern ließ das Rheinland zum Mittelpunkt des Reiches werden. Dieses Bündnis wirkte sich auch auf die Kunstentfaltung der ottonischen Zeit aus. Ihm setzte der Investiturstreit ein Ende. Zwar erbrachte das Wormser Konkordat 1122 einen Kompromiß, doch beseitigte es nicht die grundsätzliche Rivalität zwischen Papst und Kaiser. Die Kaiser suchten von da an als Bundesgenossen das erstarkende Bürgertum der Städte. Des weiteren finden sie in den kleinen weltlichen Adelsherren, den Grafen der kleinräumigen Verwaltungsbezirke, einen Rückhalt. In dieser Zeit beginnt die Bildung eigener kleiner Territorien. Bis zum 16. Jh. sind es die rheinischen Grafen, die nunmehr ihre Söhne auf den Kölner Erzstuhl zu bringen suchen.

Gewinner im Streit zwischen Päpsten und Kaisern um die Vorherrschaft scheinen gleichwohl zunächst am Niederrhein die Kölner Erzbischöfe zu sein. Die weltlichen Herren müssen ihr Gebiet vielfach als Allod von der Kölner Kirche entgegennehmen. Die Anfänge ihrer Territorien liegen daher folgerichtig weniger im Altsiedelland als im Rodungs- und Kolonisationsgebiet. So lehnt sich Jülich an den Eifelrand an. Die Grafen von Berg haben ihren Stammsitz zunächst in Altenberg, nach Gründung des dortigen Zisterzienserklosters in Burg an der Wupper. Die Klever Grafen siedeln im Bereich des Reichswaldes und schaffen sich durch Rodung ein eigenes Herrschaftsgebiet. Das Vogteirecht über Kirchen und Klöster wird zum Angelpunkt der Bestrebungen nach territorialer Ausdehnung. Dem Willen, das Herrschaftsgebiet zu erweitern, steht freilich der Nachbar im Wege. Endlos ist die Geschichte der Fehden und Kriege am Niederrhein, der Bundesschlüsse und neuaufflammenden Feindschaften. Gegen den unmittelbaren Nachbarn sucht man die Bundesgenossenschaft des weiteren. So findet die Stadt Köln in ihrem Bemühen, sich von der Herrschaft des Kölner Erzbischofs und Kurfürsten zu lösen, einen natürlichen Bundesgenossen in dem Grafen von Jülich. Die Kölner Kurfürsten stützen sich ihrerseits auf das Bündnis mit Geldern. Geldern schiebt sich als Keil zwischen jülisches und klevisches Gebiet. Das lange unentschiedene Ringen der größeren Territorialherren um die Ausdehnung ihres Herrschaftsgebietes begünstigt das Entstehen selbständiger kleinerer Gebiete an den Randzonen, wie z. B. der Grafschaft Moers. Zweimal unternehmen die Kölner Kurfürsten einen großangelegten

Versuch, die Grenzen ihres Territoriums weit vorzuschieben. Beide Male scheitern sie. In der Schlacht von Worringen erringt Köln seine Selbständigkeit, in der Soester Fehde muß Erzbischof Dietrich von Moers seine Hoffnungen auf Ausbau seines Territoriums als Kölner Kurfürst begraben.

Mit dem Erstarken der Territorien wächst der Wunsch der Grafen nach Rangerhöhung. 1336 wird Graf Wilhelm von Jülich zum Markgrafen ernannt, drei Jahre später Graf Rainald II. von Geldern zum Herzog erhoben. 1356 erreicht auch Markgraf Wilhelm die Rangerhöhung zum Herzog. 1380 steigen die Grafen von Berg zu Herzögen auf. Als letzte folgen die Grafen von Kleve. Sie werden 1417 Herzöge.

Der Zersplitterung in miteinander wetteifernde kleinere Herrschaftsgebiete suchen die niederrheinischen Grafen und Herzöge durch eine Politik der Erbschaftsverträge entgegenzuwirken. Heiraten zwischen Berg und Jülich, Jülich und Geldern, Kleve und Berg bereiten die Vereinigung der Herzogtümer zu einem größeren Territorium vor. Zu Beginn der Neuzeit 1521 scheint das Ziel erreicht zu sein. In diesem Jahr vereinigt Herzog Johann III. von Kleve-Mark, der sich mit Maria, der einzigen Tochter Wilhelms IV. von Jülich-Berg vermählt, die niederrheinisch-westfälischen Territorien in seiner Hand. Vorübergehend kommt sein Sohn, Wilhelm der Reiche, auch in Geldern zum Zuge, muß aber auf dieses Herzogtum verzichten, da Kaiser Karl V. es ihm streitig macht. Dem Habsburger war der niederrheinische Herzog zu mächtig geworden.

Der Sicherung der Landesherrschaft dient die Errichtung von Landesburgen und die Gründung von Städten. Die große Zeit der niederrheinischen Städtegründung ist das 13. Jh. Als im 14. Jh. der Bevölkerungszuwachs stagniert, geht auch die Zahl der Neugründungen zurück. Gemessen an Köln sind die im 13. Jh. gegründeten Städte freilich durchweg klein. Selbst das längst als Handelsstadt bestehende Neuss erreicht nur ein Zehntel des Umfangs der Reichsstadt Köln. Besondere Bedeutung kommt den unmittelbar am Rhein liegenden Städten wegen der Zolleinnahmen zu.

Mauern und Stadttore waren nicht nur Schutz, sondern auch Zeichen des eigenen Rechtes und der städtischen Freiheiten. Die Wohlhabenheit der Städte beruhte auf dem Handel und der Tucherzeugung. Ausdruck städtischen Selbstbewußtseins waren Stadtkirchen wie Rathäuser. Bis zur Zerstörung im Zweiten Weltkrieg war eines der schönsten Rathäuser das von Wesel. Heute repräsentiert den Bürgerstolz am besten das Rathaus von Kalkar.

Die verwandtschaftliche Beziehung der Häuser von Geldern und Kleve zu den burgundischen Herzögen förderte die kulturellen Einflüsse, die von dort auf den Niederrhein ausgingen. Kulturelle und politische Abhängigkeit scheinen einander bedingt zu haben. Die burgundischen Herzöge, insbesondere Karl der Kühne, suchten eine Landbrücke zwischen ihren französischen und niederländischen Gebieten zu errichten. Karl der Kühne war mit dem Herzog von Kleve verschwägert. Geldern bot ihm 1473 Gelegenheit zum Eingreifen. Gegen seinen unfähigen Vater, Herzog Arnold (†1473), erhob sich dessen Sohn Adolf und setzte ihn gefangen. Karl der Kühne befreite Herzog Arnold und ließ sich dafür als Pfand das Herzogtum Geldern und die Grafschaft Zutphen aushändigen.

23

REFORMATION UND GEGENREFORMATION

Das gleiche Jahr 1473 bot Karl dem Kühnen die Möglichkeit zum Eingreifen in die Verhältnisse des Kölner Erzstiftes. Nach dem Tod des Kurfürsten Dietrich von Moers hatten Domkapitel und Stände in der Erblandesvereinigung eine Einschränkung der landesherrschaftlichen Gewalt zugunsten der Stände durchgesetzt. Der von ihnen gewählte Ruprecht von der Pfalz hielt sich aber nicht an deren Bestimmungen. In der zwischen ihm und den Ständen ausbrechenden Fehde suchte er Hilfe bei Karl dem Kühnen und trug ihm die Vogtei über das Erzstift an. Vergeblich belagerte der Burgunder die Stadt Neuss. Nach 317 Tagen mußte er aufgeben. Am 5. Juni 1475 schloß er den Friedensvertrag mit Kaiser Friedrich III. Das Eingreifen Karls des Kühnen in Geldern und in die Kölner Stiftsfehde war jedoch nur ein Vorspiel der Leiden, die den Niederrhein im 16. und 17. Jh. heimsuchten, als er in den Spanisch-Holländischen Krieg hineingezogen wurde.

Spätmittelalterlicher Frömmigkeit entsprachen die Wallfahrten. Neben der St. Viktors-Tracht in Xanten waren es die Marienwallfahrt nach Marienbaum und die Kreuzwallfahrt nach Kranenburg. In der 2. Hälfte des 15. Jh. löste die Wallfahrt zum Salvator nach Duisburg letztere ab. Wie in den Niederlanden so entstanden auch in den niederrheinischen Städten zahlreiche Beginenhöfe. Zu den Begründern der Devotio moderna gehört Thomas Hemerken von Kempen. Aus seiner Feder stammen zahlreiche aszetische Schriften. Ob er Verfasser der ›Nachfolge Christi‹ ist, ist zwar bis heute umstritten, doch fehlt ein zwingender Gegenbeweis.

Gegen Ende des 15. Jh. gewann der Humanismus am Niederrhein zunehmend an Einfluß. In Wesel war seine Pflegestätte die Groete Schoel. In der Kreuzkapelle der Willibrordikirche von Wesel (s. S. 188f.) fand Konrad von Heresbach sein Grab, der Herzog Wilhelm den Reichen von Kleve im Geist des Erasmus von Rotterdam erzogen hatte. Im Sinne des Rotterdamers wirkte auch Johann von Vlatten († 1562) als Politiker am klevischen Hof. Er bemühte sich, die Einheit der Kirche im Zeitalter der beginnenden Glaubenskämpfe zu wahren. Die klevische Regierung war gegenüber Protestanten und Katholiken duldsam. Flüchtlinge aus Holland führten den Kalvinismus in die vereinigten Herzogtümer ein. Rückhalt fand er vor allem in Wesel. Wo er zum Siege kam, entfesselte er Bilderstürme. So ging in Wesel manches Kunstwerk unter. Kaum noch vermögen wir uns dort über die Bedeutung der spätmittelalterlichen Bildschnitzer zu unterrichten.

Mit der Ausbreitung der Reformation am Niederrhein wuchs auch die Opposition gegen sie. Immer schwieriger wurden die Ausgleichsversuche. Eine Hochburg der Gegenreformation wurde Geldern. Die Wallfahrt nach Kevelaer trägt gegenreformatorische Züge.

Nach dem Tod Herzog Johann Wilhelms, des letzten klevischen Herzogs, 1609, bemächtigten sich zwei seiner Schwäger, Wolfgang Wilhelm von Pfalz-Neuburg und Johann Sigismund von Brandenburg, des Landes. Da keiner den anderen zu vertreiben vermochte, entschlossen sie sich zur gemeinsamen Regierung. Da aber Wolfgang Wilhelm katholisch wurde, während sich Johann Sigismund zum Kalvinismus bekannte, so erwies sich die Absicht zum gemeinsamen Regiment als Illusion. Im Vertrag von

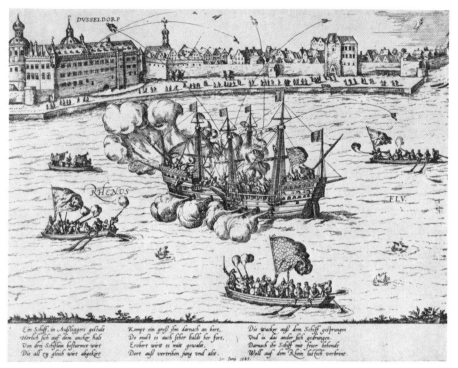

Schiffsfeuerwerk anläßlich der Fürstenhochzeit des Erbprinzen Johann mit der Markgräfin Jakobe von Baden 1585 in Düsseldorf. Kupferstich aus dem Werk von Graminäus

Xanten 1614 wurden die vereinigten Herzogtümer geteilt. Im überwiegend katholisch gebliebenen Jülich und Berg regierte fortan Wolfgang Wilhelm, in Kleve und Mark Johann Sigismund.

Nach den Leiden des Dreißigjährigen Kriegs brachte Johann Moritz von Nassau neuen Glanz nach Kleve. Dank seiner persönlichen Beziehungen zu den politisch und kulturell führenden Kreisen der Niederlande konnte er bedeutende Künstler nach Kleve ziehen. Des Statthalters eigentlicher Ruhm aber waren Gartenanlagen und Parks, die seine Residenz zu einem besonderen Anziehungspunkt für viele Besucher machten. Zum Förderer Düsseldorfs wurde Kurfürst Johann Wilhelm, im Volksmund Jan Wellem genannt (s. S. 55f.). Er gründete eine Kunstgalerie mit Meisterwerken von Rubens und weiteren flämischen und holländischen Künstlern. Heute bildet seine Gemäldesammlung einen wesentlichen Bestandteil der Alten Pinakothek in München. Nach ihm war es vor allem Kurfürst Karl Theodor, der Düsseldorf förderte. Er ließ sich in Benrath ein Schloß errichten, das als das bedeutendste Rokokoschloß am Niederrhein bezeichnet werden kann.

BAROCK · KLASSIZISMUS · DAS 19. UND 20. JAHRHUNDERT

Freude an barocker Architektur und Gartenkunst zeigten aber nicht nur die Fürsten. Sie begegnet uns auch im Zisterzienserkloster Kamp. Abt Franziskus Daniels ließ sich 1740 westlich der Kirche eine Prälatur erbauen und von dem Kamper Mönch Benediktus Bücken einen prachtvollen Barockgarten anlegen. Die Naturwissenschaften wurden zu dieser Zeit in Kamp sehr gepflegt. Das eigentlich theologische Interesse jedoch ließ nach. Die Aufklärung hatte am Niederrhein ihren Einzug gehalten.

Die Französische Revolution brachte einschneidende Veränderungen. Klöster und Stifte wurden aufgelöst, die Gartenanlagen des Johann Moritz verwüstet (s. S. 232). Französische Zollbestimmungen wirkten sich auf die Wirtschaft Krefelds, dessen Seidenweberei den wirtschaftlichen Aufschwung der Stadt im 18. Jh. eingeleitet hatte, lähmend aus. Durch den Wiener Kongreß fiel 1815 der gesamte Niederrhein an Preußen. Düsseldorf war seit 1824 Sitz des Provinziallandtages. Wiewohl die Stadt ihre Galerie eingebüßt hatte, konnte sie ihren Ruf als Kunststadt wahren. Die Kunstakademie erlebte unter Peter Cornelius und Wilhelm von Schadow einen neuen Aufstieg. 1829 wurde der Kunstverein für die Rheinlande und Westfalen gegründet, im Revolutionsjahr 1848 der Düsseldorfer Malkasten ins Leben gerufen. Immermann und Grabbe suchten Düsseldorf zu einer Theaterstadt zu machen. In der gleichen Zeit wurde Düsseldorf auch eine ausgesprochene Gartenstadt. Das ist nicht zuletzt ein Verdienst des Gartenbaumeisters Maximilian Friedrich Weyhe.

Der Klassizismus bestimmte die Architektur der 1. Hälfte des 19. Jh. in manchen Städten des Niederrheins. Als Beispiele seien das Ratinger Tor in Düsseldorf, die Herberzhäuser in Uerdingen und das Haus des Malers Koekkoek in Kleve genannt. Eine gute klassizistische Kirche baute Karl Gottlieb Heermann in Rees. Freilich setzte sich ab der Mitte des 19. Jh. der neugotische Kirchenbau durch.

Mit der Industrialisierung stieg die Bevölkerungszahl in Städten wie Düsseldorf, Duisburg, Krefeld sprunghaft an. Auch manche Dorfgemeinde vergrößerte sich so sehr, daß die bisherigen schlichten Kirchen nicht mehr ausreichten. Zwischen den Industriestädten und den Kleinstädten am unteren Niederrhein wuchs der Gegensatz. Städte wie Xanten wirken heute wie ein Refugium der Ruhe und Entspannung. Diesen Charakter zu wahren, unternimmt die Stadt große Anstrengungen.

Im Industriebau gehen die Großstädte seit der Jahrhundertwende neue Wege. Manche dieser Bauten dürfen zu den großen architektonischen Leistungen gerechnet werden, die auch in ästhetischer Hinsicht überzeugen. Herrschte im Kirchenbau bis zur Jahrhundertwende unangefochten die Neugotik vor, so zeigten sich neue Tendenzen erstmals in der Dreikönigskirche in Neuss von Eduard Endler, der mit den neugotischen Elementen Jugendstiltendenzen zu verbinden suchte. Jan Thorn Prikker, zu dieser Zeit Lehrer an der Kunstgewerbeschule in Krefeld, schuf die Fenster, die allerdings erst nach dem Ersten Weltkrieg eingesetzt werden durften. In den zwanziger Jahren fanden sich in Düsseldorf-Wittlaer und in Marienthal mutige Pfarrer, die ihre Kirche von modernen Künstlern ausstatten ließen. Nach dem Zweiten Weltkrieg gewann die Kirche Heilig-Geist in Emmerich-Leegmeer als moderner Kirchenbau überregionale Bedeutung.

Otto Pankok,
Johanna Ey. 1958.
Holzschnitt

Gegen die Erstarrung der Düsseldorfer Akademie wandte sich nach dem Ersten Weltkrieg die Künstlervereinigung ›Das Junge Rheinland‹. In Johanna Ey, Mutter Ey genannt, fand diese Künstlervereinigung einen Rückhalt. Sie gründete als Autodidaktin eine Galerie, die sich neben den Galerien der Fachleute zu behaupten wußte. Förderer der Moderne in Düsseldorf war nicht minder der Kunsthändler Flechtheim. Das große Ausstellungsereignis Düsseldorfs, die GESOLEI (Gesundheitspflege, soziale Fürsorge und Leibesübungen) 1926, zog 7,5 Millionen Besucher an. Für sie baute man den Ehrenhof am Rhein.

Nach dem Zweiten Weltkrieg wurden die Kunstsammlung Nordrhein-Westfalen, die ihr Domizil vorläufig in Schloß Jägerhof, Düsseldorf, gefunden hat, das Kunstmuseum Düsseldorf und nicht zuletzt das Kaiser-Wilhelm-Museum in Krefeld zu Hochburgen moderner Kunst. Letzteres gab vor allem der Avantgarde Raum.

DÜSSELDORF

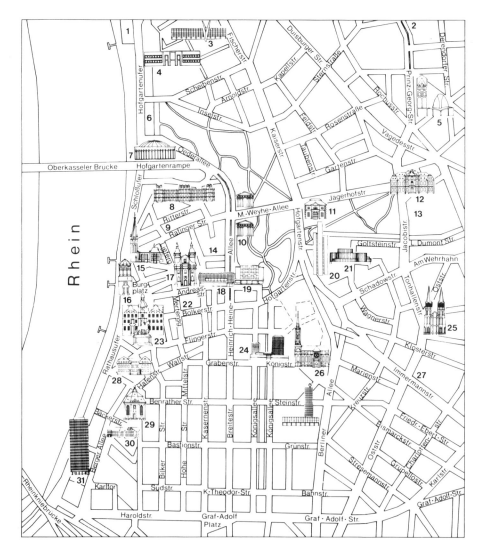

1 Rheinterrasse   2 Staatsarchiv   3 Kongreßhalle   4 Ehrenhof – Kunstmuseum   5 St. Rochus   6 Landesmuseum ›Volk und Wirtschaft‹   7 Rheinhalle   8 Staatl. Kunstakademie   9 Kreuzherrenkirche   10 Ratinger Tor   11 Goethe-Museum   12 Schloß Jägerhof   13 Künstlerverein ›Malkasten‹   14 Universitätsbibliothek und Heinrich-Heine-Haus   15 St. Lambert   16 Alter Schloßturm   17 St. Andreas   18 Städt. Kunsthalle und Kom(m)ödchen   19 Deutsche Oper am Rhein   20 Thyssen-Hochhaus   21 Schauspielhaus (Großes und Kleines Haus)   22 Neanderkirche   23 Rathaus und Reiterdenkmal des Jan Wellem   24 ›Kö‹-Center   25 Marienkirche   26 Johanneskirche   27 Franziskanerkloster   28 Palais Nesselrode (Hetjens-Museum)   29 St. Maximilian   30 Stadtgeschichtliches Museum   31 Mannesmann-Hochhaus

II Rechtsrheinische Großstädte

Düsseldorf

Gemessen an Köln und Neuss ist Düsseldorf, Hauptstadt von Nordrhein-Westfalen, eine junge Stadt (Abb. 3). Ein Fischerdorf an der Mündung der Düssel in den Rhein wird urkundlich zwischen 1135 und 1159 erwähnt. Diese Siedlung erhob Graf Adolf von Berg nach dem Sieg über den Kölner Erzbischof Siegfried von Westerburg in der Schlacht bei Worringen am 14. August 1288 zur Stadt. Er bekundete damit, daß er am Rhein Fuß gefaßt hatte, daß er teilzunehmen wünschte an seinen Vorteilen. Doch blieb die Wirklichkeit hinter dem Anspruch zurück. Die Stadt bestand im wesentlichen aus einer Straße, der Alte Stadt. Der Name ist der Straße bis heute geblieben. Erst nach ihrer Erhebung in den Herzogstand 1380 verlegten die Landesherren ihre Residenz von Burg an der Wupper nach Düsseldorf. Für das Wachstum der Stadt hatte das nicht allzuviel zu bedeuten. Die relative räumliche Begrenztheit hat jedoch dazu beigetragen, daß sich die Altstadt von Düsseldorf bis zum heutigen Tag ihre Intimität bewahren konnte.

Die unregelmäßigen Altstadtstraßen führen beim Karlplatz in die in Rechteckform angelegte Karlstadt. In diesem Stadtteil, zur Zeit des Kurfürsten Karl Theodor angelegt, drückte sich ein neuer Bauwille aus, der Wille zur Geometrie. Er war auch noch für Adolf von Vagedes, den Architekten der napoleonischen und frühen Preußenzeit, verbindlich. In napoleonischer Zeit wurde die Festung aufgelassen, Düsseldorf in eine Gartenstadt verwandelt. Dies war das Verdienst von Maximilian Friedrich Weyhe, dem Schöpfer des Hofgartens und vieler privater Parkanlagen. Noch immer bestimmt der Hofgarten das Zentrum der Stadt. Die Entwicklung zur Großstadt begann nicht vom Altstadtkern aus, sondern von den neu erschlossenen Siedlungsgebieten. Erst in der 2. Hälfte des 19. Jh. wurde Düsseldorf zur Stadt der großen Verwaltungsgebäude.

Romanische Kirchen in den Außenbezirken

Wenn man auch die baugeschichtliche Entwicklung Düsseldorfs an einem einzigen Rundgang durch die Innenstadt erkennen kann, so sollte man doch den Besuch der Außenbezirke nicht versäumen; denn erst durch Eingemeindung hat sich Düsseldorf,

KAISERSWERTH ST. SUITBERT UND KAISERPFALZ

Kaiserswerth. 1642–54. Kupferstich nach Matthäus Merian

das in seiner Altstadt nur eine mittelalterliche Pfarrkirche, St. Lambert, besitzt, die Dimension des Mittelalters richtig erworben. So liegt seine älteste Kirche – die ALTE MARTINSKIRCHE – in BILK. Dieser Stadtteil bestand seit 799, wurde 1384 eingemeindet, die Kirche 1019 erstmals erwähnt. Der Westturm der heute dreischiffigen romanischen Tuffsteinbasilika stammt aus dem 11. Jh., der Kirchenbau selbst aus der 2. Hälfte des 12. Jh. Im 13. Jh. wurden ein Chorquadrat und eine Apsis angefügt, genau wie der Kirche ST. NIKOLAUS in Düsseldorf-HIMMELGEIST. Beide Kirchen erhielten in dieser Zeit außerdem ein Kreuzrippengewölbe. St. Nikolaus ist besonders reizvoll wegen seiner Lage unmittelbar am Rhein. Der Westturm der Kirche stammt aus dem 13. Jh. Aufgrund vorhandener Farbreste erfolgte 1974 die farbige Ausmalung des Innenraums.

Als Pfeilerbasilika des hohen Mittelalters bedeutend ist ST. SUITBERT in Düsseldorf-KAISERSWERTH. Auf einer Rheininsel, die durch einen heute verlandeten Rheinarm gebildet wurde, hatte der Friesenmissionar Suitbert um 700 ein Benediktinerkloster errichtet, das später in ein Kollegiatstift umgewandelt wurde. Den ursprünglichen Kirchenbau hat man durch die 1078 geweihte flachgedeckte Pfeilerbasilika ersetzt. Von ihr blieben das kurze Mittelschiff und das breite, wenig ausgreifende Querhaus erhalten (Abb. 7). Der gleichzeitig erbaute Westturm wurde 1243 aus Verteidigungsgründen abgebrochen und eine neue dreiteilige Choranlage errichtet, deren Weihe 1264 erfolgte. Der Chor repräsentiert den rheinischen Übergangsstil. Zugleich mit seiner Weihe wurden die Gebeine der Hll. Suitbert und Villecus übertragen. Für sie wurde ein kostbarer Schrein aus Eichenholz angefertigt, mit vergoldeten Kupferplatten, Filigran und Email bekleidet. Der *Suitbertschrein* wurde wohl kaum vor 1300 vollendet, ein letztes Werk in der langen Reihe rheinischer Reliquientumben. In seinem architektonischen Aufbau ist er noch immer dem Typus der romanischen Schreine aus dem Umkreis des Nikolaus von Verdun verpflichtet, in seinem Figurenschmuck schließt er sich an die Formen der frühen Gotik an, der Goldschmiedekunst des Maastals und der französischen Elfenbeinschnitzerei. Auf der vorderen Giebelseite sind Suitbert, Pippin und Plektrudis zu sehen (nach Kriegszerstörung restauriert), auf dem rückwärtigen Giebel die thronende Muttergottes mit zwei heiligen Frauen; in den Arkaden der Langwände die zwölf Apostel (Abb. 5), auf den Dachflächen acht Reliefs mit Darstellungen aus dem Leben Christi.

Die salische PFALZ KAISERSWERTH ersetzte Friedrich Barbarossa 1174–84 durch einen Neubau. Daran erinnert die Inschrift über dem einstigen Hauptportal der Nordseite. Die staufische Pfalz wurde aus Basalt und Drachenfelstrachyt errichtet, für die Wölbungen, Fensterlaibungen und Entlastungsbogen erstmals rheinische Feldziegel verwandt. Diese Burg ist der Geburtsort des Jesuiten Friedrich von Spee. Im spanischen Erbfolgekrieg, 1702, wurde die Pfalz zerstört. Hochburg und Bergfried sind verschwunden. Teile des Mauerwerks haben sich an den zur Rheinfront gelegenen Trakten

Damenstiftskirche in Gerresheim. Stahlstich von Höfer nach einer Zeichnung von Dielmann, um 1845

GERRESHEIM ST. MARGARETHA

erhalten, dem Palas und dem nach Norden sich anschließenden Küchenbau. Noch als Ruine ist die Pfalz von Kaiserswerth mit ihren mächtigen Mauern ein eindrucksvolles Monument staufischer Baukunst (Abb. 10). 1908/09 erfolgte eine umfassende Restaurierung und Teilrekonstruktion. Neuerdings wurde die Ruine von dem reich wuchernden Efeu befreit.

Nach dem Begründer der Kaiserswerther Diakonie wurde die 1807–11 errichtete THEODOR-FLIEDNER-KIRCHE, ein flachgedeckter Saalbau, benannt (Abb. 13). Pilastergliederung, Giebel und Dachreiter zeichnen die Fassade aus. Am Marktplatz und an St. Suitbert haben sich noch hübsche Backsteinbauten des 17. und 18. Jh. erhalten, hier finden sich geschweifte Treppengiebel (Ft. 29). Das alte Zollhaus von 1635 am Markt, ein dreigeschossiger Backsteinbau, ist charakteristisch für die niederrheinische Profanarchitektur.

Der rheinische Übergangsstil wird besonders gut durch die ehem. Damenstiftskirche, heutige Pfarrkirche ST. MARGARETHA, in Düsseldorf-GERRESHEIM repräsentiert. Vor 870 hatte der Edelherr Gerrich auf seinem Allodialgut ein hochadeliges Kanonissenstift gegründet. Die heute noch bestehende dreischiffige, kreuzrippengewölbte Pfeilerbasilika in gebundenem System mit Querschiff wurde 1236 geweiht. Bis zur Vierung besitzt die Kirche nur drei Joche, ist also in ihrer Ausdehnung bescheiden. Auf Vierung und Querhaus folgt ein einjochiger Chor, den eine halbrunde Apsis schließt. Der Bau besticht durch seine Proportionen. Höhe gewinnt er allein durch seinen achteckigen Vierungsturm, der dem von St. Andreas in Köln und der Münsterkirche in Bonn verwandt ist. An St. Andreas in Köln und St. Quirin in Neuss erinnert auch der Innenraum der Gerresheimer Stiftskirche. Er besitzt eine dreizonige Wandgliederung, die sich vom Mittelschiff über die Querhausflügel in das Chorhaus fortsetzt, die Vierung zentralisierend umkreist; über Spitzbogenarkaden erhebt sich ein vierteiliges, rundbogiges Triforium. Die konstruktiv tragenden Arkaden, Gurtbogen und Rippen zeigen den spitzen Bogen der Gotik. Fenster und Türen wahren noch den runden Bogen der Romanik. Aber der Gesamtraum wird beherrscht von einem Prinzip der Vereinheitlichung. Alle Formen sind auf eine weiche Harmonie abgestimmt. Die spätromanische dekorative Ausmalung des Innenraums wurde bis 1960 erneuert. Das Wandgemälde der Apsis stammt aus dem 20. Jh., lehnt sich aber an spätromanische Reste an.

Von der AUSSTATTUNG ist wohl am wertvollsten der überlebensgroße hölzerne *Kruzifixus* aus dem letzten Drittel des 10. Jh. (Hände und Füße ergänzt, Kreuz erneuert), an künstlerischer Reife dem Gerokreuz des Kölner Doms vergleichbar. Mit seinen weitausgebreiteten Armen und zur Seite geneigtem Haupt findet der Gekreuzigte sein Vorbild in der Kleinkunst des 9. Jh., der jüngeren Gruppe der Metzer Elfenbeine. Die Körperformen sind weich modelliert, das Lendentuch besitzt eine feinlinige Faltenführung. Der Gerresheimer Kruzifixus über dem Hochaltar gehört zu den wenigen erhaltenen Beispielen früher rheinischer Monumentalplastik. Noch erwähnt sei der überlebensgroße Kruzifixus aus dem Umkreis des Gabriel de Grupello, Anfang 18. Jh. Das Jubiläum des elfhundertjährigen Bestehens der Gemeinde Gerresheim, 1970, war Anlaß zur teilweisen Rekonstruktion des romanischen Stiftsgebäudes.

1 Landschaft bei Zons ▷

3 DÜSSELDORF auf einen Blick
◁ 2 Der Niederrhein bei Stürzelberg

4 DÜSSELDORF Königsallee. Im Hintergrund der Kaufhof, Bau von J. M. Olbrich. 1907

DÜSSELDORF

5 Kaiserswerth   St. Suitbert. Hl. Petrus vom Suitbertschrein. Mitte 13. Jh.
7 Kaiserswerth   St. Suitbert. 1264 geweiht

6 St. Lambert   Reliquiar des hl. Vitalis. Um 1160
8 St. Lambert   Wandgrab Herzog Wilhelms des Reichen. 1595–99

9   DÜSSELDORF   St. Lambert. Chorumgang mit Sakramentshaus

10   DÜSSELDORF-Kaiserswerth   Ruinen der staufischen Pfalz

DÜSSELDORF

11 Reiterdenkmal des Kurfürsten Johann Wilhelm von Gabriel de Grupello

12 Hamm   Jan-Wellem-Kapelle. 17. Jh.

13 Kaiserswerth Theodor-Fliedner-Kirche. 1807–11

14 St. Andreas. 17. Jh.
16 Ratinger Tor. 1811–15

15 Akademie der Künste. Ende 19. Jh.

17 DÜSSELDORF Neanderkirche. 17. Jh.

DÜSSELDORF

18   Einkaufsparadies ›Kö‹

19   Düsseldorfer Jugend

20   In der Altstadt

21   Schneider-Wibbel-Gasse

22 Schloß und Park BENRATH

AUS DÜSSELDORFER MUSEEN

23 Hetjens-Museum   Irdenvase. Attisch, um 530 v. Chr.

24 Hetjens-Museum   Meißen, um 1740–50. Entwurf J. J. Kaendler

25 Kunstmuseum   C. G. Carus, Kahnfahrt auf der Elbe bei Dresden. 1827

26 Kunstmuseum   P. P. Rubens, Venus und Adonis. Um 1610

KUNSTSAMMLUNG NORDRHEIN-WESTFALEN

27

29

30

28

27 Schloß Jägerhof, um 1750 erbaut
28 Marc Chagall, Festtag. 1914
29 W. Kandinsky, Komposition 4. 1911
30 F. Léger, Frau mit Blumen in der Hand. 1922

31 J. Pollock, Number 32. 1950

DÜSSELDORF

32 Wilhelm-Marx-Haus. 1923/24
34 Schloß Kalkum. 1. Hälfte 19. Jh.

33 Schauspielhaus (1970) und Thyssen-Hochhaus (1957–60)

Die Verbindung von alter und moderner Kirchenkunst macht die romanische Dorfkirche ST. REMIGIUS in Düsseldorf-WITTLAER zu einem besonderen Anziehungspunkt. Auch sie ist eine dreischiffige Basilika mit vortretendem Westturm aus der Stauferzeit. Kriegszerstörungen und nicht immer glückliche Restaurierungen haben sie nicht verschont, dennoch weist sie beachtliche Teile der originalen Bausubstanz auf. Dies gilt besonders für das quadratische Chorhaus und seine ein wenig eingezogene Apsis. In dem Taufbecken aus Namurer Blaustein im westlichen Joch des nördlichen Seitenschiffes besitzt St. Remigius eine gute Bildhauerarbeit aus dem beginnenden 13. Jh. Der Kruzifixus über dem Chorbogen stammt aus dem 15. Jh., eine niederrheinische Arbeit, wie auch das Vesperbild aus Eichenholz, das in der Mauernische der Turmhallennordwand steht. Pfarrer Franz Vaaßen (Amtszeit 1924–44) hat St. Remigius zu einem Zentrum moderner Kirchenausstattung gemacht. Er gewann Jan Thorn Prikker für die *Glasfenster*. 1925 schuf dieser die drei Apsisfenster mit dem Symbol des Kreuzes, ein Jahr später die Fenster in geometrischen Formen für die Seitenschiffe, 1927 die des Chorhauses und des Obergadens im Mittelschiff. Auch hier bevorzugte der Künstler geometrische Formen für das Ornament, als Symbol die kreisende Sonne. Die Westfenster in der Tauf- und Beichtkapelle sind leider 1945 zerstört worden. Für die Südsakristei schuf Wilhelm Teuwen 1937 Glasfenster: ein Symbolfenster zur Apokalypse und ein Fenster mit zwei Märtyrern. Von Ewald Mataré stammt die Kreuzigungsgruppe aus Bronze im südlichen Seitenschiff, 1935–39. Dabei ließ er sich nach Ausweis seiner Tagebücher für die männliche Assistenzfigur von der Gestalt seines Mäzens, Pastor Vaaßen, inspirieren. Außerdem stattete Ewald Mataré St. Remigius mit einer Reihe weiterer Kunstwerke aus, darunter das Altarkreuz aus Eisenguß, 1936. Es zeigt auf der Vorderseite den Gekreuzigten auf der Weltkugel stehend, auf der Rückseite die unblutige Vergegenwärtigung seines Opfers in Kelch und Hostie. Für die dreißiger Jahre galten diese Kunstwerke als sehr mutig. Ihr Wert ist heute unbestritten. 1975 erhielt das Chorhaus einen schlichten Blockaltar nach einem Entwurf des Bildhauers Hein Gernot aus Köln.

Das Zeitalter der Gotik

Die zunächst kleine und bescheidene Pfarrkirche in der Düsseldorfer Altstadt war seit 1206 ST. LAMBERT. Nach der siegreichen Schlacht bei Worringen wurde sie zur Stiftskirche erhoben, deren Patronat dem Landesherren zustand. Schon bald genügte der bisherige Bau nicht mehr. Ein mächtiger Westturm wurde errichtet, ein neuer gotischer Ostchor entstand. Als 1380 die Grafen von Berg in den Herzogsstand erhoben wurden, nahmen sie dies zum Anlaß, St. Lambert in eine dreischiffige Hallenkirche umzuwandeln. Die heutige Kirche ist eine breitgelagerte, kreuzrippengewölbte Backsteinhalle mit drei gleichbreiten Schiffen, Umgangschor und vorgesetztem fünfgeschossigen Westturm aus Backstein mit Tuffverblendung. Maßwerkfenster und einfache Streben an Langhaus und Chorumgang gliedern den Außenbau verhältnismäßig sparsam. Der Innenraum ist klar disponiert, die Bauformen einfach. Die Spitzbogenarkaden wachsen ab-

Herzog Wilhelm der Reiche von Jülich, Kleve, Berg und Ravensberg (1516–1592). Kolor. Holzschnitt von Hans Wandereisen, Nürnberg. Stadtgeschichtl. Museum, Düsseldorf

satzlos aus den Pfeilern hervor. Eigentümlich ist die geneigte Form der Schieferpyramide, die 1815 Adolf von Vagedes dem Westturm aufsetzte.

Im südlichen Seitenschiff und im Chorumgang (Abb. 9) haben sich Reste gotischer Wandmalerei erhalten. Herzog Wilhelm III. (1475–1511) und seine Gemahlin Elisabeth von Nassau-Saarbrücken († 1479) stifteten das spätgotische *Sakramentshaus* aus Sandstein, ein vorzügliches Beispiel ›rheinischen Typus‹. Der fünfseitige, von Astsäulen begleitete Sockel ist mit Heiligenfiguren und Reliefs geschmückt, die sich auf die Eucharistie beziehen. Das eigentliche Tabernakelgehäuse ist vierseitig. Ein feines schmiedeeisernes Gitter schließt es ab. Der Baldachin ist dreigeschossig. In seinem ersten Stockwerk stehen vier weibliche Heilige, noch Arbeiten des 15. Jh. Der weitere figürliche Schmuck wurde im 17. Jh. erneuert. Herzog Wilhelm III. stiftete ebenfalls das einfache spätgotische Chorgestühl. Noch aus dem 14. Jh. stammt das Gnadenbild der ›Maria in der Not‹.

Die Renaissance zog in St. Lambert mit dem *Wandgrab Herzog Wilhelms des Reichen* († 1592) ein (Abb. 8). Sein Sohn Johann Wilhelm beauftragte damit den Kölner Bildhauer Gerhard Scheben, der es gemeinsam mit seiner Werkstatt 1595–99 in schwarzem und farbigem Marmor errichtete. Vier schildhaltende Löwen flankieren die Stufen, die zu dem Postament führen, auf dem der Sarkophag mit der in voller Rüstung dargestellten Liegefigur des Herzogs steht. Wie ein Retabel wirkt das Relief des Jüngsten Gerichts im überhöhten Mittelteil des Wandgrabes. Den Giebelaufsatz krönt die Figur des Auferstandenen. In den Nischen des Säulenaufbaus stehen die Gestalten der vier Kardinaltugenden, über der Attika die Allegorien der Vergänglichkeit, dazu die Personifikationen von Glaube, Hoffnung und Liebe. In seinem Programm und im Stil seiner Figuren ist das Wandgrab für Herzog Wilhelm den Reichen ein vorzügliches Beispiel der Rezeption des niederländischen Manierismus in der kölnischen Plastik der 2. Hälfte des 16. Jh.

Im Barock wurde die Kirche neu ausgestattet (1650–1712). Aus dieser Zeit stammen der Hochaltar, vier Nebenaltäre, die Kanzel, die Beichtstühle und das Kirchengestühl. Gabriel de Grupello schuf 1708 das Abschlußgitter für das Wandgrab Wilhelms des Reichen. Im Kirchenschatz befindet sich ein romanisches Kopfreliquiar des hl. Vitalis, um 1160, silbervergoldet, Aachener Werkstatt (Abb. 6). Hervorgehoben sei auch die sogenannte Schwedenmonstranz, eine schöne böhmische Arbeit aus dem Anfang des 16. Jh., die Gustav Adolf in Böhmen erbeutete. 1622 wurde sie der Kirche geschenkt.

Aus dem 15. Jh. stammt auch die ehem. KLOSTERKIRCHE DER KREUZHERREN, Ratinger Straße. Herzog Gerhard gründete 1443 das Kloster. Bald darauf wurde mit dem Bau der Klosterkirche begonnen, einer zweischiffigen schmucklosen Backsteinhalle. 1811 wurde die Kirche profaniert und erst in den sechziger Jahren unseres Jahrhunderts wieder in den alten Formen hergestellt. Sie dient heute als Pfarrkirche.

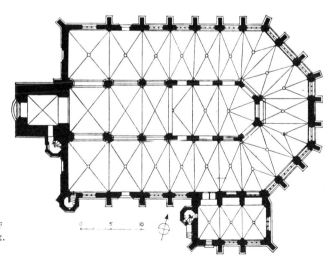

DÜSSELDORF
St. Lambert.
Grundriß

DÜSSELDORF SCHLOSS UND RATHAUS

Das Düsseldorfer Schloß. Ansicht vom Rhein. Bauzustand 17. Jahrhundert

Schloß und Rathaus

Das SCHLOSS der Grafen und späteren Herzöge stand außerhalb der Altstadt. 1872 zerstörte es ein Brand bis auf den runden Nordturm. Dieser stammt in seinem Kern noch aus dem 13. Jh. Auf das zweite Obergeschoß des mächtigen runden Turmes setzten Alessandro und Maximilian Pasqualini im 16. Jh. anläßlich des Ausbaus des Schlosses zur Residenz der vereinigten Herzogtümer Jülich-Berg und Kleve-Mark ein neuneckiges, durch toskanische Halbsäulen gegliedertes drittes Obergeschoß. 1845 wurde der Turm abermals aufgestockt, nach einem Entwurf, der König Friedrich Wilhelm IV. von Preußen zugeschrieben wird. Dieses letzte Obergeschoß ist durch Doppelarkaden zwischen Halbsäulen gegliedert. 1884 wurde das viersäulige Portal errichtet. Während des Zweiten Weltkrieges brannte der Schloßturm aus. Doch wurde er 1950–53 als die letzte Erinnerung an das Schloß wiederhergestellt. Dabei erhielt er ein flachgeneigtes geschiefertes Zeltdach.

Im Mittelalter tagten die Düsseldorfer Ratsherren anfangs in St. Lambert, später im Haus zum ›Schwarzen Horn‹ in der Ratinger Straße. Erst im 16. Jh. erhielt die Stadt ein eigenes RATHAUS. Entwürfe dazu mögen von den Pasqualinis stammen, doch ist der eigentliche Erbauer Heinrich Tußmann aus Duisburg. Der dreigeschossige Backsteinbau steht zwischen Gotik und Renaissance. Schweifgiebel und ein achtseitiger Treppenturm in der Mittelachse der Marktfassade setzen die Akzente. 1749 hat man die Marktfassade verändert. Sie erhielt eine neue Portalanlage mit Balkon und Fenster. Auch der Treppenturm wurde mit einem Portal, einer Figurennische und einer laternen-

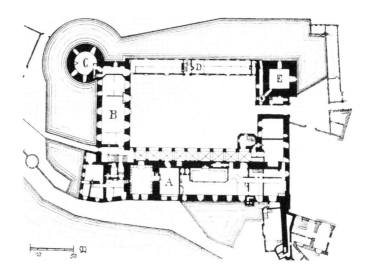

Grundriß des Schlosses mit den 1693 gebauten Kolonnaden. 1756

bekrönten Schweifhaube versehen. Das alte Rathaus erlitt schwere Kriegszerstörungen. Beim Wiederaufbau verzichtete man auf den Putz der Außenwände, so daß der Backstein wieder zur Geltung kommt.

Kirchenbauten des Barock

Das Zeitalter der Gegenreformation hielt in Düsseldorf seinen Einzug mit der Kirche ST. ANDREAS (Abb. 14), einer Stiftung des Fürsten Wolfgang Wilhelm von Pfalz-Neuburg. Am 5. Juli 1622 fand die Grundsteinlegung statt. Schon sieben Jahre später stand die Kirche dem Gottesdienst zur Verfügung. Allerdings dauerte ihre Fertigstellung erheblich länger. Die Chortürme wurden erst 1637 vollendet, der Chor mit den seitlichen Sakristeien nicht vor 1640 in Angriff genommen. Das ihm angefügte Mausoleum stammt aus der 2. Hälfte des 17. Jh. Nach dem Wunsch des Pfalzgrafen diente seine Neuburger Hofkirche St. Andreas in Düsseldorf als Vorbild. Die Kirche wurde als dreischiffige, kreuzrippengewölbte Emporenhalle errichtet. Ihr Architekt war wahrscheinlich der Hofingenieur des Pfalzgrafen, Antonio Serro aus Roveredo. Dieser mag allerdings einen Plan des kaiserlichen Hofmalers und Architekten Josef Heintz d. Ä. benutzt haben. Chorpartie und Mausoleum gestaltete Johann Lollio aus Roveredo. Pilaster gliedern die Außenmauern. Ein mächtiger Architrav mit auf Schattenwirkung berechneter Profilierung schließt die Seitenfläche ab. St. Andreas ist nicht geostet. Der Eingang liegt im Süden, der Chor im Norden. Über der einfachen Südfassade erhebt sich der Giebelaufsatz mit flachem Dreieckabschluß und geschweiften Seitenmauern.

DÜSSELDORF KIRCHENBAUTEN DES BAROCK

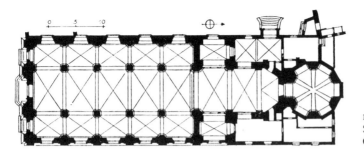

DÜSSELDORF
St. Andreas.
Grundriß

Die Türme neben dem Chor recken sich um zwei Stockwerke über die Seitenschiffe. An den Chor schließt sich das Mausoleum an. Dieser Zentralbau ist so gestaltet, daß er von außen ein Zwölfeck, von innen jedoch ein Sechseck bildet. Reiche Stukkaturen prägen das INNERE der Kirche. Sie sind ein Werk des Straßburger Meisters Johann Kuhn. 1632 begann er mit seiner Arbeit. Aus der Allerheiligen- und lauretanischen Litanei wählte er die Motive für die Bildwerke der Stukkaturen. Ihr Wert liegt in ihrer dekorativen Gesamtwirkung. Sie besitzen eine formale und stilistische Geschlossenheit der ornamentalen und figürlichen Elemente, um derentwillen sie zu den besten Stuckarbeiten im Deutschland des 17. Jh. überhaupt gerechnet werden dürfen. Der Stifter Wolfgang Wilhelm wird durch seine Stuckbüste im Gewände des Rundfensters über dem Mittelportal gegenwärtig. An ihn erinnern auch die Hll. Wolfgang und Wilhelm, lebensgroße Statuen am Eingang im rechten bzw. linken Seitenschiff, ebenso Werke des Bildhauers und Jesuitenbruders Johannes Wolf, 1650–55, wie die zwölf Apostel, die Evangelisten, der Salvator und die Hll. Josef, Maria und Johannes d. T. In Zusammenarbeit mit dem Jesuitenbruder Johannes Hoen schuf Wolf auch den Marienaltar und die Kanzel. Bei einigen der Skulpturen scheint der Einfluß des Jeremias Geisselbrunn spürbar zu sein. Leider ist die Wirkung des Kircheninneren dadurch beeinträchtigt, daß der Rokokohochaltar des Johann Josef Couven im Zweiten Weltkrieg vernichtet worden ist.

Im MAUSOLEUM sind sieben Mitglieder des Pfalz-Neuburger Herrscherhauses beigesetzt. Künstlerisch am eindruckvollsten ist der Sarkophag des Kurfürsten Johann Wilhelm. Während der Sarkophag selbst von der Werkstatt des Gabriel de Grupello angefertigt wurde, dürfte der Bronzekruzifix auf seinem Deckel ein eigenhändiges Werk des Künstlers sein. Im Kirchenschatz befinden sich wertvolle Silberarbeiten.

Rund dreißig Jahre später als das Jesuitenkloster wurde 1651 das Franziskanerkloster in Düsseldorf gegründet. Die ursprüngliche Klosteranlage, 1655–68, ist in der 1. Hälfte des 18. Jh. durch Neubauten ersetzt worden. Der heutige Kirchenbau, ST. MAXIMILIAN, ist eine dreischiffige Backsteinhalle mit Chor, 1735–37. Die Kirche besitzt feine Stukkaturen in den Gewölben und unter der Orgelbühne, italienische Arbeiten von 1766. Aus der ursprünglichen Kirche wurde das Chorgestühl von 1720 übernommen. Kanzel, Kirchenbänke, Orgelprospekt und -gehäuse stammen aus dem Rokoko. Das kostbarste Stück der Ausstattung ist das *Adlerpult* von 1449, ein Maastrichter Gelbguß. Es stammt aus dem Altenberger Dom. In dem ehem. Klostergebäude, das seit 1962 für Zwecke der Pfarrgemeinde eingerichtet ist, blieb im einstigen Sommerrefektorium des Südflügels, dem Antoniussaal, die schöne Stuckdecke von 1717 mit Darstellungen aus dem Leben des hl. Antonius von Padua erhalten.

1712–16 wurde die KIRCHE DER KARMELITESSEN als kreuzförmiger Backsteinbau mit zierlich gegliederter Fassade errichtet. Die Außenfront ist unlängst historisch getreu rekonstruiert worden. Die ehem. Klosterkirche dient heute dem Theresienhospital als Kapelle. Eine Tochter Gabriel de Grupellos trat bei den Düsseldorfer Karmelitessen ein. Diesem Umstand verdankt das Kloster drei vorzügliche Holzskulpturen des kurfürstlichen Hofbildhauers, sie sind zwischen 1710 und 1715 entstanden.

Gegen Ende des 17. Jh. wurde den evangelischen Gemeinden gestattet, Kirchen zu errichten. Doch durften sie nicht an der Straßenfront gebaut werden und waren nur über Höfe erreichbar. Heute sind diese Höfe stimmungsvolle Vorplätze, so z. B. bei der EV. NEANDERKIRCHE an der Bolkerstraße (Abb. 17), einem verputzten Saalbau aus dem 17. Jh. mit vorgesetztem Westturm. Sie ist nach dem evangelischen Liederdichter benannt, der einige Jahre in Düsseldorf als Lehrer wirkte.

Jan Wellem und sein Reiterdenkmal

Nach drei Töchtern wurde dem Kurfürsten Philipp Wilhelm am 19. April 1658 ein Sohn geschenkt. Aus Dankbarkeit stiftete er die kleine Heiligkreuzkapelle in Düsseldorf-HAMM, auch JAN-WELLEM-KAPELLE genannt (Abb. 12). Johann Wilhelm wurde zum großen Förderer der Künste in Düsseldorf. Es ist eine gewisse Tragik, daß in seiner Residenzstadt nach seinem Tod fast alle Erinnerungen an ihn verschwunden sind. So bildet seine Kunstsammlung heute einen Hauptbestandteil der Alten Pinakothek in München. Das Galeriegebäude ging mit dem Düsseldorfer Schloß 1872 durch Brand zugrunde. Wenn dennoch das Andenken an den kunstsinnigen Kurfürsten – zärtlich Jan Wellem genannt – in Düsseldorf lebendig geblieben ist, dann ist dies nicht zuletzt dem *Reiterdenkmal* zu verdanken (Abb. 11), das Gabriel de Grupello geschaffen hat, und das noch heute den Düsseldorfer Marktplatz ziert. Aus Kreidezeichnungen, die das Kupferstichkabinett des Kunstmuseums Düsseldorf bewahrt, wissen wir, wie der Künstler jahrelang um die Gestalt des Denkmals gerungen hat. Fest stand, daß es ein Reiterbild über einem mit Allegorien geschmückten Sockel werden sollte. Als Standort kam neben einem Platz vor dem Schloß auch der Ehrenhof von Schloß Bensberg infrage. Schließlich fiel die Entscheidung zugunsten des Düsseldorfer Marktplatzes. Der Kurfürst sitzt auf ruhigschreitendem Pferd, er trägt einen Vollharnisch, auf seiner langen, über die Schulter fallenden Perücke den Kurfürstenhut. Mit der Linken hält er die Zügel des Pferdes, mit der Rechten den Kommandostab. Um seinen Hals liegt die Kette des Ordens vom Goldenen Vlies. Dazu am breiten Band, das von der linken

55

DÜSSELDORF REITERDENKMAL UND MARKTPLATZ

Ansicht der Stadt Düsseldorf. Steindruck nach Hogenberg, um 1600

Schulter zur rechten Hüfte geht, das Kreuz des Hubertusordens. Kurhut und Kreuz des Hubertusordens sind mit Vorbedacht gewählt. 1708 erwarb nämlich Johann Wilhelm außer der pfälzischen Kurwürde auch noch die bayerische, an Stelle des geächteten Kurfürsten Max II. Emanuel. Mit ihr war das Amt des Erztruchsessen verbunden. Noch im gleichen Jahr erneuerte er den Jülicher Hausorden vom hl. Hubertus. Wenn sich der Kurfürst nicht wie der sonst als Sonnenkönig gerne nachgeahmte König Ludwig XIV. von Frankreich im antikisierenden Gewand darstellen ließ, sondern realistisch wie dessen Gegenspieler, Kaiser Leopold, so dokumentiert sich auch darin seine Treue zu dem Habsburger, mit dem er doppelt verschwägert war. Kaiser und Kurfürst hielten an der Tradition des Herrschermonumentes des frühen 17. Jh. fest, um so sichtbar von der Herrscherattitüde abzurücken. Grupellos Denkmal gehört zu den wenigen barocken Reiterstandbildern, die noch heute erhalten sind. In Deutschland besitzt lediglich Schlüters Monument für den Großen Kurfürsten höhere Qualität. Der Sockel in seiner heutigen Form wurde nach Entwürfen des Adolf von Vagedes durch den Bildhauer Kamberger erneuert. Vagedes veränderte die Proportionen des Sockels. Im 18. Jh. hat er viel schlanker gewirkt. Das ausladende Abschlußgesims läßt den neuen Sockel breiter und niedriger erscheinen. Eisenapliken und Eisengitter lieferte die Gutehoffnungshütte in Sterkrade.

Herrensitze und Häuser des 17. und 18. Jh.

In der Innenstadt gibt es noch einige Häuser, deren Fassaden dem 17. und 18. Jh. entstammen. Am Marktplatz besaß Gabriel de Grupello ein großes Haus. Beckerstr. 7–9 war das Stadtpalais der GRAFEN SPEE, eine zweigeschossige Vierflügelanlage aus der 2. Hälfte des 17. Jh., im 18. Jh. vollendet. Dieses in der südlichen Altstadt, auf einer Bastion der ehem. Zitadelle errichtete Palais, fiel im Zweiten Weltkrieg Bomben zum Opfer. Die Ruine wurde 1973 von der Stadt Düsseldorf angekauft und wiederaufgebaut. Bis 1975 konnte der erste Bauabschnitt vollendet werden, der zweite geht seinem Abschluß entgegen. Heute befindet sich im Palais Spee das STADTGESCHICHTLICHE MUSEUM (s. S. 68). Im wiedererrichteten PALAIS NESSELRODE, Schulstraße, fand das Hetjens-Museum (s. S. 66f.) mit seinen Keramiken, Fayencen und Porzellanen Unterkunft. SCHLOSS ELBROICH, ein einstiger Herrensitz des 17. Jh., dient heute als Heilpädagogisches Institut für Kinder.

Schloß Benrath

In Benrath stand schon im Mittelalter eine Burg. Aus dem Besitz der Herren von Benrode erwarben sie im 13. Jh. die Grafen von Berg. Noch als Prinz ließ Herzog Philipp Wilhelm (1653–90) vor 1651 im Benrather Wildpark den Prinzenbau errichten, die sogenannte Orangerie. Erhalten blieb bis heute der zweiflügelige Nordtrakt. Im Erdgeschoß verdient außer zwei reichen Stuckkaminen vor allem die prächtige Stuckdecke in den Formen des Hochbarock Beachtung. Der Düsseldorfer Hofmaler Johann Spilberg zeigt im Deckengemälde Szenen aus dem Leben der Jagdgöttin Diana. Eine weitere Stuckdecke mit der Himmelfahrt Mariä stammt aus der Zeit um 1700. Das Wasserschloß, das Philipp Wilhelm für seine Gemahlin Elisabeth Amalie von Hessen-Darmstadt in den Jahren 1660–67 errichten ließ, litt bald unter Feuchtigkeit. Die Schäden waren so groß, daß es in der Zeit des Kurfürsten Karl Theodor abgerissen und durch einen Neubau ersetzt werden mußte. Mit ihm betraute der Kurfürst seinen Oberbaudirektor Nicolas de Pigage. Die GESAMTANLAGE, die von 1755 bis 75 entstand, steht in der Tradition des Rokoko (Abb. 22). Gärten und Wasserspiele sind auf das Hauptgebäude bezogen. Dieses folgt dem Typus der ›Maison de Plaisance‹. Im Osten, Süden und Westen umschließen die nach geometrischem Plan angelegten Gärten das Hauptgebäude. Architektur und Natur sind aufeinander bezogen, durchdringen sich wechselseitig. Schloßweiher, Hauptbau des Schlosses und Spiegelweiher weisen eine Tiefenstaffelung auf. Zentrum der Anlage ist der große runde KUPPELSAAL an der Gartenseite des Hauptbaus. Er steht ein wenig erhöht an der Südseite des großen Schloßweihers. Die beiden im Viertelkreis geschwungenen Kavaliersflügel und die seitlichen Torhäuser umrahmen ihn wie einen Platz. Vorbildlich waren die Platzanlagen Ludwigs XV., die ihrerseits auf die italienische Barockarchitektur zurückgehen. Hauptbau und Kavaliersflügel sind pfirsichrot getünchte Putzbauten mit hellgrau getönter Hausteingliederung. Größe, Zusammenhang und Schmuck der Räume richten sich nach ihrer jeweiligen Bestimmung. Da Benrath als Jagdschloß konzipiert ist, wird das Thema des Jagd- und Landlebens im Innen- und Außenschmuck immer wieder aufgegriffen. Motive der Jagd, der Fischerei und des Gartenbaus wechseln miteinander ab. Die Gemälde stammen von Lambert Krahe, dem Begründer der ersten Düsseldorfer Kunstakademie. Mit ihm arbeiteten eine Reihe Künstler des Mannheimer Hofes zusammen, darunter der Bildhauer Paul Anton Verschaffelt, der Stukkateur Giuseppe Antonio Albuzzio, die Holzschnitzer Mathäus van den Branden und Augustin Egell, der Tischler Franz Zeller. Kurfürst Karl Theodor weilte nur zweimal kurze Zeit in

SCHLOSS BENRATH UND SCHLOSS JÄGERHOF

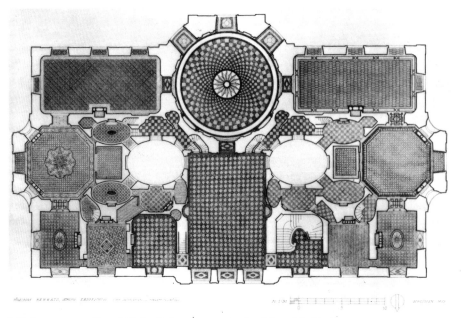

Schloß BENRATH   Grundriß des Erdgeschosses mit den Schmuckfußböden

Schloß Benrath. Dann verwaiste es. Der Schwager Napoleons, Joachim Murat, residierte hier 1806–08 als Großherzog von Berg. Nach 1815 gehörte das Schloß den Königen von Preußen. Mit der Eingemeindung Benraths wurde die Stadt Düsseldorf Eigentümerin des kostbaren Besitzes. Eingebüßt hat das Schloß seine Originalausstattung, doch blieben wenigstens Gebäude und Park erhalten. Inzwischen werden die großen Säle des Hauptgebäudes für repräsentative und kulturelle Veranstaltungen der Stadt Düsseldorf und des Landes Nordrhein-Westfalen verwendet. Ein Teil der Räumlichkeiten dient als Museum. Dabei wurde darauf geachtet, daß die Sammlung barocken Kunstgewerbes – Möbel, Uhren, Frankenthaler Porzellan – auf Bauherrn und Bauwerk bezogen bleibt. Ausstrahlungen des Benrather Schloßbaus lassen sich auch in der bürgerlichen Architektur des 18. Jh. in der Düsseldorfer Innenstadt feststellen.

Schloß Jägerhof, Hofgarten und Hofgärtnerhaus

Auf dem alten Gelände des Pempelforter Hofes stand seit 1713 ein Jagdhaus. Kurfürst Karl Theodor ließ es durch einen Schloßbau ersetzen, der 1752 nach Plänen von Johann Josef Couven aus Aachen errichtet wurde. SCHLOSS JÄGERHOF diente den Bergischen Oberjägermeistern als Wohnsitz. Der Architekt lieferte eine Reihe Pläne, die dem Kurfürsten zu üppig schienen. Aufgrund seines Einspruchs mußte der Entwurf reduziert werden. Schloß Jägerhof nimmt sich die französischen Lust- und Landhäuser zum Vorbild. In seinem Mitteltrakt jedoch zeigt es Anklänge an den deutschen Barock. Couven errichtete es als zweigeschossigen Putzbau mit leicht betonten Eckrisaliten, dreiachsigem Mitteltrakt in drei Geschossen und hohem Mansarddach. Der Bau hat sich im Laufe der Zeit manche Veränderungen gefallen lassen müssen. Die klassizistischen Seitentrakte, 1826–28 nach Plänen von Adolf von Vagedes gebaut, fielen dem Umbau 1909/10 zum Opfer. Die 1910 errichtete Orangerie wurde 1943 zerstört, der Außenbau des Schlosses nach schwerer Kriegsbeschädigung in den alten Formen wieder errichtet. Derzeit ist hier die Kunstsammlung Nordrhein-Westfalen untergebracht (s. S. 64f.).

Eine Gartenanlage sollte Schloß Jägerhof mit der Stadt verbinden. Nach Couvens Tod hat man Nicolas de Pigage mit dieser Planung betraut. Drei Alleen strahlen vom Schloß aus. Die Hauptallee endet in dem von der Düssel gespeisten runden Weiher.

An den Garten des Schlosses Jägerhof konnte Maximilian Friedrich Weyhe bei seiner Planung des neuen HOFGARTENS zu Anfang des 19. Jh. anknüpfen. Hier wie auch bei seinen späteren Parks brachte er die Ideen des englischen Landschaftsgartens zur Entfaltung. Das Gelände zur Anlage des Hofgartens fand er in den nach der Französischen Revolution aufgelassenen Bastionen. So bildete er das Gewässer der ehem. Bastion Landeskrone zu einem reichgegliederten Zierteich aus, an dessen nördlichen Ufern zwei künstliche Erhebungen, der Ananas- und der Hexenberg, abwechslungsreiche Landschaftsbilder bieten. Hier, an der schmalsten Stelle, überquert die ›Goldene Brücke‹

DÜSSELDORF Schloß Jägerhof, 1752 nach einem Plan von J. J. Couven errichtet. Stahlstich von 1845

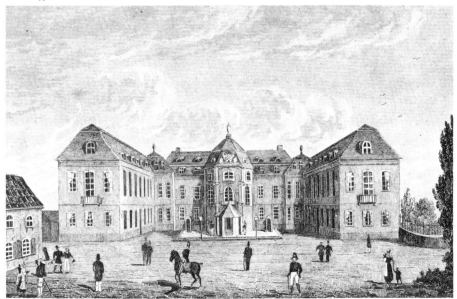

DÜSSELDORF GARTENANLAGEN · KALKUM

den Teich. Von ihr aus hat man einerseits einen Blick auf Schloß Jägerhof, andererseits auf den Grabbeplatz. Achsen verbinden die älteren und neueren Gartenanlagen miteinander. Leider ist die Blickbeziehung, die die Reitallee zwischen Schloß und Goldener Brücke bot, neuerdings durch die Höherlegung der Verkehrsstraße zum Jan-Wellem-Platz beeinträchtigt worden.

Von der dichten Bewaldung längs der Kaiserstraße ist vieles verschwunden. Geblieben ist das Buchenwäldchen nördlich der Maximilian-Weyhe-Allee und das Eichenwäldchen an der Ecke Insel- und Kaiserstraße. Zahlreiche Denkmäler schmücken den Hofgarten. Hervorgehoben sei das für Peter Cornelius, den ersten Direktor der wiedererrichteten Kunstakademie, angefertigt nach einem Entwurf von Adolf Donndorf. Auf dem Napoleonsberg wurde zu Ehren des Dichters Heinrich Heine, zu dem die Stadt nur schwer ein unbefangenes Verhältnis gefunden hat, die Bronzeplastik der ›Harmonie‹ von Aristide Maillol aufgestellt.

An der Jägerhofstraße 1, der nordwestlichen, dem Stadtausgang am Ratinger Tor zugewandten Ecke der um 1765 unter dem kurfürstlichen Statthalter Graf Goltstein angelegten Pempelforter Promenade, errichtete der Hofbaumeister Rutger Flügel 1770 ein Haus, das dem Inspektor des Gartens als Wohnung dienen sollte. Es heißt daher HOFGÄRTNERHAUS. Die Pläne stammen von Nicolas de Pigage. Dem Hofgärtner war eine Schankwirtschaft erlaubt. Diese fand bei der Bevölkerung großen Anklang. Deshalb erweiterte man 1790 das Haus. Das Hofgärtnerhaus wurde 1796 von französischen Revolutionstruppen gesprengt, aber schon acht Jahre später nach Plänen des Hofbaumeisters Kaspar Anton Huschberger wieder aufgebaut. Der Architekt folgte im ganzen dem bisherigen Bauplan, jedoch sind die Einzelformen dem Geschmack des beginnenden 19. Jh. entsprechend härter und schwerer. Die Hauptfront des Hofgärtnerhauses wurde 1811 bei der Anlage des neuen Hofgartens zum Blickpunkt der neuangelegten zweireihigen Allee. Die konkave Innenfront des Hauses öffnet sich zu einer Wiesenfläche, die zur Düssel hin abfällt. 1943 brannte das Hofgärtnerhaus aus, es wurde 1952 wieder aufgebaut. Als die Erben des Gründers des Insel-Verlages dessen bedeutende Goethe-Sammlung der Stadt Düsseldorf als Stiftung anboten, wurde 1956 im Hofgärtnerhaus die Anton- und Katharina-Kippenberg-Stiftung als GOETHE-MUSEUM der Öffentlichkeit zugänglich gemacht. Sie enthält vor allem Autographen, Erstausgaben von Goethes Gesamtwerk, eine geschlossene Sammlung zum Faustmotiv, dazu Graphiken, Münzen, Musikeditionen. Die Bibliothek umfaßt 16 000 Bände zu Goethes Leben und Werk.

Schloß Kalkum

Am 1. Januar 1975 wurde Kalkum Düsseldorf eingemeindet. Noch immer hat es seinen ländlichen Charakter bewahrt. Bereits Ende des 9. Jh. stand hier ein Königshof. Ein Rittergeschlecht Kalkum wird erstmals 1176 urkundlich erwähnt. Nach seinem Aussterben im 15. Jh. ging der Besitz in den des Rittergeschlechts Winkelhausen über. Deren Nachfolger wurden die Grafen Hatzfeldt. Durch ihren Scheidungsprozeß von

1851 ist Gräfin Sophie von Hatzfeldt (1805–1881) berühmt geworden, ihr Anwalt und Freund war Ferdinand Lassalle (1825–1864), der Gründer der deutschen Arbeiterbewegung. Sophie von Hatzfeldt hatte 1822 auf Schloß Kalkum geheiratet. Der heutige SCHLOSSBAU (Abb. 34), dem eine mittelalterliche Burg vorausging, ist im wesentlichen unter der Gräfin Maria Anna von Hatzfeldt errichtet worden, die als Witwe 1806 nach Kalkum übersiedelte. Sie betraute zunächst Georg Peter Leydel mit dem Neubau. Die Stellung des Herrenhauses in der Südwestecke der Gesamtanlage war durch die gotischen Vorgängerbauten vorgegeben. Doch wurde der Aufriß entscheidend verändert. Leydel errichtete eine neue Fassade. Mit verhältnismäßig bescheidenen Mitteln erreichte er eine vorzügliche Wirkung: Nördlich an das jetzt achtachsige Herrenhaus schloß er ein in der Traufe gleich hohes, im Grundriß aber zurückspringendes, siebenachsiges Mittelgebäude an. Verhältnismäßig ruhig sind die Fassaden der je achtachsigen Außentrakte des Herrenhauses sowie des Rentei- und Domestikenflügels. Der Durchfahrtsrisalit stellt sich heute in der Form des Umbaus dar, der 1817 durch Johann Peter Cremer erfolgte. Schon bald gab es nämlich Mißstimmungen zwischen dem Architekten und der Gräfin, der inzwischen der Schloßbau zu einfach war. Da Leydel sich nicht zu einer Änderung der Pläne entschließen konnte, wandte sie sich an den Münsterländer Architekten August Reinking (1776–1819) und nach dessen frühen Tod an Friedrich Weinbrenner, jedoch vergeblich. Statt dessen wurden für die Gräfin die Mitarbeiter des Adolf von Vagedes, Johann Peter Cremer und Anton Schnitzler, tätig. Schnitzler stockte den Zwischentrakt um ein Mezzaningeschoß auf. Außerdem entwarf er für die Innenräume Kapitelle und für die hofseitige Freitreppe des Herrenhauses Laternen und Geländer. Ein gut Teil der Innenausstattung geht auf Heinrich Theodor Freyse (1774–1851) zurück. Er wurde allerdings erst nach dem Tod der Gräfin († 1833) mit den Bauarbeiten im Schloß betraut. 1841 veranlaßte er den teilweisen Neuverputz und Anstrich des gesamten Schloßgevierts in rosaroter Farbe. Bei der jüngsten Wiederherstellung ist dieser Farbton an der Westpartie wieder aufgenommen worden.

Während die Architekten für den Schloßbau wechselten, lag die Gestaltung des Schloßparks ganz in den Händen von Maximilian Friedrich Weyhe. Im Westen des Schlosses legte er einen großen englischen Garten an, der durch die Hauptachse, die vom Schloß Richtung Kaiserswerth/Ratingen führt, bestimmt wird. Von diesem Hauptweg leiten geschlängelte Seitenwege auf die Ecken des Schlosses zu, so daß dieses immer im Blickfeld bleibt. Beiderseits der Hauptachse liegen weite landschaftliche Partien. Weyhe bevorzugte heimische Gehölze. Exoten sind die Ausnahme. In den Nachkriegsjahren sind Schloß und Park wiederhergestellt worden, so daß ein wichtiges Denkmal des Klassizismus wiedergewonnen ist. Heute dient Schloß Kalkum als Zweigstelle des Hauptstaatsarchivs Düsseldorf.

Andere Gärten und Parks

Neben Hofgarten und Park des Schlosses Kalkum gibt es in Düsseldorf noch zahlreiche weitere Gärten und Parkanlagen, darunter auch private. Ältestes Beispiel eines eng-

DÜSSELDORF KÖNIGSALLEE UND RATINGER TOR

Düsseldorf, Hofgarten und Ananasberg. Stahlstich von W. Cooke nach einer Zeichnung von J. W. Krafft. Um 1850

lischen Landschaftsparks ist der Garten, der zum ehem. Besitztum der Brüder Jacobi gehört. Um 1785 wurde er unter dem Philosophen Friedrich Heinrich Jacobi gestaltet und als Musenhain von Pempelfort propagiert. Das Haus der Brüder Jacobi entstand bereits im 18. Jh. – Goethe hat es 1774 und 1792 besucht, voll Begeisterung über die »schöne Ruhe, Behaglichkeit und Beharrlichkeit« der Gastgeber. 1857 ergriff der Künstlerverein ›Malkasten‹ von Haus und Park Besitz. Hier gab er seine glanzvollen Feste. Nach schweren Schäden im Zweiten Weltkrieg wurde das Haus der Brüder Jacobi wieder aufgebaut, der Erweiterungsbau, das Wilhelminische Vereinshaus aber durch einen Neubau ersetzt.

Erwähnt sei auch der 1972 der Öffentlichkeit zugänglich gemachte Park des ehem. Palais der Grafen Spee. In seinem östlichen Teil ist er, den die alte Festungsmauer umschließt, noch in der Gestaltung erhalten, die ihm im 19. Jh. Maximilian Friedrich Weyhe gegeben hat.

Königsallee und Ratinger Tor – Der Klassizismus

Mit Recht ist Düsseldorf stolz auf seine KÖNIGSALLEE (Ft. 2, Abb. 4). Sie geht auf die Pläne des Münchener Hofbaumeisters Kaspar Anton Huschberger zurück. Anstelle des damaligen barocken Festungsgrabens im Osten der Stadt sollte ein geradliniger Kanal als Zollbarriere dienen und auf seiner östlichen Außenseite von einer Allee begleitet

werden. Huschberger setzte einen großzügigen Maßstab, indem er eine Länge von
812 m und eine Breite von 82 m plante. Die Anlage wurde noch vor dem Hofgarten
in den Jahren 1802–04 ins Werk gesetzt. Weyhe übernahm die Bepflanzung. Erst am
Ende des 19. Jh. war die Bebauung der Straßenzüge vollendet. 1813/14 baute Vagedes
im Zuge der Benrather Straße eine steinerne Brücke. Auch nach zweimaliger Verbreite-
rung ist sie im Kern noch erhalten. Heute ist die Königsallee eine lebhafte Geschäfts-
straße (Abb. 18). Ihr Fluidum verdankt sie der großzügigen Planung Huschbergers.

In napoleonischer Zeit wurde Adolf von Vagedes Düsseldorfer Stadtplaner. Seine
Visionen eilten freilich der Zeit weit voraus. Was verwirklicht wurde, war nur ein
Kompromiß. Von den noch erhaltenen Bauten Vagedes' ist das RATINGER TOR am eindrucksvollsten (Abb. 16). Seine Doppelanlage wurde 1811–15 am Beginn der vier-
reihigen Allee zum Jägerhof, am östlichen Ende der Ratinger Straße, errichtet. Es sollte
als Zollhaus dienen. Das südliche Torhaus war als Wache, das nördliche als Barrieren-
haus konzipiert. Die Doppelanlage ist in den kräftigen Formen des frühen Klassizismus
gehalten. Die beiden Torhäuser kehren einander die Giebelseite zu. Die Proportionen
des Bauwerks sind sorglich abgestimmt. Vorbild für den Architekten waren die Propy-
läen auf der Akropolis zu Athen. Der Entwurf des Adolf von Vagedes für die Doppelanlage des Ratinger Tors wurde beispielgebend für ähnliche klassizistische Bauwerke,
so für die 1818 von Karl Friedrich Schinkel errichtete Neue Wache in Berlin.

Historismus, Jugendstil, Funktionalismus

Der Brand des Herzogschlosses 1872 ließ die AKADEMIE DER KÜNSTE obdachlos werden.
Der preußische Kultusminister entschied 1875, daß das neue Gebäude an der Eiskeller-
straße errichtet werden solle. Das in Frage kommende Grundstück grenzte an den
damals noch bestehenden Sicherheitshafen. Es bot die Chance, die Ateliers so anzulegen, daß alle Nordlicht erhielten und zudem einen ungehinderten Blick auf den Hofgarten hatten. Der aus Köln stammende, aber in Berlin ausgebildete Hermann Riffart
erhielt den Auftrag zur Bauplanung (Baubeginn 1875, Einweihung 1879, Abschluß
der künstlerischen Ausstattung um 1900). Die nördliche Schauseite ist in Renaissanceformen errichtet (Abb. 15). Der Statuenschmuck ihres Mittelrisalits blieb unausgeführt.
Im ganzen steht der Bau in der Tradition des Rasterbaus der Berliner Bauakademie.
Ein Fries über dem Erdgeschoß, der sich um Nord-, Ost- und Westfront zieht, ver-
zeichnet die Namen von Künstlern aller abendländischen Kunstepochen bis zu den
soeben Verstorbenen des späten 19. Jh. Die Nischen zwischen den Fenstern des ersten
und zweiten Obergeschosses schmückte um 1890 Adolf Schill mit Terrakottamosaiken.
Für das erste Obergeschoß wählte er Flammenschalen und Kandelaber, für das zweite
Künstlerporträts. Im Zweiten Weltkrieg gingen unter anderem die allegorischen
Deckengemälde der Aula, die Peter Janssen um 1895 geschaffen hatte, unter.

Neue Akzente setzte Joseph Maria Olbrich mit dem Bau des Warenhauses Tietz
(1907), dem heutigen KAUFHOF (Abb. 4), einem geschlossenen, viergeschossigen Baukomplex mit hinter der Galerie eingerücktem Dachgeschoß, hohem Mansarddach und

63

DÜSSELDORFER MUSEEN

vertikal betonter Fassadengliederung aus Muschelkalk. Der Bau ist noch vom Jugendstil bestimmt, läßt aber bereits den kommenden Funktionalismus ahnen. Den Weg vom Historismus zur modernen Sachlichkeit beschritt Peter Behrens, der 1911/12 am Rheinufer das MANNESMANNHAUS als monumentalen Rechteckbau mit Tuffsteinfassade und hohem Walmdach errichtete. Verwaltungsgebäude zeigen in unserem Jahrhundert ausgezeichnete architektonische Leistungen. Als Beispiel aus der Zwischenkriegszeit sei das STUMM-HAUS (heute Stahl-Hochhaus) in der Breite Straße genannt. 1923–25 erbaute es Paul Bonatz in Eisenkonstruktion mit Backsteinverkleidung. In seinem konsequenten Vertikalismus wirkt das Hochhaus kastellartig, erinnert aber auch an Wehrbauten der Backsteingotik. Wilhelm Kreis errichtete als Abschluß der Heinrich-Heine-Allee 1923/24 das WILHELM-MARX-HAUS in Betonkonstruktion mit Backsteinausmauerung (Abb. 32). Als Bekrönung seines Hochhausturms wählte der Architekt das Motiv der doppelten Maßwerkgalerie. Wilhelm Kreis ist auch der Erbauer der EHRENHOFANLAGE. Sie wurde 1925 als feststehender Ausstellungsbau für die Gesolei in Backstein mit Sandsteingliederung errichtet. Für die Tortempel schufen Jan Thorn Prikker und Heinrich Nauen Mosaike. An der parallel zum Rhein verlaufenden Achse wurde das Planetarium errichtet, ein runder Kuppelbau über quadratischem Untergeschoß. Das Planetarium ist 1978 zu einer Konzerthalle umgebaut worden. Im Ehrenhof sind das Kunstmuseum der Stadt Düsseldorf und das Landesmuseum Volk und Wirtschaft untergebracht. Als Dreischeibenhochhaus errichteten 1957–60 Helmut Hentrich und Hubert Petschnigg das THYSSEN-HOCHHAUS, einen Stahlskelettbau mit Außenhaut aus Stahl, Aluminium und Glas (Abb. 33).

In wirksamem und gewolltem Kontrast zum Thyssen-Hochhaus steht das von Bernhard Pfau 1970 errichtete SCHAUSPIELHAUS mit dem Großen Haus und der Studiobühne (Abb. 33). Es bildet den Abschluß des Jan-Wellem-Platzes und verbindet die Innenstadt mit dem Hofgarten. Während sich das Konzernhaus leicht und durchlässig in die Höhe reckt, betont der Theaterbau die Horizontalen. In seinem Umriß hat er Ähnlichkeit mit einer modernen abstrakten Plastik. 1967 wurde die neue KUNSTHALLE am Grabbeplatz eröffnet. Vom Vorgängerbau stammen die vier Karyatiden, ein Werk des Bildhauers Leo Müsch. Man hat sie 1967 an der Seitenfront der neuen Kunsthalle aufgestellt. Vor dem Eingang zur Kunsthalle fand 1971 die Bronzeplastik ›Habakuk‹ von Max Ernst ihren Platz.

Der ALTE GOLZHEIMER FRIEDHOF (Kaiserswerther/Ecke Klever Straße) ist heute eine öffentliche Anlage und wegen der Grabmäler bedeutender Düsseldorfer wie Immermann, Rethel, Schadow, Weyhe besuchenswert.

Aus Düsseldorfer Museen

Düsseldorf hat den Verlust der Kurfürstlichen Galerie, die Anfang des 19. Jh. nach München abwanderte, nie verwinden können. Erst in unseren Tagen gelang es, dafür Ersatz zu schaffen. Die 1961 gegründete KUNSTSAMMLUNG NORDRHEIN-WESTFALEN, derzeit im Schloß Jägerhof (Abb. 27), konzentriert sich auf Gemälde unseres Jahrhunderts, genauer: der klassischen Moderne (Abb. 28–31). Ihren Grundstock bilden 88 Bilder und Blätter von Paul Klee, die die Regierung des Landes Nordrhein-Westfalen 1960 erworben hat. Damit war der Maßstab für alle weiteren Anschaffungen gesetzt. Keine kunstgeschichtliche Dokumentation war beabsichtigt, sondern Begegnung mit Bildern von höchstem künstlerischen Rang. Die Kunstsammlung Nordrhein-Westfalen ist als Gemäldegalerie angelegt. Sie verzichtet bewußt auf Kunstwerke anderer Art wie Plastiken, Handzeichnungen oder Druckgraphiken. Außer der Klee-Sammlung konnte 1970 der Nachlaß von Julius Bissier geschlossen erworben werden. So schön Schloß Jägerhof ist, so reicht es doch bei weitem räumlich nicht aus, um die Sammlung in ihrem ganzen Reichtum vorstellen zu können. Seit Jahren besteht daher der Plan für ein eigenes Gebäude.

Paul Klee ist mit Werken aus allen Perioden seines Schaffens in der Sammlung vertreten. Aus der Zeit seiner Tunisreise im Frühjahr 1914 seien die Aquarelle ›Rote und weiße Kuppeln‹ und ›Braunes, rechtwinklig strebendes Dreieck‹ genannt. Bauhaus-Ideen werden spürbar in dem Bild ›Der L-Platz im Bau‹. Für die Zeichenschrift, die wie Runen wirkt, seien aus der Spätzeit ›Schicksal eines Kindes‹ (1937) oder auch die ›Rote Weste‹ (1938) erwähnt. Es ist reizvoll, mit diesen zeichenhaften Bildern das Spätwerk des *Julius Bissier* zu vergleichen, der sich von der Kunst des Fernen Ostens hat inspirieren lassen.

Fauves und deutsche Expressionisten sind gut vertreten. Das Grauen des Krieges inspirierte *Max Beckmann* 1918/19 zu seiner gespenstischen Vision ›Die Nacht‹, die den grausam mitleidlos ausgeführten Mord zum Gegenstand hat. Vorahnung des Surrealismus ist bereits in *Marc Chagalls* ›Festtag‹ von 1914 spürbar (Abb. 28). *Max Ernst* ist mit mehreren faszinierenden Bildern vertreten, darunter ›Nach uns die Mutterschaft‹, 1927, mit eigenartigen Vogelgestalten in Rot, Gelb, Braun und Blau vor schwarzem Hintergrund. Die Vogelmutter in der Mitte wirkt wie eine Parodie auf mittelalterliche Madonnenbilder. Nach dem Ende des Zweiten Weltkrieges wandte sich das Interesse mehr und mehr den amerikanischen Künstlern der Gegenwart zu. Die Kunstsammlung Nordrhein-Westfalen hat sich dieser Tendenz nicht verschlossen, wie sie auch sonst für die jüngsten Kunstschöpfungen offen ist; Qualität ist der Maßstab. So gegensätzlich die Künstler, so vielfältig die Richtungen sind, die sie repräsentieren, die Sammlung findet ihre Einheit in der einmaligen Bedeutung der gezeigten Gemälde.

Moderne Kunst wird auch im KUNSTMUSEUM DER STADT DÜSSELDORF im Ehrenhof gezeigt. Dort ist sie allerdings eine Abteilung unter anderen. Doch wird auf ihren Aufbau großen Wert gelegt und darauf geachtet, daß diese Abteilung eine Ergänzung und nicht eine Konkurrenz zur Kunstsammlung Nordrhein-Westfalen ist. Das Kunstmuseum der Stadt Düsseldorf gehört ebenfalls zu den jüngeren der großen rheinischen Museen. Es entstand 1913 als städtisches Zentralmuseum aus verschiedenen Einzelsammlungen. Einige Gemälde der Kurfürstlichen Galerie waren nicht nach München überführt worden, da man ihren Wert nicht erkannt hatte. So gelang erst 1916 der Nachweis, daß das Bild ›Venus und Adonis‹ ein Frühwerk des Peter Paul Rubens ist

DÜSSELDORFER MUSEEN

(Abb. 26). Weitere Bilder kamen aus der Galerie der Akademie hinzu, z. B. Lucas Cranach d. Ä. ›Ungleiches Paar‹, ›Greis und Dirne‹, um 1530. Nicht minder wichtig waren die Bestände des Kunstgewerbemuseums, die ebenfalls in das Düsseldorfer Kunstmuseum überführt wurden.

Die Unterbringung im Ehrenhof wirkt fast wie ein Provisorium. Daran hat sich bis heute wenig geändert. Hervorragende Leihgaben, die dem Museum in den letzten Jahren zur Verfügung gestellt wurden, sowie großzügige Geschenke haben es jedoch mehr in das Interesse der Öffentlichkeit gerückt.

Das Düsseldorfer Kunstmuseum bietet Gelegenheit zum Vergleich zwischen der Dresdener Landschaftsmalerei des 19. Jh. von Caspar David Friedrich und Carl Gustav Carus (Abb. 25) einerseits und Werken der Düsseldorfer Malerschule andererseits, wie Johann Wilhelm Schirmers ›Das Wetterhorn‹, 1838, ein dramatisch aufgefaßtes Landschaftsbild, Karl Friedrich Lessings ›Die Belagerung‹, 1848, oder Andreas Achenbachs ›Wassermühle an der Erft‹, 1866. Einen nicht unwichtigen Anteil an den Gemälden des 20. Jh. haben die Bilder der Gruppe des ›Jungen Rheinland‹. Daß die lebenden Düsseldorfer Künstler in der Galerie zu sehen sind, ist fast eine Selbstverständlichkeit. So begegnen wir Nagelbildern von Günter Uecker, den fast monochromen Bildern Gotthard Graubners, dem zwischen Neuer Sachlichkeit und Surealismus stehenden Konrad Klapheck und nicht zuletzt den Werken von Joseph Beuys. Vorzüglich sind die Bildhauerarbeiten oberdeutscher Provenienz. Spröde, fast schwerblütig eine Gruppe der Anna Selbdritt und Joachim, am Niederrhein um 1500–10 entstanden. Gabriel de Grupello ist mit Bildnissen des Kurfürsten Johann Wilhelm und seiner Gemahlin vertreten. Unter den Werken des Kunstgewerbes verdient besondere Aufmerksamkeit ein aus den Niederlanden oder vom Niederrhein stammendes Schmuckkästchen, Mitte des 14. Jh., das mit den Wappen von Kleve, Geldern und Mecheln geschmückt ist. Aus der Zusammenstellung dieser Wappen läßt sich schließen, daß das Kästchen ursprünglich Eigentum der Mechtild von Kleve war, die als Erbin von Geldern 1348 Graf Johann von Kleve geheiratet hatte.

Drei Sammlungen verdankt es das Düsseldorfer Kunstmuseum, daß es unter die führenden Glassammlungen Europas aufgerückt ist. 1936 gelang der Ankauf einer größeren Zahl vor allem mittelalterlicher Gläser aus der Kölner Sammlung Lückger, 1940 die der Gläser der Sammlung Johannes Jantzen, Bremen, hauptsächlich geschnittene Gläser des Barocks. 1949 kam nochmals eine Reihe römischer Gläser aus der Sammlung Lückger hinzu. Entscheidend aber für die Weltgeltung der Abteilung Jugendstil der Düsseldorfer Glassammlung war der Entschluß des Architekten Helmut Hentrich, ab 1963 seine Sammlung in Form von Jahresschenkungen dem Düsseldorfer Kunstmuseum zu übereignen.

Dem Besuch der Glassammlung wird sinnvollerweise eine Besichtigung des DEUTSCHEN KERAMIKMUSEUM HETJENS im Palais Nesselrode folgen (Abb. 23, 24). Seinen

Heinrich Heine, ›Loreley‹. Eigenhändiges Manuskript, 1838. Museum im Heinrich-Heine-Haus, ▷
Düsseldorf

Loreley von H. Heine.
—

Ich weiß nicht was soll es bedeuten,
Daß ich so traurig bin;
Ein Mährchen aus alten Zeiten,
Das kommt mir nicht aus dem Sinn.

Die Luft ist kühl und es dunkelt,
Und ruhig fließt der Rhein;
Der Gipfel des Berges funkelt
Im Abendsonnenschein.

Die schönste Jungfrau sitzet
Dort oben wunderbar;
Ihr goldnes Geschmeide blitzet,
Sie kämmt ihr goldenes Haar.

Sie kämmt es mit goldenem Kamme
Und singt ein Lied dabey;
Das hat eine wundersame
Gewaltige Melodey.

Den Schiffer im kleinen Schiffe
Ergreift es mit wildem Weh;
Er schaut nicht die Felsenriffe,
Er schaut nur hinauf in die Höh'.

Ich glaube, die Wellen verschlingen
Am Ende Schiffer und Kahn;
Und das hat mit ihrem Singen
Die Lore=ley gethan.

DUISBURG HAFEN · SALVATORKIRCHE

Grundstock bildet die Keramiksammlung des Düsseldorfer Kaufmanns Laurenz Heinrich Hetjens (1830–1906). Schwerpunkte sind Steinzeug und Fayencen. Berücksichtigt wird neben der europäischen auch die islamische Keramik, ostasiatisches Porzellan wird um seiner selbst willen und wegen seiner Einwirkung auf die Entwicklung europäischen Porzellans gezeigt. Aber auch moderne Gebrauchskeramik sowie Schmuckkeramik nach Entwürfen von Max Ernst, Ernst Barlach und Pablo Picasso sind in der Sammlung vertreten.

Das älteste Museum der Stadt Düsseldorf ist das STADTGESCHICHTLICHE MUSEUM. Historisch interessierte und zugleich einflußreiche Bürger veranlaßten in der Stadtverordnetenversammlung vom 5. Mai 1874 seine Gründung. 1973 wurde als Domizil das ehem. Stadtpalais der Grafen Spee bestimmt. Die Sammlungen des Stadtgeschichtlichen Museums umfassen Grabungsfunde zur Ur- und Frühgeschichte des Düsseldorfer Raums, Münzen und Medaillen niederrheinischer Prägung, Urkunden, Handschriften, Stadtansichten des 16.–20. Jh., Kunstgewerbe – insbesondere Möbel, aber auch Düsseldorfer Goldschmiedearbeiten –, Kostüme, Spielzeug, Musikinstrumente. Besonders wertvoll ist die Abteilung der Flußschiffahrtmodelle (insgesamt 125). Hinzu kommen Schiffsgerät und Quellenmaterial zur Binnenschiffart. Dabei findet die rheinische Schiffart besondere Berücksichtigung.

Das MUSEUM IM HEINE-HAUS, Bilker Straße 14, ist 1974 eröffnet worden. Es gliedert sich in folgende Sammlungen: das Heine-Archiv (begründet 1905) – dem Dichter und seiner Zeit gewidmet –, mit Manuskripten, Bildern und Lithographien zur Literatur des Jungen Deutschland und des Vormärz; die Autographensammlung, die Dichter, Künstler und Wissenschaftler umfaßt; und das Rheinische Literaturarchiv. Letzteres enthält Nachlässe, wie z. B. von Julius Campe und Otto zur Linde. Unmittelbar neben diesem Gebäude steht in der gleichen Straße das neue Haus des Dumont-Lindemann-Archivs (Sammlung zur Theatergeschichte).

Im Ehrenhof befindet sich außer dem Kunstmuseum auch noch das Landesmuseum Volk und Wirtschaft. Es will wirtschaftliche und gesellschaftliche Tatsachen und Entwicklungen verdeutlichen.

Duisburg

Der HAFEN bestimmt das Bild des heutigen Duisburg, das sich 30 km lang am Rhein hinzieht (Abb. 36). Die Westgrenze wird seit der kommunalen Neuordnung 1975 durch die Stadt Moers, die Ostgrenze durch die Städte Mülheim und Oberhausen gebildet. Was heute als bauliche Einheit wirkt, ist das Ergebnis eines großen Eingemeindungsprozesses, der am 1. Oktober 1905 begann, als Duisburg, Ruhrort und Meiderich sich zusammenschlossen und so die Anlage des Weltbinnenhafens ermöglichten. Die Intensivierung des industriellen Aufbaus und des Handels zwangen zu weiteren Zu-

Duisburg vom Bahnhof aus gesehen. Stahlstich, um 1850. Niederrheinisches Museum der Stadt Duisburg

sammenschlüssen. 1929 folgte Hamborn. Die größeren und die zahlreichen kleineren Orte sind so sehr zusammengewachsen, daß das heutige Duisburg nur wenige Erinnerungen an das geschichtliche Werden der Einzelorte bewahrt hat. Die Zerstörungen im Zweiten Weltkrieg und die Stadtplanung der Nachkriegszeit haben das Bild noch weiter verändert und verunklärt. Doch ganz sind die Erinnerungen an die Geschichte des alten Duisburg und der umliegenden Orte nicht untergegangen.
Das Wahrzeichen der Duisburger Innenstadt ist die SALVATORKIRCHE, neben der Willibrordikirche in Wesel die bedeutendste spätgotische Kirche am rechten Niederrhein. Der jetzige Bau hatte freilich mehrere Vorgänger. Spuren der ältesten Kirche, ein Holzbau des 9. Jh., konnten unter der heutigen Kirche nachgewiesen werden. Im 10. Jh. trat an seine Stelle ein schlichter Steinbau, in der 1. Hälfte des 12. Jh. eine große romanische Kirche. Von Anfang an waren alle diese Bauten dem Salvator, dem göttlichen Heiland, geweiht. Der Bau der gotischen Kirche geht wahrscheinlich auf die Initiative der Deutschordensritter zurück, an die 1254 das Patronat von St. Salvator fiel. Sie hatten es bis 1553 inne. Von 1316 datiert die erste Urkunde, in der vom Bau der gotischen Salvatorkirche die Rede ist. In dieser Periode erhielt die Kirche einen 106 m hohen Turm, damals der höchste in Norddeutschland. Am Palmsonntag 1467 brannte er, infolge der Leichtfertigkeit des Turmwächters, der bei der Wache eingeschlafen war, aus. Für den Wiederaufbau 1479 zeichneten Ferdinand Specht und Johannes Haller als Architekten verantwortlich. Erst 1513 war der Wiederaufbau vollendet. Der Turm war nun wesentlich niedriger, er erreichte nicht einmal die Hälfte der früheren Höhe. Gleichzeitig mit dem Neubau entstanden auch die beiden dem Turm angelehnten Kapellen. Charakteristisch für den in seiner Spitze mehrfach veränderten Turm ist der Spitzbogen des Untergeschosses, der das Portal und das dreiachsige Por-

DUISBURG UNIVERSITÄT · KARMELKIRCHE

talfenster mit seinem spätgotischen Maßwerk umschließt. Die spätgotische Salvatorkirche ist eine dreischiffige, kreuzförmige Gewölbebasilika. Das Langhaus besitzt fünf Joche, das Querhaus ist nicht ausladend, Kapellen begleiten den Langchor. Die Kirche wurde aus Backstein errichtet und mit Tuff verkleidet. Für die Gliederungen wurde Trachyt vom Drachenfels verwandt. Am Maßwerk der Fenster läßt sich die Entwicklung von Ost nach West, von der Hochgotik zur Spätgotik erkennen. Charakteristisch für die Spätgotik ist das Fischblasenmotiv des Maßwerks. Der spätgotische Hochchor wurde erst 1449–54 errichtet. Das Strebebogensystem am Mittelschiff und die Giebel der Querschiffassaden sind ein Werk der Restaurierung des 19. Jh.

Von der einstigen reichen AUSSTATTUNG hat der Bildersturm des beginnenden 17. Jh. wenig übriggelassen. Das Gnadenbild des Salvators, zu dem es im 15. Jh. eine bedeutende Wallfahrt gab, wurde bereits in der Mitte des 16. Jh. entfernt und kam nach Nievenheim. Geblieben ist ein Sakramentsschrank, den man bei der Restaurierung im 19. Jh. in die östliche Stirnwand des Südchors eingelassen hat. Vom spätgotischen Chorgestühl haben sechs Figuren, ein Salvator und fünf Apostel, die Unbilden der Zeit überdauert. Sie wurden um 1900 in das Städtische Museum, das heutige Niederrheinische Museum, gebracht. Der Hochchor erhielt 1955/56 eine Glasmalerei von Karl Hellwig. Die figürlichen Szenen stellen die Heilsgeschichte von der Erschaffung der Erde durch den Geist Gottes bis zum Himmlischen Jerusalem und dem Lobpreis Gottes aus dem Mund der Erlösten dar. Den Mittelpunkt bildet die Gestalt des Salvators, dem das Mittelfenster vorbehalten ist.

Die Salvatorkirche sah 1655 die Gründungsfeier der vom Großen Kurfürsten gestifteten UNIVERSITÄT. Ihr erster Rektor war der Theologieprofessor Johannes Clauberg († 1665), den seine orthodoxen Gegner, weil er der Philosophie Descartes' anhing, aus Herborn vertrieben hatten. Sein Epitaph hängt in der Salvatorkirche, wie diese auch sonst die Epitaphien für die Professoren der Duisburger Universität bewahrt. Der bedeutendste Duisburger Gelehrte war Gerhard Mercator († 1594). Die konfessionellen Kämpfe hatten den angesehenen Kartographen aus Löwen vertrieben. In Duisburg fand er 1552 seine Wahlheimat. 1569 veröffentlichte er seine Erdkarte, ein Jahr nach seinem Tod, 1595, erschien das Sammelwerk seiner Karten, der erste Atlas. Sein Epitaph kündet von seinen Verdiensten um die Kartographie. Auf dem Burgplatz vor der Salvatorkirche steht sein Denkmal. Das NIEDERRHEINISCHE MUSEUM (Friedrich-Wilhelm-Str. 64) hat Mercators Werk einen eigenen Raum reserviert. Außerdem findet man dort Beispiele des Kunstgewerbes am Niederrhein und eine Abteilung zur Vor- und Frühgeschichte.

In der Nähe der Salvatorkirche liegt die ehem. MINORITENKIRCHE (heute KARMELKIRCHE). Der Orden des hl. Franziskus von Assisi wird 1265 erstmals in Duisburg erwähnt. Wenig später muß bereits der Bau der Kirche begonnen worden sein. Während der Chor gewölbt wurde, war das Langhaus flach gedeckt. In dieser Gestalt blieb die Kirche bis zum 18. Jh. erhalten. Erst 1774/75 fand eine Wölbung des Langhauses statt. Nach dem Bildersturm 1613 verließen die Franziskaner zeitweilig das Kloster, kehrten aber später wieder zurück. Der junge August von Kotzebue, der sich 1778 an der

Gerhard Mercator.
Kupferstich nach
dem Mercator-Atlas
von 1595.
Niederrheinisches
Museum der
Stadt Duisburg

Universität Duisburg immatrikulierte, fand in der puritanisch gesinnten Stadt für die Aufführung seiner Theaterstücke keinen anderen Platz als bei den Franziskanern. So wurde im Kreuzgang ihres Klosters ›Die Nebenbuhler‹ gespielt. In der Säkularisation ging das Kloster zugrunde. 1832 hat man den Südflügel des Kreuzgangs zum nördlichen Seitenschiff der Kirche umgebaut. Diese selbst wurde 1896 als südliches Seitenschiff der neuerrichteten Liebfrauenkirche angegliedert, ohne jedoch ihren eigenen Charakter ganz einzubüßen. Liebfrauen- und Minoritenkirche wurden während des Zweiten Weltkrieges zerstört. Die Liebfrauenkirche ist an anderer Stelle in Duisburg als doppelgeschossige Anlage nach Entwürfen von Toni Herrmanns 1958–61 wieder-

DUISBURG UND SEINE AUSSENBEZIRKE

aufgebaut worden. Die Reste der Minoritenkirche wurden in einen Kirchenneubau einbezogen, den Heinz Thoma entwarf. 1961 wurde er geweiht.

In der Niederstraße 30 ist das sogenannte DREIGIEBELHAUS erhalten, das von 1608–1806 Zufluchtsort von Zisterzienserinnen war. Vom Ende des 16. Jh. stammt der ältere rückseitige Teil aus Backstein, der über zwei Geschossen drei Treppengiebel besitzt. Die Vorderseite wurde im 19. Jh. über älterem Kern unregelmäßig ausgebaut.

In Duisburg-HAMBORN ist die Prämonstratenser-Abteikirche ST. JOHANN BAPTIST, heute Pfarrkirche, erhalten geblieben. 1137 überließ Gerhard von Hochstaden-Wickrath seinen Hamborner Besitz dem Kölner Erzbischof Bruno II. unter der Voraussetzung, daß dort ein reguliertes Chorherrenstift gegründet werde. Nach Hamborn berief er um 1139 Prämonstratenser aus Steinfeld oder Scheda. Die Klosterkirche wurde unter Benutzung des ältesten einschiffigen Vorgängerbaus in der Mitte des 12. Jh. als dreischiffige Basilika errichtet und im Laufe des 15. und 16. Jh. zu einer kreuzrippengewölbten dreischiffigen Hallenkirche umgebaut. Die Kriegszerstörung 1944 ließ nur die nackten Mauern übrig; der Wiederaufbau 1947–53 erfolgte nach Plänen von Heinz Thoma. An die Stelle der eingetürzten Gewölbe traten Flachdecken. Der Bruchsteinwestturm stammt in seinen ungegliederten Untergeschossen noch aus der Periode der Frühromanik, seine Obergeschosse aus der Mitte des 12. Jh. Das Glockengeschoß und das stumpfe Pyramidendach kamen 1953 hinzu. Die Kirche besitzt ein Gnadenbild, eine kleine Gruppe der hl. Anna Selbdritt, aus dem Ende des 15. Jh. Unter den Gemälden des 18. Jh. befindet sich ein hl. Norbert vor einer Landschaft mit der Hamborner Abteikirche. Im Nordflügel der einstigen Klostergebäude blieb der romanische Kreuzgang aus der Mitte des 12. Jh. erhalten, West- und Ostflügel wurden nach der Zerstörung im Zweiten Weltkrieg wiedererrichtet.

Die Pfarrkirche ST. DIONYSIUS in Duisburg-MÜNDELHEIM (um 1220–30) gehört zu den wichtigsten spätstaufischen Landkirchen am Niederrhein. Bemerkenswert sind die ausgewogene Gruppierung des von Ost nach West gestaffelten Baukörpers, die feinfühlig durchgebildete Wandgliederung, das vorzügliche Zierwerk der Kapitelle. Bei der Restaurierung 1940/41 wurde ein größerer Zyklus gotischer Wandmalereien freigelegt. Leider ging er 1945 durch Beschuß endgültig verloren mit Ausnahme der Gestalt der hl. Katharina im östlichen Joch des Langhauses, in der Arkadenzone der Nordwand. Die Freskomalerei stammt vom Ende des 14. Jh. Die schwerbeschädigte Kirche wurde 1949/50 wiederhergestellt.

Im Stadtgebiet Duisburgs sind zwei Burgen erhalten, Haus Angerort und Oberhof. HAUS ANGERORT im Stadtteil Hüttenheim, unmittelbar am Rhein, südlich der Mündung der Anger, wurde 1433 als feste Wasserburg errichtet, zehn Jahre nach der Vereinigung der Herzogtümer Jülich und Berg. Sie sollte als nördliche Grenzfestung gegen Kleve dienen. Oft umkämpft, ist von der einstigen Wasserburg nur ein zweistöckiger Putzbau mit Walmdach geblieben, deren Kern aus dem 18. Jh. stammt. Da er sich heute auf dem Gelände der Mannesmann-Hüttenwerke befindet, ist er relativ schwer zugänglich. Der OBERHOF (Friedrich-Weber-Str. 364) in Duisburg-Beeck, ist ein zweigeschossiger, fünfachsiger Backsteinbau von 1665. Die südliche, im letzten Jahrhundert veränderte Giebelfront wurde 1958 nach dem Vorbild der erhalten gebliebenen Nordfront wiederhergestellt. Auf dem Oberhof saßen im Mittelalter die Schultheißen des Stiftes Essen.

Eine Stadt, die wie Duisburg durch die Industrie bestimmt ist, besitzt auch technische Denkmäler. Erwähnung verdient der HEBETURM in Duisburg-RUHRORT, der am Eisenbahnhafen 1854–56 errichtet wurde. Mit seinem Gegenstück auf der linken Rheinseite diente er dem leichteren Transport der Eisenbahnwagen vom Gleiskörper auf ein Trajektschiff. Er verlor seine Funktion, als 1885 die Rheinbrücke errichtet wurde.

Die VINCKESÄULE erinnert an den um den Ruhrorter Hafen verdienten Oberpräsidenten, Ludwig Freiherr von Vincke. Sie wurde 1845 errichtet und mit der Bronzefigur der Felicitas Publica nach Entwurf von Daniel Christian Rauch gekrönt. 1925 schuf Leopold Fleischhauer das Relief mit dem Brustbild. Die 12 m hohe Vinckesäule hat 1962 ihre endgültige Aufstellung in der Grünanlage an der nördlichen Auffahrt der Rheinbrücke Ruhrort-Homberg gefunden.

Ein technisches Denkmal eigener Art ist das SCHIFFAHRTSMUSEUM ›Oskar Huber‹ in der Steigerschifferbörse in Ruhrort. Das Schiff wurde 1922 als Radschleppboot in Ruhrort gebaut und tat noch nach dem Zweiten Weltkrieg Dienst. 1971 übernahm die Stadt Duisburg die ›Oskar Huber‹ als letzten Radschleppdampfer und machte ihn zu einem Museum. In ihm wird die Geschichte der Binnenschiffahrt sichtbar gemacht, darüber hinaus soll aber auch die Geschichte des Stadtteils Ruhrort gezeigt werden.

In Duisburg-MEIDERICH wurde 1881 der Bildhauer Wilhelm Lehmbruck geboren. Sein Andenken bewahrt das WILHELM-LEHMBRUCK-MUSEUM, Düsseldorfer Straße 51, am Kantpark (Abb. 39). Architekt ist Manfred Lehmbruck, der Sohn des Bildhauers. Das Gebäude ist überwiegend aus Glas errichtet. Das Museum will nicht nur das Gesamtwerk des Duisburger Bildhauers dokumentieren, sondern darüber hinaus internationale Plastik und Objektkunst sowie deutsche Malerei des 20. Jh. (Abb. 37, 38).

Mülheim an der Ruhr

Die Silhouette der östlich an Duisburg anschließenden Stadt Mülheim an der Ruhr wird durch Schloß Broich, das Rathaus und die Petrikirche bestimmt. Mülheim verdankt seinen Aufschwung der Ruhrindustrie. Hatte das Kirchspiel Mülheim um 1600 erst rund 2000 Einwohner, so stieg es infolge der Ruhrschiffahrt schon bis zum Ende des 18. Jh. zu einem der erfolgreichsten Orte des heutigen Regierungsbezirks Düsseldorf auf. Mehr als die Hälfte aller Ruhrschiffer und die bei ihnen beschäftigten Tagelöhner hatten in der Mitte des 19. Jh. ihre Wohnung in Mülheim. Die Entwicklung der Industriestadt wurde vor allem durch die Familie Stinnes vorangetrieben. Der Aufstieg dieser Familie begann mit Mathias (1790–1845), der sich als Reeder und Industrieunternehmer betätigte. Auf dem Mülheimer Friedhof steht das Grabmal der Familie

73

MÜLHEIM AN DER RUHR

Mathias Stinnes, eine auf profiliertem Sockel sich verjüngende breite Stele. Im Giebel zeigt sie den Schmetterling als Symbol der Unsterblichkeit. Heute ist Mülheim eine Stadt von rund 200 000 Einwohnern. Die Hoffnungen, die Stadtwerdung 1808 auch städtebaulich zum Ausdruck zu bringen, gingen lange nicht in Erfüllung. Die Zersiedelung der Landschaft wurde noch durch die Gartensiedlungen zu Anfang unseres Jahrhunderts gefördert. Dennoch entbehrt die Industriestadt Mülheim nicht der Sehenswürdigkeiten.

Das geschichtsträchtigste Denkmal ist SCHLOSS BROICH. Die Ausgrabungen der sechziger Jahre geben über die baugeschichtliche Entwicklung Auskunft. Die Anfänge reichen bis in die spätkarolingische Zeit zurück. Wahrscheinlich hat der ostfränkische Herzog Heinrich 883/884 Burg Broich als Sperrfestung vor den Normannenstürmen zum Schutz der Reichsabtei Werden errichten lassen. Ein 9 m breiter Graben und eine Ringmauer aus Ruhrsandstein schützten das ovalförmige Areal, das sechs oder sieben Bauten umschloß. Von diesen stand der wichtigste Bau ziemlich in der Mitte der Anlage. Er enthielt Repräsentations- und Wohnräume. Sein südlicher Teil wurde im 11./12. Jh. zu einem quadratischen Turm umgestaltet. 1188 erwarb der Kölner Erzbischof Philipp von Heinsberg Burg Broich und baute sie als Befestigungsanlage aus. Er umgab sie mit einer neuen Ringmauer, den quadratischen Turm ließ er in einen Rundturm einbetten. Durch die Ausgrabungen sind die Fundamente des quadratischen und des Rundturms freigelegt und können besichtigt werden. Die staufische, im 16. und 17. Jh. verstärkte Ringmauer steht fast noch in vollem Umfang. Der Palas auf der Südseite des Außenhofes gehört in seinem Kern noch dem späten 14. Jh. an. 1372 fiel Burg Broich an das Haus Limburg. Die neuen Besitzer erweiterten die Burg. Von diesen Erweiterungsbauten ist aber nur noch der Palas erhalten. In der Soester Fehde 1443 hat auch Burg Broich erheblich gelitten, weitere schwere Schäden fügte ihr der Spanisch-Holländische Krieg 1598 zu. Die jetzige Gesamtanlage geht im wesentlichen auf Graf Wilhelm Wirich (1634–82) zurück. Er baute 1644–48 den Palas schloßartig aus. Auch die beiden Rundtürme der Ringmauer des Außenhofes stammen aus dieser Zeit. Ein Umbau des späten 18. Jh. ersetzte den gotischen Flankierturm neben dem Hofportal des Palas durch einen polygonalen zweigeschossigen Anbau. Bei dieser Gelegenheit wurde auch die Hoffassade verändert. Der unregelmäßige Trakt an der Westseite des Palas erhielt um 1780 Mansarddächer.

Noch stärkere Veränderungen hat sich im Laufe der Jahrhunderte SCHLOSS STYRUM gefallen lassen müssen, einst Besitz der Linie Styrum des Limburger Grafenhauses, seit 1959 Besitz der Stadt Mülheim, die dort eine Altentagesstätte einrichtete. Trotz der Umbauten nach 1890 ist der Eindruck der barocken Gestalt von 1658 nicht ganz verwischt worden.

Die PETRIKIRCHE, ein Neubau von 1870, bewahrt vom mittelalterlichen Vorgängerbau den vorgesetzten Westturm – in seinen vier Untergeschossen stammt er aus dem 12. Jh. – und die Chorapsis. Die Bruchsteinbasilika griff Formen der Spätgotik auf, interpretierte aber den Charakter der mittelalterlichen Wände in romantischer Weise. So beließ man den Kohlensandstein in seinem naturhaft rohen Zustand, nahezu un-

Blick von Schloß Broich auf Mülheim mit Petrikirche. Kolor. Stahlstich, um 1820. Städt. Museum Mülheim a. d. Ruhr

behauen und unverputzt. Ein flaches Walmdach schließt die drei Schiffe zu einer klaren großen Form zusammen. Beim Wiederaufbau nach der Kriegszerstörung erhielt das Langhaus im Mittelschiff eine Flachdecke. Vor der Kirche steht das Gerhard-Tersteegen-Denkmal, eine Grabstele mit vierseitigem Giebel und Eckakroteren in Ruhrsandstein. Der aus Moers stammende Prediger und Dichter Gerhard Tersteegen (1697–1769) fand sein letztes Wirkungsfeld in Mülheim, so daß hier ein Zentrum des Pietismus entstand. In der Teinerstraße 1 befindet sich das TERSTEEGEN-HAUS. Ursprünglich diente es als Gaststätte und Brauerei. 1746 nahm Tersteegen hier Quartier und versammelte seine Anhänger um sich. Seine Predigten fanden einen so großen Zulauf, daß nicht alle Hörer Platz finden konnten. Deshalb ließ er an Wänden und Decken Schallöcher anbringen. Das Haus war zugleich Pilgerherberge, Apotheke für seine Kräutersammlung und Arztpraxis. Es ist ein zweigeschossiges Traufenhaus in Fachwerk. Das Erdgeschoß erhebt sich über einer hohen Substruktion aus Ruhrsandstein. Heute dient es als Heimatmuseum. Ein Raum ist Tersteegen selbst gewidmet, ein weiterer dem Arzt und Schriftsteller C. A. Kortum (1745–1824), dessen ›Jobsiade‹ eine Satire auf die studentischen Verhältnisse an der alten Universität Duisburg ist.

Als Tochterkloster unterstand die 1214 gegründete Zisterzienserabtei MARIA SAAL in Mülheim-SAARN dem Kloster Kamp. Hier fanden die Töchter des niederen Adels Auf-

MÜLHEIM AN DER RUHR

nahme. Die heutige Kirche ST. MARIA HIMMELFAHRT stammt aus der Mitte des 13. Jh. Vom Gründungsbau ist das einschiffige Bruchsteinlanghaus auf zwei kreuzrippengewölbten Jochen erhalten. Den romanischen Altarraum ersetzte 1895–97 ein neuromanischer Erweiterungsbau aus Bruchstein. Von der Ausstattung verdienen Erwähnung ein Gabelkreuz des 14. Jh. und ein Vesperbild um 1500. Die Abteigebäude, eine weitläufige Anlage aus dem 18. Jh., sind zu einem guten Teil erhalten geblieben. Die Äbtissin Maria Theresia von Reuschenberg – sie ist die einzige Saarner Äbtissin, von der sich ein Porträt erhalten hat – ließ 1729 vor dem Westflügel des Kreuzganges den Äbtissinnenflügel errichten, ein zweigeschossiges Backsteinhaus mit Krüppelwalmdach. Sie muß aber schon bald nicht mehr damit zufrieden gewesen sein, denn 1735 entstand außerhalb des Klosters ein neues Äbtissinnenhaus, ein zweigeschossiges Traufenhaus aus Fachwerk (Otto-Pankok-Straße 63). Dieses Gebäude ist das Geburtshaus des Malers Otto Pankok (1893–1966). Hier verbrachte er seine Kindheit und Jugend bis zum 20. Lebensjahr. An der Rückseite des Hauses steht in einem englischen Garten ein Zementabguß der Bronzeplastik ›Zigeunerkind‹ von Pankok. Ein hölzernes Blockhaus, um 1903 errichtet, diente dem Künstler als Atelier (vgl. auch S. 194).

Das STÄDTISCHE KUNSTMUSEUM, Leineweberstr. 1, sammelt seine Werke wie auch die seines Jugendfreundes Werner Gilles (1894–1961). Von den Künstlern des 19. Jh. ist vor allem Wilhelm Kaulbach (1805–1874) vertreten, da sein Vater seit 1816 in Mülheim als Kupferstecher lebte und er seine Jugend in Mülheim verbrachte.

Auch in der Kirchenarchitektur konnte Mülheim schon früh einen neuen Weg beschreiten. Die Pfarrkirche ST. MARIÄ GEBURT, 1928/29 von Emil Fahrenkamp errichtet, ist eine der frühesten katholischen Sakralbauten der neueren Architektur. Fahrenkamp verband in glücklicher Weise Gestaltungsprinzipien der Gruppen ›De Stijl‹ und des ›Bauhauses‹ mit expressionistischen. Die Kirche ist in wenige, große kubisch-geometrische Baukörper gegliedert. Kuben und Flächen durchdringen sich wechselseitig und streben auseinander. Die runden Abschlüsse der Fenster bilden einen wirksamen Kontrast zu den sonst konsequent geradlinigen Formen.

Kultureller und gesellschaftlicher Mittelpunkt Mülheims ist die STADTHALLE. Ihre Hauptfassade weist zur seeartig sich weitenden Ruhr hin. Vor einem mächtigen Kubus, der Zuschauer- und Bühnenhaus des Theaters enthält, steht ein breiter zweigeschossiger Risalit mit langgestreckten seitlichen Flügeln. Der Außenbau stammt von Hans Großmann, 1923–25. Für die Innenarchitektur zeichnete Emil Fahrenkamp verantwortlich. 1943 schwer beschädigt, wurde die Stadthalle bis 1957 von Gerhard Graubner wieder aufgebaut und erweitert. Graubner hielt sich dabei an eine Anzahl der Motive von Fahrenkamp, die er allerdings stark vereinfachte. Im Foyer blieben zwei Mosaike von Jan Thorn Prikker erhalten. Sie stellen die geistliche und die weltliche Musik dar. Die Figuren werden durch Überschneidungen und Brechungen in reine Bewegungsmotive und Ornamente aufgelöst. Dazu kommen die intensiven Farben. Sie machen deutlich, daß es dem Künstler um die Umsetzung der Musik in das Visuelle geht.

III   Linksrheinische Großstädte

Krefeld

Das heutige Krefeld vereint drei Städte mit jeweils eigener Geschichte: Krefeld, Linn und Uerdingen. Krefeld war einst eine Exklave der Grafen von Moers. 1373 wurde sie unter Graf Friedrich II. zur Stadt erhoben. Dank der in religiöser Hinsicht toleranten Haltung der Oranier – Moritz von Oranien erwarb 1600 die Grafschaft Moers – begann der wirtschaftliche Aufstieg der Stadt im 17. Jh. Die Textilindustrie fand die Förderung der preußischen Könige, die 1702 die Oranier ablösten. Die friderizianische Prägung der Stadt wirkt bis in unser Jahrhundert nach. Linn gehörte im Hochmittelalter den Kölner Erzbischöfen, die es im 13. Jh. zur Stadt erhoben und als Lehen an das Haus Kleve gaben. Nach dem Aussterben der klevischen Linie im Mannesstamm, gelang dem Kölner Erzbischof Friedrich von Saarwerden 1388 der Rückerwerb von Burg, Stadt und Land Linn. Linn diente fortan als kurfürstliche Landesburg. Rheinüberschwemmungen machten eine Verlegung landeinwärts nötig. Anfang des 14. Jh. befestigte Heinrich von Virneburg die Stadt. Sie besaß damals mit 12 ha die vierfache Größe von Krefeld. Uerdingens Bedeutung bestand darin, daß es – abgesehen von der Exklave Rheinberg – die nördlichste Niederlassung des Kurfürstentums Köln und zugleich kurfürstliche Zollstätte war. Erst im 19. Jh. überflügelte Krefeld Uerdingen. Die Notwendigkeit, die leicht krisenanfällige Textilindustrie durch andere Gewerbezweige zu ergänzen und für den Transport der Güter bessere Bedingungen zu schaffen, ließ Krefeld zum Rhein hinstreben. 1906 wurde Linn eingemeindet und der Rheinhafen angelegt. Inzwischen war auch Uerdingen Industriestadt geworden, und seine Nähe zu Krefeld verhinderte die Ausdehnung. Der Zusammenschluß 1929 war daher ein Gebot wirtschaftlicher Vernunft.

Inmitten ihrer mächtigen Industriewerke besitzt die Stadt Krefeld in der WASSERBURG LINN ein kostbares und historisch wertvolles Kleinod (Ft. 9; Abb. 47). Zudem hat sie sich ihre ursprüngliche Gestalt weitgehend bewahren können. Zwar brannte sie im Spanischen Erbfolgekrieg 1702 fast vollständig aus, doch blieb das Mauerwerk erhalten. Die Kölner Kurfürsten Josef Clemens und Clemens August planten den Wiederaufbau, konnten ihn aber nicht verwirklichen. Clemens August begnügte sich schließlich mit der Errichtung eines schlichten Jagdschlosses in der Vorburg (um 1740). Nach

KREFELD BURG LINN

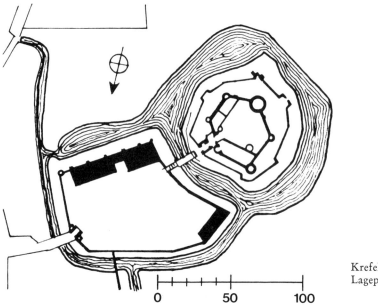

Krefeld-LINN
Lageplan der Burg

der Säkularisierung erwarb 1806 der Krefelder Kaufherr Isaac de Greiff das gesamte Burggebiet. Das Jagdschloß ließen er und sein Sohn erneuern und außerdem die sogenannte Zehntscheune errichten. Die Burg sollte als ›echte‹ Ruine den Mittelpunkt eines Landschaftsgartens bilden. Deshalb sahen die Besitzer von Restaurierungsversuchen ab, wie sie sonst im 19. Jh. üblich waren. 1926 erwarb die Stadt Krefeld Burg und Vorburg. Heute gehört sie zum Landschaftsmuseum des Niederrheins.

Die baugeschichtliche Entwicklung läßt sich gut dokumentieren. Im 12. Jh. muß der Vorläufer der heutigen Hauptburg auf einer ›Motte‹, einem künstlichen von einem Graben umzogenen Hügel, errichtet worden sein. Diese Burg bestand aus einem einfachen, in Tuffstein errichteten rechteckigen Wohnturm. Seine Grundmauern wurden 1948 bei Ausgrabungen gefunden. Ihr Verlauf ist heute im Burghof durch Ziegelsteine markiert. Von Anfang an dürfte die Burg neben der Haupt- und Wehrburg auch schon die Vor- bzw. Wirtschaftsburg besessen haben. Friedrich von Saarwerden ließ im 14. Jh. die Hauptburg zu einer sechsflügeligen Wohnburg umgestalten, die im 15. Jh. zu einem Schloß ausgebaut wurde. Dadurch wurde eine stärkere Sicherung notwendig. Die äußere Ringmauer mit Wehrgang, Brustwehr, Schießscharten und Sehschlitzen, die kurz nach dem Umbau zum Schloß entstand, genügte im späten Mittelalter zur Verteidigung. Mit der beginnenden Neuzeit aber war sie unzureichend. Deshalb wurden im späten 16. Jh. Erdbastionen und Grabenanlagen um Burg und Stadt Linn errichtet. Sie sind im weiteren Umkreis des Burgenbereiches noch feststellbar.

Die Baugeschichte von Burg Linn hat Albert Steeger mit Sorgfalt und Verständnis erforscht. Er baute darüber auch das LANDSCHAFTSMUSEUM DES NIEDERRHEINS auf, in das die Burg Linn mit einbezogen ist. In einem benachbarten einstigen Bunker, dem man seine ursprüngliche Funktion kaum mehr ansieht, haben die Abteilungen Ur- und Frühgeschichte, Burg-, Stadt- und Landesgeschichte sowie Volkskunde des Niederrheins ihren Platz gefunden.

Verhältnismäßig bescheiden sind die Funde aus der Stein- und Bronzezeit. Immerhin besitzt das Museum ein besonders schönes Gefäß mit Kerbschnittverzierung der späteren Urnenfelderzeit, das am Heidberg bei Gellep entdeckt wurde. Faszinierender als die Zeugnisse der Vorgeschichte sind die *römischen Fundstücke*. Auch sie stammen größtenteils aus den Gräberfeldern von Gellep. An den Tongefäßen läßt sich sowohl die Entwicklung der Schwarzfirniswaren wie der Terrasigillata ablesen, die für das feinste römische Tafelgeschirr verwendet wurde. Häufig waren in Gellep Trinkbecher mit aufgemalten Inschriften, sogenannte Spruchbecher. Überraschend ist die buntglasierte Tonware, deren Herstellung sich sonst nur in Pannonien nachweisen läßt. Ein Töpfer aus Gellep muß in konstantinischer Zeit das ›Rezept‹ gewußt haben. Die zahlreichen Gläser, die vorwiegend aus Gräbern des 4. Jh. stammen, werden vermutlich der Kölner Manufaktur verdankt. Ungewöhnlich sind zwei Trinkhörner aus Glas sowie eine gläserne Dreifachkanne. Hauchdünn und fast völlig entfärbt ist das Glas einer halbkugeligen Schale. Sie ist zudem mit einem Trinkspruch und mit Darstellungen des jugendlichen Gottes Bacchus in Begleitung zweier Zecher in Ritztechnik geschmückt.

Die Franken übernahmen von den Römern die Liebe zum Glas. Dabei bevorzugten sie bizarre Formen. Das zeigen die Rüsselbecher, die ebenfalls im Museum gut vertreten sind. Um die Mitte des 5. Jh. tauchen in den Frauengräbern Bügelfibelpaare auf. Der älteste Typ gab der ganzen Gruppe den Namen: *Krefelder Fibeln*. Glanzstück und Hauptanziehungspunkt der fränkischen Abteilung ist das 1962 entdeckte *Fürstengrab* mit seinen zahlreichen Beigaben, Waffen und Hausgeräten, aber auch einer Goldmünze. Diese ist eine fränkische Nachprägung eines Solidus des oströmischen Kaisers Anastasius I. (491–518). Man hatte sie dem Toten als Charonpfennig für die Überfahrt ins Jenseits in den Mund gelegt. Das kostbarste Stück seiner Ausstattung aber ist ein aus Eisen und Bronze gefertigter, auf der Außenseite vergoldeter Spangenhelm. Wertvoll auch der Fingerring aus massivem Gold mit Filigranverzierung und antiker Gemme aus zweifarbigem Chalcedon. Übrigens wurden dem Toten auch eine Henkelkanne und eine Schale aus Glas mit eingeschliffenen menschlichen Figuren, römische Erzeugnisse des 4. Jh., die somit bei seinem Ableben schon 200 Jahre alt waren, mit ins Grab gegeben. Das Band eines Bronzekännchens scheint einen Hinweis auf seinen Namen zu geben. Die Inschrift auf ihm lautet in deutscher Übersetzung: »Arpvar lebte glücklich und war überall hoch angesehen«.

›Burg und Stadt am Niederrhein‹ war der Titel einer Ausstellung 1938 in Krefeld. Nach Karten und Stichen wurden dafür Modelle fast aller Städte des linken Niederrheins, nördlich von Köln, angefertigt, so wie sie um 1650 aussahen. Die *Modellsamm-*

KREFELD-LINN HAUS GREIFFENHORST · ST. MARGARETE

lung ist auch heute noch ein wertvoller Besitz des Museums. Dazu kommen Modelle von niederrheinischen Burgen und solche, die die Entwicklung des niederrheinischen Bauernhauses veranschaulichen. Reichhaltig die Sammlung von Bauernkeramik des 18. und 19. Jh., die in Hüls, Issum, Schaephuysen, Sevelen, Sonsbeck und Tönisberg hergestellt wurde.

Die Räume der Linner Hauptburg wurden mit niederrheinischem Mobiliar des 16.–18. Jh. ausgestattet (Abb. 46). Bemerkenswert sind vor allem vier flämische Wandteppiche, 16. und Anfang 17. Jh. In dem kleinen Jagdschloß wird die niederrheinische Wohnkultur des 18. und 19. Jh. durch Bilder, Mobiliar und Ausstattung dokumentiert. Vor allem sei auf das Marianne-Rhodius-Zimmer hingewiesen. Es besitzt Wandmalereien, die um 1835–40 entstanden und die denen der Herberzhäuser in Uerdingen nahestehen. Wahrscheinlich stammen sie vom gleichen Maler. Die vier Jahreszeiten symbolisierte er durch Blumen- und Früchtekränze.

Der Greiffenhorstpark nahe Schloß Linn trägt seinen Namen nach HAUS GREIFFENHORST (Ft. 8). In seinem von dem Gartenarchitekten Maximilian Friedrich Weyhe angelegten Landschaftsgarten ließ sich Cornelius de Greiff 1838–43 ein Garten- und Jagdschlößchen errichten. Im Typus ist das zierliche, drei Stockwerke hohe verputzte Oktogon von Haus Greiffenhorst den Gartenbauten und Landsitzen der 2. Hälfte des 18. Jh. verwandt. Vom Sockel bis zur Fahnenstange herrschen die Gesetze der Trigonometrie und das Ebenmaß des Goldenen Schnitts. In seinen gestreckten Proportionen, dem klaren Umriß, in den Einzelformen sowie der Unterteilung durch Pilaster und hohe Fenster erinnert der Zentralbau an den Berliner Klassizismus Schinkels. Seit 1924 im Besitz der Stadt Krefeld, war es in den zwanziger Jahren ein beliebtes Café. Nach Kriegsschäden wurde das Schlößchen Anfang der siebziger Jahre wiederhergestellt. Seine neue Bestimmung ist es, würdiger Rahmen repräsentativer Veranstaltungen zu sein.

Die im 14. Jh. errichtete STADTMAUER blieb zum guten Teil erhalten, die Stadttore allerdings sind bis auf Reste des Steintores abgetragen. In seiner Nähe steht auch das sogenannte Alte Zollhaus. Es besitzt besonders schöne Giebel. An die kurfürstliche Zeit erinnert das zweiflügelige, zweigeschossige Eckhaus mit Mansarddach – Albert-Steeger-Straße 19 –, ein Backsteinbau von 1785. Er gilt als ehem. Wohnhaus des kurfürstlichen Kellners. Eine Reihe Häuser des 17. und 18. Jh. sind sehenswert. Der Fachwerkbau Margaretenstraße 19 – von 1665, mit gemusterten Steinlagen innerhalb des hölzernen Gerüstes im Obergeschoß – ist heute das einzige Beispiel derartiger Backsteinausfachungen in Krefeld.

Als Ersatz der mittelalterlichen, 1814 zum Teil eingestürzten Kirche wurde in der Rheinbabenstraße die Pfarrkirche ST. MARGARETE 1819/20 als einfacher Backsteinsaal mit eingezogenem Chor und Turm im Norden errichtet. Wegen der vorgegebenen Grundstücksverhältnisse war eine Ostung nicht möglich. Als kostbarsten Besitz aus der alten Pfarrkirche birgt sie einen fast lebensgroßen *Kruzifixus*. Dieser steht am Ende der Reihe der nach Köln lokalisierten Gabelkruzifixe. Gleich ihnen hat er den schmerz-

35 Eine der typischen niederrheinischen Pumpen

36 Duisburger Hafen

DUISBURG   WILHELM-LEHMBRUCK-MUSEUM

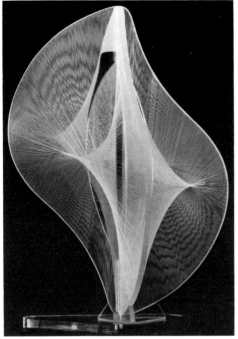

37   N. Gabo, Lineare Konstruktion II. 1949   38   R. Belling, Der Dreiklang. 1919

39   Museumsbau von Manfred Lehmbruck

40 KREFELD Windmühle in Vehrberg

41 KREFELD Renovierte Wohnhaus-Fassaden. 19. Jh.

KREFELD

42 Kaiser-Wilhelm-Museum Niederrheinische Spätgotik
43 Kaiser-Wilhelm-Museum Pop- und Minimal Art
44 Rathaus. 1791–94
45 Floh'sches Haus. 1766

BURG LINN

46 Rittersaal mit flämischen Wandteppichen
47 Hauptburg und Vorburg mit Zehntscheune und Jagdschlößchen

MÖNCHENGLADBACH

48 Schloß Rheydt   Hofarkaden. 16. Jh.
49 Haus Horst

MÖNCHENGLADBACH ST. VITUS

50 Tragaltar
51 Kapitell

53 Vitusmarkt in Mönchengladbach ▷
52 Sakristei

54 Clemens-Sels-Museum Terrasigillata-Trinkgefäß

55 Clemens-Sels-Museum Tafelbild des Peter- und-Paul-Altars. Um 1410

56 Markt Im Hintergrund St. Quirin

57 NEUSS St. Quirin von Osten

58 Burg HÜLCHRATH bei Grevenbroich

59 Schloß DYCK   Anlage von Hauptburg und Vorburg

60 Schloß MYLLENDONK bei Korschenbroich
61 Schloß DYCK mit Brückenhaus von 1769

vollen Gesichtsausdruck, den von Wundmalen bedeckten Leib, die Haltung von Kopf, Armen und Beinen. Doch entfernt er sich in manchen Details bereits von der expressiven Tendenz dieser Gruppe. Schon kündigt sich der Geist des weichen Stils an. Die Körperformen wirken ausgewogener, die Gesichtszüge edler. Das knappe Leinentuch endet in einem fast spielerisch ausschwingenden Zipfel. Der Linner Kruzifixus wurde als wundertätig verehrt und war darum viele Jahrhunderte lang Wallfahrtsziel.

Setzte die Familie de Greiff in Linn einen wichtigen architektonischen Akzent, so gilt gleiches von der Familie Herberz für Uerdingen. Noch steht das Stammhaus der Familie HERBERZ in der Oberstraße 32. Mit seiner Lage mitten in der Stadt war der Kaufherr Balthasar Herberz nicht zufrieden. An der Westseite des Marktplatzes ließ er für sich und seine beiden Brüder Jacob und Joseph eine ihrem Reichtum angemessene Residenz errichten. Gebaut wurde ein dreigeschossiger Häuserblock, 15 Achsen breit und vier tief. Die dritte, achte und dreizehnte Achse zeichnen sich jeweils durch ihren profilierten Eingang und den darüberliegenden Balkon mit Volutenkonsolen und Rosettengittern aus. Attikaartig umzieht außerdem ein Rosettengitter den Baukomplex über dem Abschlußgesims und betont dadurch die Einheit des Ganzen. Englische Vorbilder scheinen den Architekten inspiriert zu haben. Die Zuschreibung der Fresken in den Sälen des ersten Obergeschosses an die Mainzer Maler Benjamin und Jacob Orth ist nicht verbürgt. Viermal vier Wandpilaster gliedern in verschieden breiten Abständen die Säle. In diese Gliederung fügt sich die Wandmalerei ein. Groteskenartige Verzierungen schmücken die Pilaster, Blumenkörbe, Kränze und Palmettengehänge die Seitenfelder, Lyren, Schwäne, Masken die Mittelfelder. Die Farben sind warm und tonig aufeinander abgestimmt. Die Malerei ist sehr fein und zielt auf naturalistische Genauigkeit. Durch ihre Schönheit steigert sie die Festlichkeit der Säle. Noch immer sind die Herberzhäuser die Hauptzier des MARKTPLATZES. Dieser hat sich trotz einiger Modernisierungen seinen Charakter als Stadtplatz des 18. Jh. und der 1. Hälfte des 19. Jh. bewahren können. Längst ist freilich der Glanz der großen Familie verblaßt. Die Herberzhäuser gingen Ende des 19. Jh. in öffentlichen Besitz über. Rathaus, Apotheke und Amtsgericht fanden dort ihr Domizil.

Außer den Herberzhäusern gibt es in Uerdingen noch eine Reihe sehenswerter vornehmer Bürgerhäuser aus dem 17. bis 19. Jh. Das ALTE RATHAUS am Marktplatz 10 ist ein fünf Achsen breites, zweigeschossiges Traufenhaus mit Satteldach aus dem ersten Viertel des 18. Jh. (Ft. 7). Trotz kleinerer Abänderungen entspricht es noch heute dem einer Zeichnung des Jan de Beyer von 1739. Die Mittelachse wird durch die kleine Freitreppe und das Oberlichtportal betont. Über ihm das Stadtwappen, darüber der Mittelgiebel mit seitlichen Voluten und abschließendem gebrochenen Giebeldreieck. Die Inschrift über dem Portal weist darauf hin, daß Uerdingen kurkölnischer Besitz war.

Der Uerdinger Heimatbund wählte sich als Residenz den BREMPTER HOF (Krefelder Straße und Mühlengasse). Von dem ursprünglichen mittelalterlichen Bau ist nur der Torturm erhalten. Den übrigen Komplex ließ Heinrich Wilhelm Herberz 1821 durch einen Neubau ersetzen.

◁ 62 KNECHTSTEDEN Blick auf die Westapsis mit Wandgemälde. 12. Jh.

KREFELD ST. PETER · STADTMAUER · HAUS LEYENTAL

Liebevoll ›Et Klöske‹ [Das Kläuschen] bezeichnet der Volksmund die einstige Hospital- oder Gasthauskapelle zum hl. Michael und bezieht sich dabei auf die Statue des hl. Nikolaus in der Nische über dem Eingang. Johann Matthias Herberz hatte sie 1792 für die alte Pfarrkirche gestiftet, die 1799 durch einen furchtbaren Eisgang des Rheins zerstört wurde. Die Kapelle wurde im 15. Jh. für das bereits seit längerem bestehende Hospital als einschiffiger Bau mit dreiseitigem Chorschluß errichtet. Im 18. Jh. hat man die Giebelfassade erneuert.

Das Unglück des Eisgangs überdauerte der 1381–83 errichtete viergeschossige Westturm der Pfarrkirche ST. PETER. Ihn überhöhen eine achtseitige Schieferpyramide und vier zwiebelgekrönte Ecktürmchen (Ft. 7). In Notzeiten diente er der Bevölkerung als Zufluchtsstätte. Seine Obergeschosse waren daher früher nur über Leitern von außen zu erreichen. Noch kann man den einstigen, heute vermauerten Einstieg auf der Südseite in der Höhe des Dachansatzes wahrnehmen. Das 1800–03 errichtete Langhaus brannte 1943 aus. Dabei ging leider auch die spätbarocke Ausstattung verloren. Bis 1953 erfolgte der Wiederaufbau, im Inneren wesentlich vereinfacht.

Das mittelalterliche Wallgrabensystem blieb im Süden und an der Rheinfront im Osten noch erhalten. Hingegen stehen heute nur noch Teile der um 1325–30 angelegten STADTMAUER. Sie bildete nahezu ein Rechteck und besaß vier Ecktürme. Noch steht an ihrer einstigen Südwestecke der 18 m hohe Eulenturm. Wie aus Merians Topographie hervorgeht, diente er bereits im 17. Jh. als Windmühle. Diese Funktion blieb ihm bis 1795 erhalten.

Obwohl auch KREFELD mit Burg Krakau eine mittelalterliche Burg besessen hat, haben sich keine mittelalterlichen Bauwerke in der Stadt erhalten. Gegenüber Linn und Uerdingen wirkt Krefeld neu. Klein ist sein Altstadtkern. Seit 1692 wurden ihm die Rechtecke der Stadterweiterungen angefügt. Trotz der Kriegszerstörungen und obwohl nach dem Zweiten Weltkrieg zuweilen allzu leichten Herzens die Chancen des Wiederaufbaus in den alten Formen vertan wurden, hat sich die Stadt Krefeld noch einiges vom klassizistischen Ebenmaß bewahrt. Ihren Aufstieg als Textil-, insbesondere als Seidenstadt verdankt sie vor allem der Familie von der Leyen. Diese gehörte wie manch andere Kaufmannsfamilie dem Bekenntnis der Mennoniten an. So ist der älteste erhaltene Bau Krefelds auch der Torbau der mennonitischen Kirche. Heute liegt der einstige Eingang an der Rückseite der Kirche. Diese wurde 1693 innerhalb der ersten – oranischen – Stadterweiterung als rechteckige Saalkirche errichtet. 1843 hat man ihre Westseite verlängert und eine halbrunde Apsis angefügt. Das machte eine Umorientierung notwendig. Der Eingang befindet sich jetzt in der Königsstraße. Luftangriffe 1943 haben die Kirche schwer beschädigt. Nach dem Zweiten Weltkrieg wurde sie – im Inneren jedoch vereinfacht – wiederhergestellt.

Wie viele reich gewordene Familien versuchten auch die von der Leyens es dem Adel gleichzutun. In der Friedrichstraße Nr. 27 ließen sie sich 1766 ihr Stadtpalais erbauen (Abb. 45). Die Stuckdekoration allerdings dürfte nicht vor 1777–80 zu datieren sein. Der Bauherr Johann von der Leyen wurde 1787 geadelt. Damals ließ er auf seiner Wappenkartusche eine Krone anbringen. Durch Erbgang gelangte das Haus in den

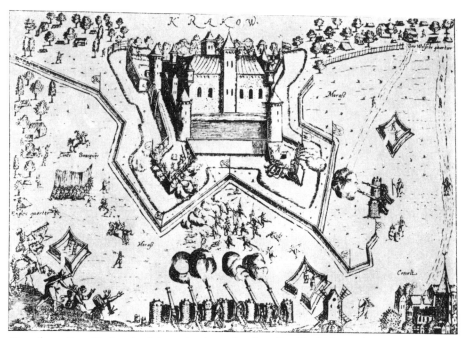

Kampf um Burg Krakau im Jahre 1605 (r. u. das damalige Krefeld). Nach einem zeitgenössischen Stich von Hogenberg

Besitz der Familie Floh. Daher heißt es heute Floh'sches Haus. Es ist ein fünf Achsen breiter, drei Geschosse hoher Putzbau mit reichem Dekor. Nach Zerstörung im Zweiten Weltkrieg ist er in seiner Außenansicht in alter Schönheit wiedererstanden.

Ebenfalls wieder aufgebaut wurde nach schwerer Beschädigung 1943 HAUS LEYENTAL, Krakauer Straße 32. Zur Zeit seiner Erbauung lag es außerhalb der Stadt inmitten ausgedehnter Gartenanlagen. Um 1785–90 ließ es sich die Familie als Sommerhaus ›Neu Leyental‹ errichten, eine zweigeschossige Dreiflügelanlage in verputztem Backstein mit Walmdächern. Dem Dach des Mitteltraktes sitzt ein Belvedere mit geschwungener Schieferhaube auf.

Das prachtvollste Haus, einen regelrechten Wohnpalast, ließ sich Conrad von der Leyen 1791–94 errichten. Entstanden ist ein dreigeschossiger Putzbau von elf Achsen Breite und drei Achsen Tiefe, mit einem mittleren Säulenportikus. Mit den sechs jonischen Kolossalsäulen, die das reich gegliederte, den gesamten Baublock nach oben abschließende Gebälk tragen, wollte der Bauherr seine Macht zur Schau stellen. Diese zeigte sich auch in der Wahl des Terrains, das außerhalb der Stadtumwallung lag. Die Stadtmauer mußte daher eigens um das Grundstück herumgeführt werden.

Wie auch in Uerdingen ist der Glanz dieser alten Kaufmannsfamilien erloschen. Bereits um 1860 erwarb Krefeld das Gebäude als sein neues RATHAUS (Abb. 44). Für die

KREFELDER MUSEEN · MÖNCHENGLADBACH

Bedürfnisse einer wachsenden Industriestadt gegen Ende des 19. Jh. reichte das Haus nicht mehr aus. 1891 wurde der Nordflügel im Renaissancestil angefügt. In den dreißiger Jahren war eine abermalige Erweiterung notwendig. Die schweren Zerstörungen des Zweiten Weltkrieges wurden beseitigt. 1958 entstand der neue Südostteil.

Im Bereich der einstigen Burg Krakau errichtete sich die Familie von Beckerath das ›Schloß‹ und das ›Hohe Haus‹. Das ›Schloß‹ fiel 1943 einem Luftangriff zum Opfer. Erhalten blieb das HOHE HAUS, ein eingeschossiger Backsteinbau mit Mansarddach. Er steht auf den Resten der ehem. Befestigungsanlage. Diesem Umstand verdankt er seinen Namen. Das Bauwerk des späten 18. Jh. ist durch Anbauten im 19. Jh. ergänzt worden. Kriegsschäden konnten behoben werden.

Krefeld besitzt nicht nur bedeutende Bauwerke des ausklingenden 18. und des 19. Jh., sondern auch aus unserer Zeit. Vor allem müssen in der Wilhelmshofallee die beiden 1928 von Mies van der Rohe gebauten Häuser erwähnt werden, Haus Lange, Nr. 91, und das Nachbarhaus für Joseph Esters. Der Architekt wandelte den Bautypus für die beiden Häuser nur wenig voneinander ab. HAUS LANGE ist ein zweigeschossiger Backsteinbau mit flachem Dach. Er besteht aus mehreren asymmetrisch aneinandergesetzten Kuben mit vor- und zurückspringenden Terrassen und Balkonen. Die Inneneinrichtung war ganz auf die Sammlung ihres Besitzers, Hermann Lange, abgestimmt. Nach dem Zweiten Weltkrieg stellte Dr. Ulrich Lange das Haus dem Kaiser-Wilhelm-Museum für Ausstellungen zur Verfügung. Daß er diesen Entschluß faßte, geht nicht zuletzt auf die Initiative von Paul Wember zurück, der nach dem Zweiten Weltkrieg rund ein Vierteljahrhundert lang die Entwicklung des Krefelder Kaiser-Wilhelm-Museums bestimmt hat.

1894–97 erbaute Hugo Koch das KAISER-WILHELM-MUSEUM am Karlsplatz als Ehrenmal für Kaiser Wilhelm I. Der Museumsbau lehnt an die Formen italienischer Renaissance des 16. Jh. an. Die Sammlungen wuchsen so rasch, daß 1910–12 der Anbau von zwei Seitenflügeln notwendig wurde. 1966–69 wurde der Bau in seinem Inneren modernisiert. Obwohl die Sammlungen durch die Aktion ›Entartete Kunst‹ und später durch Kriegseinwirkungen schwere Verluste erlitten, gehört das Kaiser-Wilhelm-Museum heute zu den interessantesten Museen am Niederrhein. Paul Wember gelang es, immer wieder private Sammler für sein Museum zu interessieren. Außerdem verstand er es, zur rechten Zeit ›neue‹ Kunst zu kaufen. Sein Verdienst ist es, daß sich in seinem Haus die verschiedensten avantgardistischen Tendenzen repräsentieren. Krefeld darf für sich heute in Anspruch nehmen, die umfangreichste Sammlung kinetischer Kunst in Westeuropa zu besitzen. Das Museum umfaßt folgende Abteilungen: Kunst und Kunstgewerbe vom 12. bis zum 20. Jh. (Abb. 42) – Italienische Renaissance – Deutsche Malerei des 19. Jh. – Jugendstil – Impressionismus – Deutscher und insbesondere rheinischer Expressionismus – Zeitgenössische Kunstrichtungen (Abb. 43) – Japanische Farbholzschnitte – Plakatsammlung – Internationale Druckgraphik seit 1945.

Die Textilstadt Krefeld besitzt auch ein TEXTILMUSEUM von internationalem Rang. Es wurde 1880 als Gewebesammlung gegründet, um den Lehrmittelbestand der Fachschule für Textilindustrie zu bereichern. Jedoch ist das Gebäude der Fachhochschule

Niederrhein, Frankenring 20, so beengt, daß für Ausstellungen nur ein Raum zur Verfügung steht. Wechselausstellungen sind daher notwendig. Die Sammlung umfaßt Textilien aus Ägypten und Syrien, dem Nahen und Fernen Osten – Europa – ethnologische Objekte – Wandbespannungen – Gobelins – Möbelbezüge. Ein Neubau für all diese Kostbarkeiten entsteht derzeit im Bereich der Burg Linn.

Mönchengladbach

Die beiden im Tal der Niers bzw. an ihrem Rand gelegenen Industriestädte Mönchengladbach und Rheydt wuchsen bereits zu Beginn unseres Jahrhunderts baulich zusammen. 1929 wurde aus ihnen eine Stadt. Der aus Rheydt stammende Joseph Goebbels, Propagandaminister des Dritten Reiches, setzte jedoch 1933 die Verselbständigung seiner Vaterstadt durch. Erst bei der kommunalen Neuordnung 1975 wurde Rheydt abermals Mönchengladbach eingemeindet. Beide Städte haben sich jedoch ihre Eigenart bewahrt. Mönchengladbach ist die Stadt großer Klosterbauten. Rheydt erhält durch das Schloß und die Burgen seinen besonderen Reiz.

Mönchengladbach verdankt seinen Namen der Benediktinerabtei ST. VITUS, die der Kölner Erzbischof Gero um 974 gründete. Das heutige Münster ist die dritte Abteikirche an der gleichen Stelle. Wie sich aus Fundamentresten ergibt, war der Gründungsbau (um 974–1000) ein langrechteckiger Saal – in der Breite des heutigen Mittelschiffs – mit eingezogenem Chor und einer Vorhalle im Westen. Bereits Abt Adalbero (1090–1110) plante einen großzügigen Neubau. Doch reichten die Mittel nur zur Errichtung der heute noch bestehenden dreischiffigen, halbkreisförmig endenden Hallenkrypta mit zwei je vierjochigen Kreuzarmen und zu dem nicht mehr bestehenden halbrunden Chor mit zwei Nebenchören. Zwischen 1180 und 1183 ergriff Abt Rupert die Initiative zur Errichtung des Westbaus. Wie bei St. Quirin in Neuss war auch hier eine Dreiturmanlage vorgesehen, der Plan wurde aber in beiden Fällen nicht ausgeführt. Gebaut wurden die Untergeschosse der drei Türme. Es gelang ihre Zusammenfassung zu einem breiten Sockel in der Westansicht. Diese wirkt ernst, verschlossen und wird beherrscht von dem mächtigen, rundbogigen Portal, das viermal gestuft ist. In den Stufen stehen vier Paar Säulen, die sich über den Kämpfern als Rundstäbe fortsetzen. Laubwerk und Tiere schmücken die Kapitelle (Abb. 51). Der Wechsel von Trachyt und Andesit belebt die Stufen des Portalbogens. Der Mittelturm setzt sich zunächst über breitem Gesims rechteckig fort und geht dann in das achteckige Glockengeschoß über. Die Eingangshalle im Untergeschoß des Mittelturms wird von einem Kreuzgratgewölbe überspannt. In dieser Halle haben zwei Werke der ehem. Barockausstattung Platz gefunden, der hl. Benedikt, nach dessen Regel die Mönche der Abtei lebten, und der Märtyrer Vitus, der Patron des Münsters und der Stadt. Während die Eingangshalle schlicht gehalten ist, zeichnet sich die Abtskapelle im Emporengeschoß des Turms durch

101

MÖNCHENGLADBACH ST. VITUS

reichen Bauschmuck aus. Sie gehört zu den bedeutendsten Leistungen der staufischen Architektur im Rheinland. An künstlerischer Qualität kann sie sich mit der Kaiserloge im Dom zu Speyer messen. Ein mächtiger, unprofilierter Bogen gibt den Blick nach Osten in den Kirchenraum frei.

1229–39 entstand das heutige dreijochige LANGHAUS. Der Baumeister nahm die Breite des Mittelturms als Grundmaß für die fast quadratischen Mittelschiffjoche. Die Hauptpfeiler und die nur wenig schmäleren Arkadenpfeiler des Langhauses zeigen nur in der Laibung Kämpfergesimse. Daher besitzt der Raum eine eigentümliche Herbheit. Ein einfaches Horizontalgesims trennt das Arkadengeschoß vom Obergaden. Triforium und Lichtgaden sind zur Einheit zusammengefaßt, eine Besonderheit, durch die sich das Langhaus von St. Vitus von anderen rheinischen Bauten der gleichen Periode unterscheidet. Vielleicht haben hier normannische Vorbilder anregend gewirkt. Erst Abt Wilhelm Rouver I. von Wevelinghoven (1424–1450) ließ das Gewölbe einziehen. Mächtige Pfeiler trennen die Seitenschiffe vom Mittelschiff, so daß sie wie selbständige Räume wirken. Sie sind jedoch in Gliederung, Schmuck und Charakter dem Langhaus aufs engste verwandt. Dem nördlichen Seitenschiff wurde die Martinskapelle vorgelagert, dem südlichen der Sakristeibau.

Das Langhaus sollte seinen Abschluß durch eine Dreikonchenanlage erhalten. Doch fehlten dafür die Mittel. An einen Weiterbau war nicht zu denken. Erst Abt Dietrich (1256–98) wagte es, trotz unverändert schwieriger wirtschaftlicher Lage, den Bau des CHORES zu realisieren. Er gewann als Architekten den Kölner Dombaumeister Gerhard. Um 1256 begann dieser mit dem Bau, der fast zwanzig Jahre später, am 8. April 1275, geweiht wurde. Meister Gerhard konnte sich die Erfahrungen beim Kölner Dombau und seine Kenntnis der Sainte-Chapelle in Paris zunutze machen. Seine einräumige Chorhalle, die ein wenig das Langhaus überhöht, ist nach den Prinzipien der französischen Kathedralgotik in gekonnter Vereinfachung konstruiert. Dem Baumeister gelang ein Werk, das zwar in seinen Ausmaßen bescheiden, aber in seinen Formen be-

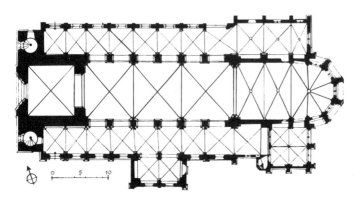

MÖNCHENGLADBACH
Ehem. Benediktinerabteikirche St. Vitus.
Grundriß

stechend schön ist. Klar und einfach ist das Äußere gegliedert. Es wird durch die Spitz-
bogenfenster und die schlanken, in der Mitte der Fenster einmal gestuften Schwebe-
pfeiler bestimmt. Der kreuzrippengewölbte Chorraum ist im Inneren in den nahezu
quadratischen Mönchschor und den um eine Stufe erhöhten siebenteiligen Altarraum
gegliedert. Reich und künstlerisch wertvoll ist der plastische Schmuck der Kapitelle,
Konsolen und Schlußsteine. Beachtung verdient im Mittelfeld der Südseite ein von
Säulchen, Wimperg und Fialen eingefaßtes Fenster für das Ewige Licht, das zugleich
als Totenleuchte für den den Chor umgebenden Friedhof gedacht war. Besonders kostbar ist das zweibahnige in vierzehn Bildfelder unterteilte *Bibelfenster* in der Achse
des Chores. Es stammt aus der Zeit der Chorweihe und ist neben den Giebelfenstern
in der Achskapelle des Kölner Domes und nach den Fenstern von St. Kunibert in Köln
die erste bedeutende Leistung der Glasmalerei in der Hochgotik. Gleichzeitig klingt
die Spätromanik nach. Gekrönt wird es durch eine etwas jüngere Rundscheibe, in der
die Wiederkunft Christi als Vollendung der Heilsgeschichte gezeigt wird. Typologisch
sind in den Bildfeldern Altes und Neues Testament aufeinander bezogen.

Gleichzeitig mit dem Chor entstand die quadratische SAKRISTEI. Ihre schlanke Mittel-
säule trägt ein Kreuzrippengewölbe (Abb. 52). Besonders schön ist ihr Eichenlaub-
kapitell. Doch besitzt auch der übrige plastische Schmuck vorzügliche Qualität. Der
Boden in Kieselmosaik zeigt den Abtstab und die beiden Wappen des ersten bürgerlichen Abts von Mönchengladbach, Jakob Hecken (1547–1583), außerdem die Jahreszahl 1577.

Von der AUSSTATTUNG verdienen zwei niederrheinische Skulpturen des Spätmittelalters besondere Aufmerksamkeit. In der Mittelapsis der Krypta steht eine *Thronende
Muttergottes,* Eichenholz, um 1500. Mit ihrer Linken stützt sie das mit einer Taube
spielende Jesuskind. Eine *Hl. Anna Selbdritt* (2. Hälfte 15. Jh.) befindet sich im Martinschor an der Stelle des ehem. Laurentiusaltares. Um die Reliquie des hl. Märtyrers
Laurentius hatte die Abtei einst hart gegen die Begehrlichkeit König Philipps II. von
Spanien zu kämpfen, der sie für den Neubau seines Escorials sichern wollte. Abt
Dietrich Hülsen (1592–1600) widerstand dem Ansinnen des Königs. Daran erinnert
eine Gedenkplatte von 1959 im Martinschor vor dem Gemälde des Laurentiusmar-
tyriums aus dem 17. Jh. Ursprünglich befand sich der Grabstein des Abtes vor dem
Laurentiusaltar. 1930 ist er gleich den übrigen erhaltenen Grabplatten an der nörd-
lichen Seitenwand aufgerichtet worden.

Nach der Besetzung Mönchengladbachs durch französische Truppen 1794 war die
Abtei gezwungen, sich von ihren goldenen Kirchengeräten zu trennen. Auch die kostbare Bibliothek wurde veräußert. Obwohl der Münsterschatz zusammengeschmolzen
ist, lohnt sich ein Besuch der SCHATZKAMMER im Ostflügel des Kreuzganges. Die Hauptkostbarkeit ist ein *Tragaltar,* Kasten aus Eichenholz, Grubenschmelzplatten, vergoldete
Kupferleisten, Köln, um 1160 (Abb. 50). An der vorderen Schmalseite, gewissermaßen
der Schauwand, thront Christus der Weltenherrscher in der Mitte, links die Gottesmutter und Johannes der Täufer, rechts die Hll. Michael und Stephanus als Fürbitter.
Auf der anderen Schmalseite ist der Ostermorgen dargestellt, das leere Grab mit dem

103

MÖNCHENGLADBACH RATHAUS · MARKTKIRCHE

Engel, den drei Frauen und den Wächtern, an den beiden Langseiten je sechs Apostel. Der Altarstein inmitten der Deckplatte besteht aus Serpentin. Umgeben ist er von vier Kupferplatten mit zehn Darstellungen in Grubenschmelztechnik, darunter Ecclesia und Synagoge neben Maria und Johannes als Begleitfiguren des Gekreuzigten. Des weiteren besitzt die Schatzkammer aus dem Mittelalter einen *Reliquienkasten* (Elfenbein, 12./13. Jh.) aus Byzanz oder wenigstens byzantinisch beeinflußt. Wertvoll sind auch die *Paramente* des 18. Jh., darunter Kaseln, mit Blumen- und Pflanzenornamenten bestickt. Historisch interessant ist das *Gladbacher Totenbuch* (1140–55 beg.) sowie ein *Chorbrevier* aus der 1. Hälfte des 15. Jh., das die Gründungsgeschichte des Klosters enthält.

Nach der Säkularisation zog eine Baumwollfabrik in die Klostergebäude. 1835 erwarb die Stadt den Besitz und nutzte ihn als RATHAUS. (Die Zerstörungen des Zweiten Weltkrieges sind beseitigt.) Anstelle des Nordflügels errichtete Konrad Beyer die ›Akademie Brunnenhof‹, Bildungsstätte des Bistums Aachen.

Etwas oberhalb der ehem. Abtei, auf dem höchsten Punkt der Stadt, liegt die Pfarrkirche St. Mariä Himmelfahrt, die MARKTKIRCHE. Die Pfarrei bestand bereits in karolingischer Zeit. Der Kölner Erzbischof Konrad von Hochstaden inkorporierte sie 1243 der Abtei. Am 9. August 1469 fand laut Inschrift unter dem Mittelfenster des Chores die Grundsteinlegung der heutigen Pfarrkirche statt, die als dreischiffige Tuffsteinbasilika errichtet wurde. Bis zur Säkularisation stellten Benediktinermönche Pfarrer und Kapläne. 1804 wurde die Abtei der Pfarrkirche unterstellt und dadurch vor dem Abbruch bewahrt. Sehenswürdig sind der Taufstein aus dem 15. Jh., zwei barocke Weihwasserbecken und das Gemälde einer Maria Immaculata, das aus der Abteikirche übernommen wurde. Die Gottesmutter steht auf einer Weltkugel. Im unteren Teil des Bildes ist eine weite Landschaft dargestellt, links die Westansicht der Münsterkirche.

Mit der Geschichte der Abtei sind auch KLOSTER UND KIRCHE DER BENEDIKTINERINNEN in Mönchengladbach-NEUWERK verbunden. Die Nonnen werden erstmals in einer 1135 ausgestellten Urkunde des Kölner Erzbischofs Bruno II. erwähnt. Sie waren stets adelig, ihre Höchstzahl auf 24 begrenzt. Von Anfang an stand das Kloster in enger Beziehung zur Abtei. 1497 schloß es sich jedoch der Bursfelder Reform an und unterstellte sich der Aufsicht des Abtes von Brauweiler. Erst 1762 kehrte es unter die Aufsicht der Mönchengladbacher Abtei zurück. Nach der Säkularisierung diente die Klosterkirche als Pfarrkirche. 1961 wurden Kirche und Klostergebäude den Salvatorianerinnen übergeben, die ein Krankenhaus einrichteten. Die Kirche ist zugleich ein Werk der Romanik und der Neuromanik. Von 1130 bis 1170 wurde sie als dreischiffige Tuffsteinbasilika errichtet. Der Chor, bestehend aus einem quadratischen Joch und einer Halbkreisapsis, erhielt 1475–91 ein Sterngewölbe. Das Kreuzgratgewölbe im Mittelschiff wurde während des 17. Jh. erneuert, die Nonnenempore 1827 beseitigt. Julius Busch, der die Restaurierung dieser Kirche übernahm, hat bei seiner Reromanisierung, 1870–90, die Spuren der nachromanischen Bautätigkeit weitgehend zu tilgen gesucht. Auf ihn geht der Bau des südlichen Seitenschiffes mit seinen Tonnengewölben zurück. Weitere Erneuerungen und Sicherungen erfolgten Mitte der zwanziger Jahre

J. G. Pulian, Blick auf Mönchengladbach von Süden. 1856. Öl a. Lwd. Städt. Museum, Mönchengladbach

und seit 1965. Von den Klostergebäuden überdauerten bis zur Gegenwart drei zweigeschossige Trakte, die im Kern aus dem 16. und 17. Jh. stammen. Anstelle des früheren Nordflügels trat ein Neubau. Die Kreuzgänge in den erhaltenen Flügeln wurden seit 1965 wiederhergestellt.

Die spätgotische Kirche ST. HELENA in Möchengladbach-RHEINDAHLEN, seit 1914 einer neugotischen Backsteinbasilika verbunden, besitzt eine Eichenholzstandfigur des *Hl. Antonius Eremita*, ein bedeutendes Werk der spätgotischen Skulptur in den nördlichen Niederlanden, Ende 15. oder Anfang 16. Jh. Stilistisch eng verwandt, vielleicht sogar von der gleichen Hand, ist eine Standfigur des *Hl. Rochus,* die sich in der 1937 errichteten Kapelle des Ortsteils Mennrath befindet.

Daß Mönchengladbach bis zum 19. Jh. noch weitgehend durch ländliche Siedlungen bestimmt war, bezeugen die erhalten gebliebenen alten Bauernhäuser. Besonders im Stadtteil Neuwerk gibt es sehenswerte Fachwerkbauten. Broichmühlenweg Nr. 42 ist ein zweigeschossiges Wohn- und Mühlenhaus aus Backstein. Über der Haustür sehen wir ein Relief mit dem Wappen des Gladbacher Abtes, Ambrosius Specht (1750–1772), in Rokokokartusche, gehalten von zwei Engeln mit Mitra und Krummstab. Noch andere Häuser im gleichen Stadtteil sind Zeugen des Wirtschaftsbesitzes der einstigen Abtei. Nach der Zerstörung im Zweiten Weltkrieg wurde der Abts- bzw. Dammerhog, das ehem. Tafelgut des Abtes, Krefelder Str. 726, wieder aufgebaut. Über der Tor-

MÖNCHENGLADBACH SCHLOSS WICKRATH · SCHLOSS RHEYDT

einfahrt befindet sich das Wappen des Erbauers, Abt Lambertus Raves (1772–99). Der Huppertzhof, Üddinger Str. 232, ist eine offene Hofanlage aus dem 17. Jh., die aus Wohnhaus, Nebengebäude und Scheunen besteht, in den sechziger Jahren für Museumszwecke ausgebaut.

Durch Eingemeindung fiel SCHLOSS WICKRATH an Mönchengladbach. Ursprünglich war es Stammsitz der schon im 11. Jh. bezeugten Herren von Wickrath, heute dient es als Landesgestüt. Von dem 1752 errichteten Hauptschloß ist leider nichts mehr erhalten. Eindrucksvoll sind noch immer die beiden Flügel der Vorburg. Sie zeigen geschweifte Giebel mit Reliefs aus Savonnière-Kalkstein – Apoll auf dem Sonnenwagen und einen Bauern, der zu der Göttin Ceres flieht. Der Park ist in Form einer Grafenkrone angelegt. In der alten Schmiede im Schloßpark wurde 1969 ein kleines vogelkundliches Museum eröffnet.

Das STÄDTISCHE MUSEUM, 1901 gegründet, will sowohl Geschichte und Kultur der Stadt dokumentieren, als auch moderne Kunstrichtungen zeigen. Da in Mönchengladbach die Textilindustrie eine nicht unwichtige Rolle spielt, lag es nahe, eine Gewebesammlung anzulegen. Über das heimische Gewerbe wurde weit hinausgegangen. Zur Sammlung gehören auch koptische Stoffe und europäische Seidengewebe. In der Aktion ›Entartete Kunst‹ 1937 ging die expressionistische Sammlung Walter Kaesbach verloren. Eine neue Sammlung expressionistischer Malerei entstand nach dem Zweiten Weltkrieg. Aber bald hieß es, über die klassische Moderne hinauszugehen. Diese Absicht zu verwirklichen, unternahm der Leiter des Museums, Dr. Johannes Cladders. Großen Gewinn bedeutete der Erwerb der Sammlung Etzold. Sie enthält vor allem konstruktivistische und konkrete Kunst. Geschlossene Werkgruppen konnten hinzugewonnen werden, z. B. Pop Art, Minimal Art, Concept Art. Dazu kommt noch eine Plakatsammlung, die sich auf die 2. Hälfte des 20. Jh. konzentriert. Für den Umfang der neuen Sammlung erwies sich das Haus in der Bismarckstr. 97 zu klein. Ein neues Museum nach Plänen von Hans Hollein ist derzeit in Bau.

Museum und Burganlage sind in SCHLOSS RHEYDT eine glückliche Verbindung eingegangen. Es liegt inmitten eines Landschaftsschutzgebietes, dem Niersbruch, am östlichen Rand der Stadt. Urkundlich wird die Wasserburg erstmals 1180 erwähnt. Im 15. Jh. war sie als Raubritternest verrufen und wurde niedergebrannt. ›Schloß und Herrlichkeit Rheydt‹ fiel 1500 Heinrich von Bylandt zu. Die nächsten drei Jahrhunderte blieb die Familie der Bylandts mit Schloß Rheydt eng verbunden. Otto von Bylandt (1525/30–1591) ließ zwischen 1558 und 1590 das Schloß um- bzw. ausbauen.

In dem Renaissancebau vereinigen sich heimische Elemente mit niederländischen und italienischen Einflüssen. Die neuzeitliche Festungsanlage geht auf das Vorbild Jülich zurück. Dort hatte man sich bereits die aus Italien importierten und in den Niederlanden erprobten Verteidigungssysteme zunutze gemacht. Rheydt ist das einzige Beispiel der Anwendung des in Jülich erstmals für eine Stadt verwendeten Systems bastionierter Wälle für eine einzelne Burg. Das Hauptschloß und die beiden Vorburgen liegen innerhalb eines Systems von fünf Bastionen und eines doppelten Grabennetzes.

Sie bilden im Grundriß einen fünfzackigen Stern. Der einzige Zugang vom äußeren Grabenring führt über eine aus Backstein gemauerte Bogenbrücke. Der innere, fast quadratisch angelegte Graben umgibt das Hauptschloß und – in nur teilweise erhaltener Erweiterung – auch die innere Vorburg. Die Bastionen im Norden, Osten und Süden sind seit 1917 wieder freigelegt und können besichtigt werden. Weitläufige, in Backstein gebaute, tonnengewölbte Kasematten mit verdeckt liegenden Positionen für Handfeuerwaffen machten jede Bastion zu einem selbständigen Verteidigungszentrum. Wall und Bastionen waren nur von der äußeren Vorburg, auch Torburg genannt, zu erreichen. Der Bau ist anscheinend nicht nach den ursprünglichen Plänen vollendet worden. Der östlich im stumpfen Winkel an den Haupttrakt schließende Flügel jüngerer Zeit wurde 1951–53 umgebaut und durch den Anbau einer Gastwirtschaft verlängert.

Die innere, 1560–70 erbaute Vorburg hat man ursprünglich als Dreiflügelanlage errichtet. Doch wurde der Nordflügel 1646 im sogenannten Hessenkrieg zerstört und nicht wieder aufgebaut. Der Hauptflügel besitzt zwei nach außen vorspringende Ecktürme. Seitlich seiner Mittelachse befindet sich die Durchfahrt.

Seinen kunsthistorischen Rang verdankt Schloß Rheydt vor allem dem Renaissanceumbau der mittelalterlichen Hauptburg. Der Bauherr wünschte sich die Umgestaltung seiner Burg zu einer Vierflügelanlage. Die Pläne sind jedoch niemals gänzlich verwirklicht worden. Das heutige Herrenhaus erhebt sich über dem Grundriß eines quergelagerten T. Der Eingang mit der Durchfahrt befindet sich im Fuß seines Längsbalkens. Von Maximilian Pasqualini wurde er im Sinne der Renaissance modernisiert und übergiebelt, außerdem Friese mit Menschen- und Tiermasken angebracht. Weitergehend war die Umgestaltung der Hofseite (Abb. 48). Ihr wurde eine Loggia vorgesetzt. Zwei Vorbauten beherrschen die Südwestseite – d. h. die der Vorburg zugekehrte Eingangsseite –, ein etwa in der Mitte vorspringender halbrunder Turm unter Mansarddach und ein am Ende vorspringender Erkerbau mit Walmdach. Die sieben Erdgeschoßfenster des Erkerbaus – drei davon an der Stirnseite – werden von Säulen in toskanischer Ordnung gerahmt, deren Schäfte wie mit Laub umwunden sind. Solche Säulen waren vermutlich auch für das Obergeschoß geplant, wurden aber nicht ausgeführt. An ihre Stelle traten zu einem späteren Zeitpunkt Hermenpilaster. Ein dorisches Gesims mit Ochsenschädeln trennt die Geschosse. Mit plastischen Köpfen geschmückte Giebel krönen die Fenster. Noch reicher sind architektonische Gliederung und plastischer Schmuck der Hofseite. Über einer Brüstung erheben sich sieben freistehende, durch Halbkreisarkaden verbundene, schlanke, toskanische Säulen. Im Obergeschoß wechseln Kreuzsprossenfenster mit Zwischenfeldern, die reich geschmückt sind. Sie zeigen jeweils in der Mitte das Haupt eines römischen Helden: über ihm ein Schild, der in lateinischer Inschrift unter Zugrundelegung der Römischen Geschichte des Titus Livius seine Verdienste kündet, unter ihm ein gleichartiger Schild mit deutscher Inschrift, die eine moralisierende Deutung auf die Gegenwart gibt. Die römischen Helden repräsentieren die Tugenden, die der Bauherr selbst zu verwirklichen wünschte. Die Steinmetzen verwandten unter anderem Vorlagen des Cornelis Floris. Die Bauskulp-

MÖNCHENGLADBACH HAUS ZOPPENBROICH · HAUS HORST

tur ist zum Teil so gut, daß Werkstattbeziehungen zu Wilhelm und Heinrich Ver-
nukken vermutet werden dürften.

Das STÄDTISCHE MUSEUM SCHLOSS RHEYDT für Kunst- und Kulturgeschichte birgt
manche Kostbarkeiten. Während im Herrenhaus Kunst und Kunsthandwerk dominie-
ren, haben in der Vorburg Vor- und Frühgeschichte, aber auch die Geschichte der Abtei
und der Stadt Mönchengladbach ihren Platz gefunden. Darüber hinaus ist ein Raum
der Vorburg der Geschichte der heimischen Textilindustrie, vor allem der Weberei, gewidmet.

Trotz relativ bescheidener Anschaffungsmittel ist es gelungen, ein Museum aufzu-
bauen, das mehr als nur ein lokales Interesse beanspruchen darf. Unter den *Wandteppichen* der Eingangshalle des Herrenhauses sei der hervorgehoben, der eine Szene aus
dem Jugurthinischen Krieg zeigt. Angefertigt wurde er gegen Ende des 16. Jh. in der
flandrischen Werkstatt von Oudenaerde. Im Kaminzimmer befindet sich ein pracht-
voller *Kabinettschrank* (um 1650) mit Darstellungen nach Ovids Metamorphosen. Die
Reliefschnitzerei der insgesamt 28 Intarsien erfolgte nach Vorlagen von Virgil Solis. In
der *Schatzkammer* findet sich ein Nautiluspokal des Meisters Friedrich Hillebrand aus
Nürnberg, Ende 16. Jh., das Schiffchen des Esaias van der Velde, Nürnberg 1609,
sowie der Aglai-Pokal des Eustachius Hayd, Augsburg 1650, Höhepunkte der kostbaren
Sammlung von Goldschmiedearbeiten, die das Museum besitzt. Im Münzkabinett werden sowohl deutsche als auch niederländische und vor allem niederrheinische Münzen
gezeigt. An ihnen läßt sich die wechselvolle Territorialgeschichte des Niederrheins gut
ablesen. Die Textilsammlung bewahrt außer heimischen und europäischen Textilien
auch thematisch zugehörige Kupferstiche und Modebücher, darunter das Trachtenbuch
des Abraham Bruyn, 1570.

Mitten in Rheydt, ebenfalls in der Niersniederung, Richtung Giesenkirchen, liegt HAUS
ZOPPENBROICH. Im 14. Jh. kam die Wasserburg in den Besitz der gleichnamigen Herren, wurde 1642 von hessischen Truppen eingeäschert und vor 1700 wieder aufgebaut.
Aus dieser Zeit sind nur noch die Wirtschaftsgebäude erhalten. Das Wohnhaus wurde
1880 durch einen Neubau ersetzt.

Im Stadtteil Giesenkirchen steht HAUS HORST, Stammsitz eines gleichnamigen Geschlechts, seit 1338 kölnische Unterherrschaft mit Neuss als Oberhof (Abb. 49). Die
Herren von Paland, die Haus Horst vom Kölner Kurfürsten zu Lehen hatten, hingen
der Reformation an und unterstützten die Partei des zum Protestantismus übergetretenen Kölner Kurfürsten Gebhard Truchseß von Waldburg. Im Truchsessischen Krieg
zwangen die Truppen seines Gegenspielers, des Kurfürsten Ernst von Bayern, 1584
Haus Horst zur Übergabe. Der Besitz fiel 1609 an die Herren von Dorth. Das von
ihnen erbaute Herrenhaus wurde 1853 in neugotischem Stil gründlich verändert. Nach
mehrfachem Besitzwechsel ist das Schloß 1950 in städtischen Besitz übergegangen. Von
der barocken Anlage blieb ein Turm zwischen Vorburg und Herrenhaus erhalten. Das
ganz von Gräben umgebene Anwesen besteht heute aus der Vorburg – zwei rechtwinklig zueinander stehende Wirtschaftsgebäude mit der Toreinfahrt, im Kern Anfang

des 17. Jh. – und dem auf fast quadratischem Grundriß sich erhebenden Herrenhaus von 1853. Hauptschauseite des Herrenhauses ist die Hoffront mit ihrem vierstöckigen Mittelturm.

Das Torhaus der BURG ODENKIRCHEN im gleichnamigen Ortsteil dient heute als Jugendheim. Die alte Burg der Herren von Odenkirchen ging aus einer um die Jahrtausendwende angelegten Motte hervor. Im Hochmittelalter gehörte sie dem Kölner Erzstift. Während des Dreißigjährigen Krieges besetzten hessische Truppen die Burg, bis sie Jan van Werth, der Kölner Reitergeneral, vertrieb. Er residierte hier von 1642–53 als Burggraf. Mehrfach zerstört und wiederaufgebaut ist die Burg seit 1920 in Besitz der Kath. Kirchengemeinde.

Stadt und Kreis Neuss

Neuss

Nicht weit von der Stadtmitte, am Gepaplatz, liegt das religionsgeschichtlich bemerkenswerteste Denkmal des antiken Neuss, der Kultkeller der Göttermutter Kybele. Das Heiligtum ist ein wertvolles Zeugnis der Erlösungssehnsucht des antiken Menschen. Steile Treppenstufen führten einst den Täufling in die Fossa sanguinis. Das Blut eines Stieres oder Widders rieselte auf ihn herab. Wenn er nach der Taufzeremonie die Stufen wieder emporstieg, wurde er von der Gemeinde der Gläubigen als Wiedergeborener willkommen geheißen. Ein Schutzbau konserviert das Neusser KYBELE-HEILIGTUM. An seiner Innenwand hängen Karten zur Topographie der römischen Stadt. Darüber hinaus wird der Besucher in den Mythos von Kybele und Attis eingeführt.

Wer mehr über das antike Neuss erfahren will, findet wertvolle Funde im CLEMENS-SELS-MUSEUM. Das Gebäude wurde 1972 nach Plänen von Harald Deilmann errichtet und mit dem Obertor, das nach den Zerstörungen im Zweiten Weltkrieg als provisorisches Museum diente, durch eine Straßenbrücke zu einem Komplex verbunden.

Von den römischen Fundstücken dürfen als besonders wertvoll die arretinischen Reliefgefäße der augusteischen Zeit hervorgehoben werden, darunter ein *Terrasigillata*-Trinkgefäß in Kelchform (Abb. 54). Zwei Stempel nennen den Inhaber der Manufaktur und seinen Töpfer: Perennius und Pylades. Ein großer Grabstein in künstlerischer Reliefarbeit zeigt in seinem oberen Teil einen Mann mit einem Stab in der Rechten und einem Korb in der Linken. Im unteren Teil führt ein Diener das Pferd. Die Inschrift zwischen beiden Relieffeldern verrät, daß der Stein für den Tungerer Oclatius, Fahnenträger eines afrikanischen Reiterregiments, von seinem Bruder errichtet wurde. Der *Oclatiusstein* wurde 1923 in Neuss gefunden. Jenseitshoffnung wird in einem *Totenring* aus Bergkristall gegenwärtig, der den Kriegsgott Mars in Gemmenschliff zeigt (200 n. Chr.). Bergkristall galt als Schutz für den Toten bei seiner Wanderung durch die feurige Zone des Jenseits.

NEUSS CLEMENS-SELS-MUSEUM · ST. QUIRIN

Westansicht von St. Quirin in Neuss. 1832. Aquarellierte Federzeichnung. Clemens-Sels-Museum, Neuss

Eine eigene Abteilung bilden Volkskunst, Spielzeug und Trivialkunst. Mit der Stiftung Dr. Clemens Sels gelangten Kunst und Kunstgewerbe in das Museum. Zu den besten Leistungen der westfälisch-niederländischen Malerei am Anfang des 15. Jh. gehören zwei Tafelbilder des *Peter- und Paul-Altares* der Hildesheimer Lambertkirche, von einem unbekannten, Konrad von Soest nahestehenden Meister geschaffen. Die eine Tafel zeigt die Himmelfahrt Christi, die andere die Übergabe der brieflichen Vollmacht zur Verfolgung der Christen durch die Hohenpriester an Paulus, eine ikonographisch einmalige Darstellung (Abb. 55). Das Programm der Abteilung der neueren Kunst folgt im wesentlichen einer Entwicklungslinie, die mit den Nazarenern einsetzt und über die Präraffaeliten, die Symbolisten und den Jugendstil zu den rheinischen Expressionisten und ihren Nachfolgern führt. Die französischen Symbolisten, insbesondere Gustave Moreau, wurden im Clemens-Sels-Museum schon gesammelt, als ihre Bedeutung in Deutschland noch kaum erkannt war.

Von Heinrich Campendonks Hinterglasmalerei läßt sich eine Brücke schlagen zur jüngsten Abteilung des Museums, der Sammlung Naiver Kunst. Ihr Grundstock wurde 1965 mit dem Erwerb von fünf Gemälden und 35 Zeichnungen von Adalbert Trillhaase, dem bedeutendsten der naiven Maler in Deutschland, gelegt.

Das OBERTOR, das einzig erhaltene Stadttor in Neuss, wurde als Doppelturmtor im frühen 13. Jh. gebaut, im 14. und 15. Jh. aber in seinem Aussehen verändert. Von der einstigen Stadtbefestigung ist wenig geblieben. An ihre Stelle traten im frühen 19. Jh. Promenaden, die der Düsseldorfer Gartenarchitekt Maximilian Friedrich Weyhe gestaltet hat.

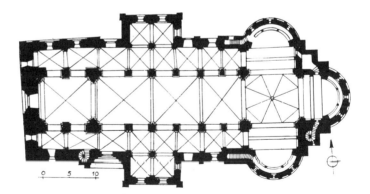

NEUSS
St. Quirin.
Grundriß

Wahrzeichen von Neuss ist ST. QUIRIN, eine spätromanische Gewölbebasilika. Nach schwerer Beschädigung im Zweiten Weltkrieg wurde sie bereits in den ersten Nachkriegsjahren wiederhergestellt. Die Kirche ist – wie St. Gereon, St. Severin und St. Ursula in Köln, der St. Viktordom in Xanten – über einem römischen Friedhof errich-

III

NEUSS ST. QUIRIN

tet worden. Ausgrabungen unterrichten uns über die Vorgängerbauten: eine spätantike Gedächtniskapelle, die karolingische Stiftskirche des 9. Jh. und die ottonische Stiftskirche des 11. Jh. Letztere besaß bereits eine fünfschiffige, fünf Joche lange Krypta (um 1050). Von ihr sind im heutigen Kryptenraum die Seitenwände, der mittlere Teil der Westwand mit flacher Nischengliederung, zwei Bündel Säulen mit attischen Basen und schmucklosen Würfelkapitellen erhalten.

Eine Kaiserurkunde des Jahres 1190 erwähnt Neuss erstmals als Stadt. Der Stadtwerdung folgte der spätromanische Münsterbau. Um 1200 wurde der ottonischen Stiftskirche eine zweigeschossige Westchorhalle vorgesetzt. Wenige Jahre später wollte man mehr. Am 9. Oktober 1209 legte Meister Wolbero den Grundstein für einen Neubau. Nach seinem Plan wurde das basilikale Emporenlanghaus in gebundenem System errichtet, d. h.: je zwei kleine quadratische Seitenschiffjoche entsprechen einem großen quadratischen Mittelschiffjoch. Im Neusser Münster beträgt die Zahl der Mittelschiffjoche vier. Das Langhaus ist kreuzrippengewölbt. Weil St. Quirinus sowohl Kloster wie Pfarrkirche und darüber hinaus eine von zahlreichen Pilgern besuchte Wallfahrtskirche war, mußte der Bau zügig vorangehen und war im wesentlichen 1220/30 vollendet.

Den WESTBAU ließ Wolbero um zwei mit Bogenblenden und Friesen reich dekorierte Geschosse erhöhen und mit einem Giebel in der Breite des Mittelschiffs der neuerbauten Kirche versehen. Auf den Weiterbau der Seitentürme verzichtete er, statt dessen erhielt der Mittelturm zwei weitere Geschosse (Abb. 56). Reiche Blendengliederung und betonte Horizontalteilung zeichnen ihn aus. Wolberos Nachfolger vollendeten ihn um 1230. Frühgotisch sind die Fialentürmchen des Turmumganges. Aber auch das Radfenster im Nordgiebel des Westquerschiffes läßt den Geist der Gotik ahnen.

Schon Wolbero hatte für den Chor im Osten eine DREIKONCHENANLAGE vorgesehen (Abb. 57). An den Grundriß waren seine Nachfolger gebunden, in den Einzelheiten aber suchten und fanden sie neue Lösungen. Vorbild waren ihnen vor allem Groß St. Martin und St. Aposteln in Köln. Im Vergleich zu Groß St. Martin ist der Ostbau des Quirinusmünsters jedoch schlanker, gespannt aufsteigend gebildet. Der Vierungsturm wird durch eine lichtbringende Kuppel überhöht. Der Vertikalismus ist stärker betont. Der Schlankheit des Gesamtbaus entsprechen die einzelnen Bauglieder: Die Säulchen der Laufgänge wirken zerbrechlich zart. Mit romanischen Baugedanken, mit Schichtung und Lockerung der Baumassen, Verräumlichung der Mauern durch Nischen und Laufgänge wurde eine Kirche von fast gotischer Steilheit und Durchsichtigkeit gestaltet. In der raffinierten Gegensätzlichkeit der fensterdurchbrochenen Mauern und der schlanken Stützen wird die Überfeinerung des Spätstils spürbar. Wuchernde Formphantasie führt zu eigenwilliger, üppiger Bildung der Fenster. Sie sind nicht nur Lichtöffnungen, sondern zugleich auch Ornament. Das Äußerste der staufischen Kunst am Niederrhein ist damit in St. Quirin erreicht. Im INNEREN jedoch ist die Ornamentfülle zurückgenommen. Hier sind die Formen auf das Wesentliche beschränkt. Obwohl mehrere Baumeister am Münster mitgewirkt haben, der Plan in seinen Einzelheiten verändert wurde, ist nahezu eine Integration aller Typen des niederrheinischen Kir-

2   DÜSSELDORF   Blick vom Corneliusplatz über die ›Kö‹

DÜSSELDORF

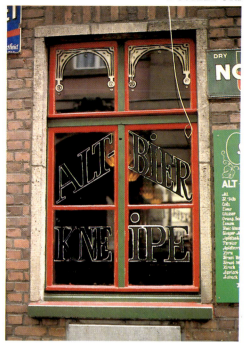

3 Normaluhr aus dem Jugendstil

4 Kneipe in der Altstadt

5 Auf der ›Kö‹

6 Tritonenbrunnen auf der ›Kö‹

8 KREFELD-LINN Haus Greiffenhorst
◁ 7 KREFELD-UERDINGEN Altes Rathaus und Peterskirche
9 Burg LINN

11 Das Neusser Schützenfest, im Hintergrund St. Quirin

13 Schloß MOYLAND bei Kalkar

14 Abendstimmung am Altrhein ▷

15 Pappelhain bei Schloß DYCK

16 Die Niers bei Geldern

17 XANTEN Viktordom. ›Mariä Verkündigung‹. Szene vom Flügel des Marienaltars, 1553

18 ›Haffen-Mehr‹, südlich von Rees
19 Blick über den Rhein auf Xanten

20 XANTEN
›Kleiner Viktor-
schrein‹.
1. Hälfte 12. Jh.
Domschatz im
Regional-
museum

21 KEVELAER
Schmuckgitter
der Gnaden-
kapelle

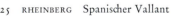

23 HAUS HUETH bei Bienen
25 RHEINBERG Spanischer Vallant

24 Frühling in Kleve
26 Schloß HAAG Vorburg

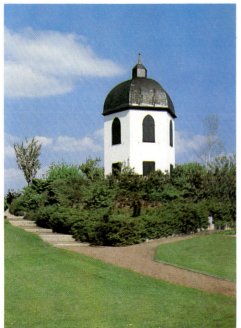

22 GOCH ›Haus zu den fünf Ringen‹

28   KALKAR   St. Nikolai. Jan Joest, Christus und die Samariterin. Außenflügel des Hochaltars. 1515

◁ 27   KLEVE   St. Mariä Empfängnis. Hl. Katharina. Detail des Chorgestühls von 1474

29 DÜSSELDORF-KAISERSWERTH Altes Kanonikerhaus. Nach 1702

30 NEUSS Portal der ehem. Observantenklosterkirche

31 NEUSS Giebelhaus ›Zum Schwarzen Pferd‹

32 Alte Mühle in Goch

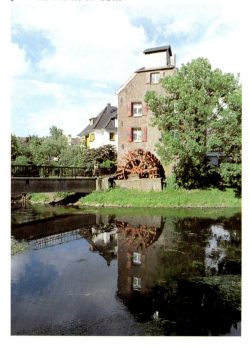

33 Windmühle bei Krefeld

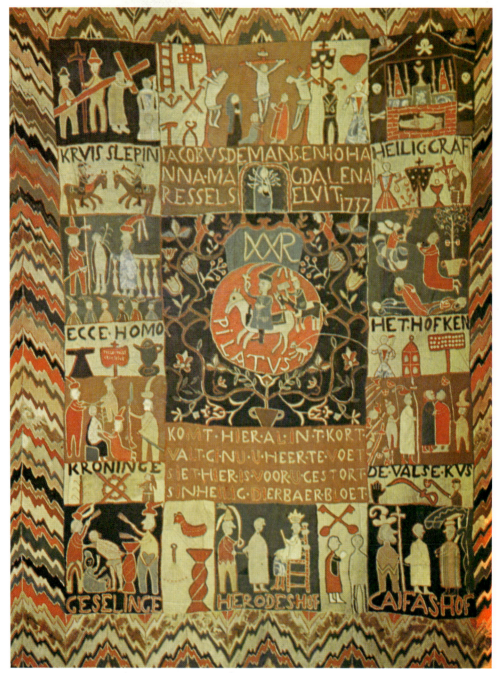

34 Hungertuch, 1737. Museum für Niederrheinische Volkskunde, Kevelaer

35 KLEVE Propsteikirche Mariä Himmelfahrt. Ausschnitt aus dem Marienaltar. 1510–15 ▷

36 Weidelandschaft bei Dornick

37 Schloß WISSEN bei Weeze

chenbaus der Stauferzeit gelungen: der Westchorhalle, des Doppelturmbaus, der Emporenbasilika und der Dreikonchenanlage. Verändert freilich wurde der Eindruck des Turmes über der Dreikonchenanlage in der Außenansicht. Nach einem Brand von 1741 mußten die vier Vierecktürme um den achteckigen Turm der Vierungslaterne bis zur Höhe des Langhausdachgesimses abgetragen und erneuert werden. Damals erhielt der achteckige Vierungsmittelturm das noch heute bestehende Kuppeldach mit der Figur des hl. Quirinus. Die Chorgiebel wurden erst bei der Restaurierung 1900 wiederhergestellt.

Von der AUSSTATTUNG verdienen Erwähnung ein zweireihiges Chorgestühl vom Ende des 15. Jh. mit geschnitzten Wangenstücken und Miserikordien. Im 19. Jh. wurde es in die Querkonchen versetzt und dem Rund der Apsiden angepaßt. Aus dem Werkstattkreis des Kölner Stadtsteinmetzen Tilman von der Burch stammt die Standfigur des hl. Quirinus, Anfang des 16. Jh. In die gleiche Zeit gehört auch eine kleine Gruppe der hl. Anna Selbdritt. Um 1430 bereits entstand das kleine Vesperbild, das eine neue Fassung besitzt.

Südöstlich des Münsters befindet sich das ehem. OBSERVANTENKLOSTER. Klostergebäude und Klosterkirche wurden nach Kriegszerstörung wiederhergestellt (Ft. 30). Von den mittelalterlichen Klosterkirchen hat sonst nur die des KLOSTERS MARIENBERG – 1439 gegründet – im Stadtteil Glockhammer die Stürme der Zeit, nicht zuletzt die Zerstörung im Zweiten Weltkrieg überdauert. Von den einstigen Klostergebäuden steht im Anschluß an die Kirche ein zweigeschossiger verputzter Trakt des 18. Jh. Die Klosterkirche – 1462 errichtet, im 17. Jh. weitgehend erneuert – ist ein einschiffiger kreuzrippengewölbter Backsteinbau mit dreiseitigem Chorschluß und kleinem Dachreiter.

Die St. Sebastianus-Schützenbruderschaft spielt in der Geschichte der Stadt Neuss eine nicht unwichtige Rolle. Noch heute ist das Schützenfest Ende August das große Ereignis für die Stadt (Ft. 11). Die Brudergemeinschaft wurde 1415 gestiftet. Seit 1428 besaß sie eine eigene Kapelle. Die heutige ST. SEBASTIANKAPELLE wurde 1718 errichtet. Sie ist ein nach Süden gerichteter, rot getünchter Backsteinbau mit geradem Chorschluß. Auf der Nordseite besitzt er einen Schweifgiebel. Das hohe Satteldach schmückt eine zwiebelgekrönte offene Laterne. Die der Straße zugekehrte Ostseite wird durch Pilaster und hohe Rundbogenfenster gegliedert. Auch die St. Sebastiankapelle erlitt schwere Kriegszerstörungen, wurde aber 1961 wieder aufgebaut.

Architekturgeschichtlich ist auch die den HEILIGEN DREI KÖNIGEN geweihte Pfarrkirche von hohem Interesse. Sie wurde 1909–11 von Eduard Endler als kreuzförmiger Bau mit polygonalem Chorschluß und Turm im südlichen Chorwinkel errichtet. Der Architekt verband die neugotischen Grundformen mit Jugendstiltendenzen. Jan Thorn Prikker schuf 1911 Glasfenster für Chor und Querschiff. Aufgrund des Einspruches der kirchlichen Behörde in Köln, die in der Neugotik und allenfalls in der Neuromanik die einzig legitimen Formen für Kirchenbau und Kirchenausstattung sah, durften die Fenster zunächst nicht eingesetzt werden. Sie wurden auf der Werkbundausstellung 1914 in Köln gezeigt. Erst nach dem Ersten Weltkrieg 1919 kamen sie an

NORF · NIEVENHEIM · ZONS

ihren vorbestimmten Platz in der Kirche. Stilistisch stehen sie am Ende des Jugendstils und lassen bereits den frühen Expressionismus ahnen. Die kriegszerstörten Gewölbe haben Dominikus und Gottfried Böhm durch eine Decke aus hängenden Gewölben ersetzt.

Nach dem Zweiten Weltkrieg entstanden in Neuss zahlreiche neue Kirchenbauten mit originellen Lösungen. Als Beispiel sei ST. KONRAD in Neuss-GNADENTAL genannt. Architektur und Glasfenster sind aufeinander bezogen. Für die Fenster wählte der Architekt Gottfried Böhm vor allem Blumenmotive. Der Kirchenraum hat dadurch etwas Duftig-Beschwingtes.

Von den für Neuss charakteristischen schmalen Giebelhäusern des 17. und 18. Jh. blieben wenige erhalten (Ft. 31). Sie finden sich in der Michael-, Ober- und Niederstraße sowie Am Büchel.

Kreis Neuss

Von der Stadtmitte Neuss wählen wir den Weg über die B 9 Richtung Köln und erreichen sehr bald NORF. Der gleichnamige Bach, der Gillbach und die Erft bestimmen die Landschaft. Die Wasserläufe luden zur Anlage von Wasserburgen ein. So wird Norf durch zwei Burgen ausgezeichnet, den Vellbrügger Hof, der sich die Form des mittelalterlichen Wohnturms bewahrt hat, und die reizvolle Müggenburg, benannt nach den Rittern von Müggenhausen. Letztere ist eine zweiteilige Wasseranlage. Das Herrenhaus, ein in drei Flügeln gegliederter Backsteinbau, wurde um 1750 errichtet, angeblich nach Plänen des Bildhauers Gabriel de Grupello. Der Torbau vor der Rokokofreitreppe entstand auf Veranlassung des Düsseldorfer Hofrates von Schwartz, des Inhabers der Burg im späten 18. Jh. Hofrat Schwartz ließ auch die Pfarrkirche St. Andreas in Norf 1765-72 erbauen. Der ursprüngliche Saalbau wurde zu Anfang unseres Jahrhunderts dreischiffig erweitert und verändert. Die Kriegsbeschädigungen konnten Mitte der fünfziger Jahre behoben werden. Die Kirche besitzt eine hübsche Rokokoausstattung. Ihre Holzskulpturen sind ein Nachklang der Düsseldorfer Grupello-Werkstatt. Der feine hölzerne Kruzifixus ist ein Werk des Meisters selbst. Beachtenswert auch der Messingkronleuchter mit der Doppelmadonna, weil er im Stil des Rokoko die spätgotischen niederrheinischen Marienkronen wiederholt.

Wir folgen nun der Straße 380 nach NIEVENHEIM. Den Sülzhof erwarb dort 1732 der Architekt Johann Conrad Schlaun. 1766 ließ er die Wirtschaftsgebäude neu errichten. Das Datum, sowie die Initialen und das Wappen Schlauns sind in den Wappensteinen am Hoftor zu sehen. Schlauns künstlerischer Einfluß ist auch in der Pfarr- und Wallfahrtskirche St. Salvator deutlich zu spüren. In ihr hat das spätgotische Gnadenbild der Duisburger Salvatorkirche Zuflucht gefunden. Die Wallfahrt zu ihm erfuhr im 18. Jh. einen starken Auftrieb. Dies war der Grund zur Errichtung der dreischiffigen Backsteinhalle unter großem Schleppdach mit dreiseitigem Chorschluß und Pilaster-

gliederung am Außenbau. Ob die 1741–43 erbaute Kirche auf Pläne Schlauns zurück-
geht, ist strittig. Die drei qualitätsvollen Altäre hingegen sind nach seinen Plänen entstanden. Die Schnitzarbeiten an ihnen übernahm der Münsteraner Bildhauer Christoph
Manskirch, die Schreinerarbeiten der Kölner Ägidius Rheindorf. Den Hochaltar stiftete
Kurfürst Clemens August. Der Baldachin und die das Altargebälk überschneidende
Figur Gottvaters sind Motive, die auch an dem Schlaunschen Hochaltar in St. Clemens
in Münster wiederkehren. Den südlichen Seitenaltar stiftete der Architekt. Mit dem
Altar war das Privileg eines Erbbegräbnisses verbunden, von dem allerdings kein Gebrauch gemacht wurde. Das Altarblatt zeigt eine Anbetung der Heiligen Drei Könige,
eine flämische Arbeit um 1700.

Über Stürzelberg führt uns der Weg in das heute zur Stadt Dormagen gehörende
ZONS (Abb. 1). Erzbischof Friedrich von Saarwerden verlegte 1372 den Rheinzoll von
Neuss nach Zons und erhob ein Jahr später den Ort zur Stadt. Stadt und Festung ließ
er nach einheitlichem Plan errichten. Bereits 1388 war die Anlage vollendet. Die kurze
Bauzeit ließ die Befestigung wie aus einem Guß geformt wirken. In dieser Festungs-
stadt wurde der Typus der Wasserburg zur höchsten Vollendung gesteigert. Als eine
Art äußerer Vorburg legt sich die Stadt vor die innere Vorburg, die ihrerseits ein
Sechstel des Stadtquadrates einnimmt. In ihrem innersten Winkel steht die Hochburg.
BURG FRIEDESTROM ist wenigstens noch zum Teil in den mittelalterlichen Formen erhalten. Am besten bewahrt das äußere Burgtor mit seinen schönen gotischen Zierformen
das mittelalterliche Aussehen. Gebaut ist es als Doppeltoranlage. Das Vortor ist ein
Turmtor. In der Backsteinstirnmauer des Obergeschosses befindet sich eine Dreipaß-
blende. Ursprünglich war sie mit einem Marienstandbild ausgestattet. Links Wappen-
schild des Erzbischofs, rechts Wappen des Erzstiftes. Das Herrenhaus des 17. Jh. dient
heute als Kreismuseum.

Die Nordseite der STADTMAUER blieb torlos. Akzente setzen die beiden Ecktürme, der
massige, quadratische Rheinturm und der runde Krötsch. Hinzu kommen die aufge-
setzten Wachthäuschen. Die westliche Mauer unterbrach das leider 1833 abgebrochene
Feldtor. Im Süden steht die 1966 wiederhergestellte Windmühle (Ft. 10). Die niedrige
Rheinseite schmücken die als ›Pfefferbüchsen‹ bezeichneten Wachttürmchen (Abb. 63).
Das schönste Bauwerk der Stadt aber ist der Juddeturm an der Ecke des Mauerrings,
der noch heute den Schloßbereich von der Stadt trennt. Mit seinem schönen gotischen
Fries und seiner eleganten barocken Haube wirkt er leicht, wiewohl seine Mauern
im Erdgeschoß die Breite von 2½ m besitzen. So sehr ist Zons durch den Festungs-
charakter bestimmt, daß die Stadt auf einen eigenen Marktplatz verzichten mußte.
Die vorzüglich erhaltene Stadtbefestigung legt den Vergleich mit Rothenburg nahe.
Allerdings haben wiederholte Brände, vor allem der verheerende Stadtbrand von 1620
nahezu sämtliche mittelalterlichen Bürgerbauten vernichtet. Immerhin ist die Rhein-
straße mit ihren Häusern des 17. und 18. Jh. sehr reizvoll. Sie präsentiert sich als die
Schauseite der Festungsstadt. Übrigens haben sich die Kölner Kurfürsten der Stadt
nicht allzulange als Zollstätte erfreuen können; denn von 1463 bis zum Ende des Kur-
staates 1794 war Zons an das Kölner Domkapitel verpfändet.

KNECHTSTEDEN

Über Dormagen und Dolhoven erreichen wir das bei Straberg liegende einstige PRÄMONSTRATENSERSTIFT KNECHTSTEDEN. Es ruht auf einer sanften Anhöhe, die im Süden, Osten und Norden von der Senke eines alten Rheinarms umschlungen wird. Wald, Obstgärten, Wiesen und Felder bieten die anmutige Umgebung des Klosterbezirks. Heute wirkt hier die Missionsgesellschaft der Spiritaner. Knechtsteden wurde 1130 vom Kölner Domdekan Hugo von Sponheim gegründet und gehört zu den frühen Prämonstratenserstiften. Propst Christian († 1151) ließ von 1138 an Chor, Sanktuarium und Querhaus der Kirche erbauen. Für diesen Bauabschnitt ist das Vorbild der Kölner St. Andreaskirche spürbar. Das gilt besonders für die den Vierungsturm flankierenden Seitentürme. Die Einwölbung des Ostteils erfolgte in Zusammenhang mit der Errichtung des Langhauses unter Albertus Aquensis († um 1162) – sein unversehrtes Grab wurde 1962 in der Mitte des Chorquadrates aufgefunden. Hohe Vollkommenheit und Vielfalt der Gewölbeformen zeichnet die Knechtstedener Prämonstratenserkirche aus. Nirgendwo am Niederrhein gibt es in der 2. Hälfte des 12. Jh. so zahlreiche und so vollendete Kuppeln. Die Klostergebäude errichtete der Goldschmied Albert gemeinsam mit seinen Gesellen.

Die einstige Prämonstratenserkirche Knechtsteden ist eine der letzten Doppelchoranlagen des Mittelalters. Für den Bau des Knechtstedener Westchors kann die Bestimmung der Kirche für den Mönchs- und den Pfarrgottesdienst maßgebend gewesen sein. Allerdings läßt das Gemälde des Westchors vermuten, daß dieser auch für die Mönchsliturgie mitbenutzt wurde (Abb. 62). Dieses Wandgemälde des 12. Jh. ist einerseits bedeutsam wegen seines künstlerischen Wertes, andererseits wegen seines Inhalts. Stilistisch hebt sich das Knechtstedener Apsisgemälde von den rheinischen Fresken des 12. Jh. deutlich ab. Byzantinische Einflüsse sind spürbar. Die Technik der Malerei des 12. Jh. läßt sich hier gut studieren. Kontur-, Binnenzeichnung und Lokalfarben wurden in den feuchten Putz gemalt. Abtönungen, Licht und Schatten fügte der Maler später in breiiger Kalkmanier hinzu. In feierlicher Verhaltenheit erscheint Christus mit den Symbolen der Evangelisten und über den Aposteln. Er übergibt den Menschen das Gesetz des Neuen Bundes. Zu Füßen des in der Mandorla thronenden Christus liegt in der Haltung der Proskynesis Albertus Aquensis. Petrus und Paulus, als Fürst der Apostel bzw. als Lehrer der Völker bezeichnet, nahen sich von rechts und links der Mittelgruppe und halten Christus ihre Bücher entgegen. Ein Ornamentband trennt die obere Bildzone von der unteren, in der die übrigen Apostel zu sehen sind.

An die vier Mittelschiff- und je acht Seitenschiffjoche des Langhauses schließt sich das östliche Querhaus an. Die quadratische Vierung, betont durch vier im Grundriß kreuzförmige Pfeiler mit Halbsäulenvorlagen, gibt nach dem gebundenen System das Maß an für das Altarhaus vor der Ostapsis, die beiden Querschiffräume und die Joche des Langhauses. Im Langhaus beeindruckt das Kräfte- und Bewegungsspiel der Joche, die das Mittelschiff gliedern. Kantige Pfeiler mit Halbsäulenvorlagen wechseln mit Zwischenstützen. Die Form der Zwischenstützen wird von West nach Ost über Vierkant-, Rundpfeiler, sich verjüngende Säulen und Bündelpfeiler immer reicher.

140

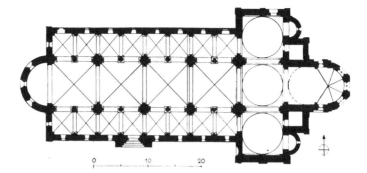

KNECHTSTEDEN
Klosterkirche.
Grundriß

Auch die Bauplastik der Kapitelle, Konsolen und Basen spiegelt den Erfindungsreichtum und die schöpferische Kraft der Phantasie der niederrheinischen Steinmetzen des 12. Jh. Neben dem einfachen Würfelkapitell finden sich andere mit profilierten Schildrändern und geometrisch verzierten Schildflächen. Dazu kommen Tierdarstellungen, Pflanzen, Blüten, Flechtwerk. Im nördlichen Querschiff formt sich eine Gewölbekonsole zum menschlichen Antlitz. Aus dem Rankenwerk eines Kapitells am südöstlichen Vierungspfeiler blickt ein Gesicht hervor. Nach Osten zu steigert sich der Reichtum des Schmucks so sehr, daß er nicht selten den Würfelkern der Kapitelle verschleiert. Vielfältig ist auch die Zier der Säulenbasen. Während der Belagerung von Neuss 1474/75 durch die Burgunder unter Führung Karl des Kühnen wurde auch Knechtsteden in Mitleidenschaft gezogen. Den damals zerstörten Ostchor ließ Abt Ludger 1477 in einfachen gotischen Formen erneuern.

An die barocke Bautätigkeit erinnert heute vor allem das spätbarocke Portal an der Westseite der einstigen Prälatur. Es entstand in der Zeit des Abtes Heinrich Keuter (1769–77). Von der einstmals reichen Barockausstattung der Kirche ist nichts mehr übriggeblieben. Wie die anderen Klöster so wurde auch Knechtsteden 1802 durch die Säkularisation aufgehoben. Verhängnisvoll war der Brand von 1869, der Stift und Kirche zur Ruine werden ließ. Die Wiederherstellung der Kirche erfolgte 1878 nach Plänen von Heinrich Wiethase. Die einstige romanische Dekoration des Inneren wurde zu Anfang unseres Jahrhunderts leider beseitigt und durch einen grauen Anstrich ersetzt. Die 800-Jahr-Feier gab 1938 den Anstoß zu einer neuen farbigen Fassung des Inneren anhand der alten Farbspuren. Man ließ die Trachytsteine der Pfeiler und Säulen freilegen und ihre Fugen mit gelbem Ocker nachziehen. Für die heutige Innengestaltung wurde die Restaurierung 1962–64 maßgeblich. Den neuen Hochaltar schuf Sepp Hürten. Bei der Gestaltung des Hochaltarraumes war man bestrebt, das moderne liturgische Empfinden in Einklang mit der Mönchskirche des 12. Jh. zu bringen. Ist, abgesehen von dem Gemälde der Westapsis, die Ausstattung der Kirche heute eher arm, so gibt es doch noch einige bemerkenswerte Kunstwerke, vor allem das Knecht-

GOHR · RAMRATH · BURG HÜLCHRATH

stedener Gnadenbild, eine Pietà aus dem 3. Viertel des 14. Jh. Die Restaurierung
der sechziger Jahre bot auch eine Gelegenheit zur Neugestaltung des Vorplatzes der
Kirche. Berücksichtigt wurden dabei die Grabungsbefunde des Jahres 1964. Ihre Ergebnisse sieht der Betrachter als dunkle Zeichnung im Pflaster. Längs der Südwand des
Langhauses, zu beiden Seiten des Portals, stand einst eine gewölbte Vorhalle, die sich
elf Meter nach Süden erstreckte. Sie besaß die Breite der heutigen Portalummantelung.
Im Mittelalter war die Vorhalle ein beliebter Begräbnisplatz.

Wir folgen der Straße 280 bis zur Abzweigung der von Rommerskirchen nach Neuss
führenden Straße 477. In GOHR finden wir die älteste erhaltene Landkirche im Kreis
Neuss, zugleich auch eine ihrer schönsten. St. Odilia ist eine Pfeilerbasilika aus der
2. Hälfte des 12. Jh. mit flacher Decke. Auffällig ist der gradlinig geschlossene, quadratische Chor. In späterer Zeit hat man versucht, die strenge und schmucklose Linienfüh-
rung der Bauelemente dadurch aufzulockern, daß man die Kanten der Pfeiler kanne-
lierte. Im 17. Jh. hat man das Aussehen der Kirche verändert, die drei Schiffe unter
ein gemeinsames Dach gebracht und im Chor Bandrippengewölbe eingezogen. 1890–93
mußte die Kirche erweitert werden. Der damals errichtete Turm und das ihm seitlich
angesetzte Querschiff in romanisierenden Formen fügen sich harmonisch der ursprünglichen Bausubstanz ein. Die Schäden des Zweiten Weltkrieges konnten 1950–63 beseitigt werden. Das Mittelschiff erhielt eine kassettierte Holzdecke, die Seitenschiffe
wurden mit flachen Putzdecken versehen. Unter den Skulpturen verdient vor allem die
Standfigur der Muttergottes aus dem Jahre 1730 Erwähnung. Sie wird der Werkstatt
des Gabriel de Grupello zugeschrieben.

Nicht weit von Gohr ist RAMRATH entfernt. Die Lambertus-Kapelle des Ramrather
Hofes, einstmals eine kleine Eigenkirche (um 1100), konnte in den sechziger Jahren
nach langer Vernachlässigung wiederhergestellt werden. Die Kapelle wurde ursprüng-
lich als einschiffiger Saal errichtet. Etwas später fügte man ein Seitenschiff an. Dieses
Seitenschiff ist auf den alten Fundamenten 1962 wiedererrichtet worden. So erhielt die
Kapelle die Ausgewogenheit ihrer Formen zurück.

Wir folgen der Straße 477 bis zur Abzweigung Neukirchen, durch den Ort hindurch-
fahrend gelangen wir nach Hülchrath, heute Ortsteil von Grevenbroich. BURG HÜLCH-
RATH in der Niederung des Gillbachs im 10. Jh. als Motte errichtet, diente einst den
Gaugrafen des Gillgaues. Ihnen folgten die Grafen von Hülchrath. Sie wandelten die
Motte bereits 1120 in ein mächtiges Kastell um. Mit dem dazugehörigen Burgflecken
wurde Hülchrath 1206 zur Stadt erhoben. Der Kölner Erzbischof Heinrich von Virneburg erwarb 1314 für 30 000 Gulden Burg und Grafschaft Hülchrath. Seither nutzten
die Kölner Erzbischöfe die Burg als Vorposten gegen die nach Osten ausgreifenden
Jülicher Nachbarn. Erzbischof Friedrich von Saarwerden baute sie daher gegen Ende
des 14. Jh. zu einer starken Festung aus. Dem zum Protestantismus übergetretenen und
deshalb seines Amtes entsetzten Kölner Erzbischof Gebhard Truchseß von Waldburg
und seiner Frau Agnes von Mansfeld diente die Burg 1583 als Zuflucht, bis die Ge-
schütze des Herzogs Friedrich von Sachsen-Lauenburg die Mauern zerschossen. Dank

142

eines Geheimausganges konnte Erzbischof Gebhard mit seiner Frau Agnes flüchten. In den Verliesen schmachteten neben Räubern und Dieben dreizehn Frauen, die 1629 als Hexen auf dem Scheiterhaufen verbrannt wurden. Im sogen. Hexenturm klingt noch eine Erinnerung an die Zeit des Hexenwahns nach. Andere Verfolgungszeiten werden uns bewußt, wenn wir bemerken, daß als Konsolsteine des gotischen Torturms aus dem 14. Jh. unter anderem auch jüdische Grabsteine dienten. Im vergangenen Jahrhundert war die Hülchrather Burg der Lieblingsaufenthalt des Düsseldorfer Malers Andreas Achenbach.

Trotz der Zerstörungen im Truchsessischen Krieg und der Schleifung der Befestigungswerke 1688 ist Burg Hülchrath auch in wehrgeschichtlicher Hinsicht von großem Interesse. Noch immer kann man spüren, daß Burg, Vorburg und Ort zu Anfang des 17. Jh. zu einer befestigungstechnischen Einheit zusammengeschlossen waren (Abb. 58). Der Grundriß der frühmittelalterlichen Anlage blieb auch für die späteren Bauten bestimmend. Das kreisförmige Hochschloß entstand über der runden Motte. Gegenüber der Ansicht des 14. Jh. hat sich die heutige Gestalt der Hauptburg allerdings stark geändert. Erhalten blieb die starke mit vier runden Halbtürmen besetzte Ringmauer. Vom alten Palas auf der Südostseite stehen nur noch Ruinen. Sie zeichnen sich durch schöne gotische Fensterbögen aus. Nicht ungeschickt ist der romantische Ausbau der Ruine um 1910 bei weitgehender Wahrung der ursprünglichen Situation. Zentrales Bauwerk der Burg ist der mächtige Bergfried. Fünf Geschosse hoch erhebt er sich aus Basalt und Tuff. Ihn krönt das Wehrgangsgeschoß mit vier ausgekragten Ecktürmchen und der spitzen vierseitigen Schieferpyramide. Er gilt zurecht als repräsentatives Beispiel gotischer Burgenbauten. Unregelmäßig ist die Anlage der Vorburg. Ihre heutige Gestalt erhielt sie im 18. Jh. Im Süden ist noch der gotische Torbau des 14. Jh. erhalten, jedoch mit heute vermauerter spitzbogiger Durchfahrt und erneuertem oberen Abschluß. Die Schäden des Zweiten Weltkrieges konnten bis 1959 behoben werden.

Von Hülchrath fahren wir Richtung Kapellen/Erft, um die A 46 zu erreichen. Die Ausfahrt Korschenbroich führt uns auf den Weg nach SCHLOSS DYCK (Abb. 59, 61). Im Grenzgebiet von Kurköln, Jülich und Geldern konnten die Herren von Dyck sich ein eigenes Herrschaftsgebiet errichten. Bereits 1094 wird Hermannus de Dicco urkundlich erwähnt. Damals muß die Stammburg Dyck bereits bestanden haben. Die Herren von Dyck lagen wiederholt mit dem Erzstift und der Stadt Köln, den Grafen von Jülich und von Geldern in Fehde. Sechs Wochen lang belagerten Friedrich von Saarwerden, Herzog Wilhelm von Jülich und Geldern sowie die Städte Aachen und Köln den als Raubritter gehaßten Gerhard von Dyck 1383 in seiner Burg. Als er schließlich vor der Übermacht der Belagerer kapitulieren mußte, wurde er gezwungen, die Hochburg mit Türmen, Mauern und Sälen zu zerstören. Aber nur neun Jahre später war er wieder stark genug, seinen alten Feinden, insbesondere der Stadt Köln, erneut die Fehde anzusagen. Doch ein Jahr später erlosch das Geschlecht der Herren von Dyck im Mannesstamm. Erben wurden 1394 die Herren von Reifferscheidt. Ihnen gelang es, weitere Besitzungen hinzuzuerwerben, vor allem 1455 die Grafschaft Niedersalm. Seit Jo-

SCHLOSS DYCK

hann VI. nannte sich die in Dyck residierende Familie nach ihren Besitzungen Salm-Reifferscheidt-Dyck. Johann VI. erwarb auch das Erbmarschallamt von Kurköln mit dem Recht der Inthronisation des jeweils neugewählten Erzbischofs von Köln. 1804 stieg die Familie in den Reichsfürstenstand, 1816 in den Preußischen Fürstenstand auf. Bis zum heutigen Tag ist Schloß Dyck Reifferscheidtscher Besitz.

Der heutige Bau ist im wesentlichen durch den Barock bestimmt. Doch geht auch er auf eine mittelalterliche Burganlage zurück. Auch hier muß im Anfang eine Motte gestanden haben. Allerdings kann man über sie nur Mutmaßungen anstellen. Die Burg, auf der bereits Hermannus de Dicco lebte, war aus Basaltstücken errichtet. Sie ist im Kapellenflügel des heutigen Hochschlosses noch nachweisbar, läßt sich aber auch noch im Grundriß des Gesamtbaus erkennen. Den Entschluß zu dem schloßartigen Neubau faßte Ernst Valentin von Salm-Reifferscheidt-Dyck, seit 1645 kurkölnischer Oberst und Herr der Burg. Zunächst ließ er einige Nebenbauten erneuern. Aus dem Jahre 1656 stammt der Plan für den Neubau des Hochschlosses. Man behielt den Kapellenflügel bei, erweiterte ihn aber im Sinne der älteren Renaissanceanlagen durch drei Trakte, die sich um einen offenen Binnenhof schließen. Ost- und Südflügel wurden 1658 in Angriff genommen. Am Nordflügel baute man 1663. Die Ecken der nahezu quadratischen Anlage wurden durch Türme akzentuiert. Zwar ist der Bau in seiner Gliederung einfach und streng, wirkt aber in seiner wehrhaften Geschlossenheit und in der Klarheit seiner Proportionen großzügig. Diesen Eindruck steigern noch die weiträumigen Vorburganlagen (Abb. 59). Von ihm ist die innere hufeisenförmig dem Hauptschloß vorgelagert, eine zweite, mittlere, ist als Winkelbau angelegt. Die dritte baute man als Wirtschaftshof aus. Spätere Um- und Anbauten haben das einheitliche Konzept der Gesamtanlage nicht verderben können. Noch heute folgt man von der äußeren Brücke und dem Torbau bis zum Innenhof der inneren Vorburg und zum Hochschloß einem verwinkelt angelegten Weg über ein dreifaches Graben- und Weihersystem. Die Gesamtanlage wird durch den herrlichen Park gerahmt. Im 18. Jh. erhielt das Hochschloß seine reiche Innenausstattung. Gleichzeitig erfuhr der Park seine Ausgestaltung. 1769 entstand das malerische Brückenhaus im Park (Abb. 61). Wie die Initialen der Anna Franziska von Thurn und Taxis († 1763), Gemahlin des Grafen Franz Ernst, verraten, geht auf sie die Initiative zur Ausstattung der KAPELLE zurück. Die Künstler wurden bei den benachbarten Hofhaltungen in Düsseldorf, Bonn oder Brühl gewonnen. In manchen Details kann man die Nachfolge des François de Cuvilliés wahrnehmen. Die Standfigur der Muttergottes mit Kind ist anscheinend aus der Werkstatt des Gabriel de Grupello hervorgegangen. Reizvoll ist der Salon mit der Ledertapete des 18. Jh. Duftig sind die Tapetenbilder des Rousseau-Salons, benannt nach dem Maler François Rousseau.

1961 erfolgte ein gründliche Restaurierung des gesamten Gebäudes. Dabei wurde eine chinesische Seidentapete übertragen, wie sie ihresgleichen im Rheinland nicht hat. Entstanden ist sie vor der Mitte des 18. Jh. Kaiserin Maria Theresia hat sie in China ankaufen lassen. Zunächst zierte sie ein Schloß im Burgenland. Als Erbe gelangte sie in den Besitz der Fürsten Salm-Reifferscheidt-Dyck. In polychromen vielfigurigen Darstellungen wird die Tätigkeit der Handwerker und Bauern gezeigt, wie sie im 18. Jh. in China üblich war. Die Maltechnik entspricht der duftigen Weise der Rokokomalerei. Abgesehen von ihrem Seltenheitswert besticht die Tapete auch durch ihre Schönheit.

Schloß Dyck besitzt auch eine bedeutende *Waffensammlung*. Ihr Gründer war Altgraf Ernst Salentin im 17. Jh. Gesammelt wurden alle Typen deutscher und europäischer Jagdwaffen. Zugleich als Kunstwerk bestechend schön ist die Dycker Maucherbüchse, ein Werk des Johann Michael Maucher von 1680. Die benachbarten rheinischen Städte sind nur durch wenige Beispiele vertreten, unter ihnen vorzügliche Werke des Düsseldorfer Meisters Hermann Bongard und des Kölner Büchsenmachers Matthias Weins. Liegt auch das Hauptgewicht der Waffensammlung bei den Gewehren, so fehlen doch nicht die übrigen Jagdwaffen wie Armbrust und Hirschfänger. Auch das Hifthorn ist vorhanden, ebenso Blankwaffen wie Schwerter oder Rapiere. Seit 1906 ist die Waffensammlung in ihrer kulturgeschichtlichen Bedeutung durch einen wissenschaftlichen Katalog erschlossen. Fürst Joseph zu Salm-Reifferscheidt legte in den Jahren 1809–34 eine umfangreiche Fettblattpflanzensammlung an. Von ihr findet sich heute in den Gärten von Dyck nichts mehr. Erhalten aber blieb der Baumbestand, den der Fürst ebenfalls pflanzen ließ. Im Jahre 1834 legte er mit dem ›Hortus Dyckensis‹ ein vollständiges Verzeichnis der ›in den Botanischen Gärten von Dyck‹ gezüchteten Pflanzen an. Nur ein vollständiges Exemplar dieses Buches hat sich erhalten, ein kostbarer Schatz der Bibliothek des Schlosses Dyck.

Im Gegensatz zu den meisten anderen Schlössern und Wasserburgen am Niederrhein, die in Privatbesitz sind, steht Schloß Dyck allen Besuchern offen. Der sehr reizvolle Park kann ganzjährig besichtigt werden, das Schloß vom Frühjahr bis zum Herbst.

Im Schatten von Schloß Dyck stehen noch einige Bauten, die mit der Herrschaft eng verbunden sind. Das Dycker Weinhaus diente ursprünglich als Zollstation. Seinen Namen verdankt es der Tatsache, daß hier der alleinberechtigte Weinausschank von Dyck stattfand. Das jetzige 1654 errichtete Gebäude ersetzt einen Vorgängerbau, der 1502 erstmals in den Akten erscheint. Er lag unmittelbar vor der Zugangsbrücke des Schlosses. Demgegenüber wurde der Neubau ›auf den Damm‹ verlegt. Außer dem Zoll und dem Weinverkauf diente das Haus auch Versteigerungen und Gerichtsverhandlungen. Das kirchliche Leben ging von der 1802 abgebrochenen Michaelskapelle aus, aber auch von der Schloßkapelle und nicht zuletzt vom St. Nikolauskloster. Seine Kirche hat seit dem Spätmittelalter zugleich als Gruftkapelle des Hauses Salm-Reifferscheidt-Dyck gedient. Im Kloster lebten einst Franziskanertertiaren. Nach der Säkularisation 1802 lag es lange verwaist. 1905 haben es die Oblatenpatres übernommen. Der Westflügel des Klosters entstand 1627, die übrigen Flügel 1722–32. Ein Teil der Ausstattung der Kirche ist noch erhalten, darunter die schöne barocke Decke. Für das wirtschaftliche Leben war nicht zuletzt der Mühlenbann wichtig. Eine Bockwindmühle wird 1551 erwähnt. Der heute bestehende Bau wurde 1756 begonnen. Sie war nicht die einzige Dycker Mühle. Eine Reihe anderer lassen sich urkundlich nachweisen. Die noch erhaltenen Gebäude zeugen davon, daß die Herrschaft Dyck mit

BURG LIEDBERG · GLEHN · SCHLOSS MYLLENDONK · KAARST

ihrem imposanten Schloß auch für das rechtliche, kirchliche und wirtschaftliche Leben des Umlandes eine große Bedeutung hatte.

Von Schloß Dyck fahren wir in Richtung Korschenbroich, um die Burgen und Schlösser in und um Liedberg zu besuchen. BURG LIEDBERG gehört zu den wenigen Höhenburgen am Niederrhein. Der Sandsteinhorst des Berges trägt sogar mehrere Befestigungen verschiedener Zeitabschnitte. Die älteste, bislang nicht geklärte, ist eine Erdbefestigung auf der westlichen Kuppe des Hügels. Im 12. Jh. wurde der sogenannte Mühlenturm errichtet. Er gehörte zu der Burg der Edelherren von Liedberg. Ihre Herrschaft umfaßte einen Teil des Gebietes zwischen der unteren Erft und der Niers. 1367 nahm das Kölner Erzstift die Burg in seinen Besitz. Von da an war Liedberg eine wichtige kurkölnische Landesburg. Noch im 14. Jh. ließen die Kölner Erzbischöfe Liedberg zu einer der veränderten Kriegstechnik entsprechenden Festung ausbauen. Im 17. Jh. gaben sie ihr ein schloßartiges Aussehen. Während des Dreißigjährigen Krieges sah Liedberg große Not. Mehr als 3500 Flüchtlinge suchten hier von Januar 1642 bis 1643 Zuflucht. Die meisten von ihnen starben elendig an Hunger und Seuche.

Nur Ruinen sind geblieben. Dem Bau des 14. Jh. gehören die z. T. erhaltenen Ringmauern an sowie der mächtige Mittelturm, dessen Obergeschoß über Spitzbogenfries ausgekragt ist und den eine Schweifhaube des 17. Jh. krönt. Ruine ist das Herrenhaus des 17. Jh. Die einstige Schloßkapelle ist ein gotisierender Backsteinsaal aus dem Jahre 1707. Die Melancholie der Ruinen wird durch den idyllischen Anblick der schönen Fachwerkhäuser des oberen Ortsteils von Liedberg gemildert.

In reizvollem Kontrast zu Burg Liedberg steht das wohlerhaltene HAUS FLECKENHAUS in GLEHN. Wie die Inschrift verrät, haben Dietrich van der Balen, gen. Fleck und seine Frau Margarete das Herrenhaus 1560 errichten lassen. Vorbild waren niederländische Renaissancebauten. Das verraten die reiche Hausteingliederung, die Medaillon- und Triglyphenfriese und der von einer Zwiebelhaube gekrönte Eckturm.

Wieder ganz anders wirkt HAUS FÜRTH, heute Eigentum der Grafen von Spee. Die schöne wasserumwehrte Backsteinanlage wurde im 16. und 17. Jh. auf kreuzförmigem Grundriß errichtet. Dem 16. Jh. gehören die beiden Flügel der Grabenseite aus Fachwerk mit Backsteinfüllungen und auskragenden abgewalmten Satteldächern an. Die beiden Flügel der Hofseite entstanden im 17. Jh. Haus Fürth ist das letzte am Niederrhein noch erhaltene Beispiel einer Fachwerkwasserburg. Einst müssen viele der Ackerburgen zwischen Eifel, Maas und Rhein ähnlich ausgesehen haben. Um so kostbarer ist dieser letzte Zeuge jener Bauweise.

Auch die kleineren Ackerburgen sind der Beachtung wert. Von Liedberg ist es nicht weit nach Neuenhoven. HAUS NEUENHOVEN ist ein gutes Beispiel eines sogenannten ›festen Hauses‹ des kleinen Landadels. Der dreigeschossige Rundturm stammt noch aus dem 15./16. Jh. Die Herren, die Familie von Hundt, schloß sich gleich den Ritterbürtigen auf Haus Bontenbroich, Haus Horst und Haus Schlickum der Reformation an. Die kleinen reformierten Gemeinden im Schutz dieser Adelsherren bildeten 1580 unter der Führung des einstigen Dycker Schloßkaplans Merkelbach das ›Neuenhovener Quartier‹. Groß waren ihre Leiden während des Truchsessischen Krieges. Den Schutz

146

des Neuenhovener Quartiers übernahmen ab 1602 die Herren von Klaitz auf Haus Bontenbroich.

BURG GIERATH ist ein gutes Beispiel für die mittelalterliche Form des Wohnturms. Halb versteckt befindet er sich an einer Sackgasse, die zum Ufer des Jüchener Bachs führt, zwischen den Beeten und Treibhäusern einer Gärtnerei.

Bei der Rückkehr nach Glehn sollten wir einen kurzen Abstecher nach BEDBURDYCK machen. Die Pfarrkirche St. Martin gehörte einst zum Hof der Herren von Dyck. Der Zehnt stand den Besitzern des Schlosses, das Patronat dem Kölner Domstift zu. Die heutige Kirche ist ein dreiseitig geschlossener Backsteinsaal von 1775. Er besitzt ein Spiegelgewölbe. Der vorgelagerte Westturm stammt noch von der Vorgängerkirche aus der 2. Hälfte des 12. Jh. St. Martin besitzt eine hübsche Rokokoausstattung. Die beiden Seitenaltäre sind Arbeiten, die aus dem Umkreis der Künstler an den Kurkölner Höfen in Bonn und Brühl stammen.

Die eindrucksvollste mittelalterliche Burg, wie Liedberg zu Korschenbroich gehörend, ist SCHLOSS MYLLENDONK (Abb. 60) an der Straße nach Mönchengladbach. Die im Tal der Niers liegende Burg des 14. bis 16. Jh. geht wahrscheinlich auf eine Motte des 10. bis 12. Jh. zurück. Die Edelherren von Myllendonk treten urkundlich zuerst 1166 auf. Im Hochmittelalter gehörten sie zu den bedeutendsten Geschlechtern am Niederrhein. Ihre Erben waren um 1300 die Herren von Reifferscheidt, seit 1350 die Herren Mirlar. Seit 1700 war die Herrschaft Myllendonks reichsunmittelbar. Trotz mehrfacher Erneuerungen und Umbauten der Barockzeit hat die Burg ihren spätgotischen Charakter wahren können. Schloß Myllendonk zeigt die charakteristische zweigliedrige Anlage der niederrheinischen Wasserburgen. Das Hochschloß liegt auf einer eigenen Insel. Um zu ihr zu gelangen, muß man ein zweites Torgebäude durchqueren. Der spätmittelalterlichen Anlage gehören der viergeschossige Hauptturm im Westen an, den eine Schweifhaube des 17. Jh. krönt, der rechtwinklig anschließende quadratische Bau mit Treppengiebel und die der Grabenseite zugewandte Außenmauer des Hauptgebäudes. In der 2. Hälfte des 16. Jh. wurde die Hoffassade des Hauptgebäudes erneuert. Einst besaß sie eine offene Bogenhalle. Sechsgeschossig ist der Nordostturm, seine laternengekrönte Schweifhaube stammt von 1630. Von den Gebäuden der inneren Vorburg ist der dreigeschossige Torbau in der Mitte des 16. Jh. errichtet worden. Sein Schweifdach gehört dem 17. Jh. an. Die Gebäude der dreiflügeligen äußeren Vorburg wurden im 18. und 19. Jh. errichtet.

Trotz dieser verschiedenen Bauperioden wirkt Myllendonk mittelalterlich. Paul Clemen nannte das Schloß einen imposanten Backsteinbau »von mächtigen und wuchtigen Formen, reich gegliedert von jeder Seite aufs Neue durch die unvergleichlich malerische Wirkung und die effektvolle Silhouette«. Vor etlichen Jahren hat der Mönchengladbacher Golfclub hier sein Domizil gefunden.

Von Korschenbroich führt die Straße 381 nach Büttgen, heute Ortsteil von KAARST. Die alte Pfarrkirche St. Aldegundis ist eine dreischiffige Pfeilerbasilika des 12. Jh. Das Mittelschiff ist flach gedeckt, die Seitenschiffe besitzen ein Kreuzgrat-, der hochgotische Chor ein Sternengewölbe. Im ersten Obergeschoß des Turmes befindet sich eine auf acht-

KAARST · MEERBUSCH

eckigem Grundriß angelegte Kapelle. Sie diente einst dem Patronatsherrn. Bemerkenswert ist das aus dem 18. Jh. stammende Chorgestühl. Ein kleiner Hof verbindet die alte Kirche mit der neuen St. Aldegundiskirche, ein 1959/60 errichteter Bruchsteinsaal. Inmitten des Verbindungshofes steht ein Denkmal für Jan van Werth. Der kaiserliche Reitergeneral ist in kniender Haltung dargestellt, Bronzeguß nach einem hölzernen Standbild, das ursprünglich zu einem Epitaph gehört haben muß. Das Original wie auch das Testament des Generals befinden sich derzeit im Pfarrhaus. Jan van Werth wurde 1591 in Büttgen geboren und starb 1652 in Benatek in Böhmen. Seinem Testament entsprechend werden noch heute an seinem Todestag an die Kinder in Büttgen Wecken verteilt.

Ein gutes Beispiel für eine geglückte Restaurierung bietet die Alte St. Martinskirche in Kaarst. Der Erweiterungsbau des 19. Jh. hatte den Eindruck der alten Kirche ziemlich verdorben. Der Neubau der Pfarrkirche an anderer Stelle 1960 und der Wunsch nach einer Anpassung des Dorfkerns an die heutige Verkehrssituation waren der Anlaß, die romanische Pfeilerbasilika des 12. Jh. aus den Umbauten des vergangenen Jahrhunderts herauszuschälen und so den früheren Eindruck zurückzugewinnen. Ausgrabungen ergaben, daß schon um 1007 eine Kirche in Kaarst bestanden hat. Dem Saalbau der Frühzeit wurde der heute noch erhaltene Westturm Mitte des 12. Jh. hinzugefügt. Die Umwandlung des Saals zur Basilika erfolgte gegen Ende des gleichen Jahrhunderts. Bei der Rekonstruktion der alten Kirche konnte man auf den bestehenden romanischen Obergaden mit Außengliederung durch rundbogige Blendarkaden und jochweise zusammengerückte Rundbogenfenster zurückgreifen. Ergänzen mußte man die Blendbogenstellungen der Seitenschiffe. Gänzlich rekonstruiert sind die Kreuzgratgewölbe der drei Schiffe. Durch die Restaurierung ist eine der schönen romanischen Kirchen des Kreises zurückgewonnen worden.

Von Kaarst gelangen wir nach MEERBUSCH. Die Stadt entstand anläßlich der kommunalen Neuordnung 1970 aus den Gemeinden Büderich, Osterath, Lang-Latum, Strümp, Langst-Kierst, Nierst und Ossum-Bösinghoven. Die der Stadt namengebende Burg Meer im Ortsteil Büderich ging wie so viele andere aus einer frühmittelalterlichen Motte hervor. 1166 gründete Hildegund von Meer († 1186) ein Prämonstratenserinnenkloster, das nach der Säkularisation 1802 von den Freiherren von der Leyen-Bloemersheim erworben wurde. Diese bauten das Kloster zum Schloß um. Die Klosterkirche wurde im Laufe des 19. Jh. abgebrochen. Haus Meer ging im letzten Weltkrieg zugrunde. Nur die Umfassungsmauern blieben stehen. Erhalten blieb der zu Haus Meer gehörende Gutshof.

Bestehen blieb glücklicherweise HAUS DYCKHOFF, eine kleine, zweiteilige Wasserburg. Das Herrenhaus wurde 1666 unter Verwendung älterer Reste errichtet. Trotz der Veränderungen im 19. und 20. Jh. hat es sich seinen barocken Charakter bewahrt. Das Herrenhaus lehnt sich an den quadratischen Wohnturm aus Backstein an, der im Kern noch dem Spätmittelalter angehört. Bemerkenswert ist die groteske Schweifhaube, die Form wurde durch Biegen der Hölzer im Wasser gewonnen. Stilistisch steht sie den Helmen des Aachener Rathauses nahe.

148

Der alte Ort BÜDERICH mußte 1813 dem Glacis des neugegründeten napoleonischen Forts, später Fort Blücher genannt, weichen. Von der Alten Kirche steht nur der viergeschossige Tuffsteinwestturm, er dient heute als Kriegergedächtniskapelle. Die Bohlentür mit den Namen der Gefallenen und die Skulptur des auferstehenden Christus hat 1958 Josef Beuys geschaffen. Die Pfarrkirche im neuen Büderich entstand nach einem Plan Schinkels von 1819 als dreischiffiger Backsteinbau mit vorgesetztem Westturm. In der südlichen Seitenkapelle hat die hölzerne Standfigur der Muttergottes Aufstellung gefunden (Köln, Mitte des 15. Jh.; sie entstammt dem Umkreis des Meisters der Verkündigungsgruppe in St. Kunibert in Köln).

Die Wallfahrtskirche ›Zur schmerzhaften Muttergottes‹ in NIEDERDONK besitzt als Gnadenbild ein Vesperbild des 17. Jh., das sich im Stil dem Typus des 15. Jh. anschließt.

Meerbusch hat – obwohl beliebtes Wohngebiet – sich dennoch weitgehend seinen ländlichen Charakter bewahrt. In den einzelnen Ortsteilen finden sich recht schöne Landhäuser. Wir heben hervor den Kröllgeshof in Osterath, Hochstraße 6, dessen Wohnhaus, ein Backsteinbau, 1785 errichtet wurde sowie den Plöneshof, Osterath, Hochstraße 15, dessen Wohnhaus 1791 errichtet wurde und dessen Pferdestall heute als Bankgebäude genutzt wird. In der Kapellenstraße 51 steht ein Fachwerkhaus, letzter Rest eines Hofes, der 1754 unter dem Namen Körschenhaus urkundlich erwähnt wird. Noch während des Dreißigjährigen Krieges wurde als wahrscheinlich ältestes Wohnhaus in Osterath das Fachwerkhaus Goethestraße 50 errichtet. Einen schönen geschweiften Giebel besitzt das Wohn- und Geschäftshaus in Lank-Latum, Fronhofstraße 1. Ein vorzüglicher Fachwerkbau ist der Gasthof ›Zur Krone‹, Hauptstraße 32, im gleichen Ortsteil. Der Nauenhof, Lank-Latum, Bismarckstraße 41, war einst Tafelgut der Kurfürsten von Köln. Das Gebäude wurde in den sechziger Jahren stilgerecht renoviert. Das Nachbarhaus ist Haus Latum, ein einstiger kurkölnischer Adelssitz. Die Beispiele lassen sich leicht vermehren. Erwähnt sei noch der Weilerhof im Ortsteil Ossum-Bösinghoven wegen seines schweifgeschwungenen Giebels. Zum Bild von Meerbusch gehören die noch erhaltenen Mühlen, wie z. B. die Heidbergmühle in Lank-Latum, aber auch die Wegkreuze und nicht zuletzt die ›Fußfälle‹. Die so bezeichneten Bildstöcke, 1764 errichtet, markierten bis zu Mitte des vorigen Jahrhunderts Gebetswege. Vor Einführung der Kreuzwegstationen waren sie viel begangen.

So sehr der ländliche Charakter die Ortsteile von Meerbusch bestimmt, so gab es doch im 19. Jahrhundert einen Zentralpunkt für ein gehobenes kulturelles Leben, SCHLOSS PESCH. Die mittelalterliche Burg brannte 1583 ab. Die Ruinen der dazugehörigen Befestigungsanlage sind östlich des heutigen Schlosses noch zu sehen. Das neu errichtete Herrenhaus fiel 1795 ebenfalls einem Brand zum Opfer. Der Wiederaufbau erfolgte 1800. Prinz Johann von Arenberg baute das Schloß 1906–12 um. Es stellt sich heute als imponierender klassizistischer Bau dar.

Kontinuität der Geschichte wird in HAUS GRIPSWALD spürbar. Nach seiner Inschrift wurde es 1547 erbaut. 1800 erfolgte eine Restaurierung. Auf dem Gelände des Anwesens fanden sich römische Ziegel und Mauerreste, nicht zuletzt auch sechs Matronen-

GREVENBROICH

steine. Von Meerbusch aus verlassen wir den Kreis Neuss in Richtung auf die Stadt Neuss oder in Richtung Düsseldorf.

Ein Besuch auf Schloß Dyck mag uns aber auch veranlassen, unsere Erkundungsfahrten in nordöstlicher Richtung fortzusetzen. Die B 59 nutzend, gelangen wir nach GREVENBROICH. Die Herrschaft Broich fiel 1307 durch Schiedsspruch an Jülich, erhielt Stadtrechte und wurde Sitz eines Jülicher Amtmannes. In der Folge bürgerte sich der Name ›des Greven Broich‹ ein. Im Schloß hielt wiederholt der Jülicher Landtag seine Sitzungen ab. Das Alte Schloß dient heute der Stadtverwaltung. Von der Jülicher Landesburg des 15. Jh., einem ziemlich nüchternen Zweckbau, ist nur das ehem. Palasgebäude erhalten. Unter dem Satteldach des dreigeschossigen Backsteinbaus verläuft ein Spitzbogenfries. Die Wiederinstandsetzung des Baus war 1958 Anlaß zur Erweiterung in eine Dreiflügelanlage. Glücklicherweise beherbergt das Alte Schloß auch eine Gaststätte. Im Keller oder auf der Schloßterrasse kann man sehr angenehm bei einem Glas Wein oder Bier über die wechselvolle Geschichte der Grafschaft Jülich nachdenken.

Das heutige Grevenbroich hat noch einen weiteren nicht unwichtigen Ortskern, die einstige Deutschordensherrschaft Elsen. Der Orden erwarb die Grundherrschaft 1263 und konnte sie durch Kauf erweitern. Er vermochte ihr sogar einen reichsunmittelbaren Charakter zu sichern. Von der mittelalterlichen Burg des Deutschen Ordens neben der Südseite der Pfarrkirche sind leider nur noch die Umfassungsmauern sowie das einstige Zehnthaus, ein zweigeschossiger Backsteinbau mit Walmdach, erhalten. Die Kirche St. Stephan ist ein Backsteinsaal von 1714/15 mit Tonnengewölbe. Der Turm stammt noch von der Vorgängerkirche aus dem 12. Jh. Querschiff und Chor wurden in neubarocken Formen 1896 der Kirche angefügt. An den Deutschen Orden erinnert das Wappen am Portal auf der Südseite. Von der Ausstattung des 18. Jh. blieben noch einige gute Stücke erhalten, bemerkenswert die Kreuzigungsgruppe des alten Hochaltars von 1718.

Wer die Burgenfahrt fortsetzen will, findet im benachbarten Erftkreis mit Schloß Bedburg eine schöne Renaissanceanlage. Wir aber kehren nach Neuss zurück.

IV Xanten und der Kreis Wesel

Xanten

Nur 70 m hoch ist der in der vorletzten Eiszeit entstandene Fürstenberg unweit des heutigen Xanten, aber er gewährt eine vorzügliche Fernsicht auf das niederrheinische Land. Mit sicherem Blick erkannten die Römer diese strategische Bedeutung, die einst noch durch die Mündung der Lippe in den Rhein verstärkt wurde. Zur Abwehr der Germaneneinfälle errichteten sie auf dieser Höhe um 15 v. Chr. ein Legionslager, das sie CASTRA VETERA nannten. Das Lager wurde zunächst in einer Erde-Holz-Konstruktion erbaut, um 50 n. Chr. in Stein. 4–5 m war die Mauer hoch und 1,5–2 m dick. Zusätzlichen Schutz boten zwei vorgelagerte tiefe Gräben. Das Lager entsprach dem üblichen römischen Schema. Im Bataver-Aufstand 70 n. Chr. wurde es zerstört.

Im Schutz des Legionslagers stand die Zivilsiedlung der Cugerner. Kaiser Trajan gab ihr Anfang des 2. Jh. die Stadtrechte und seinen Namen COLONIA ULPIA TRAIANA. Angelegt war sie wie die meisten römischen Städte: auf dem Reißbrett entworfen, mit einem Netz annähernd rechtwinklig verlaufender Straßen, umgeben von einer hohen Mauer mit Türmen. Im Unterschied zu Köln und Trier wurde die mittelalterliche Stadt Xanten später nicht auf ihren Fundamenten erbaut. Colonia Ulpia Traiana teilte den wirtschaftlichen Niedergang vieler Römerstädte der Spätantike und begann zu veröden. Bereits im 4. Jh. wurde ein Teil ihrer Bauten eingerissen. Der Niederrhein ist steinarm. Die verlassenen Gebäude waren als Steinbruch sehr willkommen. Kein Wunder, daß heute kaum mehr als die Fundamente übriggeblieben sind, mit einer Ausnahme, dem Amphitheater, soweit es von Erde bedeckt war.

Einstmals war in der Römerstadt die Legio Victrix stationiert. Wie ein Nachhall auf sie wirkt der Heldenname Siegfried, den das Nibelungenlied mit Xanten in Verbindung bringt. Später bauten die ersten Christen auf dem Friedhof der Römerstraße eine Kapelle über dem Doppelgrab zweier gewaltsam getöteter Männer, in denen sie Märtyrer sahen. Der Märtyrerkult begründete den Aufstieg der mittelalterlichen Stadt. Ad Sanctos – Zu den Heiligen –, in ihrem Schutz die eigenen Toten zu bergen, war schon der Wunsch der Franken. Die günstige Lage der Stadt am Rhein kam dem Handel zugute. Als der Strom sich um 1535 ein neues Bett suchte, begann der wirtschaft-

XANTEN UND DIE RÖMERZEIT

XANTEN Modell der Colonia Ulpia Traiana. Regionalmuseum, Xanten (Mit freundl. Genehmigung des Landschaftsverbandes Rheinland)

liche Niedergang. Kriege und Besatzungszeiten taten ein übriges. Xanten wurde ein stilles Landstädtchen. Erst die Begeisterung für die Kunst der Gotik im 19. Jh. verhalf zu neuer Anziehungskraft.

Gegen Ende des Zweiten Weltkrieges schien das Schicksal Xantens besiegelt zu sein. In den schweren Luftangriffen gingen Dreiviertel der Stadt zugrunde, erlitt der Dom schwerste Zerstörungen. Glücklicherweise konnten seine Kunstschätze gerettet werden. Viele haben in den Nachkriegsjahren am Wiederaufbau des Domes mitgewirkt. Daß er jedoch in seiner ursprünglichen Schönheit wiedererstand, ist vor allem der geduldigen Tatkraft und dem unnachgiebigen Werben von Walter Bader* zu danken.

---

* Professor Walter Bader, Konservator der Kunstdenkmäler von Nordrhein-Westfalen, lebt in Xanten. Sein Lebenswerk gilt der Erforschung und Wiederherstellung des Xantener Doms. Er ist Verfasser vieler Bücher, u. a. Herausgeber der Festschrift ›Sechzehnhundert Jahre Xantener Dom‹.

Der Dom ist für die Stadt beherrschend, doch besitzt sie auch neben ihm eigentümliche Schönheit. Trotz aller Zerstörung ist das Gefüge der Straßen der mittelalterlichen Stadt erhalten geblieben. Noch immer gibt es eine Reihe historisch interessanter Gebäude. Wegen seiner unverwechselbaren Atmosphäre wurde Xanten im Denkmaljahr 1975 als europäische Beispielstadt am Niederrhein ausgewählt. Mit dieser Wahl ist freilich auch eine Aufgabenstellung gegeben, nämlich die Schätze der Stadt neu erfahrbar zu machen.

Die Voraussetzung dazu wurde mit der kommunalen Neugliederung Ende der sechziger Jahre geschaffen. Das Flächengebiet Xantens hat sich verzehnfacht. Siedlungsschwerpunkt der heutigen Großgemeinde bleibt freilich der historische Stadtkern. Eingebettet ist er in eine reizvolle Landschaft. Beides gilt es zu erhalten, ja sogar neu zu akzentuieren. Die Gebiete relativ unberührter Natur sind immer geringer geworden. Dem Ballungsraum an Rhein und Ruhr, der Industriezone mit den Großstädten wird als Alternative das Gebiet des unteren Niederrheins entgegengesetzt, das vornehmlich der Erholung dienen soll (Ft. 19).

Xanten verzichtete darum auf die Ansiedlung eigener Industrie. Es vertraut auf die Anziehungskraft seiner historischen Bauten und die Schönheit seiner Umgebung.

Wer den Anfängen der Römerzeit nachspüren will, der muß BIRTEN aufsuchen. Erhalten blieb auf dem Fürstenberg das Amphitheater, das vor den Lagermauern in Holz-Erde-Technik errichtet wurde. Heute gibt es nur noch wenige Holz-Erde-Theater aus dieser Periode. Im Mittelalter galt das Birtener Amphitheater als Ort des Martyriums des hl. Viktor. Deshalb blieb es von Zerstörung verschont. Heute dient es in den Sommermonaten als Freilichttheater. Erinnerung an eine klösterliche Anlage auf dem Fürstenberg im Mittelalter ist die 1689 gebaute Birgittenkapelle, zu der noch heute einige niederrheinische Gemeinden wallfahren.

Einen Teil der einstigen Römerstadt zu erhalten und der Öffentlichkeit zugänglich zu machen, war der Anstoß für die Gründung des ARCHÄOLOGISCHEN PARKS in Xanten. Fast vier Jahre dauerten die Vorbereitungen für den Aufbau. Im Juni 1977 konnte der erste Abschnitt freigegeben werden. Die Ergebnisse der Ausgrabungen werden nach und nach sichtbar gemacht. Originale Funde und Rekonstruktionen galt es geschickt miteinander zu verbinden.

Die Römer schützten ihre Stadt zusätzlich durch zwei Gräben, die parallel zur Stadtmauer verliefen. Vor der östlichen Stadtmauer konnte man sich mit einem Graben begnügen; ein Rheinarm bot natürlichen Schutz. Hier hatten die Römer einst einen Hafen angelegt. Es ist geplant, diesen Hafen ebenfalls zu rekonstruieren. Ein kleines Hafentor ist bereits fertig. Zugleich mit der östlichen Stadtmauer wurde der südöstliche Eckturm und ein Wehrturm rekonstruiert. Grabungsfunde haben hier Aufstellung gefunden. Die öffentlichen Bauten der Römerstadt wurden mit frischem Quellwasser versorgt, das man von weither durch Kanäle in die Stadt leitete. Ein Stück originaler römischer Wasserleitung ist im Archäologischen Park zu sehen.

Das eindrucksvollste Gebäude aber ist das AMPHITHEATER (um 120 n. Chr.). Es gehörte zu den kleineren seiner Art, war nur eingeschossig und faßte ca. 10 000 Besucher.

153

XANTEN DER ARCHÄOLOGISCHE PARK

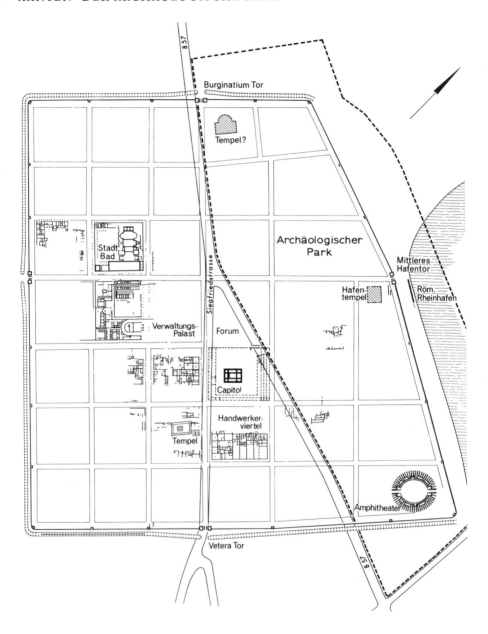

XANTEN Lageplan des Archäologischen Parks, auf einem Teil der ehem., von Kaiser Ulpius Traianus um 100 n. Chr. gegründeten Stadtanlage errichtet

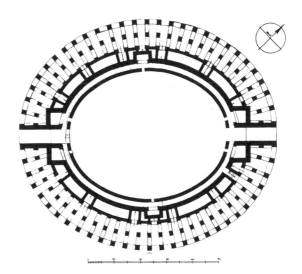

XANTEN Amphitheater. Grundriß
(nach K. Heidenreich)

(Zum Vergleich: Das Kolosseum in Rom bot 50 000 Zuschauern Platz.) Es entbehrte jeder plastischen Gliederung durch Pilaster oder Halbsäulen. Ursprünglich war es als Holzbau über ovalem Grundriß errichtet. Um 200 wurde es in Stein erneuert und etwas vergrößert. Die Arena besaß die Maße 60 × 48 m. Ungewöhnlich ist, daß seine Mauern im unteren Teil durch Bogen und Pfeiler aufgelöst wurden. Das Amphitheater verfügte über eine Hebebühne. Daß hier Gladiatorenkämpfe und Tierjagden stattgefunden haben, bezeugt der Weihestein eines Bärenfängers (Abguß, Original im Regionalmuseum, Xanten). Bis zum Jahre 1980 wird die Teilrekonstruktion eines Viertelsegments abgeschlossen sein, eine spätere Verwendung für Freilichtspiele ist geplant.

Im Aufbau befinden sich das LAPIDARIUM (Sammlung von Steindenkmälern und Architekturteilen), des weiteren der BAUHOF, in dem die Materialien für die Restaurierung des antiken Mauerwerks bewahrt werden. Auf einem VERSUCHSFELD vor dem kleinen Hafentor werden Getreidearten angebaut, die schon der Antike bekannt waren. Neuentdeckt wurden im September 1978 unter einer Humusschicht des antiken Rheinhafens Reste eines Tempels (2. Jh. n. Chr.), außerdem seltene Goldmünzen. So wird bereits jetzt deutlich, in welche Richtung das Projekt des Archäologischen Parks weiterentwickelt wird. Entspannung und Bildung sollen hier in gleicher Weise zum Tragen kommen.

Gute Gelegenheit, die Kenntnisse über die Römerstadt zu vertiefen, bietet das REGIONALMUSEUM XANTEN. Der Boden Xantens war reich an antiken Funden. Allzuviel davon ist in die großen Museen abgewandert. Um wenigstens einiges für die Heimat zu erhalten, gründete der Niederrheinische Altertumsverein Xanten 1877 ein Museum.

XANTEN REGIONALMUSEUM

Der 1978 wiederentdeckte
Xantener Römertempel,
wie er ausgesehen
haben könnte.
Zeichnung von Losereit

Das Gebäude fiel mit einem Großteil seiner Bestände den Luftangriffen im Zweiten Weltkrieg zum Opfer. Nach dem Entwurf des Wiesbadener Architekten Reiner Schell wurde 1970 das Regionalmuseum Xanten errichtet, eine Filiale des Rheinischen Landesmuseums Bonn. Angesiedelt wurde der Museumsbau in der Stiftsimmunität. Er unterscheidet sich durch das verwendete Baumaterial – Sichtbeton – von seiner historischen Umgebung, in die er sich dennoch gut einfügt.

Die Bestände dokumentieren drei Gebiete: Vorgeschichte und Antike, Römerzeit – Stift und St. Viktordom – die Stadt Xanten. Außerdem werden in Wechselausstellungen Sonderthemen präsentiert. Freilich kann das Regionalmuseum die wertvollsten römischen Fundstücke nur in Kopien zeigen. Dafür bietet es aber einen so umfassenden Überblick über die Reichhaltigkeit der Funde des römischen Xanten, wie er sonst nirgends gewonnen werden kann. Hinzu kommen die vorzüglichen Modelle und Karten. Gerade sie machen die Geschichte Xantens erlebbar. Ein großes Leuchtmodell unterrichtet den Besucher über den Xantener Flächennutzungsplan mit den eingemeindeten Ortsteilen und der historisch gewachsenen Stadt. In dem Plan sind die Schwerpunkte der Geschichte Xantens dargestellt. Damit ist auch eine erste Orientierung über die Themen und Abteilungen des Museums gegeben. 1974 wurde im Bereich des Archäologischen Parks ein *Jungsteinzeitlicher Riesenbecher* gefunden, ein 32 cm hoher verzierter Topf. Schon damals gab es also dort eine Besiedlung. Aus der Bronzezeit sind eine Reihe Waffen vertreten. Grabungen des Jahres 1976 haben Aufschlüsse über die Cugernersiedlung gebracht. Das Museum dokumentiert diese Funde. Die Modelle unterrichten sowohl über das Legionslager wie über die römische Stadt. Das historisch bedeutsamste Denkmal dieser Zeit ist der *Grabstein des Marcus Caelius* (9 n. Chr.), weil er das einzige ausdrückliche Zeugnis dafür ist, daß die 18. Legion, zu der Caelius gehörte, im Teutoburger Wald von den Germanen vernichtend geschlagen wurde. Das Denkmal für Marcus Caelius (Abb. 72) wurde schon vor 1630 auf dem Fürstenberg bei Birten entdeckt. Prinz Johann Moritz, der Statthalter von Kleve, ließ es seinem Kenotaph einfügen. Heute gehört das Original dem Landesmuseum in Bonn. Von den Bronzearbeiten Xantens, die den einstigen Wohlstand der Römerstadt bezeugen, seien die *Sandalenlösende Venus* (2. Jh. n. Chr., Abb. 69) und der *Stumme Diener* oder *Lüttinger Knabe* genannt. Letzterer ist sicher der berühmteste Fund aus Xanten (Abb. 68). Entdeckt wurde er bereits Mitte des 19. Jh. Fischer holten ihn aus dem Rhein. Als sie ihn in einer Kneipe für Geld zeigten, griff der Preußische Staat zu. Heute befindet er sich im Pergamon-Museum, Berlin (DDR). Die Skulptur ist wahrscheinlich um 140 n. Chr. entstanden. Dazu paßt der Gegensatz zwischen weichem Körper und wilder Lockenfülle. Der etwa vierzehnjährige nackte Knabe kommt dem Beschauer entgegen. Aus der Handhaltung des linken Armes – der rechte Unterarm fehlt – ist ersichtlich, daß er in der Hand ein Tablett gehalten haben muß. Bei der Grabung am Fürstenberg 1926 wurde die *Bronzekrone eines Kultbildes* (vor 69 n. Chr.)

Ausgrabungen in Xanten. Vorderseite des Umschlages ›Roemisches Antiquarium des Königl.-Preuß. Notaïrs Philipp Houben in Xanten‹. Xanten, 1839

XANTEN REGIONALMUSEUM

entdeckt, wahrscheinlich der Hauptschmuck einer fast lebensgroßen Fortuna, die an der Via Principalis des Lagers südlich des Legatenpalastes gestanden hat (Abb. 75). Beim Bataver-Aufstand wurde die Figur gestürzt. Schließlich sei noch auf den *Silberbecher von Wardt-Lüttingen* hingewiesen, der zu den bedeutendsten Beispielen augusteischer Treibarbeit gehört (Abb. 71).

Modelle veranschaulichen die Entwicklung der Kirchenbauten über dem römischen Friedhof. Die Ausgrabungen von Walter Bader 1933/34 führten zur Entdeckung eines Doppelgrabes zweier gewaltsam getöteter Männer. Ihre Bestattung ließ sich durch die Beigaben auf die Zeit um 380 festlegen. Über dem Grab wurde zunächst eine Gedächtniskapelle aus römischem Tuffsteinmaterial errichtet, aber bald darauf durch einen Holzpfostenbau ersetzt. Im Regionalmuseum ist diese Gedächtniskapelle – Cella memoriae – im Modell dargestellt (s. S. 18–20). Es zeigt, daß die Kapelle von einer Reihe weiterer Steingrabbauten umgeben war. Daneben gab es eine Fülle von Bestattungen, die in den Boden eingesenkt waren. Ein weiteres Modell zeigt den Zustand der Zeit um 450. Jetzt ist der Platz planiert, die Grabbauten sind bis auf die Cella memoriae über dem Doppelgrab beseitigt. Sie ist bereits wesentlich größer als der Erstbau, in Stein ausgeführt, aber immer noch keine Kirche. Doch wird deutlich, daß die Gedächtniskapelle bereits Ausdruck der Totenverehrung sein muß, daß sich die Legende des Martyriums zu entfalten beginnt. Zwischen 752 und 768 – das Datum wird durch einen Münzfund bestimmt – wird die Kapelle durch die erste Xantener Kirche ersetzt. Insgesamt handelt es sich nun schon um eine stattliche Anlage mit Stiftsgebäude. Aus dieser Zeit stammt auch ein Suchschacht über dem Doppelgrab der Märtyrer. Doch wurde damals die Suche zu früh abgebrochen. Beim Weitergraben wäre man mit Sicherheit auf das Doppelgrab gestoßen. Statt dessen wurden die Gebeine weiterer Toter entdeckt, die man als Märtyrer interpretierte. Dadurch erhielt der Kult neuen Auftrieb. Bald genügte die Kirche nicht mehr. In rascher Folge errichtete man immer größere Bauten. Anhand von Modellen kann die weitere Entwicklung bis hin zur ottonischen Zeit genau verfolgt werden.

Grabbeigaben der fränkischen Zeit aus den Gräbern unter dem St. Viktordom geben einen Einblick in die Qualität des Kunsthandwerkes des 6. und 7. Jh. Hingewiesen sei auf die *Goldene Reiterfibel,* um 600 (Abb. 73). Die Gewandnadel zeigt einen Reiter auf einem nach rechts galoppierenden, weit ausgreifenden Pferd. Er trägt einen spitzen Helm, ein panzerartiges Gewand, Reithose und Gamaschen. Der Goldschmied wählte das Motiv vermutlich unter dem Eindruck der Stürme der Reiternomaden, die aus Südrußland bis an die Donau und den Rhein vordrangen. Auch eine *Goldscheibenfibel,* Schmuck einer fränkischen Frau des 7. Jh., zeugt von der Höhe des Kunsthandwerks dieser Zeit.

Als Dauerleihgabe ist dem Regionalmuseum ein Großteil des DOMSCHATZES anvertraut worden. Ebenso fanden hier Altäre Platz, die im Dom nicht wieder aufgestellt werden konnten. Ein *Fußbodenmosaik,* 1933 bei Ausgrabungen der Stiftskirche im Chor entdeckt, gehörte zur ottonischen Kirche (11. Jh.). Das Steinmaterial stammt aus der Colonia Ulpia Traiana. In Spiralornamentik sind Ziege, Fuchs, Wolf und Pfau

XANTEN Fußbodenmosaik aus römischem Steinmaterial aus dem Viktordom. Um 1050. Regionalmuseum Xanten

dargestellt. Sie symbolisieren menschliche Laster. 1974 wurde das Mosaik ins Regionalmuseum übertragen. Eine Wandmalerei aus dem Westbau des Domes ist der *Bonifatiusaltar* (um 1396, Abb. 74). Neben dem Gekreuzigten stehen zur Rechten und zur Linken je zwei Heilige. Zu Christi Füßen kniet der Stifter, der Xantener Kanoniker Dietrich von Asberg, Pfarrer der Bonifatiuskirche in Moers von 1357–92. Als im Laufe des 15. und 16. Jh. die Schnitzaltäre aufkamen, galt der Altar als unmodern und wurde übertüncht. Bei den Luftangriffen fielen Teile der Übertünchung ab, der Altar kam wieder zum Vorschein und wurde nach dem Krieg von seiner ursprünglichen Unterlage gelöst und ins Museum überführt. Der *Martinsaltar*, eine Gedächtnisstiftung des Kanonikers und Dombaumeisters Gerhard Vaick, 1477, und der Helena-Altar, um 1518 von der Xantener Schneiderzunft gestiftet, geben uns einen ersten Eindruck von der Kunst dieser Schnitzaltäre und bezeugen die Kostbarkeit der Ausstattung des Domes im Herbst des Mittelalters.

XANTEN VIKTORDOM

Noch aus der Antike stammt eine *Pyxis,* eine elfenbeinerne Büchse (1. Viertel des 6. Jh.) mit Szenen aus dem Sagenkreis des Achill (Abb. 70). Sie diente zur Aufbewahrung von Märtyrerreliquien. Ähnlichkeit in der Typologie mit dem Mönchengladbacher Tragaltärchen hat der sogenannte *Kleine Viktorschrein* (1. Hälfte 12. Jh., Ft. 20). Ursprünglich war er der Fuß einer Kreuzabnahmegruppe. Auf der vorderen Langseite des hausförmigen Reliquiars thront Christus in der Mandorla, umgeben von den Symbolwesen der vier Evangelisten. Rechts und links stehen der Erzengel Gabriel und die Mutter Maria. Auf den Dachecken sitzen die vier Evangelisten mit der aufgeschlagenen Heiligen Schrift auf den Knien. Je vier Apostel sind auf den seitlichen Dachflächen dargestellt, die übrigen finden sich auf den Schmalseiten. Die Verbindung Xantens mit Köln veranschaulicht die *Stiftsstandarte* von 1500, die den hl. Viktor neben St. Gereon zeigt. Der Xantener *Paramentenschatz* wird mit dem von Danzig (heute in Lübeck) und dem von Halberstadt zu den drei bedeutendsten in Nordeuropa gerechnet. Zwei seiner Kapellen (Meßgewänder) sind ausgestellt. Wertvoll auch die spätmittelalterlichen *Reliquiare,* darunter das mit einer Madonnenfigur, um 1430 am Niederrhein entstanden. Der Xantener *Monstranz* aus der 2. Hälfte des 14. Jh. kommt als der ältesten dieses Typus eine besondere Bedeutung zu.

Während durch den Domschatz die Abteilung zur Geschichte des St. Viktorstiftes reich dokumentiert ist, konnte die Stadtgeschichte nur mit wenigen Beispielen veranschaulicht werden. Allzuviel ist im Laufe der Zeit zugrunde gegangen. Wichtig sind die Stadtansichten, die vieles Verlorene in der Erinnerung festhalten. Der Besuch des Regionalmuseums schärft den Blick für die erhaltenen Denkmäler aus der Geschichte Xantens.

Wer den Anfängen der Märtyrerverehrung anhand der erhaltenen Funde nachspüren will, dem ist dazu Gelegenheit in der Krypta des ST. VIKTORDOMS gegeben. Frühe Geschichte und Zeitgeschichte sind hier ein glückliches Bündnis eingegangen. Die Entdeckung des Doppelgrabes am 26. Oktober 1933 (s. S. 19) gab den Anstoß zum Bau der KRYPTA im Dom. 1936 wurde sie errichtet. Drei Jahrzehnte später, im Jahr der St. Viktors-Tracht 1966, richtete man nach Erweiterung des Raumes eine Mahn- und Sühnestätte für die Märtyrer aus der Zeit des Dritten Reiches 1933–45 ein. Drei Zeugen aus der weiteren Umgebung von Xanten, die ihr Leben für Christus gaben, wurden hier beigesetzt, stellvertretend auch für alle anderen Märtyrer dieser Zeit.

Die WESTFASSADE des Xantener Doms stammt in ihren ersten drei Geschossen noch aus der romanischen Bauperiode, 1180/90–1213. In der Reihe der von der maasländischen Kunst bestimmten Westbauten stellt sie mit ihrer fein abgewogenen Teilung der drei Geschosse das späteste und reifste Werk dar. Rheinischer Tradition entsprechen die Formen der Blendgliederung: einfache Rundbogenblenden im Sockelgeschoß, im zweiten Geschoß um Kleeblattbogen bereichert, im dritten Geschoß sind Säulen mit Bogenwülsten in die Blendgliederung eingestellt. Der Zweckbestimmung des Baus als Chorhalle widerspricht das Westportal. Es wurde als Zugeständnis an die rheinischen Zweiturmfronten errichtet. Der romanische Dom war kaum vollendet, da empfand man ihn schon als unmodern. Der in Frankreich bereits erprobte Stil der Gotik faszinierte nun auch im Rheinland. Am 22. August 1263 wurde unter Propst Friedrich von Hochstaden (1247–1265) der Grundstein für die Xantener gotische Stiftskirche gelegt. Spenden der Pilger, laufende Einkünfte des Stiftes, Gaben, die durch Kollekten zusammengekommen waren, trugen zur Finanzierung des Baus bei. Dennoch stellte sich bald heraus, daß die Geldmittel zu knapp waren. Infolgedessen traten beim Bau oft jahrelange Unterbrechungen ein, kostbares Material mußte durch bescheideneres ersetzt werden. Die Verzögerungen führten zu Planänderungen. Doch der Wille zur Vollendung erlahmte nicht. Mehr als dreihundert Jahre dauerte es, bis 1569 die Arbeiten am Xantener Dom abgeschlossen waren.

Nicht nur finanzielle Probleme waren zu bewältigen. Auch die örtlichen Gegebenheiten bereiteten Schwierigkeiten. Auf die bereits vorhandene Umbauung mußte Rücksicht genommen werden. Der Immunitätsbezirk zog verhältnismäßig enge Grenzen wie auch der nördlich der Kirche bereits vorhandene Kreuzgang. Der gotische Bau konnte in seiner Längenausdehnung nicht weit über den romanischen Vorgängerbau hinausgehen. Nicht angetastet werden durfte der spätromanische Westbau mit seinen Türmen. Er bestimmte auch die Höhe des gotischen Mittelschiffs. Ihre Begrenzung läßt den Kirchenquerschnitt breit wirken. Während des Baus des gotischen Doms durfte der Gottesdienst des Stiftes nicht unterbrochen werden. Deshalb teilte man den Ostchor ab, zog eine Zwischenwand ein und begann zunächst mit dem Bau des neuen gotischen Ostchors. Nach dessen Vollendung wurde die Zwischenwand versetzt und der Bau der gotischen Kirche weitergeführt. Von der Geschicklichkeit des jeweiligen Baumeisters hing es ab, den Raum für den Gottesdienst ungestört zu erhalten, indem immer wieder neu die romanischen Restbauten mit den gotischen Neubauten zusammengefügt wurden.

Die Anlage des *Chores* richtet sich nach dem Vorbild der Liebfrauenkirche zu Trier, die um 1235 entstanden war. Die vier Nebenapsiden sind so angelegt, daß sie zusammen mit der Hauptapsis, die nur wenig vorgezogen ist, einen Halbkreis beschreiben. Dabei bildet die Hauptapsis ein halbes Zwölfeck, jede Nebenapsis ein halbes Zehneck. Das fünfschiffige Langhaus zählt im Mittelschiff sechs Joche. Bis zum Chorhaupt sind es dann noch einmal zwei Joche. Für die Langhausanlage mag die Fünfschiffigkeit des Kölner Domes Vorbild gewesen sein.

Während noch am Langhaus gebaut wurde, begann man den Westbau umzugestalten. Er erhielt 1517 das große Westfenster. Nach einem Brand waren die zerstörten oberen Teile des Südturms erneuert worden. Gleichzeitig hatte man ihm eine spitze gebrochene Schieferpyramide aufgesetzt. Ende des 15. Jh. bis um 1530 wurde der Nordturm in romanisierender Blendgliederung vollendet und erhielt ebenfalls einen gotischen Turmhelm. Weiterer architektonischer Akzent ist die Turmgalerie. Die bis 1437 vollendete Wölbung des Ostteils der Kirche vom Lettner zum Hauptchor ist einfach. Sehr viel reicher sind die Gewölbe vom Lettner zum Westbau. Sie wurden 1449 begonnen, 1530 ist das letzte dieser Gewölbe vollendet. Während der Ostchor noch die herbe schlichte Schönheit der frühen Gotik besitzt, sind die Langseiten von solcher Schlichtheit weit entfernt. Eine doppelte Galerie des Mittelschiffs betont die Horizontale (Abb. 65). Die Konstruktion der Seitenschiffe machte eine doppelte Verstrebung notwendig. Den

161

XANTEN VIKTORDOM

vielfältigsten Bauschmuck erhielt das Südportal, das der Kölner Dombaumeister Johann von Langenberg 1506 errichtete. Reich ist das Maßwerk. Leider hat der Figurenschmuck im Laufe der Jahrhunderte unter der Witterung sehr gelitten und ist zum Teil erneuert worden.

Kostbarer Schmuck des Dominnern sind die *28 Steinskulpturen* (Abb. 65). Sie beginnen im Chor und zieren alle Mittelschiffpfeiler. Abwechslungsreich sind ihre Konsolen und ihre Baldachine. Zu den Apostelfiguren – es sind nur elf – kommen Viktor und Helena, dazu weitere Heilige. Wie Walter Bader nachgewiesen hat, stammen die ältesten Skulpturen – die Gruppe der ›Verkündigung‹ (Abb. 77) und die ›Begegnung Marias mit Elisabeth‹ – von der Hand des ersten der Dombaumeister, der namentlich nicht bekannt ist. Auch die Apostel sind wahrscheinlich noch sein Werk oder das seiner Werkstatt. Eine andere Hand zeigt am Dreisitz im Chor die Gottesmutter zwischen den Personifikationen des Alten und Neuen Testaments. Die Figuren der ›Verkündigung‹ waren ursprünglich farbig gefaßt. Spuren dieser Bemalung wurden nach dem Zweiten Weltkrieg freigelegt, die Farben sorgfältig restauriert. Die einander gegenüberstehenden Stiftsheiligen – Helena auf der Evangelien- (= Frauenseite), Viktor auf der Epistel- (= Männerseite) – stammen aus dem frühen 14. Jh. Kennzeichnend dafür ist ihr liebenswürdiges Lächeln. In der weichen Rundung ihrer Körperformen und der schweren Gewandfülle verraten sie ihre Zugehörigkeit zum lothringisch beeinflußten Kreis der kölnisch-niederrheinischen Plastik. Die Skulpturen der westlichen Chorpfeiler und an den Pfeilern des Mittelschiffs sind Werke der niederrheinischen Spätgotik. Die frühesten entstanden um 1470, die spätesten erst um die Mitte des 16. Jh. Die vier Kirchenväter – westliche Chorpfeiler – stammen wahrscheinlich aus einer Weseler Werkstatt, 1470–88. Im Gemeinderaum stehen die Hll. Cornelius, Martin und abermals Viktor, diesmal als Patron der Bürgerschaft. Auf der Epistelseite in der Nähe des Eingangs der hl. Christophorus, ihm gegenüber auf der Evangelistenseite die Muttergottes, diese ein Werk des Dries Holthuys, 1496. Kölner Vorbild folgend sind ihr die Heiligen Drei Könige zugeordnet. Zwei der Könige schuf Arnt van Tricht 1551. Vom gleichen Künstler stammt die bronzene Statuette der Gottesmutter, 1556, als Bekrönung des Rankenwerks der Wurzel Jesse für den kühnen *Leuchterbogen* vor dem Hochaltar, ebenfalls in Bronze. Die beiden Säulen, die den Bogen tragen, werden durch die Gestalten der Hll. Viktor und Helena gekrönt. Eine niederrheinische Arbeit um 1500 ist die *Doppelmadonna* auf einem Hängeleuchter. Dieser selbst stammt erst aus dem 19. Jh. Das *Sakramentshaus*, südniederländisch, wurde 1714 angefertigt. Aus der romanischen Stiftskirche wurde das *Chorgestühl* übernommen (Abb. 78). Um 1250 entstanden, ist es das früheste erhaltene Gestühl des Rheinlandes. Prachtvoll ist das frühgotische Laubwerk der Wangenbekrönung und der Miserikordien. Die für den Chor geschaffene Folge der *Wandteppiche* vom 15. bis 17. Jh. ist vollständig erhalten geblieben.

Die mittelalterlichen Chorfenster hingegen sind bis auf wenige Reste verlorengegangen. Nicht zerstört wurden fünf gotische *Medaillonscheiben*: Geburt Christi, Anbetung durch die Heiligen Drei Könige, Geißelung, Kreuztragung und Kreuzigung. Stilistisch

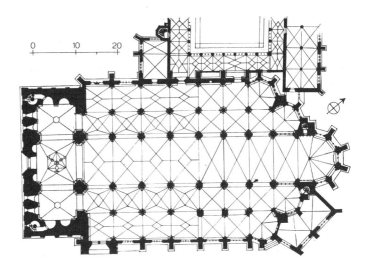

XANTEN
Viktordom.
Grundriß

stehen sie dem Bibelfenster der Stephanuskapelle des Kölner Doms nahe. Sie wurden vermutlich um 1300 angefertigt. Heute sind sie eingebunden in die Chorfenster von Wilhelm Geyer, 1963/64. Die Zerstörung des *Lettners* (um 1400) schien manchem in den Nachkriegsjahren als ein erträgliches Unglück. Da das Stift schon lange nicht mehr bestand, sei der den Chor von dem Gemeinderaum trennende Lettner heute funktionslos geworden. Erst der Verzicht auf ihn lasse den Dom in seiner ganzen Größe und Weite erfahren, hieß es damals. Inzwischen reifte die Erkenntnis, daß ein Dom nicht nur für kirchliche Massenveranstaltungen da sein darf, daß er vielmehr Zonen der Stille bieten muß, Raum auch für die kleinere tägliche Gemeinschaft. Nun endlich fand der Hinweis Gehör, daß der Chor des Abschlusses bedarf. Der Lettner ist wiederaufgebaut und erhöht die Feierlichkeit des Raumes (Abb. 65).

Herzstück des Chores ist der *Hochaltar*. Malerei und Schnitzwerk bilden zusammen ein Programm. Es verbindet die Verehrung des hl. Viktor mit der Kreuzesverehrung; denn Viktor gab sein Leben hin in Treue zum Gekreuzigten. Aus Gehorsam gegenüber Christus mußte er dem Kaiser den Gehorsam dort versagen, wo dieser etwas verlangte, das dem Willen Gottes widersprach. Darum verweigerte er den Kaiserkult und nahm den Hinrichtungstod auf sich. Kreuzesthema und Martyrium des Soldatenheiligen sind durch Helena verbunden. Die Mutter Kaiser Konstantins gilt als diejenige, die das Kreuz Christi in Jerusalem wiederentdeckt hat. Sie wird aber auch als Stifterin der Märtyrerkirchen des Rheinlandes verehrt.

Am 20. April 1529 schloß Barthel Bruyn d. Ä. mit Xanten den Vertrag für den Hochaltar ab. Für die Schnitzarbeit wurde Meister Wilhelm von Roermond gewonnen. Maler und Bildhauer fertigten den Altar in Köln an. Im Herbst 1535 war die Haupt-

XANTEN VIKTORDOM

arbeit getan. Der Altar wurde auf ein Schiff geladen und nach Xanten gebracht. Hier porträtierte Bruyn die Stiftsherren und fügte ihre Bilder dem Altar ein. Die vier Kirchenväter der Predella malte Rütger Krop aus Kalkar 1536. Der Altar schloß ursprünglich mit einer geraden Kante oben ab. Um 1540 fertigte Heinrich Douvermann die Lünette, die Barthel Bruyn mit der Kreuzigung bemalte. Die Lünette krönt die Gestalt Christi als Salvator mundi. Schnitzereien, Vergoldungen, Bemalungen waren erst 1549 abgeschlossen.

Auf die Flügelaußenseite malte Barthel Bruyn in Grisaille die Hll. Gereon und Viktor, die sich der Gottesmutter zuwenden, sowie Papst Silvester und Kaiser Konstantin, die der Kaiserin Helena zugekehrt sind. Farbenfroh sind die Innenseiten der Flügel gestaltet. Die *Legenden des hl. Viktor* und *der hl. Helena* werden durch die Szenen des *Ecce Homo* und der *Auferstehung Christi* gerahmt. Bruyn rückte jeweils Anfang und Ende der Legende groß als Hauptszene nach vorne und drängte die anderen Szenen in den Hintergrund zusammen. Es entsprechen einander die beiden Abschiedsszenen, der Abschied des hl. Viktor von Kaiser Maxentius, der Abschied der hl. Helena von Papst Silvester sowie das Martyrium des hl. Viktor und die Auffindung des Kreuzes in Jerusalem durch die hl. Helena. Der letzteren Szene wohnen die Stifter bei. Mittelalterlichem Bildverständnis entspricht es, daß im Hintergrund des Martyriums des hl. Viktor die Silhouette der Stadt Xanten mit dem Dom zu sehen ist. Aber in der Durchführung der Gestalten wie in vielen Details setzte sich der Stil der Renaissance durch. Barthel Bruyn schulte sich an italienischen Vorbildern. Auch von seinem Weseler Landsmann Jan Joest hat der Künstler gelernt. Dessen Kalkarer Ecce Homo-Tafel (s. S. 213) hat ihm den klaren Bildaufbau für sein Gemälde mit dem gleichen Thema vermittelt.

Als größtes Heiligtum birgt der Hochaltar den *Schrein des hl. Viktor* mit seinen Reliquien, die laut Inschrift 1129 in ihm geborgen wurden (Abb. 79). Partikel aus dem 1933 entdeckten Doppelgrab wurden hinzugefügt. In Hausform aus Eiche gestaltet und mit vergoldetem Silberblech überzogen, steht er am Anfang der stattlichen Reihe rheinischer Goldschmiedeschreine, mußte mit manchem von ihnen freilich auch das Schicksal der Beraubung und Verstümmelung erleiden. Von den in kunstvoller Treibarbeit angefertigten Apostelfiguren sind nur noch sechs erhalten. Märtyrerbüsten rahmen den St. Viktor-Schrein (Abb. 80). Sie sind – die beiden Büsten der unschuldigen Kinder ausgenommen – ein Werk Heinrich Douvermanns. Die Büsten sind versilbert, zum Teil vergoldet. Zusammen mit den Farben Blau und Rot verleihen sie dem Hochaltar einen strahlenden Glanz. Die Predella enthält zwanzig Reliquien, die als die sterblichen Überreste der Märtyrer der thebaischen Legion gedeutet wurden. Direkt unter dem St. Viktor-Schrein befand sich die Goldene Tafel, eine Schenkung des Kölner Erzbischofs Bruno I. zum Dank für den Sieg Kaiser Ottos I. über die aufständischen Lotharingier 939, der, da er in der Nähe Xantens stattfand, der Fürbitte des hl. Viktor zugeschrieben wurde. Vor den Revolutionstruppen 1795 sollte das Kunstwerk in Sicherheit gebracht werden. Seither ist es verschollen. Als Ersatz wurden das Bild der Muttergottes nach Jan Gossaert und zwei Heiligenbilder eingefügt.

Da sich der Hochaltar im Chorraum befindet, war nach Wiederherstellung des Lettners ein neuer *Altar* im Gemeinderaum notwendig. Dieser sollte ein eigenständiges Kunstwerk sein, sich aber harmonisch in die historische Umgebung einfügen. Eine überzeugende Lösung gelang Gernot Rumpf. Am 9. Oktober 1976, am Vorabend des St. Viktor-Festes, konnte sein Bronzealtar geweiht werden. Am gleichen Tage des Jahres 1977 folgte das Bronzeband, das die Verbindung zwischen der Insel des Gemeindealtars und dem Lettner herstellt. Das Rankenwerk der Wurzel Jesse im Marienaltar des Heinrich Douvermann regte Rumpf zur Konzeption seines Altars an. Als Hinweis auf die Eucharistie wählte er Weinranken. In ihnen tummeln sich Vögel und allerlei Getier. Realistisches und Phantastisches ist dabei liebevoll verbunden. In den Tieren spiegeln sich die guten und die bösen Eigenschaften des Menschen. Der Künstler bediente sich dabei der mittelalterlichen Symbolsprache.

Der Xantener *Marienaltar* (um 1535) ist die letzte große Schreinschöpfung des Heinrich Douvermann (Abb. 67). Ihm wird der Entwurf des Altars verdankt, vollenden konnte er ihn nicht mehr. Um die große Mittelnische mit der – erneuerten – Muttergottesstatue gruppieren sich acht Felder mit Szenen des Marienlebens: unten links ›Zurückweisung Joachims‹, in der Mitte ›Geburt Mariens‹, oben ›Mariä Tempelgang‹, unten rechts ›Mariä Verkündigung‹ (Ft. 17), Mitte ›Heimsuchung‹, oben ›Darstellung im Tempel‹. In der Mitte über der Marienstatue die Szene des ›Marientodes‹, darüber im

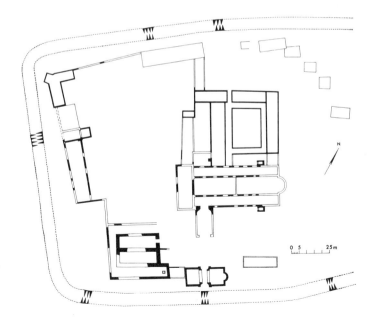

XANTEN
Rekonstruierter Grundriß des ottonischen Stiftes und der Bauten des Kölner Erzbischofs. Zustand nach Abschluß der Bauarbeiten um 1080

XANTEN VIKTORDOM

Altarauszug die ›Krönung Mariens‹. In der Predella befindet sich die virtuos geschnitzte Wurzel Jesse. Ihre Ranken umrahmen den gesamten Schitzaltar. Dieser wird vom Gesprenge gekrönt, aus dem der Evangelist Johannes mit dem Engel und der Kaiser Augustus mit der tiburtinischen Sibylle zur Gottesmutter mit dem Kind aufschauen. Als eigenhändige Arbeiten Heinrich Douvermanns gelten die Wurzel Jesse in der Predella, der ›Marientod‹ und die ›Marienkrönung‹. Arnt van Tricht werden das Rankenwerk der Altareinfassung sowie die Szenen der ›Verkündigung‹ und der ›Heimsuchung‹ zugeschrieben. Trotz der verschiedenen Hände, die am Marienaltar mitarbeiteten, entstand ein Werk von großer Geschlossenheit. Die Flügelgemälde mit den ergänzenden Szenen des Marienlebens und der Auferstehung Christi fertigte der Antwerpener Rudolf Loesen 1553 an. Als Vorlagen dienten ihm dabei unter anderem Bilder Albrecht Dürers.

Der *Antoniusaltar* vermeidet eine Aufteilung in kleinteilige Einzelszenen. Statt dessen stehen große rundplastische Einzelfiguren in phantasievoll verzierten gotischen Nischen: die Hll. Thomas, Dionysius, Antonius Eremita und Maria Magdalena, seitlich auf Sockeln links Hieronymus, rechts ein Apostel. Weitere Heilige befinden sich auf den Trennsäulen. Das Ganze rahmt die Wurzel Jesse. Sie beginnt unten mit dem schlafenden Stammvater und endet im Altarauszug mit Maria im Strahlenkranz. Der auch in seiner Farbgebung besonders schöne Schnitzaltar kommt aus dem Umkreis der Werkstatt des Dries Holthuys. Er entstand um 1500. Mit dem Programm des Schnitzwerks harmonieren die Gemälde der Altarflügel des Derick und Jan Baegert. Die Innenflügel werden auch dem Meister von Kappenberg zugeschrieben. Auf den Innenseiten sind Szenen aus dem Leben des hl. Antonius Eremita dargestellt. Auf den Flügelaußenseiten sind die gleichen Heiligen wie im Schrein zu sehen, dazu der geistliche Stifter.

Der *Märtyreraltar* von 1525 ist eine Gemeinschaftsarbeit der Antwerpener Schule. Die alte Goldfassung der Schnitzereien konnte wieder freigelegt werden. Schnitzereien und Gemälde stellten Szenen aus der Passion Christi und aus dem Marienleben dar.

Auch der *Matthiasaltar* ist in seiner alten Farbgebung erhalten. Das Schnitzwerk stammt von Henrick von Holt, 1531. Die Fassung und die Flügelgemälde fertigte im gleichen Jahr Theoderich Scherre aus Duisburg an. Cornelius und Servatius begleiteten den im überhöhten Mittelfeld stehenden Apostel Matthias. Unter der Figur des Titelheiligen fand eine liebreizende Verkündigungsgruppe Platz. – Auch der Barock hat zur Verherrlichung des Xantener Doms beigetragen. Genannt seien der Barbaraaltar, der Katharinenaltar, eine Stiftung der Kanoniker Everhardus a Stockum und Joest Mockell 1644, und der wenige Jahre später entstandene Dreikönigsaltar des Meisters Johann Badis Buis.

Ungewöhnlich ist die Lage des KREUZGANGS im Norden des Doms (Abb. 66). Sie ist am ehesten daraus zu erklären, daß bei der Anlage Rücksicht auf bereits bestehende Gebäude zu nehmen war. Entstanden ist er wohl im 10. Jh., als die Stiftsherren noch ein gemeinschaftliches Leben führten. Seine heutige Gestalt erhielt er 1543–46. Im Kreuzgang sind einige schöne Epitaphien des 15. und 17. Jh. zu finden. Darunter eigen-

166

B. de Pré, Ansicht der Michaelskapelle zu Xanten. 1864. Bleistiftzeichnung. Städt. Museum Haus Koekkoek, Kleve

XANTEN STIFTSBEZIRK

händige Arbeiten des Arnt van Tricht: für Theoderich Ludger († 1552) und für Johann von Viersen († 1554). Epitaphien, die aus der Werkstatt dieses Künstlers hervorgehen, besitzen eine Pilasterrahmung, Volutenkonsolen und einen Muschelgiebelaufsatz.

An der westlichen Seite des Kreuzgangs liegt die *Stiftsbibliothek* mit mehr als 10 000 Bänden, darunter 450 Inkunabeln (Abb. 66). Sie spiegelt jedoch nur in Grenzen das Geistesleben des einstigen Stiftes wider. Die Bestände der ursprünglichen Stiftsbibliothek sind zu einem großen Teil infolge der Wirren der Zeit in alle Winde zerstreut. Einige für die Geschichte des Stifts wichtige Bücher wurden in das Stiftsarchiv überführt. Die heutige Stiftsbibliothek ist weitgehend zusammengewachsen aus den Bibliotheksbeständen der in der Säkularisation aufgehobenen Klöster in Xanten.

Vor dem Südportal des Doms stiftete der Kanoniker Gerhard Berendonck († 1553) die Gruppe der *Kreuzigung* (1525–36), die mit den vier Reliefs ›Ölberg‹, ›Ecce Homo‹, ›Grablegung‹ und ›Auferstehung‹ eine innere Einheit bildet. Von seiner Wohnung aus konnte der Geistliche auf seine Stiftung blicken. Zu Füßen des Kreuzes fand er seine letzte Ruhestätte. In jeder Szene hat sich der Stifter selbst darstellen lassen. So kniet er in der Hauptszene, dem Kalvarienberg, hinter Maria Magdalena. Wie üblich verwendete der Künstler die zeitgenössischen Trachten. So ist Maria Magdalena als Bürgermädchen gekleidet. Bei aller Detailgenauigkeit verzettelte sich der Künstler nicht im Äußerlichen, seine Figuren sind groß konzipiert. Im Krieg hat die Skulpturengruppe erheblich gelitten. Die Wiederherstellung war im wesentlichen bereits 1950 abgeschlossen. Doch drohte dem Baumberger Sandstein ein neuer gefährlicher Feind: die Luftverschmutzung. Die originalen Skulpturen wurden daher 1968 in die Bildhauerhütte verbracht. Die Originale an der Außenseite müssen durch Kopien ersetzt werden.

Im Immunitätsbezirk standen dicht nebeneinander die Kanonikerhäuser, in denen diese bis zum 13. Jh. zwar wohnen, aber nicht speisen und schlafen durften. Sie waren befreit von weltlichen Abgaben und hatten ihre eigene kirchliche Gerichtsbarkeit. Für jedes Haus bestanden genaue Bauvorschriften. So kommt es, daß im Haus Kapitel Nr. 3 noch Bauteile des 10. bis 11. Jh. enthalten sind. Das restaurierte gotische Haus Nr. 2 ist heute die Wohnung des Regionalbischofs. Die meisten der erhaltenen Kanonikerhäuser stammen aus dem 17. und 18. Jh. Besonders schön ist ein Renaissance-Erker von 1624, der vom Marktplatz aus zu sehen ist, wie auch ein Pavillon mit Blick zum kleinen Marktplatz aus der Spätzeit des Stiftes. An der einstigen Gerichtstätte die Standfigur ›des hl. Viktor von 1468 (Abb. 76).

Der Stiftsbezirk war durch eine erzbischöfliche Pfalzanlage geschützt. Zusammen mit den Steinhäusern der Kanoniker, die den Stiftsbezirk wie eine Wallanlage umgaben, bildete sie den sichtbaren Machtbereich des Kölner Erzbischofs. Errichtet war die erzbischöfliche Burg bereits bald nach 950 im westlichen Teil des Immunitätsbezirks. Die erste urkundliche Erwähnung datiert von 1096. Erzbischof Friedrich von Saarwerden erweiterte sie 1389 im Zusammenhang der Verstärkung der Stadtbefestigung. Ein acht Meter tiefer Graben umschloß außerdem die Immunität von drei Seiten. Nach Osten bot ein Rheinarm natürlichen Schutz. 1441 ging die Burg in den Besitz des Her-

168   63 ZONS Wachthäuschen an der Stadtmauer ▷

64 XANTEN Blick auf die Stadtmauer mit ehem. Kartäuserkloster und Viktordom

65 XANTEN Viktordom. Blick durch das Kirchenschiff zum Lettner und Chor

66 XANTEN Viktordom. Kreuzgang. Rechts die Stiftsbibliothek

67 XANTEN Viktordom. Marienaltar. 1553 vollendet

XANTEN REGIONALMUSEUM

68 Lüttinger Knabe – Stummer Diener. Um 140   69 Sandalenlösende Venus. 2. Jh. n. Chr.

70 Elfenbeinbüchse mit Darstellungen aus dem Sagenkreis des Achill. 1. Viertel 6. Jh.

XANTEN REGIONALMUSEUM

71 Silberbecher von Wardt-Lüttingen

72 Grabstein des Marcus Caelius. 9 n. Chr.

74 Bonifatiusaltar. Wandmalerei um 1396
76 Hl. Viktor (1468) an der Gerichtsstätte beim Dom

73 Goldene Reiterfibel. Um 600
75 Bronzekrone einer Göttin. Vor 69 n. Chr.

XANTEN VIKTORDOM

77 Engel aus der ›Verkündigung‹. Pfeilerfigur im Chor

78 Miserikordie und Wange vom Chorgestühl. Um 1250

80 XANTEN Viktordom. Mittelteil des Hochaltars mit den Reliquienbüsten des Heinrich Douvermann

◁ 79 Schrein des hl. Viktor. Um 1250–60 (vgl. Abb. 80)

81 XANTEN Stadtmühle und Klever Tor

82 Burg WINNENTHAL bei Xanten   83 MARIENBAUM Wallfahrtskirche

84 WESEL Willibrordikirche von Osten   85 WESEL Berliner Tor. 1718–22

86 KAMP-LINTFORT Ehem. Zisterzienserkirche. Detail vom Antependium

87 Schloß RINGENBERG (Kreis Wesel)

88 Schloß GARTROP bei Hünxe

89 Am Altrhein bei Xanten
90 Hochwasser an der Fähre Orsoy

91 Steinkreuz auf herbstlicher Flur
92 Eisläufer bei Rheinberg

93 MOERS Schloß. Im Vordergrund Denkmal der Henriette von Oranien

zogs Johann I. von Kleve über. 1692 wurde sie als Steinbruch verkauft. Erhalten blieb der nordwestliche Eckturm, der aus Tuffsteinen der Colonia Ulpia Traiana besteht. Geblieben sind auch noch dunkle Mauern, Reste der einstigen bischöflichen Aula. Sie stehen vor der heutigen Fachhochschule für Sozialpädagogik und können am besten von dem Steinhof vor dem Regionalmuseum aus betrachtet werden.

Der Torbogen der Michaelskapelle führt noch heute von der Domfreiheit zum Markt. 1945 wurde die Torkapelle durch Bomben zerstört, doch später wieder sorgfältig aufgebaut. Mit dem Tor gingen auch die frühromanischen Reliefs der Märtyrer Gereon und Viktor verloren. Sie wurden durch neue Reliefs des Bildhauers Zoltán Székessy Mitte der fünfziger Jahre ersetzt. Michaelstor und Südportal des Domes sind genau aufeinander bezogen. Sakraler Bereich (Dom und Immunität) und profaner Bereich (der Markt) sollten einander entsprechen.

Das Stift war nördlicher Vorposten des Erzbistums Köln. Darum lag den Kölner Erzbischöfen daran, die Marktsiedlung, die sich vor dem Stift gebildet hatte, in ihrer Hand zu behalten. Um Xanten stärker an sich zu binden, verlieh Erzbischof Heinrich von Molenark 1228 der Marktgemeinde Stadtrechte. Allerdings blieb die Befestigung mit Wall und Graben, mit der die Stadt umzogen wurde, unzulänglich. Gegen einen ernsthaften Angriff bot sie keinen Schutz. Friedrich von Saarwerden ließ darum 1389 die Stadtmauer errichten. Sie gab den langrechteckigen Grundriß für Xanten ab, der bis ins 19. Jh. nicht überschritten wurde. 1393 wurde das Klever Tor als Doppeltoranlage gebaut (Abb. 81). Es gehört zu den ältesten Doppeltoranlagen des Rheinlandes. Das Haupttor war ein viergeschossiges Turmtor. Über dem Feldportal befinden sich zwei Wappensteine, links Xanten, rechts Kleve. Auffallend ist, daß die Befestigung zur Klever Seite stärker als zu den übrigen ist. Das hängt zum Teil damit zusammen, daß die Stadt nach Osten und Westen einen natürlichen Schutz im sumpfigen Gelände besaß. Die übrigen Stadttore brach man 1821–25 ab. Friedrich von Saarwerden konnte die Ansprüche Kleves auf Xanten nicht ausschalten. Die Streitigkeiten hörten nicht auf. Ein päpstlicher Schiedsspruch des Jahres 1444 gab den klevischen Ansprüchen recht. Xanten wurde für nahezu zwei Jahrhunderte eine klevische Stadt. Während des Dreißigjährigen Krieges hat man die Stadtmauern so weit geschleift, daß sie zur Stadtverteidigung ungeeignet wurden. Geblieben ist außer dem erwähnten Klever Tor und dem Meerturm der Wehrturm des 14. Jh., der 1804 gekappt und zur Ölmühle umgebaut wurde, die heutige STADTMÜHLE (Abb. 81). Geblieben ist auch das Schweinetürmchen, ebenfalls ursprünglich ein Wehrturm des 14. Jh., der später als Wohnung des städtischen Schweinehirten benutzt wurde. Außerdem stehen noch eine Reihe Rundtürme, die im 18. Jh. zu Gartenpavillons wurden. Die Stadt Xanten hat die Absicht, einige dieser Türme als Atelierhäuser zu revitalisieren. Teile der Stadtmauer sind geblieben. Durch die Schaffung der Grünanlage auf der Ostseite ist das Bild wiederhergestellt worden, wie es noch zu Anfang des 19. Jh. bestand. Auch auf der Westseite sind in den letzten Jahren Grünanlagen entstanden, die den Mauerbestand wieder sichtbar machen. Damit hat Xanten einiges von seiner mittelalterlichen Atmosphäre zurückgewonnen (Abb. 64).

XANTEN · MARIENBAUM

An die Bedeutung Xantens als Handelsstadt im Mittelalter erinnert heute noch das GOTISCHE HAUS am Markt Nr. 10. Seine Fassade ist durch den Wechsel von Hausteinen und Ziegeln belebt. Reizvoll ist der Treppengiebel mit den kleinen Zinnen. Mittelalterliche Häuser waren auch schon vor der Zerstörung durch den Zweiten Weltkrieg eine Seltenheit. Die meisten der wertvolleren Häuser stammten aus dem 17. und 18. Jh. Auch davon ist viel verlorengegangen. Ein gutes Beispiel für eine wiederhergestellte Fassade bietet das Haus Marsstraße Nr. 3 im niederrheinischen Rokokostil. Idyllisch liegt am Stadtrand das 1591 errichtete PESTHÄUSCHEN. Der Name erinnert an die Pestepidemien, von denen auch Xanten nicht verschont blieb. So raffte im Jahre 1636 die Pest 1300 Menschen hinweg.

Im alten Rathaus am KLEINEN MARKT wurde 1614 der Teilungsvertrag geschlossen, durch den Berg und Jülich an Pfalz-Neuburg, Kleve, Mark und Ravensberg an Brandenburg fielen. Xanten gehörte nun zu Brandenburg-Preußen, das den Protestantismus begünstigte. Vergeblich hatten die Evangelischen sogar gehofft, den St. Viktordom in ihre Hand bringen zu können. Gegen diese Bestrebungen setzte sich das Stift zur Wehr. Es fand Unterstützung in den Orden der Gegenreformation, aber auch bei den Kartäusern. – Die Stelle des Kapuzinerklosters nimmt das 1877 im preußischen Verwaltungsstil errichtete Lehrerinnenseminar ein. Heute dient dieses Gebäude als Rathaus. Durch einen Neubau ist es zum Markt hin ergänzt. Erhalten blieb das 1646 errichtete Gebäude des Kartäuserklosters (Abb. 64). Es zeichnet sich durch seinen schwungvollen Giebel aus und durch den achteckigen, schlanken Treppenturm, den eine Zwiebelhaube krönt. Heute ist es Domizil der Stadtbücherei.

Lange blieb den Protestanten in Xanten ein eigenes Kirchengebäude versagt. Am 15. August 1649 konnte die Evangelische Kirche am Markt – gegenüber dem Gotischen Haus – in Anwesenheit des Großen Kurfürsten und seiner Gemahlin Luise Henriette eingeweiht werden. 1662 wurde der Turm hinzugefügt.

Das neuzeitliche Xanten war ein stilles Landstädtchen. Noch heute gibt es Straßen, die den Charakter einer niederrheinischen Kleinstadt deutlich zur Schau tragen, z. B. die Brückstraße. Bescheidene Denkmäler einer versinkenden Zeit sind die PUMPEN (Abb. 35). Xanten besitzt noch eine Reihe von ihnen. Um sie bildeten sich Nachbarschaften, die in allen Notlagen zusammenhielten (s. S. 289f.).

Die Ortschaft MARIENBAUM an der Straße nördlich von Xanten nach Kalkar ist seit 1969 eingemeindet. Um 1430 soll ein Schafhirt im Traum das Bild einer kleinen Muttergottesstatue in einem Eichbaum gesehen haben. Die Madonna versprach ihm Heilung von der Lähmung, an der er litt. Bald fanden auch andere Kranke und Gebrechliche gleich dem Schäfer Heilung von dem Gnadenbild im Eichbaum. Das ist der Ursprung der Wallfahrt nach Marienbaum. Das Gnadenbild, eine kleine Standfigur der Muttergottes aus Sandstein, ist anscheinend eine kölnische Arbeit aus dem beginnenden 15. Jh. Durch die edle Haltung Marias ist das Bild von einer bestrickenden Schönheit. Bald wurde zu Ehren des Gnadenbildes eine Kapelle errichtet. Die Witwe des Herzogs Adolf I. von Kleve, Maria von Burgund, die auf Schloß Monterberg bei Kalkar lebte, faßte den Plan, an diesem Ort ein Birgittendoppelkloster zu gründen. Den Grundstein legte 1457 der Enkel der Stifterin, Johann II. von Kleve. Kloster und Kirche litten unter den Stürmen der Reformationszeit und des Spanisch-Holländischen Krieges. Zeitweise mußten die Klosterinsassen Marienbaum ganz räumen. Aber sie kehrten zurück und behaupteten sich bis zur Säkularisation. Die durch die Kriegsereignisse in Mitleidenschaft gezogene spätgotische Kirche wurde im 18. Jh. durch einen teilweisen Neubau ersetzt. 1714 war dieser Neubau vollendet. Die Wallfahrt nach Marienbaum verlor im 18. Jh. an Bedeutung, als Kevelaer immer mehr Wallfahrer anzog. Immerhin ist Marienbaum bis heute ein Wallfahrtsort geblieben und wird von den Gemeinden der näheren und weiteren Umgebung aufgesucht. Die Klostergebäude sind nach der Säkularisation fast ganz verschwunden. Lediglich der zweigeschossige Kapitelsaal blieb erhalten. Er dient heute als Sakristei. Erhalten blieb auch die Kirche (Abb. 83). Sie besteht aus dem gotischen Chor, um 1438, dem 1712–14 errichteten Langhaus und dem neugotischen Westturm, 1898–1900. Zur Zeit wird die Kirche einer gründlichen Restaurierung unterzogen, die bis 1980 abgeschlossen sein soll. Die voraufgehende Renovierung, 1953, legte im Chor gotische Wandmalereien des 15. Jh. frei. Sie zeigen eine dekorative Bemalung der Gewölbe mit Pflanzen- und Tierornamenten sowie Stifterwappen. Im Chorabschluß sind fünf Engel mit den Marterwerkzeugen und zwei mit Musikinstrumenten zu sehen. Über dem Chorgestühl werden die Apostel dargestellt. Der Chor besitzt zwei Joche und einen Fünfachtelschluß. Sein Netzgewölbe setzt mit seinen Rippen auf fein skulptierten Blattkapitellen auf, die mit Menschenköpfen als Konsolen abschließen. Das Langhaus ist ein tonnengewölbter rechtwinkliger Saalbau. Die ehem. Nonnenempore ruht auf vier mächtigen, im Quadrat stehenden Steinsäulen. Sie umzieht auf drei Seiten das Langhaus.

Kostbar ist das spätgotische Sakramentshäuschen aus Sandstein. Es wird gekrönt durch die Holzfigur Christi mit der Weltkugel in der Linken, ein Werk von Heinrich Douvermann. Der Hochaltar besteht aus der gotischen Mensa der Gründungszeit, 1438, und einem dreistöckigen Holzschrein, Anfang des 17. Jh. Zwei Altarbilder (um 1515) stammen wahrscheinlich von Barthel Bruyn d. Ä., eine Geburt Christi und eine Anbetung der Heiligen Drei Könige. Leider sind beide Gemälde nicht gut erhalten. Ikonographisch interessant ist das Bild der Anbetung, da in dem vor der Muttergottes knienden König der Stifter Herzog Johann III. von Kleve gesehen werden darf. Aus dem Kirchenschatz ist besonders ein Hungertuch zu erwähnen. Um die Mitte des 17. Jh. ist es anscheinend im Kloster hergestellt worden und wird auch heute noch in der Fastenzeit vor dem Hochaltar aufgehängt. Es besteht aus zwei selbständigen Teilen. Der untere Teil zeigt die Arma Christi, die Leidenswerkzeuge, ein für ein Hungertuch nicht ungewöhnliches Motiv. Überraschend ist die Darstellung des oberen Teils mit dem Weltgericht. Dieses Motiv kommt auf Hungertüchern sonst nicht vor.

Im alten Pfarrhaus gegenüber der Kirche hat Pfarrer Gerhard Alsters das Heimatmuseum Marienbaum eingerichtet. Ein unvergeßliches Erlebnis ist seine Führung durch die Sammlung. Liebevoll hat er alles zusammengetragen, was für Vorgeschichte und Geschichte Marienbaums bedeutsam ist.

BURG WINNENTHAL · WESEL WILLIBRORDIKIRCHE

In Xantens Umgebung liegen bemerkenswerte Herrensitze, die – da in Privatbesitz – meist nur auf Einladung hin besichtigt werden können, wie Haus Balken. Der Öffentlichkeit zugänglich ist hingegen BURG WINNENTHAL (Abb. 82). Von dieser ältesten Wasserburg am Niederrhein blieben die Außenmauern und eine Turmgruppe erhalten. Wiederhergestellt wurde der alte Park. Die Kellerräume des ehem. Herrenhauses sind heute als Restaurant hergerichtet.

Kreis Wesel

Wir fahren über die neue Brücke auf die rechte Rheinseite. Am Rande des Naturparks Hohe Mark liegt WESEL. Schon in karolingischer Zeit bestand hier eine Siedlung. 1233 wurden die Grafen von Kleve durch Heirat Besitzer der Siedlung, die sie 1241 zur Stadt erheben ließen. Dank seiner günstigen Lage stieg Wesel bald zu einer blühenden Handelsstadt auf. Seit 1407 war es Mitglied der Hanse. Den Reichtum der Bürgerschaft repräsentierten vor allem das Rathaus und die Willibrordikirche. In den Luftangriffen des Februar 1945 ging das alte Wesel fast gänzlich zugrunde. Vernichtet wurden das Rathaus, das klevische Herzogsschloß, die Matenakirche, die Johanniterkomturei mit der Franziskanerkirche, die ehem. Dominikanerkirche und die ehem. Fraterherrenkirche. Das wiedererstandene Wesel wirkt verhältnismäßig nüchtern. Immerhin hat die Willibrordikirche die Luftangriffe überdauert. Zwar war auch sie bis auf die Umfassungsmauern zerstört, doch begann 1949 der Wiederaufbau. Die erneute gründliche Restaurierung der westlichen Teile der Kirche ist auch 1978 noch nicht abgeschlossen.

Die WILLIBRORDIKIRCHE, heute noch der machtvollste Ausdruck des Weseler Bürgerstolzes am Ende des Mittelalters, greift noch einmal die Form der gotischen Basilika

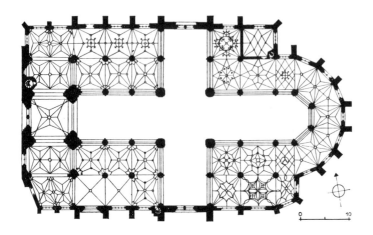

WESEL
Willibrordikirche.
Grundriß

auf (Abb. 84). Auch in dem Material, dem Haustein, hält sie sich an das Vorbild der gotischen Kathedralen. Vorauf gingen ihr eine kleine Holzkirche aus karolingischer, eine steinerne einschiffige aus ottonischer Zeit, ein dreischiffiger Gewölbebau um 1150–81 und eine gotische Hallenkirche 1425–81 mit Staffelchor, die aber die Bürgerschaft nicht zufrieden stellte. Daher beauftragte der Magistrat 1498 den Xantener Dombaumeister Johann von Langenberg mit der Neuplanung. Dieser entschloß sich zum Bau einer fünfschiffigen Basilika mit Chorumgang und Kapellenkranz. In sie bezog er den aus Tuffstein und Trachyt 1435–77 errichteten Westturm des Vorgängerbaus ein. Das fünfschiffige Langhaus besitzt nur drei Joche. Daher entsteht wie beim Xantener Viktordom der Eindruck der Breiträumigkeit. Das Querhaus greift über die Außenwände nicht hinaus. Auch der Hochchor besitzt drei Joche. Der Umgangschor hat die volle Breite der Seitenschiffe. Nur allzu bald sollte es sich zeigen, daß das Unternehmen die finanziellen Kräfte der Stadt überstieg. Bereits 1539 stockte der Bau. Auf das Strebesystem mußte verzichtet werden. Das Hochschiff erhielt eine hölzerne Flachdecke. Auch dies war sicher ursprünglich nicht so geplant. Vielmehr hätte es dem Gewölbe der Seitenschiffe entsprechen müssen. Es besitzt westlich des Querhauses eine relativ einfache flächenhafte Sternmusterung. In den östlichen Jochen wird seine tektonische Funktion aufgehoben. Die immer neu variierten Sternmotive führen ein dekoratives Eigenleben. Am phantasievollsten ist der freihängende achtseitige Stern mit Hängezapfen in der Kreuzkapelle südlich des Chores. 1543 wurde der katholische Gottesdienst in der Willibrordikirche aufgegeben. Wesel war Zufluchtsort der protestantischen Flüchtlinge aus Holland, Westfalen und später aus England. Die Flüchtlinge verhalfen dem Kalvinismus zum Sieg. Eine Inschrift am Äußeren der Kirche erinnert an Peter Minuit (†1641), den ersten Gouverneur von New York. Wesel hat ihm auch ein Denkmal gesetzt (Moltkeplatz). Obwohl die Willibrordikirche nicht nach den hochfliegenden Plänen vollendet wurde und sich von ihrer reichen Ausstattung seit den Bilderstürmen nichts erhalten hat, ist sie nach dem Viktordom in Xanten der wichtigste spätgotische Bau am Niederrhein.

Rückhalt der katholischen Minderheit in dem mehrheitlich evangelischen Wesel war vor allem das Dominikanerkloster. 1291 kamen die Dominikaner nach Wesel und bauten Kloster und Kirche. Beide sind längst verschwunden. Die gotische Dominikanerkirche wurde im 18. Jh. durch eine barocke und zu Beginn unseres Jahrhunderts durch eine neugotische ersetzt. Es blieb jedoch die Krypta. Sie überstand auch den Bombenhagel des Zweiten Weltkriegs. Allerdings hat sie beim Wiederaufbau der Kirche eine neue Gestalt erhalten. Wichtig ist sie als Stätte historischer Erinnerung. Herzog Adolf I. und seine Gemahlin, Maria von Burgund, hatten sich das Kartäuserkloster auf der Gravinsel als letzte Ruhestätte auserkoren und dort ihr Grab gefunden. Im Spanisch-Holländischen Krieg zerstörten jedoch Soldaten und Weseler Bürger Kloster und Kirche der Kartäuser. Die Mönche suchten 1590 Zuflucht bei den Weseler Dominikanern. Gleichzeitig überführten sie die Leichen der bei ihnen begrabenen Großen in die Krypta der Dominikanerkirche. Eine Inschrift in der Nordostecke der Krypta erinnert an die Überführung.

Rudolf Schwarz erbaute die neue Kirche MARIA HIMMELFAHRT. Die große Rundung des Chorraums will an den übergroßen einstigen Chor der Klosterkirche erinnern. Von der neugotischen Kirche blieb das Eingangsportal erhalten. 1964 wurde der neue Turm erbaut. Aus der barocken Kirche konnte die Kreuzigungsgruppe aus der Schule des Gabriel de Grupello übernommen werden, sie hat ihren Platz hinter dem Hochaltar gefunden. An die Willibrordi-Tradition erinnert die Willibrordistatue, die 1975 Hildegard Bienen aus Marienthal schuf. Die Brust der Statue ziert eine Kapsel mit einer Reliquie des Heiligen, die sich früher im Altar der Krypta befand.

Noch vor der Kirche Maria Himmelfahrt konnte 1949 der Neubau von ST. MARTIN errichtet werden. Aus der alten Fraterherrenkirche übernahm er die Skulpturen des hl. Martin und des Salvators vom Ende des 15. Jh., vor allem aber die Reste eines spätgotischen Schnitzaltars; im Mittelstück die Grablegung, daneben Beweinung und Auferstehung Christi. Vermutlich ist der Altar in einer Kölner Werkstatt entstanden.

Anstelle des Herzogsschlosses entstand im Kultur- und Bildungszentrum das neue STÄDTISCHE MUSEUM WESEL am Kornmarkt. Es sammelt Kunst des 15.–19. Jh., u. a. Werke spätmittelalterlicher Künstler, die in Wesel gewirkt haben. Eine besondere Kostbarkeit ist das Gerichtsbild des Derick Baegert, 1493/94 im Auftrag der Stadt für das Rathaus gemalt. Es zeigt die Eidesleistung, der Teufel will den Falscheid, der Engel mahnt zur Wahrheit. Als Modell für den mahnenden Engel wird ein Weseler Dominikaner vermutet.

In der 2. Hälfte des 16. Jh. bekam Wesel den Charakter einer Festungsstadt. 1667 fand hier die Erbhuldigung für Brandenburg statt. Die Brandenburger verstärkten den

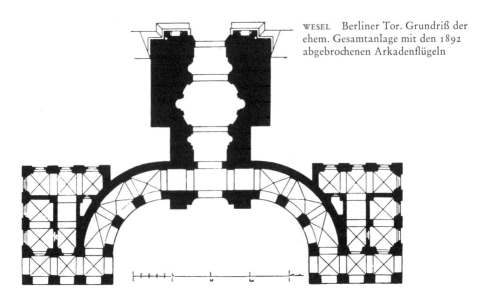

WESEL Berliner Tor. Grundriß der ehem. Gesamtanlage mit den 1892 abgebrochenen Arkadenflügeln

DE GE BRITSTE MAJESTEIT GEKROOND.
TOT WEZEL wegens gehoonde taal tegen den Prins van orange: zie haagse courant N°. 20.25.27. 1786

WESEL Vor der angetretenen Garnison, wahrscheinlich auf der Esplanade, wird ein Soldat mit Stockschlägen bestraft. Er hatte sich der Beleidigung des Prinzen von Oranien schuldig gemacht. Kupferstich, 1786

Charakter der Festung. Nach französischem Muster erbaute der Ingenieurhauptmann, Etiènne Dupuy, 1680–1730 eine großzügige Befestigungsanlage. Wesel blieb noch in der Zeit Kaiser Wilhelms I. Garnisonstadt. Doch diente sie nicht mehr als Festung. Nach dem Zweiten Weltkrieg wurden die Befestigungswerke gesprengt. Zwar sind die noch stehenden Gebäude im Zitadellenbereich, abgesehen von der barocken Dreiflügelanlage des Zitadellentores, nur nüchterne langgestreckte Zweckbauten des 18. und 19. Jh. Doch ist die Zitadelle als die größte erhaltene Festungsanlage des Rheinlandes interessant. Als Mittel der Repräsentation diente dem absoluten Herrscher auch das Stadttor. Ein bedeutendes Denkmal dieses Geistes ist das BERLINER TOR (Abb. 85). Wie in vielen anderen Fällen war auch hier ein General der Architekt. Das Berliner Tor

SCHLOSS DIERSFORDT · RINGENBERG · MARIENTHAL

1718–22 geht auf Zeichnungen des Berliner Hofbaumeisters und Weseler Festungs-
kommandanten Jean de Bodt zurück. Er ließ es auf Befehl des preußischen Königs
Friedrich I. bauen. Nischen, Wappen und allegorische Gestalten verbinden sich zu einer
Einheit. Ruhmeshalle, Heldentempel und römischer Triumphbogen verbinden sich zum
Ruhm Preußens und Wesels. 1892 wurden die ehemals der Stadtseite vorgelegten ge-
schwungenen Arkadenflügel abgebrochen. So steht der Torbau heute in denkmalhafter
Isolierung auf einem neu geschaffenen Platz. Auf der Feldseite geleiten Minerva und
Herkules die Durchfahrt. Im Tympanon befindet sich ein Relief mit der Darstellung
des Rheins und der Lippe. Letztere mündete ursprünglich weiter nördlich dem Fürsten-
berg von Xanten gegenüber in den Rhein. Erst im 16. Jh. änderte sich der Lauf des
Flusses so, daß die Lippe unmittelbar bei Wesel in den Rhein fließt.

Die Festung sah mancherlei Gefangene. Die berühmtesten sind die elf Schillschen
Offiziere. Im Frühjahr 1809 hatte sich Major Ferdinand von Schill mit seinem Regiment gegen Napoleon erhoben. Der Aufstand scheiterte. Schill fiel in den Straßen-
kämpfen von Stralsund. 543 seiner Soldaten wurden auf Galeeren deportiert, 11 seiner
Offiziere am 16. September 1809 in Wesel kriegsgerichtlich erschossen. Ähnlich wie
Andreas Hofer in Österreich wurde Ferdinand Schill in Norddeutschland Symbol des
Widerstandes gegen Bonaparte. Auf der Lippewiese südöstlich Wesels hat man nach
einem Entwurf Karl Friedrich Schinkels 1835 über dem Grab der Schillschen Offiziere
das klassizistische SCHILL-DENKMAL errichtet. Das Relief der Vorderseite zeigt vor einem
Opfertisch mit Richtbeil und Preußenadler die trauernde Borussia und eine geflügelte
Viktoria. Nach Renovierung und Aufbereitung des Bestandes soll das Schill-Museum
dem Städtischen Museum angeschlossen werden.

Heute ist der Stadtteil Diersfordt Wesel eingemeindet. SCHLOSS DIERSFORDT, im Besitz der Herren von Willich, wurde von den Spaniern 1598 und 1621 gestürmt und
geplündert. Dabei blieb von der mittelalterlichen Vorburg nur ein Stallgebäude mit
Resten des ehem. Wehrgangs übrig. Das zweigeschossige Herrenhaus verdankt sein
heutiges Aussehen einem Neubau von 1828/29. Schön ist der Landschaftspark, sehenswert vor allem die im Schloßhof freistehende Rokokokapelle von 1775/76. Sie besitzt
eine schöne Hausteinfassade mit Volutengiebeln und krönenden Türmchen.

Nicht weit von Wesel in der Gemeinde HAMMINKELN ist der Ortsteil RINGENBERG,
die am besten erhaltene Rundlingsiedlung in Nordrhein-Westfalen. Hier errichtete
1935/36 Dominikus Böhm die Christkönigskirche als flachgedeckten Backsteinbau auf
T-förmigem Grundriß mit turmartig erhöhtem Altarhaus und einem Radfenster in der
Eingangsfront. Sueder von Dingden gründete um 1220 in den Sümpfen der Issel bei
Ringenberg eine Wasserburg. Im Dreißigjährigen Krieg ging sie zugrunde. Alexander
von Spaen, Gouverneur von Wesel, erhielt vom Großen Kurfürsten die Ruinen von
Ringenberg als Mannlehen. Er ließ auf dem alten Grundriß ein neues Schloß in nieder-
ländischer Bauart errichten. Nach den Zerstörungen im Zweiten Weltkrieg vermittelt
uns heute der rechte Seitenflügel am besten den Eindruck der Anlage dieser Zeit
(Abb. 87). Charakteristisch sind die hochaufragenden Kamine mit ihren schmiede-

eisernen Wetterfahnenaufsätzen. Das Wasserschloß dient heute als Galerie. Auch Künstler haben hier ihre Ateliers. Sehenswert sind im Ortsteil Dingden die Wassermühle und die Windmühle in Hamminkeln selbst.

Wir fahren weiter nach MARIENTHAL. Die Augustinereremiten hatten hier ihre erste Niederlassung in Deutschland. Urkundlich werden sie erstmals 1256 erwähnt. Sueder aus dem nahen Ringenberg stiftete in diesem Jahre die Gebäude des Klosters Beylar. 1345 wurde es an die in der Nähe liegende Issel transferiert. Nach seiner Patronin erhielt es den Namen Marienthal. Möglicherweise ist die in der spätgotischen Deckenmalerei des Chores der Kirche St. Maria Himmelfahrt dargestellte kleine Kirche ein Abbild der ursprünglichen Klosterkirche. Obwohl die Gemeinden der Umgebung sich im Laufe des 16. Jh. der Reformation anschlossen, vermochte sich das Kloster Marienthal zu behaupten. Es überdauerte auch die Drangsale des Spanisch-Holländischen Krieges. Die Säkularisation jedoch löste 1806 auch dieses Kloster auf. Ein Großteil der Klostergebäude des 17. Jh. wurde abgerissen. Erhalten aber blieb die Kirche, ein einschiffiger, kreuzrippengewölbter Backsteinbau von 1345. Als Bettelordenskirche verzichtet er auf Türme. Außer den Resten der Gewölbemalereien der 2. Hälfte des 15. Jh. blieben an mittelalterlicher Ausstattung erhalten das zweireihige Chorgestühl mit Reliefs der vier Kirchenväter an den hinteren Wangenstücken und Mönchsköpfen unter den Miserikordien, vermutlich Arbeiten aus Wesel. Kersten Woyers zugeschrieben wird die schöne Holzskulptur der hl. Lucia, um 1470. Ein hervorragendes Beispiel niederrheinischer Holzschnitzkunst aus der Zeit um die Mitte des 15. Jh. ist die lebensgroße Kreuzigungsgruppe. Das Gesicht des Gekreuzigten zeigt Güte und Ergebenheit. Maria und Johannes wenden ihren Blick dem Betrachter zu. Nicht weit von der Orgelbühne hat sich als Stütze für eine Säule ein Rosenkranzbetender darstellen lassen, vielleicht einer der Baumeister der gotischen Kirche.

Den Ruhm Marienthals aber macht die Ausstattung der zwanziger Jahre aus. Augustinus Winkelmann, der sich schon früh für die Kunst seiner Zeit interessierte und engagierte, ließ sich 1924 als Pfarrer nach Marienthal versetzen mit dem ausdrücklichen Auftrag, die Kirche mit neuen Kunstwerken – Werken vor allem rheinischer Künstler – ausstatten zu lassen. Die Kunstwerke treten dabei in den Dienst der Architektur. Sie sind außerdem aufeinander abgestimmt. Da die Kirche innerhalb eines Friedhofes liegt, sorgte Winkelmann dafür, daß auch die Grabsteine künstlerisch gestaltet wurden. Gewiß sind nach dem Zweiten Weltkrieg Kirchen geschaffen worden, die heute viel moderner als Marienthal wirken. Gleichwohl behält die Marienthaler Kirche ihre Bedeutung als Beginn moderner Kirchenausstattung. Winkelmann ließ sich von der Theologie des Lichtes leiten. Er schreibt: »Wie die Dunkelheit in den aufstrahlenden Tag hineinstirbt, soll das geistige Dunkel in den ewigen Pfingsttag, in die Liebe hineinsterben, und dieser Tod des eigensüchtigen Ichs ist wie der Tod des Samenkorns: in dessen Ausstrahlung als Wurzel und Keim: das Tor zum Leben. Das ist der Sinn der Worte ›Mors porta vitae‹, die zum ersten Mal auf dem Marienthaler Eingangstor über den Friedhof zur Kirche ihre Prägung fanden und uns das Wesen des Lebens als strah-

193

MARIENTHAL · HAUS ESSELT · SCHLOSS GARTROP · HÜNXE

lende Hingabe künden.« Der Lichttheologie entsprechend haben die wichtigste Funktion die farbigen Glasfenster. Die der Nordseite erzählen die Geschichte Gottes mit den Menschen: Trude Dinnendahl-Benning schuf die Szenen Sündenfall und Vertreibung, Anton Wendling die der Verkündigung, der Nacht von Bethlehem und der Abnahme vom Kreuz. Immer wiederkehrendes Motiv ist das des hochzeitlichen Lamms, das sein Blut in den Kelch gießt. Heinrich Dieckmann gestaltete das dreiteilige Glasgemälde der Apsis mit der Darstellung der Auferstehung. Von der Gewalt des Geschehens sind drei Männer zu Boden geworfen. Noch haben sie sich dem Licht nicht geöffnet oder beginnen es erst zu tun. Die Dreiergruppe gilt als Sinnbild der Menschheit in der Entscheidung des Osterlichtes. Vom verklärten Christus gehen Lichtströme aus über die Menschen und die Welt. Der Künstler stellt Menschen der Vergangenheit und der Gegenwart in die Lichtbahnen. Mit Rücksicht auf die Glasfenster verzichtete man auf eine farbige Bemalung der Wände und folgte damit einem Rat Thorn Prikkers. Edwin Scharff gestaltete 1945–49 das Portal mit den Reliefs, die die Sätze des Glaubensbekenntnisses figürlich deuten. Ein Leitband umschlingt die Einzeldarstellungen und fügt sie zum Ganzen zusammen.

In Schwarzstrichschattierungen ließ Josef Strater den Kreuzweg entstehen, ebenso die Schutzmantelmadonna in den schmalen blinden Fenstern über dem rechten Chorgestühl. Besonders hingewiesen sei auf das Altarkreuz von Hans Wissel und den Tabernakel von Hein Wimmer. Auch im noch erhaltenen Teil des Kreuzganges befinden sich wichtige Werke rheinischer Künstler der zwanziger Jahre, so das aus aufeinandergelegten farbig getönten Holzteilen bestehende Kreuz von Josef Strater, das Fenster mit dem Thema der Kreuzigung von Heinrich Campendonk, die Bronzeplastik Jesus und Johannes von Almuth Lütkenhaus. Über dem Kreuzgang sind die kargen Mönchszellen erhalten. Einige Künstler fanden hier Unterkunft und haben einen Teil der Wände bemalt. In der ersten Zelle hat Helmuth Macke in drei Zonen das Leben des hl. Augustinus dargestellt. Er wählte kreideartig wirkende Farben und versetzte das Geschehen in die niederrheinische Landschaft. Drei Zellen hat Ludwig Baur mit Fresken versehen. Jan Thorn Prikker schuf die Oberlichtfenster der einstigen Mönchszellen aus klarem Antikglas mit wenigen Farbtönen aber in aussagekräftiger Lineatur. Am Ende des Zellenflurs malte Josef Strater eine Grablegung.

Von Marienthal fahren wir nach Voshövel bis zur Kreuzung rechts in Richtung Wesel und dann direkt wieder links, entsprechend den Schildern nach HAUS ESSELT. Das alte Herrenhaus an der Issel erwarb 1958 der Maler Otto Pankok. Nach seinem Tod, 1966, wandelte die Witwe das Atelier in ein Museum um. Otto Pankoks Bronzeplastiken sind nicht weniger bedeutsam als seine Zeichnungen und Gemälde. Besonders nahm er sich der Außenseiter der Gesellschaft an. Bewegend sind seine Zigeunerbilder, erschütternd seine Darstellungen von Juden und Synagogen. Daß er sich zu seinen jüdischen Freunden bekannte, hat ihm im Dritten Reich Feindschaft und Verfolgung eingetragen.

Wir überqueren Lippe und Lippe-Seitenkanal und wählen die Straße nach HÜNXE. Die ev. Kirche auf einem niedrigen Sandhügel unmittelbar nördlich der Dorfstraße, ursprünglich dem hl. Suitbert geweiht, ist eine dreischiffige Säulenbasilika. Besonders bemerkenswert in ihr ist das Hüchtenbruch-Epitaph aus Baumberger Sandstein im Chorschluß vor der linken Schrägseite. Albrecht Georg von Hüchtenbruch (1635–1716), der auf dem benachbarten Schloß Gartrop wohnte, bestimmte testamentarisch die Errichtung des Grabdenkmals für sich und seine beiden Frauen. Das Werk ist die bisher einzig urkundlich gesicherte Arbeit Johann Wilhelm Gröningers. Ursprünglich war es farbig bemalt. Es ist eines der wenigen barocken Steingrabmäler am Niederrhein. Die drei Verstorbenen werden durch ihre Büsten auf dem Sarkophag repräsentiert. Auch dies ist ein am Niederrhein seltener Brauch. Bemerkenswert ist auch die Fülle kleinteiliger Wappenmotive, insgesamt 32. Bizarr phantastisch wirkt die Grabszenerie. Engel mit Stundenglas und Totenschädel dürfen nicht fehlen. Eigentlich christliche Symbole vermißt man jedoch. Auftraggeber und Künstler entschieden sich für ein rein weltliches Grabmal.

Wir folgen der Straße weiter nach GARTROP. Schloß Gartrop (Abb. 88), heute im Besitz von Egbert Freiherrn von Nagel, ist einer der frühesten Bauten des sog. starren Stils, der in den letzten Jahrzehnten des 17. Jh. aus Holland übernommen wurde (Besichtigung nach vorheriger Anmeldung möglich). Das Eingangstor zwischen zwei Gartenhäusern flankieren zwei hohe Pfeiler aus Backstein, gekrönt durch Athene und Concordia. Die Gesichter der beiden Göttinnen erinnern an die Büsten des Hüchtenbruch-Epitaphs, so daß man sie Johann Wilhelm Gröninger zuschreiben möchte. Reizvoll am Gebäude des Schlosses ist der Gegensatz zwischen den ruhigen Formen des Daches und den sechs mit Bogenblenden verzierten Schornsteinen. Einen wichtigen architektonischen Akzent setzt der runde gedrungene Turm. Die Herren von Hüchtenbruch stifteten 1641 eine reformierte Patronatsgemeinde. 1698 ließen sie die heutige Kapelle errichten. 1836 wurde sie in neugotischen Formen umgestaltet. Sie ist eine Saalkirche aus verputztem Sandstein. Vier Pfeiler gliedern die Fassade in den breiten Mittelteil und die schmaleren Seitenflügel. Durch ihre Schmucklosigkeit schaffen sie einen Kontrast zu dem reicher gestalteten Mittelteil. Vorbild war die Fassade der portugiesischen Klosterkirche Batalha (frühes 14. Jh.).

Von Gartrop kehren wir nach Hünxe zurück und zweigen vor dem Ort links ab; südöstlich von Hünxe liegt am Fockenberg eine zweiteilige Wehranlage, die größte und besterhaltene Wallburg am Niederrhein. Auf dem runden Haupthügel erhebt sie sich mit sieben Meter hohen Wänden. Sie besitzt einen Durchmesser von 40 Metern. Die Vorburg ist drei Meter hoch und 30:40 Meter groß. Die Gesamtlänge beträgt 310 Meter, die Gesamtbreite 360 Meter. Vorburg und Haupthügel umgibt ein Wassergraben, diesem folgt ein ovaler Wall, danach ein zweiter Graben und schließlich nach Süden ein größerer hufeisenförmiger Wall. – Wir setzen den Weg fort bis zur Straße Wesel–Dinslaken.

Sie bringt uns nach VOERDE. Haus Voerde liegt am Rand der Stadt inmitten eines schönen Parks. Vor dem Schloß hat ein Tertiärquarzit Aufstellung gefunden, der im August 1969 aus dem Rhein geborgen wurde. Er zeigt Wurzeln von Bäumen und Sträuchern in einem Alter von zehn Millionen Jahren. Schon im Mittelalter bestand

VOERDE · GÖTTERSWICKERHAMM · DINSLAKEN

eine Burganlage. Die heutige Wasserburg stammt von 1668 und ist ein zweistöckiges Gebäude in verputztem und weißgeschlemmtem Backstein. In der Kellerzone besitzt sie mächtige schräge Stützpfeiler. 1957–66 wurde sie gründlich restauriert. Heute dient das Gebäude als Standesamt und Kulturzentrum. In den Kellerräumen mit schönem Kreuzrippengewölbe ist eine Gaststätte untergebracht.

Am Ortsrand von Voerde an der Abzweigung nach Götterswickerhamm steht HAUS AHR auf dem Platz einer mittelalterlichen Motte. Das heutige Herrenhaus ist um 1830 als klassizistischer zweigeschossiger breitgelagerter Bau in verputztem Backstein in einer geradezu rigorosen Stereometrie errichtet worden. Es besitzt einen breiten Giebel und einen schlanken glockentragenden Dachreiter auf flachem Walmdach. Leider steht das Haus in den letzten Jahren leer und ist vom Verfall bedroht.

Die Familie von Götterswick war eines der ältesten edelfreien Geschlechter am Niederrhein. Aus ihm sind die Fürsten zu Bentheim-Steinfurt und Bentheim-Tecklenburg hervorgegangen. Von der ehem. Wasserburg blieb die Hauptburg erhalten, eine zweigeschossige Winkelanlage in weißgeschlemmtem Backstein mit Walmdächern. Sie dient heute als Pastorat. GÖTTERSWICKERHAMM liegt unmittelbar hinter dem Rheindeich. Die Kirche besitzt das seltene Patrozinium des hl. Nikomedes. Durch die Herren von Götterswick kam sie in Klever Besitz. Anstelle der Vorgängerkirchen steht heute eine klassizistische. Den ersten Entwurf für sie fertigte 1821 Karl Gottlieb Heermann an. Ihn überarbeitete 1829 die königliche Oberbaudeputation in Berlin unter Karl Friedrich Schinkel. In den Neubau wurden die spätgotischen Umfassungsmauern der Vorgängerkirche einbezogen, auch deren Turm blieb erhalten. Im Innern traten an die Stelle der ehem. Seitenschiffe und im Westen dreiseitig umlaufende Emporen. 1945 erlitt die Kirche durch Artilleriebeschuß schwere Schäden. Bei der Wiederherstellung verzichtete man auf das neugotische Blendmaßwerk in den Emporenbrüstungen. Die Fassung des Innenraums beschränkt sich auf wenige Farben: gebrochenes Weiß, mittleres Braun, sparsam verwendetes Gold. Von Götterswickerhamm fahren wir Richtung Dinslaken und werfen einen Blick auf HAUS WOHNUNG, eine 1707 von einem holländischen Architekten erbaute Wasserburg.

In kurzer Zeit erreichen wir DINSLAKEN. Die Siedlung entstand in einer Sumpfniederung am Ostrand der mittleren Niederrheinebene. Ihr Ursprung und Kern war ein Kastell. 1163 wird ein Antonius von Dynslacken urkundlich erwähnt. Durch Heirat gelangte Dinslaken in klevischen Besitz. Graf Dietrich VII. erhob den Ort 1273 zur Stadt. Im 14. und 15. Jh. diente das Kastell im Wechsel mit Winnenthal bei Xanten und dem Monterberg bei Kalkar als Witwensitz des gräflichen klevischen Hauses und als Ausstattung für jüngere Söhne. Auch Burg Dinslaken trat an die Stelle einer frühmittelalterlichen Motte. Im 12. Jh. wurde bereits der erste Steinbau errichtet. Reste von ihm haben sich in den späteren Grundmauern erhalten. Die mittelalterliche Burg zerstörten die Holländer 1627. Noch im 17. Jh. erfolgte der Wiederaufbau, ein Umbau 1770. 1945 wurde sie fast gänzlich zerstört. 1950–52 erfolgt der Wiederaufbau in modernen Formen. Einige der älteren Teile blieben erhalten: der Sockel des Hauptturmes noch aus der Zeit Herzog Adolfs I. (1394–1448), Teile der Südostmauern mit

196

dem Torbau, die zweibogige Brücke und die Auffahrtsrampe sowie Teile des Ostturms. Erhalten blieb auch das Pförtnerhaus, Ritterstraße 1, gegenüber der Brückenauffahrt, ein weißgeschlemmtes Backsteinhaus des 18. Jh.

Von der mittelalterlichen Stadtmauer sind Reste erhalten, besonders am Voswinkelhof und zwischen Duisburger und Kreuzstraße. Der VOSWINKELHOF, Brückstr. 31, liegt vor der nördlichen Stadtmauer, ursprünglich war er ein Adelssitz. Das heutige Gebäude, eine Dreiflügelanlage mit Walmdächern, in Backstein errichtet und verputzt, entstand um 1700. Heute dient es dem Museum Dinslaken. Dieses präsentiert Volkskunde vom unteren rechten Niederrhein.

Am Rondell Walsum/Konrad-Adenauer-Straße stehen die ›Drei Kreuze‹, ein *Kalvarienberg* aus Baumberger Sandstein, ein Hauptwerk der Weseler Bildhauerkunst. Der Bildhauer dürfte aus dem Umkreis des Meisters des Berendonckschen Kreuzweges vor dem Xantener Dom stammen. Nach der Rückkehr von einer Pilgerfahrt ins Heilige Land stifteten zwei Weseler Bürger um 1500 in Wesel einen Kreuzweg entsprechend den von ihnen selbst in Jerusalem gemessenen Abständen der Leidensstationen auf der Via Dolorosa bis zur Grabeskirche. Der Weseler Kreuzweg führte zu einer Anhöhe, dem Kalvarienberg, auf dem sich eine Kapelle befand. Vor ihr erhob sich die Gruppe des gekreuzigten Christus mit den Schächern. Als die Spanier 1587 Wesel belagerten, entschloß man sich, die Kalvarienkapelle abzubrechen. Der Kalvarienberg selbst kam 1652 in den Besitz der Pfarrgemeinde St. Vinzenz in Dinslaken. Die Inschrift am Kreuzfuß gibt das Jahr 1652 als Datum der Restaurierung an und verweist auf religiöse Auseinandersetzungen als Grund für die Überführung nach Dinslaken. Trotz wiederholter Restaurierungen in unserem Jahrhundert, leiden die Figuren erheblich unter den Umwelteinflüssen.

Die spätgotische Hallenkirche ST. VINZENZ erlitt 1945 durch Artilleriebeschuß und Bomben eine weitgehende Zerstörung. Turm und Westjoch stürzten ein. Unter Leitung von Otto Bongartz erfolgte der Wiederaufbau 1950/51; die zerstörten Teile ersetzte dabei ein moderner Neubau. Zu der Ausstattung gehört vor allem ein geschnitzter Altarschrein mit beiderseitig gemalten Flügeln, Brüssel um 1480–90. Je drei Baldachine aus labyrinthisch reichem Architekturwerk umschließen Passionsszenen. Der Künstler liebt die Vielfigurigkeit. Auf den Altarflügeln werden links Abendmahl, Einzug in Jerusalem, Christus am Ölberg, rechts Himmelfahrt, Pfingsten, Christus und die Jünger in Emmaus gezeigt. Bei geschlossenen Flügeln sind die vier Evangelisten zu sehen. Der Maler griff auf den Stil des Jan van Eyck zurück.

Auch in Dinslaken fand die Reformation Eingang. Neben einer reformierten bildete sich eine lutherische Gemeinde. Der Magistrat ließ den Lutheranern 1611 die damals nicht benutzte Hospital- bzw. Gasthauskirche St. Martin als Gotteshaus zu. Ein Jahr später fand die erste lutherische Synode im Herzogtum Kleve in der Dinslakener Martinskirche statt. 1818 wurde sie abgerissen. Die reformierte Gemeinde versammelte sich seit 1612 in einem Saal der herzoglichen Burg. Eine erste reformierte Kirche entstand in den Jahren 1649–53. Die reformierte und die lutherische Gemeinde schlossen sich 1817 in der Union zusammen. Die ev. Pfarrkirche ist eine Saalkirche mit dreiseitigem

ORSOY · MOERS

Schluß und eingebautem Turm; in Backstein errichtet, verputzt und weiß gekälkt. Die Fassade ist mit Lisenen und profilierten Gesimsen reich gegliedert.

Bei Duisburg-Walsum überqueren wir mit der Fähre den Rhein (Abb. 90) und gelangen nach ORSOY, der südlichsten Enklave Kleves. Der Ort wird schon 1285 urkundlich als Stadt erwähnt, aber tatsächlich verlieh ihr erst Kaiser Ludwig der Bayer 1347 die Stadtrechte. Wichtig war Orsoy als klevische Rheinzollstation und Festung gegen das nahegelegene kurkölnische Rheinberg. Im Spanisch-Holländischen Krieg wurde die Stadt 1586 erobert und zerstört. Damals gingen nahezu alle Bauten des Mittelalters zugrunde. Aus der Zeit des Wiederaufbaus stammt das Rathaus. Das Ende der Festung Orsoy kam mit der Eroberung durch die Soldaten König Ludwigs XIV., 1672. Zugleich mit einem großen Teil der Festungsanlagen wurde auch das Schloß geschleift. Als Zollstätte verlor die Stadt ebenfalls ihre Bedeutung. Einen Ausgleich bot das Tuchgewerbe, das im 17. und 18. Jh. hier in Blüte stand.

Die ev. Kirche ist eine breitgelagerte dreischiffige Backsteinhalle des 15. Jh. mit überhöhtem Mittelschiff und vorgesetztem dreigeschossigen Westturm. Nach Kriegszerstörung wurde sie bis 1952 wiederhergestellt. Ihre mit derben Reliefs geschmückte Kanzel gehört zu den ältesten evangelischen Kanzeln am Niederrhein. – Der Krefelder Stadtbaumeister Heinrich Johann Freyse baute die St. Nikolauskirche 1843–47 als dreischiffige Backsteinhalle. Nach Zerstörung im Zweiten Weltkrieg entstand sie in vereinfachter Form wieder. Ihre größte Kostbarkeit ist der geschnitzte Brüsseler Passionsaltar, 1500–1510. Reich bewegt ist die Kreuzigungsszene. Die Gemäldeflügel stammen aus der Werkstatt Colijn de Coters. Die Innenseiten sind wie der Schnitzaltar auf die Passion Christi bezogen, die Außenseiten der Nikolauslegende vorbehalten. Die heute abgeteilten einstigen Außenflügel sind als Tafelgemälde aufgehängt. Sie zeigen übereinander die vier Evangelisten und die vier Kirchenväter in zwei Reihen übereinander sitzend, dazu die Standfiguren der vier Marschälle des Kölner Erzbistums. Sie sind eigenhändige Arbeiten Colijn de Coters.

Von Süden und Westen umgab die Grafschaft Moers die Stadt Orsoy. Die Entwicklungsgeschichte der MOERSER LANDES- UND GRAFENBURG ist seit den Ausgrabungen von 1950/51 geklärt. Zutage trat ein quadratischer Turm, dessen Tuffsteinmauerwerk mit Kieseln und Resten römischer Ziegel durchsetzt ist. Um die Mitte des 12. Jh. diente er als Flachburg. Erst nachträglich schüttete man einen Rundhügel auf. Damit gehört die Moerser Landes- und Grafenburg ebenso wie Burg Linn und Burg Hülchrath dem Typus der aus der runden Mottenform entwickelten, wasserumwehrten Ringmauerburgen mit freistehendem Bergfried an. Die Rundform des Mottenhügels bestimmt auch den im 14. Jh. angelegten türmebesetzten Mauerring. Reste davon konnten ausgegraben werden. Mit dem Wehrgang in dem noch erhaltenen Schloßtrakt fügen sie sich zu einem geschlossenen Rund zusammen. Schützend umschloß der Moersbach die Wasserburg. Von den einstigen drei Wehrtürmen ist heute noch der viereckige Torturm erhalten. Mit seinen vier unteren Geschossen gehört er dem 14. Jh. an. Obergeschoß und Walmdach stammen aus der 2. Hälfte des 16. Jh. 1519 war Moers als Erbe den Grafen von Neuenahr zugefallen. Nach dem Aussterben dieses Geschlechts kam die Grafschaft

1600 an die Oranier. Prinz Moritz von Oranien suchte das Schloß und die Stadt Moers durch neue Verteidigungsanlagen zu schützen. Vor der Stadt errichtete er vier Bollwerke. Als fünftes Bollwerk diente ihm die Burg. Das oranische Zwischenspiel dauerte bis 1702. Nach dem Tod Wilhelms III. von Oranien wurde der erste Preußenkönig Friedrich I. Lehnsherr auch von Moers. Seine Erbansprüche gründete er auf seine Heirat mit Henriette von Oranien, deren Denkmal vor dem Schloß steht (Abb. 93). Die Festungsanlagen wurden 1763 auf Befehl Friedrichs des Großen beseitigt, die äußere Umwallung in eine Wallpromenade umgewandelt. Vom Schloß blieben Teile erhalten, außer dem Torturm vor allem der sich daran anschließende zweigeschossige Trakt (Abb. 93). Seit 1908 dient dieser als Domizil des GRAFSCHAFTER HEIMATMUSEUMS. Es präsentiert die Ausgrabungen aus dem Reiterkastell Asciburgium, entstanden in der Zeit der Kaiser Augustus und Tiberius. Des weiteren sind in dem Museum Grafschafter Trachten und Mobiliar zu sehen, niederrheinische Irdenware und rheinisches Steinzeug. Sehr schön ist das Rokokozimmer, das aus dem Haus Müser übernommen wurde. Auch das aus Lintfort stammende Zimmer sollte besonders erwähnt werden. Im Dachgeschoß des Schlosses ist eine große Puppenstubensammlung untergebracht. Zur Ausstellung von Plastiken wird der Schloßhof genutzt. In ihm finden im Sommer auch oft Freilichtaufführungen statt. Den anschließenden Park gestaltete Maximilian Friedrich Weyhe.

Im Schatten der Burg entstand der Ort MOERS. König Albrecht I. verlieh ihm 1300 die Stadtrechte. Wenige Zeugnisse der mittelalterlichen Geschichte sind erhalten geblieben, wie die ev. Kirche, die ehem. Karmeliterklosterkirche von 1448. 1560 wurde die einschiffige Kirche den Reformierten überlassen, die sie 1656 durch den Anbau von Querarmen kreuzförmig erweitern ließen. Das Kreuzgewölbe ist neugotisch.

Bedeutende Leute waren in Moers zuhause, so der Liederdichter und Mystiker Gerhard Tersteegen. Am Lehrerseminar in Moers wirkte u. a. als Pädagoge Adolf Diesterweg. Heute ist Moers eine von der Industrie geprägte Stadt.

Von Moers fahren wir in nördlicher Richtung nach RHEINBERG. Erzbischof Heinrich von Molenark erhob 1232 Rheinberg zur Stadt. Mit dem Stadt- verlieh er der Siedlung auch das Befestigungsrecht. Rheinberg war die nördlichste Enklave von Kurköln im Bereich der Herzogtümer Geldern und Kleve und der Grafschaft Moers. Es diente dem Erzstift als Zollstätte. Erzbischof Siegfried von Westerburg begann 1292 mit dem Bau des kurfürstlichen Schlosses und des unmittelbar am Strom liegenden Zollturms. Vollendet wurde er unter Erzbischof Wikbold 1298. Vom Rheinberger Schloß besteht nur noch das sogenannte ›vorderste Castel‹, die jetzige KELLNEREI, 1573 als Getreidemagazin und Pferdestall errichtet. Sie ist ein zweistöckiger Backsteinbau mit einem Stufengiebel im Westen. Von den Renaissanceornamenten ist fast nichts mehr erhalten. Der Zoll- oder Pulverturm ist noch als Ruine imponierend. Bis zu seiner Explosion 1598 besaß er eine Höhe von ungefähr 35 m und überragte das Schloß und alle Befestigungswerke. Das vier Meter starke Mauerwerk zeigt im Aufbau eine ähnliche Technik wie die Hahnentorburg in Köln. Der Turmmantel besteht aus großen Basaltwürfeln, die durch je zwei Reihen Tuffsteine getrennt werden. Heute besitzt der Zollturm eine

RHEINBERG

äußere Höhe von 7,20 m, sein äußerer Umfang beträgt 52,50 m, ein äußerer Durchmesser 16,70 m.

Während des Spanisch-Holländischen Krieges bekam Rheinberg besondere Bedeutung. Die Statthalterin der Spanischen Niederlande, Isabella Clara Eugenia, Tochter König Philipps II., suchte durch den Bau eines Kanals, der von Rheinberg über Geldern nach Venlo führen sollte, die Blockade der Rheinmündung durch die Holländer zu umgehen. Dieser Kanal, Fossa Eugeniana genannt, sollte Rhein und Maas miteinader verbinden. 1626 begann man mit seinem Bau. 25 starke Schanzen sicherten ihn gegen holländische Überfälle. Ende 1627 konnte die Statthalterin den Kanal von Geldern bis Rheinberg benutzen. Doch die Holländer vereitelten das Unternehmen. 1632 eroberten sie Rheinberg und hielten die Stadt bis 1672 besetzt. Damit war der Kanal wertlos geworden. Seinem Verlauf kann man heute noch gut folgen. Zwischen Rheinberg und dem Kamper Berg ist er ein Bach, bei Issum und Geldern ein eigentlicher Graben. Zu dem Befestigungssystem, das die Fossa Eugeniana schützen sollte, darf man auch den spanischen Vallant rechnen (Ft. 25). Als Wachtturm errichtete man ihn im Abstand von 200 m von der Stadtmauer am Eckpunkt der Befestigungsanlage. Er erhebt sich auf einem künstlichen Erdhügel. Heute dient er als Ausstellungsgebäude.

Auch während des Spanischen Erbfolgekrieges erlebte Rheinberg schwere Zeiten. Preußische Truppen besetzten die Stadt 1703–14 und schleiften die Befestigungsanlagen. Verhängnisvoller war, daß die Preußen den alten Flußlauf des Rheines sperrten und den Strom in einen zwei Kilometer östlich liegenden Arm ableiteten. Seither liegt Rheinberg nicht mehr unmittelbar am Rhein. Diese Abschnürung verschlechterte die Lebensbedingungen erheblich. Neuer wirtschaftlicher Aufschwung kam im 19. Jh. Die Wohlhabenheit des mittelalterlichen Rheinberg repräsentiert das RATHAUS, genau in der Ortsmitte zwischen Fisch-, Holz- und Großem Markt. Es ist ein massiver dreigeschossiger Backsteinbau des 15. Jh. mit fünf Fensterachsen auf der Längsachse und je zwei Achsen auf den Schmalseiten. An seiner Nordwestecke befindet sich der achtseitige vierstöckige Treppenturm mit Zwiebelhaube. 1727 erhielt er eine Marktglocke, die sog. Botter Agnes.

Die Stadtpfarrkirche ist dem Apostel Petrus geweiht. Erstmals wird eine PETERSKIRCHE 1107 in Rheinberg erwähnt. Von ihr ist jedoch nichts geblieben. Um 1200 baute man eine romanische Kirche, von der Westturm und Langhaus erhalten sind. Um 1392 begann der Bau einer gotischen Hallenchoranlage. Nach Fertigstellung des Chores erhöhte man 1427 das romanische Mittelschiff und versah es mit gotischen Gewölben. Den ursprünglich einschiffigen Kirchenraum erweiterte man durch Anfügung von Seitenschiffen gegen Ende des 15. Jh. Der heutige Kirchenraum zeigt ein vierjochiges Langhaus von basilikalem Querschnitt mit anschließendem Hallenchor von zwei Jochen mit Fünfachtelschluß und breitem, dreiseitigem Chorumgang. Auffallend breit sind die Seitenschiffe. Sie haben die halbe Höhe des Mittelschiffs.

1607 fiel die ursprüngliche Einrichtung einem Bildersturm zum Opfer. Das wertvollste Stück der heutigen Ausstattung ist der Hochaltar. Er wurde im 19. Jh. auf Veranlassung des damaligen Dechanten aus zwei spätgotischen Schnitzaltären zusammengefügt. Die mittelalterlichen Teile hat man in ein neugotisches Gehäuse eingebracht. Rechts und links der Sakramentsnische befinden sich in zwei hohen fast quadratischen Schreinen Gottvater und Christus jeweils inmitten von sechs Apostelstatuetten. Die oberen Zonen des Altars sind der Passion Christi vorbehalten. Die lebendige Erzähl-freude in den Passionsszenen steht im Gegensatz zur strengen Formgebung der unteren Schreine. Doch dem Künstler, der die beiden so verschiedenen Schnitzaltäre zusammen-fügte, ist es gelungen, sie zu einer Einheit zu verbinden. Künstlerisch bedeutsamer als die Passionsszenen, die um 1520 entstanden sein dürften, sind die Figuren des Apostel-schreins. Sie sind um 1430–40 in Brüssel entstanden. Ein Teil von ihnen besitzt noch die ursprüngliche Vergoldung. Die Figuren sind in weite Mäntel mit reichem Falten-wurf gehüllt. Jede von ihnen ist von innerem Leben erfüllt. Zu dem Schnitzaltar der Apostelfiguren gehörten einst Flügelbilder, die heute als Tafelbilder in den Pfeilern des Chorumganges hängen. Drei große Rechtecktafeln zeigen die Muttergottes, Joachim und Anna als Sitzfiguren. Eine vierte Tafel mit der Darstellung des hl. Josef ist ver-lorengegangen. Acht kleinere Tafeln enthalten einen Passionszyklus. In ihrer schweren Körperlichkeit wirken die Personen wie gemalte Plastiken. Von der einstigen einheit-lichen Barockausstattung des 18. Jh. blieb die Kanzel von 1701 erhalten. Der Orgel-prospekt entstammt dem Jahre 1771. In der Schatzkammer findet sich u. a. ein Vor-tragekreuz aus vergoldetem Silberblech vom Ende des 18. Jh. mit anhängendem roma-nischen Bronzekruzifix. Besonders schön ist die weißseidene mit reichen Blumenranken verzierte Kapelle aus der Zeit um 1700, eines der wertvollsten Stücke der Paramente.

Die ev. Pfarrkirche entstand aus einer Scheune, die 1768 zu einem schlichten Betsaal umgebaut wurde. 1883 fügte man im Süden Turm und Eingangshalle in neuromanischen Formen an, 1955/56 erweiterte man die Kirche um einen Choranbau. Als Stadthaus und Zufluchtsstätte der Abtei Kamp diente der Kamper Hof. Trotz seiner Umbauten ist der ursprüngliche Charakter nicht ganz verlorengegangen.

Der berühmteste Sohn der Stadt Rheinberg ist Amplonius Rating de Berka. Um 1363 wurde er im Haus zu den drei Fischen geboren. Eine Inschrift erinnert daran. Amplonius promovierte als Doktor der Medizin in Erfurt. Seiner Heimatstadt ver-machte er das 1412 in Erfurt gegründete Collegium Amplonianum. Ihr hinterließ er auch seine reichhaltige Bibliothek. Das Rheinberger Gymnasium trägt seinen Namen.

Zu Rheinbergs Umgebung gehören einige schöne Herrenhäuser. Erwähnt sei HAUS OSSENBERG. Seine heutige Anlage entstand 1721. Das Herrenhaus ist ein gestreckter Bau mit einem Rokokoportal. Ein Fliegerangriff 1942 beschädigte es schwer und zer-störte den linken Teil mit seiner wertvollen Einrichtung. Erhalten blieben zwei Räume, von denen der größere schöne Stukkaturen und Malereien besitzt. Die Deckengemälde zeigen eine symbolische Darstellung der Erdteile. Westlich vom Herrenhaus steht eine ebenfalls im 18. Jh. errichtete Kapelle.

Von Rheinberg fahren wir nach KAMP-LINTFORT. Hier gründete 1122 Erzbischof Friedrich I. von Köln das erste Zisterzienserkloster auf deutschem Boden und besiedelte es mit zwölf Mönchen aus dem französischen Kloster Morimond. Noch heute besticht die Kirche durch die Schönheit ihrer Lage auf dem Kamper Berg. Freilich erinnert der

KAMP-LINTFORT · ALPEN · SONSBECK

gegenwärtige Bau kaum noch an die Bedeutung, die das Kamper Kloster für die mittelalterliche Kultur besessen hat. Nur schwer kann man begreifen, daß hier eine der bedeutendsten Kunst- und Kulturstätten am Niederrhein war. Von der ursprünglichen Kirche ist nichts mehr erhalten. Die jetzige ist eine dreischiffige Backsteinhalle. Der 1410–15 errichtete Kirchenbau schloß sich wahrscheinlich an das Grundrißschema des Gründungsbaus an. Während des Truchsessischen Krieges wurden Kloster und Kirche zerstört. Erst spät war den Mönchen die Rückkehr möglich. 1683–1700 bauten sie das Langhaus wieder auf. Zwar änderten sie die Grundrißdisposition, behielten aber das gotische System bei. Über den alten Ostjochen der Seitenschiffe errichteten sie zwei Türme mit barocken Schweifhauben. Das Langhausdach krönten sie mit einer achtseitigen Laterne. Die Westfassade erhielt einen geschweiften Giebel. Der Nordseite des Chores fügte man 1714 die Sakristei an, einen sechsseitigen Zentralbau mit Kuppelgewölbe über Pilastern und geschweiftem Haubendach. Die Kirche besitzt einige wertvolle barocke Ausstattungsstücke. Sie entstammen vermutlich einer Kölner Werkstatt. Dazu gehören die Chorstühle von 1699 und die Seitenaltäre von 1705, sowie der hochbarocke Orgelprospekt. Das wertvollste Ausstattungsstück birgt die Sakristei, ein reichbesticktes *Antependium* (Abb. 86). Um 1320–30 ist es anscheinend in Köln entstanden. Es zeigt auf grünem Samtgrund unter gestickten Arkadenbögen eine Marienkrönung und begleitende Heilige. Die Figuren bestehen aus Gold- und Seidenstickerei. Das Kamper Antependium gehört zu den kostbarsten gotischen Stickarbeiten des Rheinlandes. – Verschwunden sind die barocke Prälatur und die meisten Klostergebäude. Erhalten blieb das heute als Pfarrhaus dienende ehem. Krankenrevier, ein im Kern mittelalterlicher, jedoch um 1700 veränderter Backsteinbau mit Schweifgiebel an der Ostseite. Wie alle Klöster wurde auch Kamp in der Säkularisation aufgehoben. Seit 1954 befindet sich hier eine Niederlassung der Karmeliter.

Am Fuß des waldreichen Höhenzugs der Bönninghardt liegt die Gemeinde ALPEN. Urkundlich wird sie erstmals 1074 erwähnt. Von der Burg der Herren von Alpen ist noch die Motte erhalten. Ihre Herrschaft war von Kurköln lehnsabhängig. 1330 wird Alpen als Stadt bezeichnet. Mit der Verleihung der Stadtrechte entstand auch eine Stadtbefestigung. Seit 1606 war Alpen im Besitz der Fürsten von Bentheim-Steinfurt. Der Brand des Jahres 1716 zerstörte die mittelalterliche Stadt. Schwere Zerstörungen mußte Alpen auch im Zweiten Weltkrieg erleiden. Heute ist es in schmucker Pracht wiedererstanden. Während die barocke kath. Pfarrkirche St. Udalrikus in den siebziger Jahren des 19. Jh. durch eine neugotische Kirche von Heinrich Wiethase ersetzt wurde, blieb die ev. Kirche am Rande der Stadt als barocker Bau erhalten. Bartolomeo Salla hat sie nach dem großen Stadtbrand 1716–18 unter Benutzung älterer Teile errichtet. Besonders schön ist die Westfassade, aus der der polygonale mit Laterne versehene Glockenturm risalitartig vorspringt. An der südlichen Langhausseite blieb der Chor der Vorgängerkirche als Gruftkapelle erhalten. In ihr befindet sich das Epitaph der Pfalzgräfin Amalia († 1602 in Alpen), der Gemahlin Friedrichs III., des Vorkämpfers des Kalvinismus unter den deutschen Fürsten. Erwähnenswert ist von der Ausstattung die Kanzel von 1719; sie ist vom niederländischen Stil geprägt.

Landschaftlich reizvoll, nicht zuletzt wegen seiner schönen Wälder, ist das Gebiet um SONSBECK. Nicht umsonst wird es die Sonsbecker Schweiz genannt. Um 1000 entstand die Siedlung auf dem Gelände eines Klever Grafenhofes. Hier errichtete Graf Theoderich am Ende des 12. Jh. eine Kapelle, die spätere Gerebernus-Kapelle. 1203 wurde sie zur Pfarrkirche von Sonsbeck erhoben. Sonsbeck erhielt 1320 Stadtrechte und ein Jahr später das Marktrecht. Da die Gerebernus-Kapelle außerhalb der Stadtmauern lag, entschloß man sich zum Neubau einer Pfarrkirche innerhalb des Mauerrings. Herzog Adolf I. von Kleve baute in Sonsbeck ein Schloß, von dem sich ein Rundturm auf dem Gelände des Krankenhauses erhalten hat.

Sonsbeck gehörte zu den Städten mit einem blühenden Tuchmachergewerbe. Die ›Sunsbeckschen Laken‹ rühmt man im 14. Jh. am Rhein und in Westfalen. Die Terrassenlagerungen um Sonsbeck enthalten Tone, die Grundlage für das Töpfergewerbe vom 15. bis zum 19. Jh. Doch litt die Stadt unter dem Dreißigjährigen Krieg, unter Pestepidemien und Hungerjahren. Das heutige Sonsbeck hat sich von den Zerstörungen des Zweiten Weltkrieges erholt; es verbindet Modernität mit Traditionssinn. Neben seinen landschaftlichen Reizen bietet es auch für den Kunstfreund Sehenswertes. Die Pfarrkirche St. Maria Magdalena ist eine dreischiffige, im wesentlichen dem 15. Jh. entstammende Backsteinbasilika, mit quergestellten Satteldächern über den Seitenschiffen und einem vorgesetzten, dreigeschossigen Westturm. Mittelschiff und Chor sind mit Netzgewölben versehen, die Seitenschiffe und die dreischiffige Turmhalle mit Kreuzrippengewölbe. Nach schwerer Kriegsbeschädigung konnte die Kirche bis 1951 wieder aufgebaut werden. Sehr fein ist das Sakramentshaus aus Sandstein, errichtet in der 1. Hälfte des 16. Jh. Dem neugotischen Hochaltar sind fünf Schnitzgruppen der Zeit um 1520 eingefügt; sie stammen von einem Altar von St. Patroklus in Soest. An der Wende des 15. zum 16. Jh. sind die hl. Anna Selbdritt und ein Vesperbild entstanden. Vom Ende des 15. Jh. stammt auch die Standfigur der Muttergottes. Etwas derb wirkt der lebensgroße Christophorus aus Sandstein.

Die Gerebernus-Kapelle liegt reizvoll auf einer Anhöhe oberhalb der Stadt. Die Reliquien des Heiligen wurden am Ende des 12. Jh. aus Gheel in Brabant entführt. Noch steht der Kriechaltar, wie ihn einst die Wallfahrer liebten.

Von der älteren Kapelle stammt noch der kleine Westturm aus der Zeit um 1200. Er ist in die dreischiffige, netzgewölbte Stufenhalle des späten 15. Jh. einbezogen. In der nördlichen Kapelle neben dem Turm ist ein freiplastisches steinernes Friedhofsmonument der Spätgotik aufgestellt. Es besteht aus einem Hochkreuz mit dem Datum 1483, an das Lanze mit Essigschwamm gelehnt ist, einer Martersäule mit der lebensgroßen Figur Christi, sowie einer tabernakelförmigen Totenleuchte. An der Hochstraße liegt die ev. Kirche aus dem Jahr 1655. Bemerkenswert ist ihr schönes Renaissanceportal. – Von Sonsbeck kehren wir nach Xanten zurück.

DEM DVRCHLVCHTIGHEN HOICHGEBAREN FVRSTEN VND HEREN HEREN WILHELMEN HERTHOVGEN THO CLEVE, GVLICH, VND BERGHE, GRAVEN THO DER MARCK VND RAVESBERG HEREN THO RAVESTEYN, &c.

mynen Genedigen Heren.

Durchlüchtiger Hoichgeborner vermögender Fürst Genediger Herr, ich vilen vnd gemeinlich allen Historiographis, ist idermeniglich die besdedicheit der Fortuin, in op vnd nedergaenck der Rijcken, regimenten vnd Steden, apentlich am Daeghe vnd insinitlich, Alsoe, dat mich allein ider Landtschap, sonder oick ider Stade vha verloep der tyt, oers Fortuins einmal tho verhaepen vnd tho verwichsten heft, Sulchs aengemerckt, heb ick onder andere vitheemschen Commissionen, die scheine gelegentheyt E. F. G. Fürstendombs Cleüe, mynes lieuen Vaderlandts, vnd insonderheyt Rwiere F. G. Statt Calcar, innerlich bedacht, Imaginirt, vnd fürnemlich auer besonder, dat bemelte E. F. G. Statt Calcar, tot alsülcker Koopmans schap vnd handelong, als gegent bynnen der Statt Nyewmeghen, van E. F. G. Landte onderdanen, deto Landen Cleüe vnd Gülich, mich ohn mircklichen affbroick aen E. F. G. Tollen, Münten, vnd accysen verhandelt würdt vil bequemer vnd gelegener, als Niewmeghen, sie, vnd het derhaluen. als ein getrouwr onderdaen, mich onderlathen süllen, derseluigher Statt gelentgeytheyt indesen Charten, E. F. G. klair vnd ougenschienlich, vor tho Stellen, mit onderdemiger bydt, Wlß ich mynes deels tot gedien vnd walfarrt gemeynes besten, vnd E. F. G. tho moeghlicker Thye aengewande, sulchs wollen, hoichopennelis E. F. G. ...

Irstlich

Irstlich iß tho vermercken, dat die Koepmanschap bynnen Nyewmeghen, fürnemlich van E. F. G. landsaten, der Fürsten domben Cleüe vn Gülich gedreüen werde, daer van om die groisste affrocke irer Warren geboert, Wat profijt mit die Stadt Nyewmeghen bynnen den naestvergangen, vyff vndtwyntich Iaren herstarth ongesluerlich, vha dem sulche koepmanschap den Steden Deuenter vnd Boisschu onstain, van weghen irer Munten vnd accysen ontfangen, oick in Watt A. Slomben sie vpgeslegen, hinggegen auer nie. thao del schaden, ind hynder E. F. G. aen E. F. G. Münten, accysen, vnd ander Regalien hoich vnd gerechticheyden, oick derseluer E. F. G. vnd gemeynen onderdanen, der weghen vnd fürnemlich aen verlies des Gelt onstact, dat allet düeth die Dageligesche experientie vnd erfaringh vermelden.

Ferner

Ferner aengaende dem nachteyl vnd hynder, soe E. F. G. aen iren Tollen hier bij erlidten, iß die wahreyt, dat alle victualia vnd ander gruiser als Botter, Keiß, Pecck, Tarß, Waisch, Flaisch, &c. vnd wat daer van Nyewmeghen in Hollandt gebracht, dat selue würdt biynhen allen anderen gewoentlicken Koyphlicden Weshen vnd Stromen ontschiet. Irstlich van Amsterdam op Versicht, vnd soe vort durch die Vart tegen Vianen, darnach Wenden sie sich thu rugghe op Schonhauen durch die leeck aff, vnd soe vort op Dordrechte, vnd verstappelen dat güsdt aldaer in anderen Schepen, bringent alsoe die Wael op langhs Gorichem, Bommel Tiel, vnd soe bynnen Nyewmeghen, daer myn sie alsoe E. F. G. Toll tho Hüssen vnd Loebeth, afferfaren, allet in ...

Irstlich nach dem

Irstlich nach dem die Reichleeck, ...

Als

Als nhu sulche geringe verhinderen, ye der Schippfart affgeschafft, den ...

Ferner

Ferner aensienlichen vnd mennichsoeldighe verbeterongh vnd erkompine soe int E. F. G. Münt, Tollen, Accijsen, geina sunst anderen hoich vnd gerechtigheden, tot gedien vnd walfarth des gemeynen besten, vnd insonse en E. F. G. vnd onderdanen, hier vth erspriesslich, heb ick ghesliefter kortheyt haluen, hierinne wyder ... onderlathen, Wie dan die seluige vth hoogher Fürstlicher ... ferner bedacht vnd ... erwoghen kunnen werden, by hoichgedachte E. F. G. die Gott alm... Fürstlicke Stande ...

E. F. G.

Ghehoe...
onderdan...

Christiaen ... Burgher tho ...

V Kalkar – Stadt und Kreis Kleve

Kalkar

Östlich des Kirchspiels Altkalkar gründete im Jahr 1230 Graf Dietrich V. von Kleve inmitten des sumpfigen Geländes eines versandeten Rheinarmes die Siedlung Kalkar. Etwa zwölf Jahre später erfolgte die Verleihung der Stadtrechte. Die gotischen Stadtmauern – Zeichen der Wehrhaftigkeit wie des städtischen Charakters – sind heute bis auf wenige Reste verschwunden. Etwa um 1407 wurde die Stadt Mitglied der Hanse. Dem Reichtum, der seit dem 14. Jh. vor allem auf der blühenden Wollweberei beruhte, und der Bedeutung der Stadt als der im Spätmittelalter größten im klevischen Territorium, entsprachen der Neubau des Rathauses und der St. Nikolai-Kirche. Maria von Burgund, die als Witwe des Herzogs Adolf von Kleve auf der nahen Burg Monterberg wohnte, stiftete 1455 das Dominikanerkloster. Von den Dominikanern gingen Impulse auf die Kalkarer Lateinschule aus. Die Verbindungen der Herzöge von Kleve zu Burgund kamen auch der künstlerischen Tätigkeit in Kalkar zugute. Bürgerlicher Gemeinsinn ließ Siechen- und Armenhäuser errichten. Der Name Gasthauskirche erinnerte an das einstige Hospital. Längst war die Kirche profaniert, in ein Bürgerhaus umgewandelt. Doch blieben von ihr Reste bis zur Zerstörung im Zweiten Weltkrieg. Jan Joest hat uns mit seinem Gemälde der Auferweckung des Lazarus in St. Nikolai das Aussehen der Gasthauskirche überliefert (Abb. 101). Auf diesem Bild ist das Rathaus von Kalkar mit seiner ursprünglichen Umgebung dargestellt. Links im Hintergrund die Gasthauskirche, rechts das ebenfalls verschwundene Hanselaertor.

Die Schnitzaltäre, die noch heute die St. Nikolai-Kirche zu einer der schönsten am Niederrhein machen, entstanden zwischen 1460 und 1540. Zu dieser Zeit hatte die Tuchmacherei bereits ihren Höhepunkt überschritten. Die Vollendung der Ausstattung der Kirche konnte daher erst nach großen Mühen erreicht werden. Schwere Schicksalsschläge standen der Stadt noch bevor. Vor allem litt sie unter den Heimsuchungen des

◁ Denkschrift an Herzog Wilhelm den Reichen betr. Schiffbarmachung der Kalflack, des Wasserweges vom Rhein nach Kalkar. 1572. Städt. Museum und Stadtarchiv, Kalkar

KALKAR STÄDT. MUSEUM UND STADTARCHIV

achtzigjährigen Krieges zwischen Spanien und den Niederländern. Kalkar verarmte und wurde zu einem stillen Landstädtchen. Dadurch konnte es sich sein mittelalterliches Stadtbild bis zur Gegenwart weitgehend bewahren. Allerdings ist der Bestand an gotischen Häusern erheblich dezimiert worden. Der Anlage der Zitadelle 1656 durch den Kurfürsten von Brandenburg – die bereits 18 Jahre nach ihrer Erbauung geschleift wurde – fiel ein Drittel der Bürgerhäuser zum Opfer. Klosterbauten und bürgerliche Stiftungen verschwanden nach der Säkularisation oder wurden umgebaut. Noch schwerer wiegen die Verluste durch die Zerstörung im Zweiten Weltkrieg. Neuerdings erhält der Marktplatz sein historisches Pflaster, wird der Kirchplatz in alter Schönheit wiederhergestellt. Noch stehen einige der schönsten gotischen Bürgerhäuser. Daß die Wiederherstellung nicht lediglich dem Bedürfnis nach Nostalgie entspricht, sondern daß Traditionssinn und soziales Verständnis einander ergänzen können, wird in Kalkar besonders deutlich am Beispiel des BEGINENHOFES. Dies ist der neue Name des Hauses Rissenbeck, Kesselstr. 20. Der Kolpingverein hat das Haus unter seinen Schutz genommen. Das spätgotische Giebelhaus, an sich einer der schönsten erhalten gebliebenen Bürgerbauten Kalkars, war seit langem heruntergekommen. Heute dient er als Altentagesstätte. Im Frühjahr 1978 wurde der erste Abschnitt der Wiederherstellung vollendet. Im Tagesraum hat man die Renaissanceornamente der Holzdecke anhand erhaltener Farbreste originalgetreu restauriert und den Raum mit stilentsprechenden Möbeln ausgestattet. Die Fußbodengestaltung entspricht dem früheren Zustand. Im oberen Stockwerk, das der zweiten Wiederaufbauphase vorbehalten ist, wurden außer der Deckenbemalung unter dem Kalkanstrich späterer Jahrhunderte Teile der originalen Renaissancewandmalereien wiederentdeckt. Außerdem umzieht ein gemalter Ornamentfries unter der Decke das Zimmer mit den Wandmalereien. Die Restaurierung ist geplant. Renaissancewandmalereien in deutschen Bürgerhäusern sind selten erhalten. Daher wirkt ihre Entdeckung sensationell.

Unmittelbar hinter dem Rathaus, Ecke Grabenstraße/Hanselaerstraße, stehen zwei gotische Giebelhäuser. Sie sind durch einen modernen Erweiterungsbau, der jedoch von außen kaum wahrnehmbar ist, miteinander verbunden. Hier haben das STÄDTISCHE MUSEUM und STADTARCHIV ihr Domizil gefunden. Das Kalkarer Stadtarchiv ist nach Köln das umfangreichste am Niederrhein. Seine Cimelien machte es 1938 in einer Schausammlung der Öffentlichkeit zugänglich. Es besitzt unter anderem eine Handschrift des Sachsenspiegels. Neben Handschriften, Urkunden, Flugschriften und ähnlichen Archivalien sind ihm wichtige Nachlässe zugefallen, darunter der des Dichters Joseph von Lauff (1855–1933), der in seinen Romanen den Niederrhein und nicht zuletzt Kalkar schildert, sowie der Maler Gerhard Janssen (1863 Kalkar – 1931 Düsseldorf), Heinrich Nauen (1880 Krefeld – 1940 Kalkar) und des Bildhauers Heinrich Moshage. Die Kunstsammlungen wuchsen so sehr an, daß die Gründung eines eigenen

›Erlaß wider das Saufen und liederliche Leben der Jugend in den Klevischen Städten von 1715‹. ▷
Städt. Museum und Stadtarchiv, Kalkar

N° 13.   1715

n GOttes Gnaden/
Friderich Wilhelm König in
Preussen/ Marggraf zu Branden-
burg/ des Heyl. Röm. Reichs Ertz-
Cämmerer vnd Churfürst/ Sou-
verainer Printz von Oranien/
Neufchatel und Vallengin/ zu
Magdeburg/ Cleve/ Gülich/ Ber-
ge/ Stättin/ Pommern/ der Cassuben und Wenden/ zu
Mecklenburg/auch in Schlesien/ zu Crossen Hertzog/ꝛc. ꝛc.

Liebe Getreue: Demnach Wir in Vnserm Hofflager mißfällig ver-
nohmen/ daß in vielen Clevischen Städten bey dem jährlichen Schei-
benschießen/ derer jungen Gesellen/ ja gar die Knaben von 10. bis 15.
Jahren sich zusahmen thun/ Compagnie weise auf denen Gassen herumb-
ziehen/ und hernach etzliche Tage und Nächte nach einander mit trincken
und spielen sehr excediren/ und sich dergestalt in ihren besten Jahren zum
sauffen und liederlichen Leben angewehnen/ wozu an etlichen örtheren so
gar das aerarium publicum die Kösten hergebe; Wir aber daß Schei-
benschießen/ als eine an sich nützliche übung denen jungen Leuthen ferner-
hin wohl verstatten/ hingegen denen obbemelten dabey vorgehenden üppig-
keiten länger nicht nachgesehen werden können; Als haben Wir in gemel-
tem Vnserm Hofflager allergnädigst verordnet/ daß wen die junge Gesellen
ihr Scheiben schießen fortsetzen wollen/ Sie sich dabey mäßig und beschei-
dentlich auffführen/ und insonderheit des Schießens und Lärmens auf denen
Straßen sich enthalten/ denen Knaben aber das bißherige herumblauffen
und Schwelgen bey nahmhaffter Straffe verbothen und durchaus nicht
weiter zugelassen seyn solle; Und befehlen Euch in Gnaden/ daß Ihr Euch
darnach alleruntherthänigst achten/ darauf halten und dawieder keine Con-
travention gestatten sollet. Seyndt Euch mit Gnaden gewogen. Geben
Cleve in Vnserm Regierungs-Raht den 7. Sept. 1715.

An statt vnd von wegen Allerhöchstgtl.
Seiner Königlichen Majestät.

Adam Otto von Viereck.
vt. Reinhardt Hymmen. V.C.

KALKAR RATHAUS · ST. NIKOLAI

städtischen Museums gerechtfertigt schien. Es zeigt Ur- und Frühgeschichte, Boden-
funde aus dem Kreis Kleve, römische und fränkische Geschichte im Umkreis von Kalkar, Stadtgeschichte, Kunstwerke, vornehmlich von Künstlern, die mit Kalkar verbunden sind.

Die Ostseite des Marktplatzes beherrscht das RATHAUS. Zunächst befand es sich an
der Südseite vor dem Chor der Pfarrkirche. Doch genügte dieses erste Rathaus den
Ansprüchen der Bürgerschaft nicht mehr. Um einen repräsentativen Bau zu erhalten,
wurde auf der Ostseite des Marktes eine Häuserzeile aufgekauft und abgerissen. Den
Neubau errichtete der herzoglich-klevische Baumeister Johann Wyrenbergh, 1438–
1446. Ein hohes Walmdach schließt den dreigeschossigen Backsteinbau. Dieser wird
lediglich durch seine hohen Kreuzstockfenster, den abschließenden Zinnenkranz und
die Eckwarten gegliedert. Die Mittelachse betont der nach drei Seiten vortretende achteckige Treppenturm mit Spitzhelm. An Monumentalität und an Umfang übertrifft
Kalkar alle spätgotischen Rathäuser am Niederrhein nördlich von Köln. In ihm trafen
sich jedoch nicht nur die Ratsleute zu Sitzungen, es diente außerdem auch als Tuch-
und Fleischhalle und barg die Waage. Vom Außenschmuck ist nicht mehr viel geblieben, die Freitreppe wurde schon 1818 beseitigt. Noch ist der mittelalterliche Rathaus-
keller erhalten.

Das schönste Werk des Bürgersinns aber ist die Stadtpfarrkirche ST. NIKOLAI. Wie
auch andere niederrheinische Kirchen wird sie durch eine Häuserzeile zum Markt hin
abgeschirmt. Dem heutigen Bau ging eine dreischiffige spätromanische Pfeilerbasilika
voraus, die vermutlich bereits in der Zeit der Gründung der Siedlung begonnen und
noch im 13. Jh. vollendet wurde. Ihre Breitenausdehnung war für das spätgotische
Langhaus bestimmend. Ein Brand im Jahre 1409 war der Anlaß für den Bau der spätgotischen Hallenkirche. Er dauerte mit Unterbrechungen bis zum beginnenden 16. Jh.
Als erstes wurde der gotische Chor errichtet und 1421 eingewölbt. Gleichzeitig begann
man mit dem Westturm. Für den Bau des Langhauses konnte 1443 der Meister des
Kalkarer Rathauses, Johann Wyrenbergh gewonnen werden. Die Weihe erfolgte bereits 1450, doch wurde noch weitere fünf Jahre an den Gewölben gearbeitet. Den
Westturm flankieren zwei Kapellen. Die nördliche baute 1484 Johann von Hürden,
die südliche 1487 Willem Backerweerd aus Utrecht. Nach 1487 wurde der das südliche
Schiff schließende Liebfrauenchor um 11 m hinausgeschoben und polygonal geschlossen
(Weihe 1493). Die nördliche Chorkapelle, die als Sakristei gedient hatte, wurde 1505/06
mit dem nördlichen Seitenschiff verbunden und die bisherige Trennungswand beseitigt
tigt, da man inzwischen auf der Südseite eine neue Sakristei gebaut hatte. Die Portale
der Seitenschiffe erhielten jeweils eine zweigeschossige Vorhalle. Den Weiterbau des
Westturmes 1495–1501 beriet der letzte Xantener Dombaumeister Johann von Langenberg. Dem Turm spielten Sturm, Blitzschlag und Brand übel mit. Im Laufe der
Jahrhunderte mußte er mehrfach erneuert werden.

Ausgesprochene Hallenkirchen sind am Niederrhein verhältnismäßig selten. St. Nikolai bietet eine Lösung, die sich neben westfälischen Anregungen und dem Typus der
Pseudobasilika eigenständig behauptet. Das Innere der Kirche beherrscht die lichte

KALKAR Rathaus

Weite der Halle aus drei gleichhohen Schiffen mit Netzgewölben über Rundpfeilern (Abb. 95). Die ursprüngliche farbige Ausmalung ist zu einem guten Teil wiederhergestellt worden. Die Malerei konzentriert sich vor allem auf die Gewölbescheitel und die Durchdringung der Rippen. Sie bevorzugt blütendurchwirktes Rankenwerk, doch fehlen figürliche Darstellungen nicht. So schweben Engel mit den Leidenswerkzeugen Christi um die achteckige Öffnung im Mittelschiffgewölbe. Unter dem Mittelschiffjoch vor dem Chor halten Engel die Wappen des Herzogs Adolf I. von Kleve († 1448) und die seiner Gemahlinnen, Agnes von der Pfalz und Maria von Burgund. Das ›Jüngste Gericht‹ (Abb. 102) an der Ostwand des nördlichen Seitenschiffes wurde zu Beginn des 20. Jh. in großen Teilen ergänzt. Gleichwohl ist es ein eindrucksvolles Zeugnis für den hohen Stand der Monumentalmalerei im Spätmittelalter. Das burgundische Wappen weist uns abermals auf die Beziehungen zwischen Kleve und den Niederlanden hin. Die künstlerischen Verbindungen zu den benachbarten Ländern, das Vorbild der flämischen und holländischen Kunst sind aber vor allem an den Schnitzaltären abzulesen.

Das Bildprogramm der Altäre wurde von den Stiftern vielfach vorgeschrieben. Für die Ausgestaltung bedienten sich die Künstler Kupferstichvorlagen. Die Schnitzaltäre wirken zum Teil wie in Skulptur übersetzte Landschaftsbilder. Bildhauer und Maler stimmten ihr Programm aufeinander ab. Dieses Zusammenwirken wird uns noch deutlicher, wenn wir uns erinnern, daß die Skulpturen teilweise bemalt waren. Im 19. Jh. bevorzugte man vielfach ungefaßte Altäre und laugte daher die Farben ab. So geschah es auch mit einigen Kalkarer Altären. In anderen Fällen hat ein nachträglich erneuerter Farbanstrich vergröbernd gewirkt. Es war ein Verdienst von Ernst Willemsen († 1971)[*], als erster auf die Qualität der ursprünglich farbigen Fassungen der niederrheinischen Skulptur hingewiesen zu haben. Ihm wird verdankt, daß die originalen Farben dort, wo es möglich war, wieder freigelegt worden sind.

Wenn es auch eine Kalkarer Bildhauerschule im eigentlichen Sinne nicht gegeben hat, so ist doch unbestreitbar, daß eine ansehnliche Zahl bedeutender Bildhauer in Kalkar

---

[*] Ernst Willemsen war Amtsrestaurator beim Landeskonservator Rheinland. Er unterwies zahlreiche Schüler in der Kunst des Restaurierens.

KALKAR ST. NIKOLAI

tätig war. Sie arbeiteten nicht nur in St. Nikolai, sondern auch für andere Kirchen. Der Reichtum an Schnitzaltären in der Stadtpfarrkirche wurde zwischen 1818 und 1826 dezimiert. Um Schäden der verfallenden Kirche zu beheben, war es notwendig, sich von zahlreichen Kunstwerken zu trennen; denn es fehlte an Geld. St. Nikolai besitzt heute sieben Schnitzaltäre, früher waren es mindestens fünfzehn. Das wachsende Interesse an der mittelalterlichen Kunst im Laufe des 19. Jh. weckte den Wunsch nach systematischer Wiederherstellung der Ausstattung. Mit dieser Aufgabe wurde die Werkstatt Ferdinand Langenberg in Goch betraut. Sie benügte sich nicht nur mit Restaurierungen, sondern lieferte auch virtuos gekonnte neugotische Ausstattungsstücke wie die Kreuzweg-stationen. Auch in unserem Jahrhundert waren Restaurierungsarbeiten notwendig. Gerade in den vergangenen Jahren ist viel für die Wiederherstellung des alten Glanzes geschehen. Während im Hochchor die ursprüngliche Anordnung von Hochaltar, Chor-gestühl und Sakramentshaus geblieben ist, wurden die übrigen Altäre neu angeordnet. Seit ihrer jüngsten Disposition sind sie so um den Zugang zum Hauptchor aufgestellt, daß sie eine in die Tiefe gestaffelte Bilderwand ergeben.

Die bedeutendsten Bildhauer in Kalkar waren Arnt von Zwolle, Ludwig Juppe, auch Meister Loedewig genannt, Heinrich Douvermann und Arnt van Tricht. Ihnen werden die wertvollsten Altäre verdankt. Diese Künstler bedienten sich der Hilfe von Mitarbeitern, Gehilfen und Lehrjungen. Einige der Gehilfen sind namentlich bekannt. Bei den Schnitzaltären lassen sich zuweilen deutlich die eigenhändige Arbeit des Künst-lers und die Mitarbeit der Gehilfen unterscheiden. Als Material diente in der Regel Eichenholz.

Meister Arnt von Zwolle war in Kalkar von 1476 bis 1484 tätig. Er ist vielleicht identisch mit dem seit 1460 in Kleve nachweisbaren Arnt Beeldesnider. Unverkennbar erhielt er entscheidende Anregungen von der Holz- und Steinskulptur in Utrecht. Vor allem aber beeindruckte ihn das Werk des Malers Rogier van der Weyden. Dessen expressiven Stil führte er am Niederrhein ein. Aus der Zeit um 1480 stammt seine *Goldene Muttergottes*. Die Standfigur ist nur 50 cm hoch. Beim oberflächlichen An-schauen der Kirche könnte man sie übersehen. Sie ist eine große Kostbarkeit; denn sie besitzt noch ihre vorzügliche alte Farbfassung. Maria hält dem Betrachter mit behutsam gesetzten Fingern ihr nacktes Kind entgegen. Zugleich rafft sie mit ihrer Linken Ober-gewand und Mantel. Lange Haarwellen rahmen das breitflächige, runde Gesicht. Die Bemalung steigert noch die Bildhauerkunst. So sind die Kleidersäume farbig abgesetzt und mit Punzen und aufgeklebten Knöpfen verziert.

Aus stilkritischen Gründen muß man den *St. Georgsaltar* – Mittelschiff, Chorbogen, Nordseite – ebenfalls Meister Arnt zuschreiben. Entstanden ist er 1480–84. Seine ur-sprüngliche Fassung ist noch weitgehend erhalten. Wie aus der nachträglichen Inschrift hervorgeht, war Peter Giesen († 1493), Schöffe und Bürgermeister von Kalkar, der Stifter des Altars. Wie auf einem großen Welttheater rollen die Ereignisse der Georgs-legende vor einer Panoramalandschaft ab. Der stärkste Akzent liegt auf der Mittel-achse. Sie zeigt den Kampf des Heiligen, der auf seinem Schimmel reitet, mit dem Drachen. (Diese Szene findet übrigens eine Wiederholung in der Gruppe des Georg-

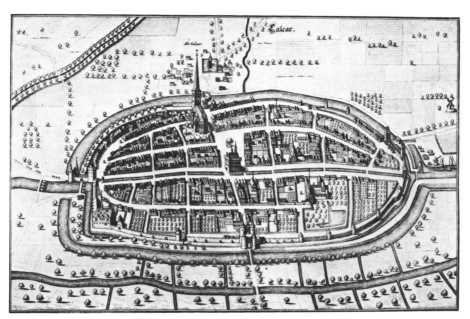

Kalkar. Kupferstich aus Matthäus Merians ›Topographia Westphaliae‹. 1648. Städt. Museum, Kalkar

kampfes – Abb. 97 –, die frei am Rundpfeiler vor dem Georgsaltar angebracht ist. Ihr Schöpfer stammt aus dem Umkreis des Ludwig Juppe. Ursprünglich stand sie in der Gasthauskirche.) Die beiden Predellen sind nicht zugehörig. Die obere zeigt in einem Schnitzwerk die Beweinung Christi, das Martyrium des hl. Erasmus und die Gregorsmesse; die untere die Brustbilder des Salvators und sechs Heiliger. Sie wird dem Weseler Maler Derick Baegert zugeschrieben. Auf den Flügeln des Georgsaltars sieht man Szenen aus der Ursulalegende, den Abschied der Heiligen von ihren Eltern und ihr Martyrium in Köln, im Hintergrund die Stadt Köln mit Chor und Südturm des Domes.

Der *Grabeschristus* südlicher Nebenchor – ist durch die erhaltene Rechnung als Werk Arnts gesichert. 1487 reiste nach Ausweis des Dokumentes ein Mitglied der Liebfrauenbruderschaft nach Zwolle, um mit dem Künstler, der inzwischen dorthin übergesiedelt war, die Verhandlung über das Werk abzuschließen. Realistisch gibt hier Meister Arnt die Merkmale des Todes wieder. Der Leib ist eingesunken, die Adern treten hervor, der Mund ist halb geöffnet, die Augen gebrochen. Die Wundmale sind mitleiderregend. Meister Arnt gelang ein erschütterndes Mahnmal.

Auch für den ungefaßt gebliebenen *Hochaltar* läßt sich aufgrund der erhaltenen Rechnungen die Urheberschaft Meister Arnts nachweisen. 1491 hat man den in Kalkar

211

KALKAR ST. NIKOLAI

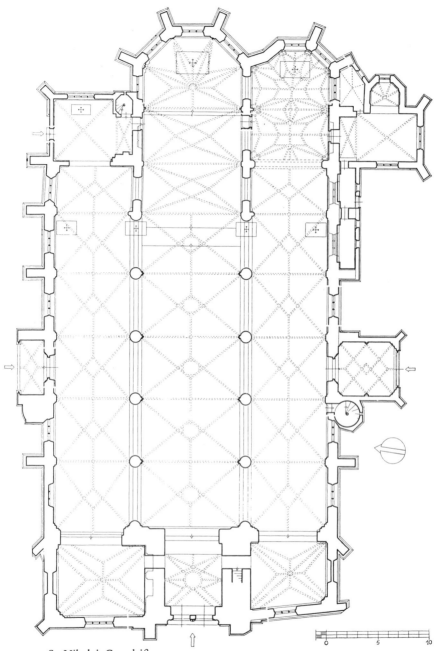

KALKAR St. Nikolai. Grundriß

gefertigten leeren Schrein aufgestellt. Nach dem Tode des Meisters 1492 wurden die unvollendeten Reliefs von Zwolle nach Kalkar gebracht. Außer dem Gesamtplan gehen auf Meister Arnt selbst die zentrale Gruppe des Kalvarienbergs und die Predella mit der Szene der Fußwaschung zurück. Charakteristisch für den Künstler sind hier vor allem der knitterige Faltenwurf des Christusgewandes sowie die Lebhaftigkeit der Gebärden. Am Boden kniet Christus und will dem vor ihm sitzenden Petrus die Füße waschen. Dieser ist darüber erschrocken und hebt abwehrend die Hände. Um den Tisch haben sich die diskutierenden Apostel versammelt.

Nach dem Tod Meister Arnts wurden Verhandlungen mit anderen Bildhauern geführt, den Altar zu vollenden. Sie scheiterten zunächst. Schließlich wandte sich der Stifter – die Liebfrauenbruderschaft – an Jan van Halderen, einen Gehilfen des verstorbenen Meisters Arnt, und bestellte 1498 zwei Probestücke. Halderen schuf die beiden noch fehlenden Szenen der Predella: Einzug in Jerusalem und Abendmahl. Doch ging der Auftrag zur Vollendung des Altars nicht an diesen Künstler. Man gewann Ludwig Juppe, der aus Marburg stammte und dort bereits als Bildhauer tätig gewesen war. Ein Jahrzehnt, von 1498 bis 1508, sollte er nun in Kalkar wirken.

Der Schrein ist wie ein Passionsspiel aufgebaut. Die Mittelachse reicht durch vier Zonen. Sie hat den Kreuzestod zum Gegenstand. Ihr zur Linken sind der Garten Gethsemane und die Kreuztragung, ihr zur Rechten die Kreuzabnahme und die Grablegung dargestellt.

Bei den Flügeln des Hochaltars müssen unterschieden werden die Feiertags- und die Sonntagsseite. Die Feiertagsseite zeigt bei geöffneten Flügeln den geschnitzten Kalvarienberg. Auf der Sonntagsseite sind die Flügel einmal geschlossen, so daß der Kalvarienberg verdeckt ist. Jan Joest, der aus Wesel stammende Maler, hatte somit ein doppeltes Programm zu bewältigen. Der Kreuzesszene im oberen Teil des Altars entsprechen die typologischen Vorbilder: Links: Opferung Isaaks, rechts: Die eherne Schlange. Der Szene der Kreuztragung zugeordnet sind die Tafeln: Verrat des Judas, Dornenkrönung, Geißelung, Ecce Homo. Der Szene der Grablegung entsprechen die Tafeln: Auferstehung, Himmelfahrt, Pfingsten und Marientod. Die Außenflügel zeigen Beginn und Vollendung des Lebens Christi, oben: Die Verkündigung an Maria und Bethlehem, darunter eine Zone mit Kindheitsgeschichte, bestehend aus vier Bildern: Beschneidung, Verehrung durch die Weisen aus dem Morgenland, Darstellung im Tempel, der zwölfjährige Jesus unter den Schriftgelehrten. Die untere Bildzone in vier Tafeln zeigt den Anfang des öffentlichen Wirkens – die Taufe im Jordan –, und das Ende – den Ostermorgen –, sowie Jesus als den Lebensspender in der Szene der Samariterin am Brunnen (Ft. 28) und in der abschließenden Szene der Auferweckung des Lazarus. Auch diese Szenen sind typologisch aufeinander bezogen. Das wird besonders deutlich in der Tafel der Darstellung im Tempel. Maria trägt das Jesuskind dem greisen Simeon entgegen vor einen Altar, auf dessen Retabel der Sündenfall dargestellt ist. Die Geburt Christi hat Jan Joest mit dem Beleuchtungszauber einer Nachtszene gestaltet. Er mag sich dabei durch Bilder des aus Leiden stammenden Geertgen tot Sint Jans inspiriert worden sein. Die Erweckung des Lazarus ist auf den Marktplatz vor dem

213

KALKAR ST. NIKOLAI

Kalkarer Rathaus verlegt (Abb. 101). Die Szene der Begegnung Jesu mit der Samariterin spielt in einer niederrheinischen Landschaft. Die Stärke des Jan Joest liegt in der Schilderung der realistischen Details. Sinnfällig vermag er die Bürgertypen darzustellen, liebevoll gibt er die Kostbarkeit der Gewänder wieder.

Am südlichen Chorpfeiler steht der ursprünglich wohl gefaßte *Altar des Marienlebens*, den Ludwig Juppe am Ende seiner Tätigkeit in Kalkar schuf. Gestiftet wurde er vom Gasthaus- und Armenprovisor Johan Koppers und seiner Frau Mechtild. Der Schrein ist dreiachsig mit ausgezogener Mitte. Zehn Folgen aus dem Leben Mariens sind in ihm dargestellt. Beherrschend ist die Mittelachse. Ihre oberste Szene im Schreinauszug mußte der Aufnahme Mariens in den Himmel reserviert werden. Dadurch ist die Chronologie der übrigen Bildfolgen unterbrochen worden. Sinngemäß muß nämlich unter der Aufnahme in den Himmel der Marientod dargestellt werden. Ihr zuliebe wurde die Szene der Mariengeburt geopfert. Der Marientod wird jetzt etwas sinnverwirrend flankiert durch die Vorgeschichte zur Linken, die Joachim und Anna zum Gegenstand hat – eine Zusammenfassung von drei Einzelszenen (Joachim bei seiner Herde im Hintergrund, Joachim vom Hohen Priester zurückgewiesen, Joachim und Anna an der Goldenen Pforte). Auf der Rechten der Tempelgang der Jungfrau Maria. Die mittlere Zone zeigt links die Vermählung von Maria und Josef, in der Mitte Verkündigung und Heimsuchung, rechts die Geburt. In der untersten Zone sind wieder drei Szenen dargestellt, links die Beschneidung, in der Mitte die Anbetung der Könige und rechts die Darstellung im Tempel.

Dieser wenig befriedigende Gesamtaufbau läßt sich am ehesten durch eine Änderung des ursprünglichen Programms erklären. Darauf deuten auch die Szenen der Predella hin, die dem Leben des Evangelisten Johannes entnommen sind. Die Altarflügel gehörten ursprünglich zu dem verlorenen Altar des hl. Sebastian. Auf ihren Innenseiten ist die Legende des Heiligen geschildert. Auf den Außenseiten sind die sog. vier Marschälle der Kölner Kirche dargestellt, Antonius und Hubertus, Quirinus und Cornelius.

Im Polygon des südlichen Chores steht eines der berühmtesten Werke von St. Nikolai, der *Altar der ›Sieben Schmerzen Mariens‹*, ein Hauptwerk des Heinrich Douvermann aus Dinslaken. Douvermann war Schüler des Klever Bildhauers Dries Holthuys. Doch nahm er auch Anregungen der Antwerpener Skulptur auf. Als Mensch war er nicht ohne Fehl. Wiederholt kam es zu Zwistigkeiten mit seinen Auftraggebern, die ihn wegen seiner Säumigkeit bedrängten. 1516 siedelte er nach Kalkar über. Am Margaretentag des gleichen Jahres mußte er sich vor dem dortigen Sendgericht verantworten, weil er seine Schwägerin geschwängert hatte. Vielleicht hat aber gerade das Leiden an seiner ungestümen Natur ihn besonders empfindsam gemacht für die künstlerische Gestaltung menschlicher Gefühle. Der Tiefe der Auffassung entspricht die Virtuosität des technischen Vermögens. 1517 erhielt Heinrich Douvermann das Bürgerrecht in Kalkar, 1518–22 arbeitete er am Sieben-Schmerzen-Altar. Dieser verbindet die Szenen der Passion Christi mit denen des Marienlebens (Abb. 96). Die Bildfolgen sind um ein neugotisches Vesperbild gruppiert. (Die ursprüngliche Pietà befindet sich jetzt in der Pfarrkirche von Wissel.)

Zur feierlichen Frontalität des Gekreuzigten stehen die stark bewegten Körper der beiden Schächer im lebhaften Kontrast. Über dem Schächer zur Rechten Christi hält ein Engel die Seele des Toten, über dem Schächer zur Linken hockt ein Teufel mit der fratzenhaften Seele des Verdammten. Die farbige Fassung läßt die drei Kreuze des Kalvarienberges als optisches Zentrum wirken. Aus Gründen der Gesamtkomposition dürfte auch das Gegenstück zu der Kreuzesszene, das einstige Vesperbild, unten in der Mittelachse farbig gefaßt gewesen sein. Durch die Stellung der Kreuzigung wird auch die weitere Folge der ungefaßten Einzelszenen festgelegt. Sie beginnen rechts unten mit der Darstellung im Tempel, setzen sich links unten mit der Szene der Flucht nach Ägypten fort, führen von da nach oben mit dem zwölfjährigen Jesus im Tempel und der Kreuztragung. Rechts oben Kreuzabnahme und Grablegung. Die Szenen schließen sich also wie ein Ring um das Vesperbild. Sie werden durch das Rankenwerk, das aus der Wurzel Jesse in der Predella emporwächst (Abb. 94), zu einer Einheit zusammengefaßt. Douvermann liebte dramatisch expressive Szenen und scheute dabei auch vor der Karikierung nicht zurück. Doch neben den erregten Gesten, der dramatischen Steigerung finden sich auch Szenen der Ruhe, ein Zeichen dafür, daß der Meister seinen Gestalten auch einen meditierenden Ausdruck zu geben vermochte. Auf eine idealisierende Glätte verzichtete er allerdings. Unerschöpflich scheint die Phantasie des Künstlers gewesen zu sein. Sie inspirierte ihn zu immer neuen Einzelszenen. In der Flucht nach Ägypten, die in drei Zonen gestaffelt ist, sehen wir im Vordergrund Josef mit geschultertem Mantelsack, verfolgt von zwei Räubern, die sich aus dem Hinterhalt von rechts heranschleichen. In der Mitte steht eine Säule mit herunterstürzendem Götterbild. In der zweiten Zone neigt der heilige Baum von Heliopolis den Flüchtenden seine Krone zu, damit sie seine Früchte besser ernten können. Dahinter taucht abermals ein Räuber aus dem Dunkel auf. Der Legende nach soll ein Wegelagerer beim Anblick des Kindes von der Heiligen Familie abgelassen haben. Als der gute Schächer soll ihm am Kreuze vergeben worden sein. Hinter dem Wunderbaum geborgen, reitet die Muttergottes mit dem Jesuskind auf einem Esel. Ähnlich stark erzählend sind alle Szenen der Kindheitsgeschichte. In dem Sieben-Schmerzen-Altar hat Heinrich Douvermann seinen künstlerischen Höhepunkt erreicht.

Auch der *Dreifaltigkeitsaltar* wurde bis in die jüngste Zeit wiederholt Heinrich Douvermann zugesprochen. Doch ist er ebenso wie der Johannesaltar ein Werk des Arnt van Tricht. Er ist der letzte der großen für Kalkar tätigen Bildhauer. Seine Arbeiten weisen einen flämisch beeinflußten Renaissancestil auf. Der Dreifaltigkeitsaltar darf auf die Zeit 1535–40 datiert werden (südliches Seitenschiff Ostseite); der Johannesaltar im nördlichen Seitenschiff ist 1541–43 entstanden. Die Renaissanceornamente beider Altäre hatten Kupferstiche des Heinrich Aldegrever als Vorlage, die zwischen 1528 und 1532 entstanden sind. Trotz der Verwendung der Renaissanceornamente ist der Bildhauer im Grunde seines Wesens noch ein Vertreter der Spätgotik. Dort, wo er keine Renaissancevorlagen benutzen kann, kehrt er sich unbefangen dem Formenkanon der späten Gotik zu. Beide Altäre sind ungefaßt. Im Schrein des Dreifaltigkeitsaltars stehen in den drei Nischen die Skulpturen des hl. Petrus links, des hl. Paulus rechts, in

215

KALKAR ST. NIKOLAI

der Mitte Maria Magdalena (Abb. 99) in der Tracht eines wohlhabenden Bürgermäd-
chens. (In der St. Nikolaikirche gibt es noch eine zweite Magdalenenstatue. Sie stammt
aus der einstigen Dominikanerkirche und ist ebenso wie die Magdalena des Dreifaltigkeitsaltars in die reiche Tracht ihrer Zeit gekleidet. Sie gilt als ein Werk des Heinrich
Douvermann.) In der bekrönenden Ädikula der Mittelachse des Dreifaltigkeitsaltars
ist die Taufe Christi dargestellt. Überraschend ist dabei, daß Körperbau und Gestus
der Gestalt Christi an den Typus der Venus Pudica erinnert. Die Kenntnisse dieses
hellenistischen Bildtypus hat dem Künstler vermutlich der Auftraggeber Sibert van
Ryswick († 1540) vermittelt, Propst von Oldenzaal und Kanzler des Herzogtums
Kleve, ein humanistisch gebildeter Geistlicher. Am *Johannesaltar* schuf Arnt van Tricht
außer der Marienkrönung in der Ädikula nur das Ornament, dieses allerdings in höch-
ster Virtuosität. Die Statuen des bärtigen Johannes des Täufers und des jugendlichen
Evangelisten Johannes stammen von einem bedeutenden, bisher jedoch nicht identi-
fizierten Künstler. Dieser hat wahrscheinlich auch die Figuren der Evangelisten Matthäus und Lukas geschaffen, die sich heute an der Wand hinter dem Johannesaltar befinden. In der Mittelnische des Altares stand ursprünglich wohl eine Marienskulptur.
Inzwischen ist sie durch die Figur des hl. Bischofs Severus (um 1510) ersetzt. Die Predella des Johannesaltars besteht aus einer Folge verglaster Kästchen, den sogenannten
›Besloten Hofjes‹, einer spätmittelalterlichen Spezialität vor allem der Stadt Mechelen,
die auch sonst am Niederrhein geschätzt wurden. In die ›Besloten Hofjes‹ wurden Reliquien, Stoffblumenarrangements, aber auch kleine Bildwerke gestellt. In der Predella
dieses Altares sind es die Opferung Isaaks und die Jakobsleiter.

Um noch erhaltene Figuren verlorener Altäre, die sich durch eine besonders kostbare
farbige Fassung auszeichnen, wieder zur Geltung zu bringen, hat man den Jakobusaltar und den *Altar für Crispinus und Crispinianus* rekonstruiert. Jakobus d. Ä. ist
flankiert von den Hll. Petrus und Paulus. In ein Pilgergewand gekleidet, sitzt er auf
einem Thronsessel. Mit seiner Rechten faßt er Wanderstab und Buchbeutel. Seine Linke
ruht segnend auf dem Haupt einer ihm zur Seite knienden Pilgerin. Auf der rechten
Seite kniet ein Pilger. Vermutlich repräsentiert das Paar die Stifter des Altars, die Kalkarer Bürger Johann und Elisabeth Becker, die 1503 eine Vikarie am Jakobusaltar be-
gründeten. Um diese Zeit müssen die Skulpturen geschnitzt worden sein. Sie gehen aus
dem Werkstattkreis des Dries Holthuys hervor. Der hl. Crispin trägt den Hammer der
Schuhmacherzunft, deren Patron er gemeinsam mit dem hl. Crispinian ist. Zu dessen
Füßen steht ein Mühlstein, Zeichen seines Martyriums ebenso wie die Schwerter, die
beiden Heiligen beigegeben sind. Die beiden Skulpturen gingen anscheinend aus der
Hand des Kerstken von Ringenberg hervor. Nach ihrer modischen Tracht zu urteilen,

Johannes Bosboom, Im Nordchor von St. Nikolai zu Kalkar. 1850. Aquarell. Städt. Museum ▷
Haus Koekkoek, Kleve

KALKAR · HANSELAER

sind sie kaum vor 1515 entstanden. Die beiden Heiligen rahmten ursprünglich eine heute verlorene Muttergottesstatue. Um die originale farbige Fassung zu schützen, wurde der neue Schrein verglast.

Aus der Kalkarer Dominikanerkirche stammt der *Annenaltar* (um 1510) im nördlichen Seitenschiff (Abb. 100). Ungewöhnlich für den Niederrhein ist, daß der Schrein aus einer einzigen Bühne besteht. Vielleicht hat der Meister des Annenaltars auf fränkische Vorbilder zurückgegriffen. Auf spätgotischem Gestühl sitzen Maria und Anna, auf deren Schoß das Jesukind steht, gestützt von Großmutter und Mutter. In seiner Linken hält es ein Zweiglein mit Weintrauben. Seine Rechte streckt es dem hl. Josef entgegen, der ihm eine volle Traube anbietet. Neben Anna sind ihre drei Ehemänner dargestellt: Salomas, Kleophas und Joachim.

Der gleiche Künstler hat auch die Standfiguren der in Trauer versunkenen Muttergottes und des Johannes (Abb. 98) der *Triumphkreuzgruppe* geschaffen, die ursprünglich ebenfalls in der Kalkarer Dominikanerkirche stand. Sie kamen nach der Säkularisation zunächst nach Neerbosch bei Nimwegen. Heute sind sie mit dem Kruzifix der Triumphkreuzgruppe der Nikolaikirche vereint. Der Gekreuzigte erhebt sich nach der Deutung des hl. Paulus als neuer Adam über dem Skelett des alten Adam, das auf Schollengrund liegt. Schließlich stammt vom Meister des Annenaltars auch noch das ergreifende Standbild des Schmerzensmannes (um 1510) in der nördlichen Ecke des Chorpolygons.

1508 schloß der Weseler Bildhauer Heinrich Bernts seine Arbeit am Kalkarer *Chorgestühl* ab. Die Baldachinzone wurde anscheinend während des 17. Jh. erneuert. Das Programm der Skulpturen der Chorstuhlwangen bevorzugt volkstümliche Heilige. Da durften die beiden Vierergruppen der lateinischen Kirchenväter und der sogenannten himmlischen Marschälle Antonius Eremita, Hubertus, Quirinus und Cornelius nicht fehlen. Über Cornelius befindet sich das Wappen von Kalkar. Hinzu kommen Petrus und Maria, Nikolaus und Agnes als Patrone der Stadtpfarrkirche, Marienkrönung und Anna Selbdritt, die so häufig gewählten Themen des Spätmittelalters. Auf den Wangen der die vorderen Gestühlsreihen teilenden Durchgänge, ist dem unter dem Kreuz zusammenbrechenden Christus ein Engel mit einem kleinen und ein Teufel mit einem großen Tintenfaß gegenübergestellt. Sie notieren Andacht und Unaufmerksamkeit der Beter. Die Miserikordien boten willkommene Gelegenheit, Phantasie zu entfalten. Meerweiber, Kentauren und wilde Männer wechseln mit kirchlichen Symbolen wie dem Pelikan. Dazu kommen die Zeugnisse eines derben Humors, wie das den Dudelsack spielende Schwein.

Noch im Jahre 1508 begann Heinrich Bernts mit der Arbeit am *Marienleuchter*. Doch durfte er dieses Werk nicht mehr vollenden. 1509 starb er. Kerstken von Ringenberg führte die Arbeit zu Ende. Der Marienleuchter hängt heute in der Querachse der Kirche. Das Postament zeigt eine geschlossene Laterne mit sechs eisernen Lichtarmen. Die Laterne ist mit sechs Statuen geschmückt. Es stehen einander gegenüber der Apostel Matthäus und der Stammvater Jesse, dazwischen die Propheten Isaias, Jeremias, Zacharias und Micha, die das Erscheinen Christi vorherverkündet hatten. Aus dem

Jan de Beyer, Hanselaer. 1746. Zeichnung. Rijksbureau voor kunsthistorische Documentatie, Den Haag

Schoß Jesse entspringt die Wurzel, die sich im mandorla-artigen Rankenwerk fortsetzt, dessen Blüten sich für die zwölf Könige des alten Israel, die Vorfahren Christi, öffnen: zuoberst die Halbfigur Gottvaters mit der Taube des Heiligen Geistes, darunter zwei Engel, die mit einer Krone auf Maria herabschweben. Inmitten des Rankenkranzes das Doppelbild der auf dem Halbmond stehenden und von der Sonne umfangenen Muttergottes. An der Nordwestseite des Hochchors steht das um 1470 entstandene steinerne *Sakramentshaus*. Es wird Willem Backerweerd aus Utrecht zugeschrieben.

Vom einstmals reichen *Kirchenschatz* blieben einige bemerkenswerte Stücke erhalten, darunter die große Silbermonstranz, die der Bürgermeister Cornelius Jacob Bam, genannt Brouwer († 1592), für die Oudekerk in Amsterdam 1549 stiftete und später in sein Exil nach Kalkar mitnahm. Das Epitaph des Verbannten, gestaltet von Pieter Pietersz, befindet sich beim nördlichen Eingang von St. Nikolai. Bemerkenswert ist auch das Vortragekreuz aus dem 14. Jh. mit einer Kreuzpartikel im Kristallgefäß der Vierung sowie zwei Meßgewänder aus der Zeit um 1530. Der Herbst des Mittelalters hat seinen Glanz wahrhaft über St. Nikolai in Kalkar ausgebreitet.

Nach der Besichtigung von St. Nikolai sollte man nicht versäumen, der Kirche in HANSELAER einen Besuch abzustatten (Schlüssel beim Pfarrer von St. Nikolai!). Seit der jüngsten Verwaltungsreform ist die aus einer kleinen Gruppe von Bauernhöfen beste-

HANSELAER · WISSEL

hende Ortschaft westlich der Stadt Kalkar eingemeindet worden. Noch immer gleicht der Anblick der dem Eremiten Antonius geweihten Kirche im wesentlichen dem, den Jan de Beyer hatte, als er die Kirche am 24. Mai 1746 zeichnete. Dem Besucher bietet sich ein idyllisches Bild. Glücklicherweise steht auch noch das alte Küsterhaus, unentbehrlich für die Erfahrung der Proportionen der Kirche. Der jetzige Bau stammt aus dem 14./15. Jh. Vom Vorgängerbau, einer romanischen Saalkirche, sind noch Teile im Schiff erhalten. Der mächtige mit einer Schieferpyramide gekrönte Westturm ist bis auf die Klangarkaden und das nachträglich angefügte Treppentürmchen an der Nordseite ungegliedert. Die Turmhalle öffnet sich zum Langhaus in einen großen Spitzbogen. Ebenso ist der Chor, der einen Fünfachtelschluß besitzt, durch einen Triumphbogen mit dem Langhaus verbunden. Dieses ist einschiffig. Ursprünglich war es flach gedeckt, erhielt aber 1444 – das Datum ist auf der Inschrift am westlichen Gurtbogen vermerkt – ein Kreuzrippengewölbe. Die Gewölbemalerei unterstreicht die architektonische Gliederung. In dem Gewölbescheitel besteht sie aus distelartigem Rankenwerk. Hinzu kommen halbfigurige Heilige, im zweiten Joch von Osten die Muttergottes mit noch nicht gedeutetem Wappen, im dritten der Schutzheilige der Kirche, der hl. Antonius Eremita mit dem Wappen der Stadt Kalkar, im vierten die hl. Agatha. Im Chorgewölbe steigert sich die Farbigkeit.

Überraschend ist die reiche Ausstattung der kleinen Dorfkirche. Der Altarschrein auf dem Hochaltar ist virtuos geschnitzt. Er entstand um 1530 im Umkreis des Arnt van Tricht. Über dem Altarauszug mit einer Marienkrönung erhebt sich der Gekreuzigte zwischen Maria und Johannes. In den drei Nischen des Altarschreines stehen in der Mitte Maria, die in ihrem Arm das segnende Jesukind hält, links die hl. Katharina, rechts die hl. Barbara, beide als reiche Bürgerfrauen gekleidet. Der Faltenwurf des Gewandes der hl. Barbara ist besonders elegant. Motivisch ist die Statue mit der hl. Maria Magdalena des Dreifaltigkeitsaltars in Kalkar verwandt, jedoch wohl etwas früher entstanden. Auf der Kerzenbank unter dem Altarschrein stehen die ursprünglich wohl nicht zugehörigen Figuren der Hll. Agnes und Margareta, ebenfalls modisch gekleidet. Kostümgeschichtlich bemerkenswert sind die Kugeln an den herabhängenden Zipfeln des Gürtels der hl. Agnes. Sie ahmen Metallkugeln nach. Die bemalten Altarflügel entstammen dem Barock.

Während der Hochaltar noch keine Stilelemente der Renaissance erkennen läßt, mischen sich spätgotische Formen mit solchen der Renaissance, vor allem in den Baldachinornamenten des nördlichen Nebenaltars. Nur die weibliche Heilige in der Mittelnische ist ursprünglich. Sie ist zugleich mit dem Schrein um 1530 entstanden. Heute stehen in der Nische links der hl. Rochus, vielleicht ein Werk Ludwig Juppes oder seines Gehilfen Kerstken von Ringenberg, rechts der hl. Sebastian, aus dem Umkreis des Kerstken von Ringenberg. Die Architektur des Altars ist den Raumverhältnissen der Kirche angepaßt. Die Predella kragt daher nur einseitig aus. Angefertigt wurde sie um die Mitte des 17. Jh., die Figuren nachträglich eingefügt. In der Mittelnische eine Anna Selbdritt, um 1480, kölnisch, rechts die hl. Agnes, um 1470–80, aus dem Umkreis von Utrecht, links ein hl. Bischof, um 1540, Kalkar.

Deutscher Romantiker, Blick auf die Kirche von Wissel am Sonntagmorgen. 1839. Öl a. Holz. Privatbesitz

Ergreifend ist die Kreuzigungsgruppe auf dem Querbalkon des Triumphbogens, um 1510, ein Werk aus dem Umkreis des Dries Holthuys. Wie in St. Nikolai erhebt sich der Gekreuzigte als der neue Adam über dem Skelett des alten Adam, das auf Schollengrund liegt und von Schlangen umwunden wird. Von Schmerz erschüttert, wenden sich Maria und Johannes zur Seite. Die Figur des knienden Stifters ist dem alten Adam zugeordnet. Im Zeitalter des Barock entstanden der südliche Seitenaltar und die Kommunionbank.

In einer Dünenlandschaft von eigentümlichem Reiz liegt der Ort WISSEL. Dort errichteten die Grafen von Kleve ein Kollegiatstift. Urkundlich wird es 1167 erstmals erwähnt. Die ehem. Stifts- und heutige Pfarrkirche St. Clemens ist um die Mitte des 12. Jh. erbaut worden (Abb. 106). Bis auf den gotischen Chor ist sie romanisch. Neben der Damenstiftskirche zu Elten ist sie das bedeutendste romanische Bauwerk des 12. Jh. am unteren Niederrhein. Als Baumaterial wurde Tuffstein gewählt. Die Kirche wurde

WISSEL · GRIETH · HAUS HORST · SCHLOSS MOYLAND

errichtet als dreischiffige Basilika des gebundenen Systems mit Dreijochtiefe, quadratischer Vierung, längsrechteckigem Querhaus, rechteckigen Flankentürmen neben dem Chorquadrat. Der Chor hat einen Fünfachtelschluß. Im Inneren sind Mittelschiff, Vierung und Querarme mit quadratischen Kreuzgewölben gedeckt. Die Gurtbogen setzen auf Vorlagen der kreuzförmigen Hauptpfeiler an. Die breiten Bandrippen der Gewölbe fußen auf entsprechend schräg gestellten, rechteckigen Vorlagen in den Winkeln der Pfeiler. Von der Ausstattung des 12. Jh. blieb in der Kirche der Taufstein erhalten. Er gehört dem sogenannten Bentheimer Typus an. Vier stilisierte Löwen tragen das Becken. Von dem bronzenen Löwenkopf als Türklopfer, der sich heute im Kramer Museum in Kempen befindet, besitzen die Portale der Wisseler Kirche Abgüsse. Das Vesperbild, um 1520, mit neugotischer Fassung, stammt wahrscheinlich vom Altar der ›Sieben-Schmerzen-Mariens‹ in St. Nikolai in Kalkar (s. S. 214). Die Kanonikerhäuser am rechteckigen Kirchplatz wurden 1621/22 großenteils zerstört. Zwei von ihnen haben sich im Doppelhaus westliche Ecke Südseite des Kirchplatzes erhalten. Am Ortsausgang der Straße nach Grieth befindet sich HAUS KEMNADE, ursprünglich eine Wasserburg auf der Wisseler Rheininsel (Abb. 107). In seinem Kern ist das heute noch bestehende Hauptgebäude um die Mitte des 16. Jh. errichtet, jedoch spätklassizistisch umgebaut. Der umgebende Graben ist an drei Seiten erhalten.

GRIETH ist ein reizvolles Fischerdorf am Rhein. Die spätgotische Pfarrkirche St. Peter und Paul ist eine dreischiffige Basilika aus Backstein mit einem dreigeschossigen Westturm. Die dreiteiligen Seitenschiffenster der Basilika haben ihr Vorbild in der Klever Stiftskirche. Die Kirche besitzt zwei Chöre. Bemerkenswert sind die Statuetten der Aposteln, aufgestellt in einem neugotischen Schrein, verwandt mit Figuren brabantischer Schnitzaltäre der Mitte des 15. Jh., aber doch wohl niederrheinisch.

In HAUS HORST bei Altkalkar hat sich ein Herrensitz aus der 2. Hälfte des 17. Jh. erhalten, der jedoch am Ende des 18. und 19. Jh. Umbauten erfuhr. Die Anlage besteht aus zwei nebeneinanderliegenden dreigeschossigen Häusern aus verputztem Backstein unter hohen Walmdächern. Ihnen schließt sich nach Nordwesten ein niederrheinisches Hallenhaus mit Stall an. SCHLOSS MOYLAND liegt heute 4 km von Kalkar in Richtung Kleve entfernt, abseits der großen Straße (Ft. 13; Abb. 103). Ursprünglich führte sie direkt auf das Schloß zu. Historisch berühmt wurde es durch die erste Begegnung Friedrichs des Großen mit Voltaire. Der Schloßbau des 15. Jh. war von dem Kölner Dombaumeister Ernst Friedrich Zwirner im Stil der Tudor-Gotik umgestaltet worden. Berühmt war Schloß Moyland auch wegen seiner Gemäldegalerie von Niederländern des 17. Jh. Am Ende des Zweiten Weltkrieges erlitt das Schloß schwere Zerstörungen, die Gemäldegalerie ging unter. Hoffnungen auf einen Wiederaufbau haben sich bisher nicht erfüllt. Doch ist das Schloß auch als Ruine imposant. Die gotische kath. Pfarrkirche St. Vincentius von TILL wurde im 19. Jh. durch Friedrich von Schmidt gründlich erneuert und neugotisch ausgestattet, wahrscheinlich die erste selbständige Leistung des in der Kölner Dombauhütte geschulten Steinmetzmeisters und späteren Schöpfers des Wiener Rathauses. Ein Selbstbildnis des Friedrich von Schmidt befindet sich unter der Konsole am ersten Arkadenpfeiler von Osten. Wegen ihrer neugotischen Ausgestaltung ist diese Kirche bemerkenswert. – So bietet die Umgegend von Kalkar nicht nur landschaftliche Reize, sondern auch kunsthistorisch lohnende Ziele, die den Besuch der Stadt glücklich abrunden können.

Kleve

Clive, d. h. Kliff, bezeichnet einen steil zum Altrhein abfallenden Hügel, der sich wegen seines Fernblicks zur Befestigung förmlich anbot. Diesem Hügel verdankt das Geschlecht der Grafen seinen Namen, das dort seit der Mitte des 11. Jh. herrschte. Der Siedlung, die sie im Schatten ihrer Burg gründeten, verliehen sie am 25. April 1242 Stadtrechte. Das Wahrzeichen Kleves ist noch heute die SCHWANENBURG (Abb. 112). Haben ihr auch die Unbilden der Zeit übel mitgespielt, so ist sie dennoch bis zum heutigen Tag eine der eindrucksvollsten Höhenburgen am Rhein geblieben. Der Name Schwanenburg stammt allerdings erst aus dem 19. Jh. In früheren Tagen sprach man nur von ›het Slot van Cleef‹ oder dem ›Hof van Cleef‹. Immerhin heißt der eine der beiden noch stehenden Türme bereits seit dem Mittelalter Schwanenturm. Diese Bezeichnung erinnert an die legendäre Herkunft des einstigen Grafenhauses. Aus Brabant war die Sage vom Schwanenritter als dem Ahnherrn des Hauses Kleve übernommen worden.

Urkunden zur älteren Baugeschichte sind nicht erhalten. Durch Grabungen ist aber ermittelt, daß die älteste Anlage im 11. bis 12. Jh. eine aus Basalt und Tuff errichtete Ringmauer umfaßte. Sie paßte sich der Hügelkuppe so an, daß sie an der Ostseite parallel zum Altrhein in gerader Linie von Norden nach Süden verlief, nach Westen aber halbkreisförmig ausbog. Von der späteren Oberstadt im Südwesten trennte sie ein künstlicher tiefer Halsgraben. Alle späteren Umbauten gehen von diesem ältesten Mauerring aus. In staufischer Zeit besaß die Burg ein prachtvolles Portal. In der Nationalgalerie Berlin (West) hängt das Bild des Kölner Malers Egidius Mengelberg (1770–1849) ›In der Schwanenburg zu Kleve‹. Es unterrichtet uns über das Aussehen der staufischen Prachtpforte. Heute sind nur noch Bruchstücke vorhanden, aber sie sind eindrucksvoll genug. Sie zeugen von dem Einfallsreichtum und der Phantasie der Bildhauer. Das Rankenwerk des staufischen Ornaments umschließt Szenen handwerklicher Tätigkeit und Fabelwesen (Abb. 108). Die Fragmente sind zu zwei Türfassungen in der östlichen und nordwestlichen Galerie im Innenhof zusammengefaßt (Abb. 109).

Unter Herzog Adolf I. (1394–1448), dem Gemahl der Maria von Burgund, Tochter Herzogs Johann ohne Furcht, erfolgte der großzügige spätgotische Umbau der Burg. Der 1439 eingestürzte Bergfried wurde durch den SCHWANENTURM ersetzt. Daran erinnert die Gründungsinschrift über dem Portal. 1453 wurde der Turm durch einen von Meister Arnt geschaffenen Schwan gekrönt. Bei stürmischem Wind bewirkten die Öff-

KLEVE SCHWANENBURG

P. J. van Liender, Burg zu Kleve vom Wassertor aus gesehen. 1752. Zeichnung. Städt. Museum Haus Koekkoek, Kleve

nungen in den Flügeln, daß ein Heulton erklang. Beim Luftangriff des 7. Oktober 1944 stieß ein Bomber gegen den Schwanenturm und riß ihn bis zum Wehrgang nieder. 1953 wieder aufgebaut, ziert den Turm abermals ein Schwan, der allerdings stumm bleibt. Der Schwan als Wahrzeichen der Burg befindet sich übrigens auch auf dem Brunnen im Burghof. In den unteren Geschossen des Schwanenturms wurde von der Geologischen Arbeitsgemeinschaft des Klevischen Heimat- und Verkehrsvereins eine Geologische Sammlung eingerichtet. Gegenstück des Schwanenturms war der Johannisturm, der 1785 abgebrochen wurde. Stehengeblieben ist hingegen der SPIEGELTURM. Dieser wurde 1429 auf der Ringmauer über einem älteren Turm errichtet und nahm die Kanzlei der Klevischen Herzöge auf.

Der Renaissance genügte die bisherige Burg nicht mehr. Herzog Wilhelm der Reiche ließ sie daher durch die Baumeisterfamilie Pasqualini schloßartig umbauen. Von dem Renaissancebau ist heute nur noch wenig vorhanden.

Schon unter Wilhelm dem Reichen hatte Kleve an Bedeutung eingebüßt. Zwar blieb es Residenzstadt, jedoch neben dem mehr im Zentrum der vereinigten Herzogtümer gelegenen Düsseldorf. Eine neue Glanzzeit kam unter dem Statthalter Johann Moritz

Abraham de Vervier, Kanzlei und Galerie vom Mühlendamm. Kleve, vor 1650. Feder und Pinsel mit Wasserfarben. Stiftung Preuß. Kulturbesitz, Berlin

von Nassau. Er ließ die Burg von dem niederländischen Architekten Pieter Post im Sinne des Barock umgestalten. Zu diesem Umbau gehören die offene Arkade im Burghof und der Torbogen der Durchfahrt aus unverputztem Backstein. Er zeigt im Scheitel einen bärtigen Männerkopf, dem eine schwere, an den Ecken sich aufrollende Kartusche aufliegt. Auf dem Gebälk ist die Jahreszahl 1664 zu erkennen.

Auf der künstlich geschaffenen Senke zwischen Stiftskirche und Schwanenburg erbaute Meister Derick den MARSTALL, einen zweigeschossigen Bau, der an seinen beiden Schmalseiten abgetreppte und geschweifte Giebel besitzt. Einst fanden bis zu 200 Pferde darin Platz. Heute dient das Gebäude der Stadtbücherei.

Auf dem Platz zwischen Marstall und Schwanenburg steht seit 1974 das REITERDENKMAL ZU EHREN DES GROSSEN KURFÜRSTEN, 1909 zur Erinnerung an den 300. Jahrestag der Brandenburgischen Herrschaft in Kleve errichtet. Ursprünglich war es auf dem Kleinen Markt aufgestellt. Ein Luftangriff am 7. Oktober 1944 hat das Denkmal wie so vieles andere zerstört, das Reiterstandbild selbst blieb fast unbeschädigt. Es dauerte Jahrzehnte, bis man sich über die Wiederherstellung des Denkmals und seinen neuen Stand einigen konnte.

KLEVE MARIÄ HIMMELFAHRT

Als Grablege der Herzöge von Kleve dient die Propsteikirche MARIÄ HIMMELFAHRT. Sie erhebt sich über den Resten eines oder mehrerer Vorgängerbauten. 1341 wurde das auf dem Monterberg bei Kalkar gegründete Kollegiatstift von Graf Dietrich VIII. hierher verlegt und der Neubau der gotischen Stiftskirche begonnen. Den Chor weihte am 14. September 1356 der Kölner Erzbischof Wilhelm von Gennep. Bis zur Vollendung der Kirche dauerte es lange. 1394 waren Langhaus und Nordturm fertiggestellt, aber erst 1425/26 konnten die Arbeiten am Südturm und am Dach des Langhauses abgeschlossen werden. Ebensowenig wie in Xanten kennen wir in Kleve den Namen des ersten Baumeisters, dem der Plan der gotischen Kirche verdankt wird. Meister Konrad, der am Langhaus beteiligt war, kommt vermutlich aus Koblenz. 1358 wird er als Baumeister der Stiftskirche genannt. Als 1794 die französischen Revolutionstruppen Kleve besetzten, diente die Stiftskirche zeitweilig als Heu- und Strohmagazin. Die Gräber wurden aufgebrochen, die Ausstattung nahm Schaden. Das Stift wurde 1802 durch die Säkularisation aufgehoben. Die verhältnismäßig arme Pfarrei konnte in den ersten Jahrzehnten des 19. Jh. wenig für die Wiederherstellung tun. In der zweiten Jahrhunderthälfte erfolgte eine gründliche Restaurierung. Der verhängnisvolle Luftangriff im Oktober 1944 hat die Kirche weitgehend zerstört. Das Äußere war 1967 wiederhergestellt, die Neugestaltung des Inneren 1974 im wesentlichen abgeschlossen.

Die Propsteikirche ist eine dreischiffige Pseudobasilika mit fensterlosen, nur durch Blenden gegliederten Obergaden im Mittelschiff. Das Langhaus besitzt acht Joche. Der Grundriß von Hauptchor und Nebenchören hat sein Vorbild im Xantener Dom, freilich vereinfacht, indem die Brechung des Chorhauptes von fünf Zehnteln auf fünf Achtel und die Zahl der diagonal gestellten kapellenartigen Nebenchöre von vier auf zwei vermindert wurde.

Besonders schön ist die an der Nordseite der Kirche gelegene VORHALLE, früher auch Kramhalle genannt. Sie besitzt einen reichen Hausteindekor, wahrscheinlich aus dem

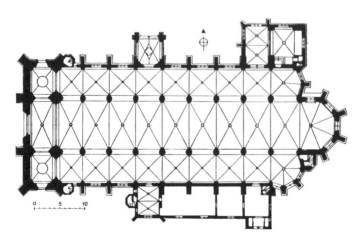

KLEVE
Propsteikirche
Mariä Himmelfahrt.
Grundriß

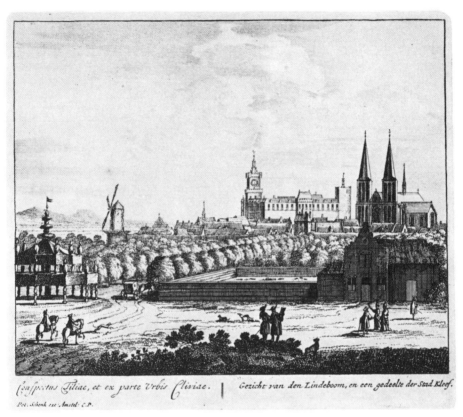

Conspectus Tiliae, et ex parte Urbis Cliviae. | *Gezicht van den Lindeboom, en een gedeelte der Stad Kleef.*
Pet. Schenk exc. Amstel. C.P.

Jan van Call, Blick auf Kleve. Stich, um 1685

15. Jh. Nach ihrer Restaurierung 1974 wurde die Vorhalle als Gedenkstätte für die Opfer des Dritten Reiches geweiht. Ein Grabstein vom jüdischen Friedhof wurde in die Wand eingelassen.

Das INNERE der Kirche ist von großartiger Raumwirkung. Pfeiler aus Trachyt tragen die Bögen und die Last der Gewölbe. Der Doppelfunktion der Kirche für den Stifts- und den Pfarrgottesdienst entspricht das Bildprogramm der Schlußsteine, im Chorpolygon Christus als Weltenrichter, daran anschließend Petrus, Paulus und Johannes, über der Stelle des ehem. Pfarraltars und des abgebrochenen Lettners der Gnadenstuhl. Nach Westen folgen die übrigen Apostel, in den Seitenschiffen Maria und Heilige.

Der Propsteikirche kommt nicht zuletzt eine große Bedeutung als Grablege klevischer Grafen und Herzöge zu. Als GRABKAPELLE dienen heute die Sakristei und die daran anschließende Michaelskapelle. Hierher überführte man auch die Tumba des Gra-

KLEVE MARIÄ HIMMELFAHRT · ST. MARIÄ EMPFÄNGNIS

fen Arnold von Kleve (1117–42) und seiner Gemahlin Ida von Brabant, den Stiftern des Prämonstratenserklosters Bedburg. Die beiden Liegefiguren stehen stilistisch den Hll. Viktor und Helena des Xantener Domchors so nahe, daß sie vielleicht aus der gleichen Werkstatt stammen. Sie sind um 1330 entstanden. Die Gesichtszüge zeigen eine idealisierende Typisierung, Porträtähnlichkeit wurde nicht angestrebt. Hingegen sind die individuellen Züge wie die modischen Details der Gewandung bei den Liegefiguren des Grafen Adolf I. von Kleve-Mark (1368–1394) und seiner Gemahlin Margareta von Berg († 1425) wiedergegeben (Abb. 104). Mit dem Grabmal wollte Herzog Adolf I. († 1448) seinen Vater als den Begründer der jüngeren Linie von Kleve-Mark ehren. Herzog Adolf I. war mit Burgund eng verbunden, ein Bündnis, das die Ehe mit Maria von Burgund noch bekräftigte. So überrascht es nicht, daß das von ihm gestiftete Grabmal der burgundischen Kunst verpflichtet ist. Der Realismus in den porträthaften Zügen des Grafenpaares hat seine Parallele im Grabmal des Herzogs Johann ohne Furcht in Dijon. Dort wurde freilich für die Tumba schwarzer und weißer Marmor verwendet. In Kleve mußte man sich mit Sandstein begnügen. Dieser war nach Ausweis der erhaltenen Spuren – besonders an den Wappen in den Zwickeln – farbig gefaßt. Anstelle der anonymen Pleurants der burgundischen Kunst traten in Kleve die Statuetten der fürbittenden Kinder des gräflichen Paares. Herzog Adolf I. und seine Gemahlin Maria von Burgund wählten als Grablege das nach ihrer Standeserhöhung 1417 von ihnen gegründete Kartäuserkloster auf der Grafeninsel bei Wesel. Ihr Sohn, Johann I. († 1481), und dessen Gemahlin, Elisabeth von Burgund-Etampes († 1483), fanden ihr Grab wieder in der Stiftskirche. In die Tumba aus Schiefer wurden gravierte Kupferplatten eingelassen. Angefertigt wurden sie von Willem Loeman aus Uerdingen (Werkstatt in Köln, † 1512). Reizvoll ist der Gegensatz zwischen dem schwärzlichen Schiefer und den vergoldeten, farbig eingelegten Metallplatten. Die Grafen und der Herzog stehen jeweils auf ihrem Wappentier, dem klevischen Schwan, ihre Gemahlinnen auf der Tierfigur des Hundes bzw. Margareta von Berg auf dem Bergischen Löwen. Auch die klevische Lilienhaspel fehlt nicht. Die Seitenplatten des herzoglichen Grabes waren den Ahnenwappen vorbehalten.

Von den Schnitzaltären konnten zwei restauriert werden: der Marien- und der Passionsaltar. Der *Marienaltar* (1510–15) wird als ein Frühwerk des Heinrich Douvermann – unter Mitarbeit von Jakob Derick – angesehen. Über der niedrigen, in der Mitte rechteckig überhöhten Predella erhebt sich der dreiteilige Altarschrein, in seiner Mittelnische die thronende Gottesmutter (Ft. 35), im Altarauszug die Aufnahme Mariens in den Himmel. Engel tragen die Muttergottes empor, während sich die Apostel um das leere Grab scharen. Gekrönt wird der Altar durch die Dreifaltigkeit. In den Seitennischen links die Anbetung der Hirten, rechts die Anbetung der Heiligen Drei Könige. In der Predella sitzt in einem Zelt der schlafende Jesse. Aus seinem Thronsitz wachsen die Zweige der Wurzel Jesse, die als Rankenwerk auch den Altar umrahmen; in den Ranken auf beiden Seiten die Könige Israels. Im rechten Seitenschiff steht der *Kreuzaltar*. Entstanden ist er um die Mitte des 16. Jh. in Antwerpen. Auch dieser Altar war schwer beschädigt. So mußte die Predella gänzlich erneuert werden.

KLEVE Ansicht der heute zerstörten Großen Evangelischen Kirche. 1695. Stich von Gerard Valk nach Abraham Begeyn

Von den Flügelgemälden (19. Jh.) sind nur Fragmente erhalten. Reizvoll ist der Altar durch seine architektonische Gliederung, die eine Fülle manieristischer Formelemente enthält. Auch hier findet sich in der Predella das Motiv der Wurzel Jesse. In der Mitte des Altars steht der Kalvarienberg. Hingewiesen sei auf den *Kruzifixus* (um 1720), der Gabriel de Grupello zugeschrieben wird, und auf ein schönes Vesperbild aus der Werkstatt des Dries Holthuys.

In der Kavarinerstraße steht die Kirche ST. MARIÄ EMPFÄNGNIS (ehem. Minoritenkirche). Da die Stiftskirche im Hochmittelalter außerhalb der Stadt lag, diente sie der Seelsorge der Stadt. Graf Dietrich VII. von Kleve berief dazu 1283 aus Lübeck Franziskaner. Zugleich schenkte er ihnen einen Bauplatz neben der Kirche zur Errichtung eines Klosters. Von dem Kirchenbau des 13. Jh. ist nichts mehr erhalten. Die bestehende turmlose, zweischiffige Hallenkirche, deren Nordschiff in den weit vortretenden Langchor übergeht, während das schmalere Südschiff gerade schließt, ist zwischen 1425 und

KLEVE ST. MARIÄ EMPFÄNGNIS

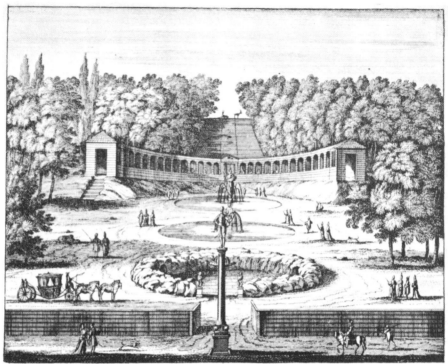

Villa Electoralis cum fontibus et monte amoenissimo in Leporario extra urbem Cliviam. | Keurvorstelyke Springenberg en Lustplaats in den Diergaarde ziende op den Elterenberg buiten Kleef.

Jan van Call, Das Amphitheater in Kleve von unten gesehen. Kupferstich, um 1685

1445 errichtet worden. Nach der Aufhebung des Klosters in der Säkularisation 1802 erlitt die Kirche erhebliche Einbußen an ihrer Ausstattung. Trotz dieser Verluste und starker Beschädigung im Zweiten Weltkrieg besitzt sie immer noch eine Reihe bedeutender Kunstwerke.

Das 1474 in Eichenholz geschaffene *Chorgestühl* gehört mit dem Hochaltar von St. Nikolai in Kalkar zu den wertvollsten Werken der Bildhauerkunst am Niederrhein im Spätmittelalter. Zwar ist es heute gegenüber dem ursprünglichen Zustand verkürzt. Doch immer noch ist seine Ausstattung überreich. So besitzt es allein zwölf Standbilder (Ft. 27), dazu kommen die figürlichen Miserikordien und Handstützen. Hier konnte der Künstler seine Fabulierlust frei entfalten. Da finden sich Raufende, Akrobaten, Fabelwesen; ein lesender Fuchs mit Kapuze, ein purzelbaumschlagender Mann, ein rosenkranzbetender Esel. Auch Landsknechte und Musikanten fehlen nicht. Es ist

Jan van Call, Das Amphitheater in Kleve von oben. Kupferstich, um 1685. Rijksprentenkabinet, Amsterdam

unmöglich, sie alle aufzuzählen. Wer war der Künstler? Meister Arnt Beeldesnider, der dieses Chorgestühl geschaffen hat, ist vielleicht mit dem Kalkarer Arnt van Zwolle identisch. Seine künstlerischen Anregungen empfing er jedenfalls von der Utrechter Steinskulptur und den Gemälden des Rogier van der Weyden.

Eine vorzügliche Schnitzarbeit ist die *Barockkanzel* des Nikolaus Alberts von 1698. Der Kanzelkorb läuft in einen mächtigen von Akanthusblättern umgebenen Granatapfel aus. Auf der Kanzelwand sind die Wundmale Christi dargestellt, von Putten flankiert. Köstlich sind die Blumenfriese des Gebälks. Die Ausstellung ›Kunstschätze aus dem Klevischen‹ 1974 erbrachte unter anderem die Erkenntnis, daß der *Kruzifixus* der ehem. Minoritenkirche und die Assistenzfiguren Maria und Johannes in der Propsteikirche ursprünglich zusammengehörten. Sie bildeten ein Triumphkreuz. Die drei Figuren sind Anfang des 16. Jh. am Niederrhein entstanden. Ihrem Stil nach stehen sie

KLEVE JOHANN MORITZ UND DIE GARTENANLAGEN

Werken von Dries Holthuys nahe. Aus dessen Werkstatt kommt auch die *Muttergottes mit Kind*, die ehemals wohl an einem freihängenden Marienleuchter befestigt war.

Einen unersetzlichen Verlust bedeutete der Untergang der Großen Evangelischen Kirche. Protestanten gab es seit 1545 in Kleve. Durch den Zuzug niederländischer Geusen gewannen sie an Bedeutung. Seit 1609 fanden sie die Unterstützung der brandenburgischen Kurfürsten. Spätestens 1628 muß eine reformierte Kirche in Kleve gestanden haben. Die Große Evangelische Kirche wurde 1676/77 von Maurits Post errichtet. Den Luftangriff 1944 hatte zwar die Fassade der Kirche überstanden, doch fiel sie beim Wiederaufbau der Stadt der Spitzhacke zum Opfer. Als Ersatz für die Große Evangelische Kirche dient die 1967 von Wolfgang Nathow erbaute Versöhnungskirche.

Johann Moritz begründete den Ruhm Kleves als Gartenstadt. Der Brandenburgische Statthalter, der viele Jahre im Dienste Hollands stand und Gouverneur in Niederländisch-Brasilien war, fand in Kleve noch einmal eine ihn faszinierende Aufgabe: die Stadt mit Parks zu umgeben. Im Mauritshuis in Den Haag findet sich sein Porträt, ein Kniestück von Jan de Baen (1613–1702). Im Hintergrund ist die Lieblingsschöpfung des Fürsten zu sehen, der Terrassengarten am Springenberg, nordwestlich von Kleve, das sogenannte Amphitheater (Kopie des Bildes im Städt. Museum Haus Koekkoek).

Vieles von den Schöpfungen des Statthalters ist verschwunden oder nur noch teilweise erhalten. Man muß Gemälde und Zeichnungen zu Hilfe nehmen, um die einstige Pracht voll würdigen zu können. Aber selbst in fragmentarischem Zustand entbehren die GARTENANLAGEN des Fürsten Johann Moritz nicht ihres Reizes. Vor allem das Amphitheater – an der B 9 – ist heute noch eindrucksvoll. Antike Kunst und Gartenlandschaft waren als Einheit gedacht. Eine künstliche Felsenlandschaft sollte entstehen. Dabei diente die Villa d'Este in Tivoli als Vorbild. Den Entwurf für den Terrassengarten lieferte der niederländische Architekt Jakob van Campen, der Baumeister des Amsterdamer Rathauses. Findlinge, Kriegstrophäen, antike Funde waren in die Landschaft komponiert. An die Zeit als Gouverneur in Niederländisch-Brasilien sollten die Araukarien erinnern. Von der einstigen manieristischen Anlage ist freilich viel verschwunden. Mittelpunkt des Amphitheaters ist bis heute die überlebensgroße Marmorfigur der *Minerva Tritonia*, ein Werk des flämischen Bildhauers Artus Quellinus d. Ä. (Abb. 110). Wegen der Luftverschmutzung wurde das Original in das Städt. Museum Haus Koekkoek gebracht. An seine Stelle trat eine wetterfeste Kopie. Die Minerva war ein Geschenk der Stadt Amsterdam an Johann Moritz. Vier wasserspeiende Delphine – allegorische Anspielung auf die meerbeherrschende Stadt – schmücken den mit dem Amsterdamer Stadtwappen verzierten Sockel. Darüber erhebt sich die Göttin auf einer Kugel. Ihre Brust deckt eine schlangengesäumte Ägis mit Gorgoneion. Das Haupt der Göttin ist durch einen Helm bewehrt. Diesen schmückt ein Fächer aus Straußenfedern, unter den sich eine Sphinx kauert.

Bereits gegen Ende des 17. Jh. wurde die Anlage verändert. Größer waren die Eingriffe im 19. Jh., als Ersatz für die Zerstörungen des Jahres 1794 geschaffen werden

94 KALKAR   St. Nikolai. Altar der ›Sieben Schmerzen Mariens‹. König David aus der Wurzel Jesse

96 KALKAR St. Nikolai. Altar der ›Sieben Schmerzen Mariens‹. 1519–22
◁ 95 KALKAR St. Nikolai. Blick ins Langhaus mit der ursprünglichen Gewölbemalerei

KALKAR ST. NIKOLAI

97 St. Georg von einem Pfeiler, Anfang 16. Jh.
99 Maria Magdalena aus dem Dreifaltigkeitsaltar. 1535–40

98 Johannes aus der Kreuzigungsgruppe
100 Annenaltar. Um 1510

101 KALKAR Hochaltar in St. Nikolai. Jan Joest, Auferweckung des Lazarus (Detail, 1506–08). Im Hintergrund das Kalkarer Rathaus

102 KALKAR St. Nikolai. Das ›Jüngste Gericht‹. Wandmalerei an der Ostwand des nördlichen Seitenschiffes. Um 1450
103 Blick auf Schloß MOYLAND

104 KLEVE Propsteikirche Mariä Himmelfahrt. Grabmal Graf Adolfs I. († 1394) u. Gemahlin
105 GRIETHAUSEN St. Martin. Pietà. Um 1520
106 WISSEL bei Kalkar St. Clemens. Blick auf den gotischen Chor
107 WISSEL bei Kalkar Haus Kemnade. 18. Jh.

108 Schwanenburg Kapitell vom Stauferportal
109 Schwanenburg Stauferportal
110 Minerva Tritonia im Tiergarten (Original im Städtischen Museum Haus Koekkoek)
111 Kenotaph des Johann Moritz in ›Berg und Tal‹ bei Kleve

112 Die Schwanenburg in KLEVE

114 Blick auf REES am Niederrhein
113 EMMERICH St. Martin. Arche des hl. Willibrord. Um 1040

115　Schloß wissen bei Weeze

116　rees　Stadtmauer am Rhein

117 Wallfahrer in KEVELAER

118 Schloß HAAG bei Geldern

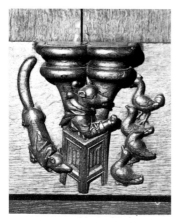

119   KEMPEN   Marienkirche.
      Miserikordie
      vom Chorgestühl

120   KEMPEN   Marienkirche.
      Sog. ›freudvolles‹ Vesperbild

121   Burg BRÜGGEN

122   Schloß DILBORN

123   KEMPEN   Kuhtor

124   KEMPEN   Burg

125 KEMPEN, eine typische Rundlingssiedlung

126 Schloß KRICKENBECK

127 Rheinbrücke zwischen Emmerich und Kleve

mußte. Eine Kabinettsorder Friedrich Wilhelms III. von 1822 leitete die Neugestaltung ein. Mit ihr betraute man den Gartenarchitekten Maximilian Friedrich Weyhe. Die Umgebung des Amphitheaters wurde zugunsten asymmetrischer Formen und malerischer Gruppierungen im Stil eines englischen Landschaftsgartens verändert. Auf Vorschlag König Friedrich Wilhelms IV. wurde auf der Höhe über dem Amphitheater ein Obelisk aus Sandsteinquadern errichtet. Sein bekrönender Adler aus Gußeisen ging 1945 verloren und wurde durch einen neuen ersetzt. Die Aufstellung des Obelisken entspricht einer alten Tradition der Gartenbaukunst. Seit der Renaissance setzte man ihn gerne in Gärten an markante Stellen. Zugleich erfüllt der Obelisk auf der Höhe des Springenbergs die wichtige Funktion eines Fixpunktes. Steigt man zu ihm empor, so wird man gewahr, daß das Amphitheater nur Teil eines größeren Systems ist. Johann Moritz liebte die Achsen, die auf ein Fernziel als Point de vue zulaufen. So geht der Blick vom Obelisken über das Amphitheater, gelenkt durch einen Kanal, der die Achse markiert, bis hin zum Eltenberg mit der romanischen Stiftskirche. Zu des Statthalters Zeiten war auch der Waldhang des Eltenberges durch eine Schneise markiert. Rheinebene und Berg werden durch die Achse in die Landschaft des Terrassengartens einbezogen. Umgekehrt geht der Garten in die Landschaft über. Der beidseitig von einer Lindenallee begleitete Kanal erweitert sich in seinem dem Amphitheater zugekehrten Teil zu einem rechteckigen Becken. In ihm befanden sich ursprünglich – symmetrisch zum Kanal – zwei als Gartenparterre angelegte Inseln. Noch ist die westliche Insel mit dem alten Baumbestand erhalten. Die östliche Insel wird derzeit rekonstruiert.

Wie bei manchem Fürsten des Barock, so wohnten auch in der Seele des Statthalters Johann Moritz Lebenslust und Todesgedanken nahe beieinander. Immer wieder sann er über die ideale Anlage seines Grabes nach. Zunächst schien ihm das Amphitheater der rechte Ort für seine letzte Ruhestätte zu sein. Dann kamen ihm Zweifel. Mindestens dreimal faßte er einen neuen Plan. Schließlich ließ er seinen KENOTAPH südlich von Kleve, in ›Berg und Tal‹, unfern seines Landhauses Freudenberg, anlegen. Die gußeiserne Tumba fertigte Hermann Pithan aus Siegen (Abb. 111). Sie erhebt sich über einem steinernen Sockel und wird von zwei Kanonenrohren flankiert. Auf der Stirnplatte trägt sie das Wappen von Nassau-Siegen mit Fürstenkrone und Elefantenorden. Auf der hinteren Schmalseite findet sich ein Blumen- und Distelkranz, der Johanniterkreuz und -schwert umgibt. Dazu die Devise des Fürsten: »Qua patet orbis« – soweit der Erdkreis reicht. Auf der Langseite sehen wir zwei Trophäenarrangements und Ahnenwappen. Zwei im Viertelkreis aufgestellte Ziegelmauern bilden den Vorplatz. Im Durchbruch der Mittelachse wird die Schmalseite des fürstlichen Kenotaphs sichtbar. Jeder der beiden Viertelkreise wird durch acht Rustikapfeiler unterteilt. Die Interkolumnien waren durch römische Funde geschmückt, darunter das Original der Grabstele des Marcus Caelius (s. S. 157). Über den Interkolumnien befanden sich Keramikplatten mit barocken Bildnissen der olympischen Götter. Dies hatte symbolische Bedeutung. Das Grabmal bekundet die Apotheose des Fürsten. Die römischen Steindenkmäler sind längst aus ihrer einstigen Umgebung entfernt. Schon 1792 wurden sie in die Schwanenburg überführt. Nach 1820 kamen sie zum größten Teil in die Uni-

KLEVE MORITZPARK · HAUS KOEKKOEK

Johann Moritz
von Nassau
vor dem
Amphitheater.
Kupferstich
von
Chr. Hagens
nach
Jan de Baen

versitätssammlung Bonn, das jetzige Rheinische Landesmuseum. Noch stehen zwei der die Interkolumnien krönenden Vasen. Es wäre schön, würde der ursprüngliche Eindruck durch Aufstellung von Kopien wiederhergestellt.

Der MORITZPARK gehörte zum Prinzenhof der fürstlichen Residenz, die Pieter Post 1664 für Johann Moritz zu bauen begann. Bei dem Luftangriff, der Kleve zerstörte, ging auch der Prinzenhof zugrunde. Der Klevische Heimat- und Verkehrsverein hat auf einem Findlingsblock in der kleinen, dem Park vorgelagerten Anlage ein Eisenmedaillon anbringen lassen. Sein Relief zeigt das Porträt des Statthalters. An dieser

Stelle befand sich einst die Orangerie. In dem Point de vue zwischen dem einstigen Nassauertor und dem Dachreiter der Propsteikirche, heute am Rande des Kreisparkes an der Nassauerallee, steht die *Cupidosäule*. Das Geschützrohr einer vier Meter langen Feldschlange wurde hochgestellt, mit einer Kugel geziert, auf der Cupido schwebt. Die ursprüngliche Figur war nicht wie gewöhnlich nackt, sondern harnischgerüstet. Sie besaß aber die sonst üblichen Attribute: Köcher, Pfeil und Bogen. Bewußt wurde der Gegensatz zwischen den Waffen des Kriegsgottes Mars und denen des Liebesgottes ausgespielt. Wenn die Waffen des Krieges ruhen, kann Amor oder Cupido zu seinen Waffen greifen. Der originale Cupido ist verloren. Anläßlich der Neuaufstellung der Säule wurde er durch einen neuen, dieses Mal unbekleideten Liebesgott ersetzt, ein Werk des Bildhauers Dieter von Levetzow, 1972/73. Übrigens hat der aus Kleve stammende Joseph Beuys sich für die Biennale Venedig 1976 zu seinem Denkmal ›Straßenbahnhaltestelle‹ von der Form der Cupidosäule anregen lassen.

Im 18. Jh. gewann Kleve Bedeutung als Badestadt. Dies war das Verdienst des Arztes Dr. Johann Heinrich Schütte, der 1725 nach Kleve kam und erfuhr, daß am Springenberg in der Tiefe gelblich gefärbtes Wasser entdeckt worden war. Als ehem. Badearzt von Schwelm war ihm die Heilkraft von eisen- und mineralhaltigen Quellen vertraut und er hoffte, in Kleve eine ähnliche Heilquelle entdecken zu können. Lange blieb seine Suche vergeblich. Aber dann spürte er eine Quelle tief im Berg auf und führte ihr Wasser durch eine Rohrleitung dem Brunnenhaus zu. Die erste Kursaison wurde am 17. Juli 1742 eröffnet. Die Besetzung Kleves durch die Truppen der Französischen Revolution führte zu einem Niedergang des Badebetriebes. Erst Bürgermeister Ludwig Heinrich Ondereyck gelang es, Kleves Bedeutung als Kurort zu erneuern. Am 22. November 1844 erfolgte durch Allerhöchste Kabinettsorder die Genehmigung zum Bau eines Badehauses auf einem vom König von Preußen unentgeltlich überlassenen Grundstück an der Tiergartenallee, in unmittelbarer Nähe der Südostseite des Amphitheaters. Dem König zu Ehren wurde das Kurbad FRIEDRICH-WILHELM-BAD genannt, am 6. Juni 1846 die erste Badesaison eröffnet. Mit dem Ersten Weltkrieg erlosch der Kurbetrieb endgültig. Das Friedrich-Wilhelm-Bad wurde als besonders wertvolles Beispiel des Klassizismus in Kleve restauriert. In seinem Erdgeschoß beherbergt es heute das Stadtarchiv.

Das eindrucksvollste klassizistische Haus in der Kavarinerstraße 33 ist das ehemalige Wohnhaus des niederländischen Malers Barend Cornelis Koekkoek. HAUS KOEKKOEK ist viergeschossig, aus verputztem Backstein errichtet. Der Eleganz des Außenbaus entspricht die Vornehmheit seines Inneren. Die ursprüngliche Raumaufteilung und die Stuckierung sind weitgehend erhalten geblieben. An der Rückseite des Hauses liegt der terrassierte Garten, der sich an den Hang des Heideberges anschmiegt. An der höchsten Stelle dieses Gartens hatte sich bereits 1823 der Maler Alexander Goosen ein Haus errichten lassen, das Koekkoek zu HAUS BELVEDERE ausbauen ließ. Nach Goosens Tod lockte die schöne Lage des Belvedere erneut einen Maler. Der Kirchenmaler Heinrich Lamers († 1933) und sein Sohn Hans († 1966) hatten hier ihren Wohnsitz und ihr Atelier.

251

KLEVE HAUS KOEKKOEK · GRIETHAUSEN

B. C. Koekkoek (1803–1862) hat als Landschaftsmaler nicht nur die Schönheit der klevischen Landschaft und Architektur neu entdeckt, er war auch der Begründer einer Schule romantischer Landschaftsmalerei. Es war daher sinnvoll, sein ehemaliges Wohnhaus als Gebäude für das Städtische Museum zu bestimmen. Über den Kunstsammlungen Kleves hatte ein Unstern gewaltet. Die Sammlung, die der Statthalter Johann Moritz angelegt hatte, ging Kleve bald nach dessen Tod zum großen Teil verloren. Die schönsten der Antiken wurden 1702 nach Berlin gebracht. Was von dem um 1600 eingerichteten Antikenkabinett noch vorhanden war, fand Eingang in das Klevische Museum ›römischer und vaterländischer Altertümer‹ in der Schwanenburg. 1822 wurde das Museum aufgelöst. Seine Bestände kamen zu einem guten Teil in das heutige Rheinische Landesmuseum nach Bonn. Das Interesse an der römischen Antike war indes groß genug, daß 1860 eine Neugründung gewagt werden konnte. Der Luftangriff auf Kleve dezimierte die Sammlung erneut. Daß aus den bescheidenen Anfängen der Nachkriegszeit ein ansehnliches Museum erwuchs, ist vor allem das Verdienst von Friedrich Gorissen. 1955 wurde das klassizistische Haus Koekkoek für das Neue Museum der Stadt Kleve erworben und konnte fünf Jahre später eröffnet werden. Mit der Wahl

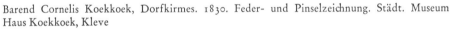

Barend Cornelis Koekkoek, Dorfkirmes. 1830. Feder- und Pinselzeichnung. Städt. Museum Haus Koekkoek, Kleve

dieses Hauses war auch das Programm der Wiedergründung gegeben. Es galt, die Bedeutung Kleves für die Kunst- und Kulturgeschichte darzustellen. Dem dienen nicht nur die neuerstandenen Sammlungen, sondern auch wichtige Ausstellungen.

Die Skulptur des *Eumenius Rhetor* aus Baumberger Sandstein stammt vom staufischen Prachtportal der Schwanenburg. Stilistisch steht sie Schöpfungen der Werkstatt des Laacher Samson um 1200 nahe. Klever Humanisten des 16. Jh. sahen in ihr die Darstellung des römischen Rhetors Eumenius, der um 300 in Autun lebte. Kopien des 17. Jh. bewahren Bildnisse der älteren Linie Kleve-Mark. Die Originale sind verlorengegangen.

Von Henrik Feltman (um 1600–1670) stammt das Bild der sechs Herzöge aus dem Hause Kleve-Mark. Die Porträts sind Kopien zeitgenössischer Gemälde. Sie wurden vor dem Hintergrund mit der Stadtansicht zur Erinnerung an das Herzoggeschlecht vereinigt, das hier von 1417 bis 1609 regiert hat. Von dem Kölner Bildhauer Tilman von der Burch (tätig zwischen 1467 und 1510) besitzt das Museum eine Gruppe der *Heiligen Drei Könige*. Von dem Weseler Maler Jan Baegert (tätig um 1490 bis 1530) Heiligenbildnisse sowie das *Diptychon* (Gnadenstuhl, Veronika mit dem Schweißtuch, Maria in der Sonne und Gregoriusmesse, mit Stiftern aus der Weseler Familie Poet). Besonders reizvoll sind die aus der Barockzeit stammenden Gemälde und Zeichnungen, die Ansichten von Kleve und seiner Umgebung darstellen. Dem Genius loci entsprechend, wird das Wirken des Landschaftsmalers Koekkoek und seiner Schule gut dokumentiert.

Die kommunale Neuordnung hat Kleve bis an den Rhein gerückt. Manches wertvolle Kunstwerk ist in den eingemeindeten Orten zu finden. GRIETHAUSEN besaß als Rheinort große Bedeutung. Heute liegt es nicht mehr unmittelbar am Strom, sondern am Altrhein. Niederländische Truppen zerstörten 1636 die Stadt mit Ausnahme der aus dem 14. Jh. stammenden Kirche. Diese wurde durch Anbauten im 19. Jh. in eine dreischiffige Basilika umgewandelt. Einiges blieb von der früheren Ausstattung erhalten, darunter das schöne Sakramentshaus, Anfang 16. Jh., und ein Vesperbild aus dem Werkstattkreis des Heinrich Douvermann, um 1520 (Abb. 105).

Das Andenken an Johanna Sebus, die bei der großen Überschwemmung des Rheins 1809 eine Familie zu retten versuchte und dabei selbst ertrank, hält das Denkmal in Kleve-WARDHAUSEN fest, das 1811 in der Nähe der Schleuse oberhalb des Altrheins errichtet wurde. Auf dreigegliedertem Sockel erhebt sich die Stele aus Blaustein. Das runde Marmorrelief, das auf ihr angebracht ist, zeigt eine auf bewegtem Wasser treibende Rose. Durch ihren Opfertod hat sich die – auch von Goethe in einem Gedicht gepriesene – Johanna Sebus die Tugendrose verdient. Ihr Denkmal ist eines der ersten, das einem Menschen der Arbeiterklasse gilt. Ihr Grab hat die Siebzehnjährige in der Kirche ST. WILLIBRORD in Kleve-RINDERN gefunden. Die jetzige Kirche stammt erst aus der Zeit von 1869–72. In ihr findet sich der heute als Altar dienende Mars-Camulus-Stein, einst Mittelstück eines Weihedenkmals zu Ehren Kaiser Neros. Dieser Name wurde jedoch schon im Altertum getilgt, nachdem der Senat die ›damnatio memoriae‹

BURG RINDERN · SCHLOSS GNADENTHAL

des Kaisers beschlossen hatte. Anstelle dieses Kaisernamens wurde der des Tiberius eingesetzt. Entdeckt wurde der Stein im 16. Jh.

Durch ihre prachtvolle Lage zeichnet sich die WASSERBURG RINDERN aus. Sie ist jedoch keine mittelalterliche Festung, sondern ein Herrenhaus im Geschmack des holländischen Barock. 1654 erbaut, wurde es im Zweiten Weltkrieg erheblich beschädigt, aber wieder instandgesetzt. Glimpflich kam im Zweiten Weltkrieg SCHLOSS SCHMITHAUSEN in Kleve-KELLEN davon. Das Rokokoschlößchen ersetzte eine mittelalterliche Burg. Den Außenbau bestimmt der zweistöckige, drei Fensterachsen breite Pavillon mit geschweiftem Schieferdach und abschließendem Belvedere. Rechts und links schließen einstöckige Flügel mit Mansarddächern. Nach der Straßenseite hin ist die architektonische Gliederung reicher als zur Hofseite. Das Gebäude entzückt durch seine schlichte Eleganz. Erhalten geblieben ist in Kellen auch die alte Pfarrkirche ST. WILLIBRORD. Sie besitzt unter anderem eine schöne hl. Anna Selbdritt, deren fast vollständig erhaltene ursprüngliche Fassung freigelegt werden konnte.

Schließlich sei noch SCHLOSS GNADENTHAL Ortsteil Donsbrüggen genannt. Der Name geht auf ein Augustinerchorherrenkloster zurück. Bei den Kämpfen um die Schenkenschanz 1590 wurden die Klostergebäude schwer beschädigt. Der Statthalter Johann

Cornelis Pronk, Kirche und Konvent in Griethausen. 1731. Zeichnung. Rijksprentenkabinet, Amsterdam

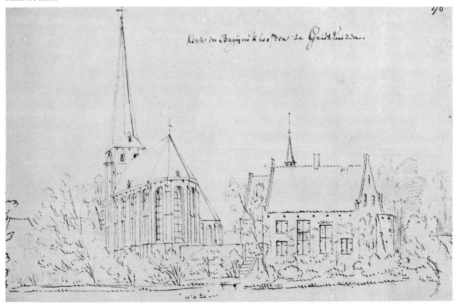

Gnadenthal. Stich von H. Spilmann (1746) nach Jan de Beyer (1745). Stadtarchiv, Kleve

Moritz kaufte 1663 die Ruinen. Der Grundbesitz ging um 1670 in den Besitz des Freiherrn Werner Wilhelm von Blaespiel über. Dieser ließ 1704 das Schloß, einen langgestreckten, zweigeschossigen Bau, errichten. Die Beschädigungen des Zweiten Weltkrieges sind inzwischen beseitigt worden. Vor der Orangerie sind sechs Skulpturen antiker Naturgottheiten aufgestellt, die ursprünglich im Schloßgarten standen. In der Schloßkapelle befindet sich ein Triptychon. Seine Mitteltafel, ein Kalvarienberg, wurde 1628 von Pieter Lastmann gemalt. Die Seitenflügel werden Franz Francken (1581–1642) zugeschrieben

Kreis Kleve

Gegenüber von Kleve auf dem rechten Ufer des Rheins zwischen Emmerich und Arnheim erhebt sich der Rücken des 500 m lang gestreckten und 60 m aus der Ebene aufragenden ELTENBERG. Entstanden ist er als Endmoräne der Eiszeit. Wasserschluchten trennen ihn von den weiteren Höhenrücken. Blickfang von Kleve her ist die EHEM. STIFTSKIRCHE auf der Höhe des Eltenberges. Zu seinen Füßen liegt Niederelten, im Mittelalter ein nicht unwichtiger Handelsplatz. Heute ist Elten Emmerich eingemeindet. In Eltnon, der Burg auf dem Eltenberg, stellte Kaiser Otto der Große 944 eine Urkunde aus, die älteste bekannte Erwähnung der Burg. Wichmann, Graf im Gau Hamaland, wandelte sie 967 in ein freiadeliges Damenstift um. Seine Tochter Liutgard († 995) wurde die erste Äbtissin. Durch Ausgrabungen der Jahre 1964/65 ist der Grundriß der ursprünglichen Anlage ermittelt worden. Wie die Wohnbauten der Burg in Holz und zum Teil mit Fachwerk errichtet waren, war auch die erste Kirche ein Holzbau. Noch in ottonischer Zeit trat an seine Stelle ein Bau in Tuffquader-Gußmauerwerk. Die ottonische Stiftskirche wurde zwischen 967 und 980 zugleich mit den Stiftsgebäuden errichtet. Wenig später hat man sie durch die Salische Kirche ersetzt. Der Westturm wurde 1100–1120 gebaut, das Langhaus konnte 1129 eingeweiht werden. Querschiff und Chor waren bis zur Mitte des 12. Jh. vollendet. Von dem salischen Bau ist nur ein Torso geblieben. Im Krieg zwischen Niederländern und Spaniern wurde die Kirche 1585 teilzerstört. Die finanziellen Mittel für den Wiederaufbau waren so begrenzt, daß man die Kirche nur in verkleinerter Form wiederherstellen konnte. Den Ostteil brach man 1660 ab. Der Wiederaufbau ohne den Ostteil erfolgte 1671–77. Gegen Ende des Zweiten Weltkrieges erlitt die Kirche abermals schwerste Schäden. Wiederhergestellt oder erhalten geblieben sind die drei westlichen Langhausjoche und der Westturm. Trotz dieser reduzierten Form ist die Kirche noch immer faszinierend. In der Geschichte der niederrheinischen Baukunst nimmt sie einen wichtigen Platz ein. Der mächtige fünfgeschossige Turm im Westen auf quadratischem Grundriß gehört mit seiner reichen Gliederung aus Rundbogenblenden, Lisenen und Rundbogenfriesen in den sich verjüngenden Geschossen zu den frühesten und zugleich schönsten Beispielen dieses Typus der staufischen Zeit am Niederrhein. Das Langhaus ist dreischiffig. Die Wandgliederung des Mittelschiffs ist höchst überraschend. Beim Stützwechsel werden je zwei Bögen von einer Blendarkade überdacht. Der Bogen wiederholt sich oben in der Hochschiffwand noch einmal. Zwischen der doppelten Bogenverzierung befinden sich je zwei Öffnungen mit einem Mittelsäulchen, die unter die Dachschräge des Seitenschiffs führen. Dort entwickelten sich später Triforien. Die erhaltenen Kapitelle der Säulenvorlagen sind mit kerbschnittartigem Ornament aus Palmetten und Rankenwerk, geometrischen und Flechtwerkmustern, Masken und verschlungenen Fabelwesen reich verziert. In der Westwand des nördlichen Seitenschiffs ist ein prächtiges Säulenportal erhalten, das eine Vorstufe zu den reichen Portalen der Stauferzeit darstellt.

Eine Kuriosität unter den Ausstattungsstücken ist die Gestalt des *hl. Machutus.* Sie wurde im 17. Jh. zusammengesetzt aus einer romanischen, thronenden Muttergottes und einem spätgotischen bärtigen Männerkopf. Bei dieser Gelegenheit wurde die Figur des Kindes, die an Kopf und Händen beschädigt war, überarbeitet.

Neben der Abteikirche blieben an klösterlichen Bauten erhalten: die ehem. Wohnung der Äbtissin aus dem Haus Salm-Reifferscheidt und das Haus der Äbtissinnen aus dem Hause Manderscheid-Blankenheim, beide aus der 2. Hälfte des 17. Jh. Beim ›Drususbrunnen‹ steht das ›Försterhaus‹ aus dem Jahre 1633. Der vom Volksmund dem römischen Feldherrn Drusus zugeschriebene Brunnen stammt in Wahrheit aus dem Mittelalter.

Im Zweiten Weltkrieg wurde das alte Stadtbild von EMMERICH völlig zerstört. Die Stadt ist neu erstanden. Nur wenige Häuser erinnern an die Vergangenheit als bedeutende rheinische Handelsstadt. Aber immer noch eindrucksvoll ist die Lage unmittelbar am Rhein. Die Gründung der ersten Emmericher Kirche ST. MARTIN wird in der Überlieferung dem hl. Willibrord, dem Utrechter Missionserzbischof, zugesprochen. Tatsächlich war Emmerich damals ein Vorort von Utrecht. Herr des Ortes war der Propst des Martinsstiftes, einer der Archidiakone des Utrechter Bischofs. Um die Kaufmannsniederlassung besser schützen zu können, unterstellte sich das Stiftskapitel am 12. Mai 1233 dem Grafen Otto II. von Geldern (1229–1271). Der neue Schirmherr verlieh wenige Wochen später, am 31. Mai, Emmerich Stadtrechte. 1354 sah sich Herzog Reinald III. von Geldern genötigt, Emmerich an den Grafen Johann von Kleve zu verpfänden. Ein halbes Jahrhundert später, 1402, wurde Emmerich endgültig an Kleve abgetreten. Kirchlich änderte sich dadurch nichts. Emmerich gehörte auch weiter zum Bistum Utrecht.

Wenn auch der Propst nicht mehr der weltliche Herr von Emmerich war, so minderte dies nicht die Bedeutung der PROPSTEIKIRCHE ST. MARTIN. Sie lag ursprünglich innerhalb der Altstadt, dort wo später die Aldegundiskirche errichtet wurde. An diesem Platz fühlten sich die Kanoniker jedoch zu beengt. Sie wechselten daher zu der jetzigen Stelle. Dort bauten sie um 1040 die zweite Stiftskirche. Daß der Rhein im Spätmittelalter unmittelbar an die Stadt heranrückte, kam dieser als Handelsstadt zugute, war aber verhängnisvoll für die Propsteikirche, die nun unmittelbar vom Strom bedroht wurde. Bereits zu Anfang des 13. Jh. und abermals im 14. Jh. brachte ein Hochwasser des veränderten Rheinlaufs Langhaus und Westbau zum Einsturz. Daraufhin entschloß man sich, beim Wiederaufbau einen Richtungswechsel vorzunehmen. Vom Ursprungsbau, einer dreischiffigen Basilika, sind nur der dreiteilige Chor als östlicher Querarm, die Krypta und die Vierungspfeiler erhalten. Das heutige Langhaus, das um 1500 vollendet wurde, verläuft nach Süden. Die Krypta unter dem ursprünglichen Chor ist ein stimmungsvoller dreischiffiger Hallenraum mit fünf Rundbogenfenstern und gurtenlosen Kreuzgratgewölben. Das Langhaus des 15. Jh. ist eine zweischiffige Backsteinhalle. Anstelle des ursprünglichen Netzgewölbes begnügte man sich beim Wiederaufbau nach dem Zweiten Weltkrieg mit einer Flachdecke. Dem Hauptschiff wurde nach Norden ein mächtiger dreigeschossiger Turm vorgesetzt, dessen Vorhalle

257

EMMERICH

sich in großen Spitzbogen zum Schiff hin öffnet. Eigenartig kontrastiert die dem Ostchor gegenüberliegende Westseite der Kirche mit ihrer Betonwand, in die kreisrunde
Lichtluken eingelassen sind. Durch das verschiedenfarbige Glas entsteht das Zeichen des
Kreuzes. Im Ostchor sind die Fragmente eines *Triumphkreuzes* aufgestellt. Der Kruzi-
fixus hat noch Arme und Beine, auch der Kopf ist erhalten. Der Leib aber ist seit der
Kriegszerstörung aufgerissen. In dieser Verstümmelung wirkt die Skulptur des 16. Jh.
erst recht erschütternd und ergreifend. Ebenso fragmentarisch sind die Assistenzfiguren
Maria und Johannes, die von einer Kalvarienberggruppe um 1700 stammen.

Wiederaufstellung gefunden hat das *Chorgestühl*, von dem allerdings eine Hälfte
1944 zugrunde gegangen ist. Der erhaltene Teil aber ist höchst eindrucksvoll. Aus
Wappen und Datierung geht hervor, daß das Gestühl im Auftrag des Grafen Moritz
von Spiegelberg († 1483) angefertigt wurde, aber erst 1486 nach seinem Tod vollendet
war. Sein Reichtum an bildnerischem Schmuck macht es zu einem Prunkstück unter den
Ausstattungsgegenständen niederrheinischer Kirchen. Wenn auch nicht Meister Arnt
selber, so muß doch seine Werkstatt das Emmericher Gestühl geschaffen haben. Das
Schema der Wangen mit Heiligenfiguren unter Baldachinen, aber auch das Dekor ver-
weisen auf den Zusammenhang mit Kleve (s. S. 230f.). Die Seitenwangen und die Miserikordien boten Gelegenheit zur Anbringung von Tierdarstellungen und Drolerien. Unter anderm sieht man eine Frau, die in einem runden Gefäß Regenwasser auffängt,
vielleicht die Illustration des niederländischen Sprichwortes: »Sie fängt Regenwasser in
ein Sieb.« Gemeint ist damit die Unsinnigkeit einer bestimmten Handlung oder auch
die Torheit des Menschen.

Reich ist der Kirchenschatz von St. Martin. Am berühmtesten ist die *Arche des hl.
Willibrord,* eine niederrheinische oder Utrechter Arbeit um 1040 (Abb. 113). Der Name
›Arche‹ kam im 17. Jh. auf. Gemeint ist damit ein Reliquienschrein in Bursenform. Er
besteht aus einem Eichenholzkern, verkleidet auf der Vorderseite mit getriebenem
Goldblech, Filigran, Gemmen und Edelsteinen, auf der Rückseite mit einer Rotkupfer-
platte, die vergoldet und mit Braunfirnis überzogen ist. Zu Anfang des 15. Jh. wurde
als Aufsatz eine Kreuzigungsgruppe aus gegossenen Silberstatuetten hinzugefügt, wahrscheinlich niederländische Arbeiten. Um 1520 erhielt die Arche eine von knienden Engeln getragene silbernen Untersatz. Die Arche des hl. Willibrord hat auch eine wichtige historische Bedeutung. Im späten Mittelalter nämlich schworen die Landesherren –
zunächst die Herzöge von Geldern, dann die Grafen und Herzöge von Kleve – auf
die Reliquien der Martinskirche, d. h. auf die Willibrordsarche, die Freiheiten der Stadt
zu achten.

An weiteren Kostbarkeiten seien der Kalvarienberg, eine geldrisch-klevische Arbeit
um 1420–30 genannt und die Reliquienstatue der Muttergottes, niederrheinisch, um
1480. Letztere ist ein Geschenk des Propstes Moritz von Spiegelberg. Zugeschrieben
wird sie der Werkstatt des Arnt von Zwolle, neuerdings wird aber auch Tilman von
der Burch für sie in Erwägung gezogen.

Die ältere Kirche in der Stadt blieb mit dem Martinstift verbunden. Bis 1439 war
sie ihm inkorporiert. Ein Brand äscherte sie ein. Das selbstbewußte Bürgertum trach-

tete danach, eine Kirche für sich zu errichten, die der Stiftskirche gleichwertig war, sie vielleicht sogar noch an Schönheit übertraf. Johann von Wintern wurde mit dem Plan betraut. Der Bau nahm mehr als sechzig Jahre in Anspruch. 1449 begonnen, wurde er erst um 1514 vollendet.

Gebaut wurde ST. ALDEGUNDIS als eine Hallenkirche, deren Mittelschiff überhöht ist, aber keine Fenster besitzt. Durch ihre sechs Joche wirkt die pseudobasilikale Halle sehr langgestreckt. Am Ende des 15. Jh. wurde in das westliche Joch ein großer Turm eingefügt. Der Backsteinbau wurde 1944 bis auf die Umfassungsmauern zerstört. Bis 1955 konnten Langhaus und Chor in den alten Formen wiederhergestellt werden. Der Wiederaufbau des Turmes erfolgte in den sechziger Jahren. Das polygonale Turmgeschoß wurde durch das Vorbild des Utrechter Domturms von 1321–50 bestimmt. In der Westfront des Turmes faßt eine gemeinsame Spitzbogenblende Doppelportal und sechsteiliges Maßwerkfenster zusammen. Die Aldegundiskirche folgt den Stilprinzipien der Spätgotik in der Vereinheitlichung des Grundrisses und der Geschlossenheit des Außenbaus. Die Innenausstattung kann sich nicht mit Kirchen wie St. Nikolai in Kalkar vergleichen. Doch besitzt St. Aldegundis einige vorzügliche Skulpturen aus dem Spätmittelalter, darunter die Standfiguren der Hll. Katharina und Agnes, um 1530. Die spätgotische Doppelmadonna auf einem Marienleuchter von 1463 scheint aus der Werkstatt des Dries Holthuys zu stammen. Sie dürfte um 1500 entstanden sein. Seinen endgültigen Platz hat der hl. Albertus Magnus noch nicht gefunden, er wird derzeit in der Sakristei aufbewahrt. Auch die Konsolenfiguren mit den Gesichtern vermutlich Emmericher Bürger sollte man nicht übersehen. Die silbervergoldete *Turmmonstranz* des beginnenden 16. Jh. ist eines der größten und prachtvollsten Werke der klevischen Goldschmiedekunst der Spätgotik. Die Figuren haben ihr Vorbild in Stichen des Israhel von Meckenem. Von den neueren Skulpturen verdient besondere Erwähnung der mächtige Kruzifixus von Heinrich Dinnendahl, der sich von romanischen Formen hat inspirieren lassen. Ergreifend auch die Pietà, die in den letzten Jahren gestiftet worden ist und ihren Platz in der Turmhalle gefunden hat. In der Apsis des nördlichen Seitenschiffes sind die Keramiken bemerkenswert mit Motiven der lauretanischen Litanei, ein gutes Beispiel volkstümlicher Kunst des 19. Jh., naive Kunst im besten Sinne des Wortes.

Die EV. KIRCHE auf dem Geistmarkt, ein schmuckloser kreuzförmiger Ziegelbau auf quadratischem Grundriß, mit steilen, von achteckiger Laterne bekrönten Walmdächern, wurde 1690–1715 unter der Leitung Arnolds van de Leen als reine Predigtkirche errichtet. Ihr Vorbild war die Oosterkerk in Amsterdam. Auch sie wurde durch Luftangriffe zerstört, ist aber heute wiederhergestellt.

Die HEILIG-GEIST-KIRCHE in Emmerich-LEEGMEER hat als moderner Kirchenbau Bedeutung erlangt. Architektur und Innenausstattung sind aufeinander bezogen. Dieter G. Baumeverd hat als Grundstruktur die Form des Baumpilzes verwandt. Sechs der Baumpilze aus Beton tragen das Dach. Der Eindruck des Lichten, der schon durch die großen Fenster gegeben wird, wird noch verstärkt durch das helle Blau der Wände. Die Gemeinde ist in drei Blöcken um den weißen in der Mitte gespaltenen Altar geschart.

259

EMMERICH · REES

Beherrscht wird der Kirchenraum durch ein blutigrotes Kreuz, das aus den Abfall-
materialien der Industrie erfunden ist, eine Aussage über das Leiden des heutigen
Menschen an den Gegebenheiten des industriellen Zeitalters. Waldemar Kuhn hat
Kreuz, Altar und Leuchter geschaffen. Den Kreuzweg, der statt figürlicher Szenen nur
farbige Symbole enthält, malte Fred Thieler.

An die Bedeutung Emmerichs als Handelsstadt erinnert der ALTE MARKT mit seinem
Krantor sowie einem wiederaufgebauten Staffelgiebelhaus. Bis zur Kriegszerstörung
stand das Christoffeltor, benannt nach der großen *Christophorusfigur*, dem Patron der
Schiffahrt. Heute befindet sich das Standbild im Rheinmuseum Emmerich. Die überlebensgroße Skulptur schuf ein niederrheinischer Bildschnitzer, möglicherweise Meister
Rabe, der 1478 das Bürgerrecht in Emmerich erwarb. Ihm werden eine Reihe vorzüglicher Bildhauerarbeiten des späten 15. Jh. zugeschrieben. Der Emmericher Christophorus trägt außer dem segnenden Jesusknaben noch zwei weitere Personen. Die eine
von ihnen hält er wie ein Bündel unter dem linken Arm, die andere schaut aus seiner
Ledertasche heraus. Der ›Beeldersnyder‹ hat so den Gegensatz zwischen der Größe des
Riesen und der Kleinheit der normalen Bürger dargestellt. Doch auch den Teufel ver-
gaß er nicht. Zwischen den Wellen zu Füßen des Riesen schaut er mißmutig heraus.
Der Emmericher Christophorus ist das schönste Zeugnis für die Bedeutung der Schiff-
fahrt, auf die sich das Museum konzentriert.

Für das 1938/39 erbaute RATHAUS entwarf Bernd Terhorst einen Gobelin mit der
Rheinansicht Emmerichs und den verschiedenen Formen des Gewerbes und der Industrie rund um die Stadt. Seine Frau Elisabeth wirkte den Teppich während des Zweiten
Weltkrieges und vollendete das Werk Jahre später. Wegen der Sorgfalt der Ausfüh-
rung und der Lebendigkeit der Darstellung verdient der Wandteppich Beachtung.
Elisabeth Terhorst hat in ihrem Kriegstagebuch ›Wirkwerk‹ die Entstehung des Tep-
pichs beschrieben.

Wegen seines wohlerhaltenen Stadtbildes galt REES als eine der schönsten Städte am
rechten Niederrhein. Das alte Stadtbild ging 1945 fast gänzlich zugrunde. Rathaus,
Wohnbauten und Stadttore wurden zerstört. Doch allein schon wegen ihrer Lage auf
einer Anhöhe über dem Rhein wirkt die Stadt anziehend. Rees verdankt seinen Ur-
sprung dem einstigen Marienstift. Seine Gründung schreibt die Überlieferung der hl.
Irmgardis von Aspel († 1064) zu. An das Stift schloß sich eine Marktsiedlung an. Als
Schenkung der Heiligen kamen Stift und Siedlung in den Besitz des Kölner Erzstiftes.
Heinrich von Molenark erhob 1228 Rees zur Stadt. Gegen die erstarkende Grafschaft
Kleve konnten die Kölner Erzbischöfe die Stadt nicht halten. 1392 traten sie Rees an
Kleve ab. Im Spanisch-Holländischen Krieg baute die holländische Besatzung Rees zu
einer starken Festung aus. Von den mittelalterlichen STADTMAUERN, die bereits im
13. Jh. entstanden, ist noch ein großer Teil, vor allem an der Rheinfront, erhalten
(Abb. 116). Dazu rechnen auch die beiden Rundtürme, deren Unterbauten aus Basalt-
mauerwerk noch zu den Befestigungen der Kölner Erzbischöfe gehören. Am eindrucksvollsten aber ist der 1470 errichtete eingeschossige Batterieturm aus Backstein, der zu-

Henrik Feltman, Reeserschanz, von Nord über den Rhein. Um 1650. Stiftung Preuß. Kulturbesitz, Berlin. Kupferstichkabinett

gleich als Eisbrecher diente, Rondell genannt. Mit dem Wiederaufbau seiner fast holländisch wirkenden Backsteinhäuser hat Rees die Atmosphäre einer friedlichen Kleinstadt am Rhein zurückgewonnen (Abb. 114).

Das Stadtbild wird beherrscht durch die Kirche ST. MARIÄ HIMMELFAHRT. Gebaut wurde sie anstelle einer mittelalterlichen Kirche 1820–28 nach Plänen des Bauinspektors Karl Gottlieb Heermann. Die dreischiffige Pseudobasilika gilt als eines der eindrucksvollsten Beispiele rheinischer Baukunst der Goethezeit. In ihren klassizistischen Formen unterscheidet sie sich von den üblichen gotischen und neugotischen Kirchen. Gegen Ende des Zweiten Weltkrieges bis auf die Umfassungsmauern vernichtet, ist sie 1956–63 wiedererrichtet worden. Für eine katholische Kirche wirkt sie überraschend kühl, ein Eindruck, den die Sparsamkeit der Ausstattung noch verstärkt. Immerhin besitzt die Kirche eine thronende Muttergottes, 2. Viertel des 14. Jh., die der Gruppe kölnischer Sitzmadonnen am Niederrhein zugeschrieben werden muß, und eine Holzgruppe des hl. Georg, der den Drachen tötet, um 1530. Letztere ist die einzige vollständig erhaltene St. Georgsgruppe am Niederrhein.

Aus der Zeit der holländischen Besatzung stammt die EV. KIRCHE. Die Holländer bauten sie 1623/24 als gotisierenden rechteckigen Betsaal. Anfang des 15. Jh. wurde

ZYFFLICH · KRANENBURG

die zweischiffige ST. LAMBERTKIRCHE im Ortsteil Mehr gebaut, bemerkenswert wegen ihrer Wandgemälde, dreier Apostelpaare aus der Erbauungszeit der Kirche im Hauptschiff und einem spätgotischen Christophorus an der Südseite der Turmhalle.

Linksrheinischer Grenzort im Kreis Kleve ist ZYFFLICH, heute Kranenburg eingemeindet. Hier hatte um das Jahr 1000 Graf Balderich von Kleve ein Kloster gestiftet. Er unterstellte es dem Schutz des Frankenheiligen Martin von Tours. Die Kirche diente ihm und seiner Gemahlin Adela als Grablege. Mit der Verlegung des Martinstiftes in das benachbarte Kranenburg 1436 ging die Bedeutung von Zyfflich erheblich zurück. Doch noch steht die majestätische ottonische Kirche aus dem Anfang des 11. Jh. Allerdings erfuhr sie im Laufe der Jahrhunderte erhebliche Veränderungen. Im späten 14. Jh. beseitigte man die Seitenschiffe und baute darum die Arkaden der Mittelschiffsmauern zu. An die Stelle des älteren, einfachen Rechteckchors trat ein Polygonalchor. In das westliche Mittelschiffjoch setzte man einen mächtigen Turm. Gleichzeitig erhöhte man das einschiffige Langhaus und wölbte es ein. Gegen Ende des Zweiten Weltkriegs erlitt die Kirche durch Artilleriebeschuß schwerste Schäden. Gleichwohl ist sie immer noch besuchenswert – nicht nur wegen ihrer idyllischen Lage, sondern auch wegen ihres kunsthistorischen Ranges.

Die ehem. Stiftskirche ist eines der ältesten erhaltenen Beispiele des sogenannten rheinischen Stützenwechsels, einfacher Wechsel von Säulen und Pfeilern im Gegensatz zum niedersächsischen Stützenwechsel, bei dem zwei Säulen einem Pfeiler folgen. Ein großer, auf quadratischen Pfeilern ruhender Rundbogen überfängt eine Doppelarkade, deren zwei Bögen von einer mittleren Säule zu den seitlichen Pfeilern hinüberführen. Durch diesen Rhythmus wurde das Mittelschiff in vier Joche bzw. seit Erbauung des Westturms in drei Joche unterteilt. Dieses System war die Voraussetzung für die Wölbung des Spätmittelalters. Das Zyfflicher Vorbild griffen andere Kirchen des 11. Jh. auf, so Echternach und Werden. Im Zyfflicher Stützenwechsel erklingt eines der Leitmotive der rheinischen Baukunst zum ersten Male. Beim Nachkriegswiederaufbau öffnete man die Mittelschiffsarkaden und errichtete neue Seitenschiffe. Die Kirche ist heute somit wieder dreischiffig.

Im Schutze einer heute verschwundenen Burg gründete Graf Dietrich V. von Kleve 1227 die Waldhufensiedlung KRANENBURG, die 1294 Stadtrechte erhielt. Die Stadt verdankt ihren Aufstieg der Kreuzwallfahrt. Die älteste Fassung der Legende der Auffindung des Kranenburger Kreuzes wurde um 1400 aufgezeichnet. Der Legende nach empfing um 1280 ein Schäfer aus dem Neuenhof die Eucharistie, konnte jedoch die Hostie nicht schlucken und versteckte sie daher im nahen Reichswald in einem Baum. Jahrzehnte später soll dieser Baum gefällt worden sein. In seinem Holz fand sich das ›wundertätige Kreuz‹. Ihm zu Ehren setzte bald eine lebhafte Wallfahrt ein. Die kurz nach der Auffindung des Kreuzes errichtete Wallfahrtskapelle konnte dem Besucherstrom nicht genügen. So entschloß man sich um 1400 zu einem größeren Bau, einer dreischiffigen Kirche. Doch kaum begonnen, blieb der Bau unvollendet. Den Bauherren erschien der Bauplan zu einfach. Sie strebten nach Größerem. Darum betrauten sie

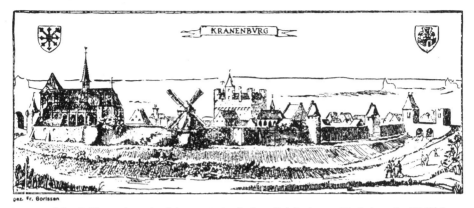

Burg und Stadt Kranenburg im Jahre 1563 (nach dem Original vom Hochaltar der Wallfahrtskirche)

Meister Gisbert Schairt von Zaltbommel, der bereits für die Klever Stiftskirche und den Xantener Dom als Baumeister tätig war, mit der Neuplanung. Obwohl die finanziellen Mittel zu einer späteren Vereinfachung des Planes führten, gehört die in Kranenburg entstandene WALLFAHRTSKIRCHE zu den bedeutendsten Kirchenbauten am Niederrhein. Die den Aposteln Petrus und Paulus geweihte Kirche ist eine dreischiffige netz- bzw. kreuzrippengewölbte Pseudobasilika aus Backstein und Trachyt mit eingebautem Westturm, einem mit fünf Seiten des Achtecks schließenden Hauptchor und polygonal schließenden Seitenschiffen. 1425 wurde der Hauptchor verschiefert, mit der Einwölbung der Kirche begann man 1445. Entgegen den ursprünglichen Plänen mußte auf einen Umgangschor verzichtet werden. Ebenso reichten die finanziellen Mittel nicht zur Vollendung der oberen Stockwerke des Westturms. Bemerkenswert ist, daß die Arkaden kapitellos blieben.

Im Herbst 1944 erlitt die Kirche schwerste Schäden. Inzwischen ist sie als Bauwerk völlig wiederhergestellt. Einige Hauptwerke der Ausstattung harren jedoch noch der endgültigen Restaurierung. Im Herbst 1978 bekommt der Chor der Kirche in Anlehnung an den neugotischen einen schwarz-weiß ornamentierten Marmorfußboden. Der Zelebrationsaltar wird nach vorne gerückt. Der Hochaltar erhält im wesentlichen die alte Form. Verloren allerdings ist die Mitteltafel. Sie wird durch eine andere ersetzt. Erhalten blieben die Seitenflügel, um 1560. Auf den Innenseiten ist die Geburt und Auferstehung Christi zu sehen, auf den Außenseiten die Verkündigung an Maria und die Anbetung des Kindes durch die Hl. Drei Könige. Das auf letzterem Bild dargestellte Bethlehem ist eine getreuliche Wiedergabe der mittelalterlichen Stadt Kranenburg. Die Gemälde werden dem Kamper Maler Ernst Roelofsz zugeschrieben. Über diesen Altarflügeln sind weitere Tafeln angebracht, die 1904 Friedrich Stummel zu-

BEDBURG-HAU   Ruinen der Prämonstratenserabtei. Stich von S. Focke (1750) nach einer Zeichnung von Jan de Beyer (1745)

sammen mit Gerhard Lamers in München gemalt hat. Sie stellen die Pfarrpatrone St. Peter und Paul dar. Im Chor haben Aufstellung gefunden die Statuen der Apostelfürsten Petrus und Paulus, Ende 17. Jh., vermutlich niederländische Arbeiten, bei denen sich monumentales Pathos wirkungsvoll mit antikisierendem Klassizismus verbindet. Auffällig ist der zu Füßen des Petrus sich reckende Hahn. Wiederhergestellt werden auch der Marien- und der Kreuzaltar. Bemerkenswert ist der auf Holz gemalte Kalvarienberg, ein Werk der nördlichen Niederlande, um 1430. Neben dem Gekreuzigten links die Muttergottes und Antonius Eremita, rechts Johannes und die hl. Katharina. Vor den Heiligen knien die Stifter. An einzelnen Statuen seien genannt: der Christus auf dem kalten Stein, Anfang des 16. Jh., der hl. Rochus, Ende des 15. Jh., der mit schmerzlichem Neigen seines Kopfes auf die Pestbeule an seinem Oberschenkel verweist, und der hl. Christophorus, 1530–40, im orientalischen Gewand.

Herzog Adolf I. von Kleve gab dem Beginenhof vom Berge Sion in Kleve 1446 die Erlaubnis zur Errichtung einer Filiale in Kranenburg. Wenig später ist der KATHARINENHOF gebaut worden. Vom mittelalterlichen Bestand blieb das Kellergeschoß erhalten, ein zweischiffiger Saal mit niedrigem, gedrücktem Kreuzgratgewölbe. Ein Brand zerstörte 1528 den Katharinenhof, 1685 wurde er wiederaufgebaut. Im Zweiten Weltkrieg erlitt er abermals schwere Zerstörungen. Seit seiner Wiederherstellung dient er zugleich mit dem benachbarten Mühlenturm an der Stadtmauer als Museum. Im Katharinenhof wird die Sammlung Kasimir Hagen gezeigt, im Mühlenturm religiöse Volkskunde.

Vier Kilometer südlich von Kleve an der Uedemer Straße liegt die Pfarrkirche ST. MARKUS in BEDBURG-HAU. Der Legende nach errichtete hier Graf Ludolf von Kleve um 780 ein kleines Bethaus zum Dank für seine Errettung. Er hatte sich im Walde verirrt. Dreihundert Jahre später stiftete Graf Arnold I. mit seiner Gemahlin Ida das Prämonstratenserkloster Bedburg, das er der Gottesmutter Maria weihte. Die älteste Urkunde datiert erst 1138, setzt aber ein bereits voll bestehendes Kloster voraus. Ursprünglich als Männerkloster gegründet, wurde es schon bald in ein Doppelkloster umgewandelt. Ab 1272 bestand anscheinend allein das Frauenkloster. 1379 war es mit 34 adeligen Jungfrauen besetzt. 1519 wurde das Kloster in ein freiweltliches Damenstift umgewandelt und unter das Patronat des hl. Johannes d. T. gestellt. Während des Spanisch-Holländischen Krieges suchten die Bedburger Stiftsdamen in Kleve Zuflucht. Die Stiftsgebäude verfielen. Die Säkularisation brachte das Ende des Stiftes 1802. Die halbverfallene Kirche übernahm als erster Pfarrer von Bedburg 1804 der letzte Prior des unter Napoleon säkularisierten Dominikanerklosters in Kalkar, Paulus van Laer. Ihm verdankt die Bedburger Kirche einige wertvolle Ausstattungsstücke, die er aus der Dominikanerkirche von Kalkar nach Bedburg überführte. Sein Grab findet sich auf dem Friedhof vor der Kirche.

Die Bedburger Kirche wurde 1124 als romanischer Zentralbau in Kreuzform aus Tuffstein errichtet. Sie ist eine der ältesten Prämonstratenserkirchen im Rheinland. An den mächtigen Vierungsturm wurden nach allen Seiten je zwei Joche angebaut. Um 1450 ersetzte ein gotischer Neubau das Ostschiff. Der Abbruch der Seitenflügel außer dem Ostflügel ließ die Kirche wie einen Torso wirken. Außerdem entbehrte nunmehr der Turm der Widerlager. Immer stärker werdende Risse ließen die Gefahr des Einsturzes befürchten. Nach Plänen des Kölner Architekten Carl Rüdell wurden 1901 die abgerissenen Flügel durch neue ersetzt. Der Baukörper entspricht heute wieder im wesentlichen der einstigen romanischen Kirche.

Die Bedburger Kirche hatte den Stiftern als Grablege gedient. Seit Anfang unseres Jahrhunderts befinden sich die Stiftergräber in der Klever Stiftskirche. Gleichwohl verdient die Bedburger Kirche einen Besuch, nicht zuletzt wegen ihrer guten AUSSTATTUNG. Das Vesperbild ist ein Werk des Meisters Arnt von Zwolle, um 1480 entstanden. Es stammt aus dem Dominikanerkloster Kalkar. Die Zuschreibung an Meister Arnt gründet auf der motivischen und stilistischen Identität des toten Christus mit dem urkundlich gesicherten Grabchristus von St. Nikolai in Kalkar. Aus dieser Kirche kommt auch die Kanzel, um 1500, mit den Statuetten der Evangelisten in flachen rundbogigen Nischen. Das Ornament zeigt den Stil der Renaissance. In der Tradition

265

BEDBURG-HAU · GOCH

BEDBURG-HAU   Die Pfarrkirche St. Markus nach dem Abbruch der Schiffe

der Antwerpener Malerei der 1. Hälfte des 17. Jh., beeinflußt durch die Werkstatt des Peter Paul Rubens, steht das Altarbild der Verehrung der Muttergottes durch Heilige des Dominikanerordens, entstanden um 1630. Eine große Kostbarkeit sind die Glasfenster. Im Chorabschluß des Ostschiffes blieben die Glasfenster im Nazarenerstil erhalten. Die übrigen 43 Fenster aber sind nach Entwürfen von Joachim Klos, 1967/68, angefertigt worden. Auf figürliche Szenen hat der Künstler zugunsten von Symbolen weitgehend verzichtet. Themen der Geheimen Offenbarung des Johannes wählte er für die Fenster aus. In der oberen Region vergegenwärtigen sie das Himmlische Jerusalem, in der unteren die Dämonie des Bösen in dieser Welt. Von der Thematik her ist das Hauptfenster das Dreierfenster über der Westempore. Es stellt den geopferten Christus als Lamm dar mit geöffnetem Buch. Darin liest man das hebräische Wort Kadosch, das bedeutet heilig. Das Lamm steht auf dem Sionsberg oder dem Grundriß einer byzantinischen Stadt. Die vier Evangelistensymbole fehlen nicht. Besonders aufmerksam gemacht sei auf das Gegenüber des neuen Jerusalems und des verkommenen Babylons. Ein Bote verweist auf das Unheil der heillosen Stadt. Die Hure Babylon besitzt einen Schweinskopf. Die babylonische Sprachverwirrung wird durch einen durcheinandergewürfelten Text in griechischen Majuskeln dargestellt. Der Zwölfzahl der Apostel entsprechen zwölf Tore des neuen, des Himmlischen Jerusalems.

Von Bedburg folgen wir der B 9 nach GOCH. Die Stadt liegt in einer Niederung der Niers, westlich des flachen niederrheinischen Höhenzuges. Sie entstand an einer Straße, die im Mittelalter – da sie Rheinzölle umging – als Verbindung zwischen Köln und

Nimwegen bevorzugt war. Graf Otto II. von Geldern (1229–1271) verlieh der Siedlung um 1250 Stadtrechte. Goch wurde nach regelmäßigem Grundriß gebaut und erhielt im 14. Jh. einen Mauerkranz mit 28 Türmen und 4 Toren. Von der mittelalterlichen Befestigung ist wenigstens ein eindrucksvolles Zeugnis übriggeblieben, das STEINTOR. Gebaut ist es als viergeschossiges Doppelturmtor mit spitzbogigen Portalen. Die Flankentürme im Obergeschoß sind ins Zehneck übergeführt. Der Mittelbau besitzt stadtseitig polygonale Eckwarten auf Rundbogenkonsolen. Über dem Feldportal finden sich drei erneuerte Nischen. In der Mitte steht der hl. Georg. Auf den Wappenbildern erkennen wir die Goch'sche Mispelblüte und den preußischen Adler. Heute befindet sich in dem Stadttor das Steintormuseum, das die Geschichte der Stadt dokumentiert. Seine ›Langenberg-Sammlung‹ enthält Holzplastiken des 15. und 16. Jh.

Im 14. Jh. war Goch eine der bedeutendsten Städte des geldrischen Oberquartiers. Seinen Wohlstand verdankte es der Wollindustrie. Die weiten Heidegebiete der Umgebung boten Nahrung für große Schafherden, so daß die Stadt vom Import englischer Wolle weitgehend unabhängig war. Allerdings besaß sie nicht die gleiche Qualität wie die Importware. Schon im Laufe des 15. Jh. wurde die Konkurrenz daher für Gochs Wohlstand bedrohlich. Bürgerlichen Reichtum repräsentiert am eindrucksvollsten das HAUS ZU DEN FÜNF RINGEN, Steinstraße Nr. 1, Anfang des 16. Jh. errichtet, ein dreistöckiger, dreiachsenbreiter Backsteinbau mit zweigeschossigem zinnenbesetzten Stufengiebel zwischen achtseitigen Eckwarten (Ft. 22).

Spätmittelalterlicher Frömmigkeit entspringen die Stiftungen zugunsten der Armen. Jedtken Geirlix stiftete 1455 ein Haus für arme Männer. Es ist ein zweigeschossiger Backsteinbau mit Walmdach. Zwar wurde das Haus 1575 umgebaut und erhielt bei der Renovierung im 19. Jh. eine neue Aufteilung. Doch noch immer zeugt es von der Wohltätigkeit des ersten Stifters. Imposanter noch ist das Frauenhaus. Johann van Boikweit stellte 1504 sein Haus armen Frauen zur Verfügung. Der zweigeschossige Backsteinbau aus zwei rechtwinklig aneinanderstoßenden Flügeln wurde 1657 und 1738 umgebaut. Im Zweiten Weltkrieg erlitten beide Häuser Beschädigungen, die beseitigt werden konnten.

Wie in vielen niederrheinischen Städten trennt auch in Goch eine Straßenzeile die Stadtpfarrkirche ST. MARIA MAGDALENA vom Markt. Die erste Kirche entstand zur Zeit der Stadtgründung. Schutzpatron der Kirche war zunächst der hl. Georg. Doch verdrängte ihn die Verehrung der hl. Maria Magdalena; 1333 wird die Kirche ihr geweiht. Im 15. Jh. erschien den wohlhabend gewordenen Bürgern ihre Pfarrkirche viel zu bescheiden. Sie entschlossen sich zu einem Neubau. Sie ließen das nördliche Seitenschiff in Form einer zweischiffigen Halle errichten. Aber auch dieser Bau genügte den Ansprüchen bald nicht mehr, man fügte dem Mittelschiff das sehr viel größere Südschiff an. Ihm entsprechend hätten Mittelschiff und nördliches Seitenschiff ebenfalls umgebaut und erhöht werden müssen. Dazu reichten die finanziellen Mittel nicht mehr. An dem nicht mehr ausgeführten Plan kann man den wirtschaftlichen Niedergang am Ende des Mittelalters deutlich erkennen. Doch wirkt der Gegensatz zwischen der zweischiffigen Halle und dem erheblich größeren und höheren Südschiff sehr malerisch.

GOCH · ZISTERZIENSERABTEI GRAEFENTHAL

Jan de Beyer, Pfarrkirche und Tertiarinnenkloster in Goch. Rijksprentenkabinet, Amsterdam

Das schönste Kunstwerk der Ausstattung – heute im Pfarrhaus bewahrt – ist eine Holzskulptur des hl. Georg aus dem Anfang des 16. Jh. Der Heilige trägt die zeitgenössische Ritterrüstung, dazu um den Hals den Orden vom Goldenen Vlies. Er steigt über den Drachen hinweg, der sich mit seinem linken Vorderfuß in das Bein des Heiligen krallt. Die Lanze, die St. Georg dem Untier in den Rachen gestoßen hat, ist zerbrochen, daher schwingt der Heilige mit seiner Linken das Schwert. Hingewiesen sei auch auf die thronende Muttergottes, eine Kölner Arbeit aus der Mitte des 14. Jh. An der Rückseite des Thrones finden sich Brandspuren. Sie scheinen die Überlieferung zu bestätigen, nach der die Muttergottesfigur aus dem Bildersturm 1625 gerettet wurde. Die Kanzel ist eine Stiftung des Jahres 1683. Nach Beschädigung im Zweiten Weltkrieg ist sie wiederhergestellt worden. Im Typus und Stil ist sie dem Antwerpener Barock verpflichtet. Am Kanzelkorb finden sich die Halbfiguren der Reliefs Christi, der Hll. Maria Magdalena, Petrus und Georg. Vom Kanzelaufgang blieb die Allegorie des Glaubens erhalten. Die stehende Muttergottes aus dem 2. Viertel des 18. Jh. trägt die habsburgische Kaiserkrone. Um 1900 schuf Alois Langenberg den Apostelzyklus im Chor des Südschiffs.

Der Streit zwischen Herzog Arnold und seinem Sohn Adolf bot Karl dem Kühnen von Burgund den willkommenen Vorwand, in Geldern einzufallen, um das Herzogtum in seine Hand zu bekommen. Die Stadt Goch überließ er seinem Schwager, dem

Herzog von Kleve 1473 als Dank für dessen Hilfe. Den zwangsweisen Anschluß an das Herzogtum Kleve empfanden die Bürger bald schon als Ursache für ihren wirtschaftlichen Niedergang. Den Selbständigkeitsbestrebungen der Stadt suchte der Herzog 1477 durch die Errichtung des Turmes ›Zwinggoch‹ zu brechen. Das geldrische Schloß ließ Herzog Wilhelm der Reiche 1559 umbauen und verschönern. Eine Ansicht Jan de Beyers um 1740 hält die Erinnerung an den heute verschwundenen Schloßbau des klevischen Herzogs fest.

Schon in der Mitte des 16. Jh. gab es auch in Goch protestantisch gesinnte Bürger. Als das Herzogtum Kleve 1614 an Brandenburg fiel, fanden diese die Unterstützung des neuen Herrscherhauses. 1697 konnten die Reformierten das Spital, das sog. Gasthaus am Markt, erwerben und bauten zwei Jahre später die Gasthauskapelle zum Heiligen Geist als ev. Kirche um. Sie ist eine rechteckige, aus Backstein errichtete Saalkirche. Die Fassade wurde 1889 im Geschmack der Neurenaissance stuckiert. 1945 wurde die Kirche bis auf die Umfassungsmauern zerstört, aber bis 1956 wieder aufgebaut.

Nicht weit von Goch bei Asperden gründete Graf Otto II. von Geldern 1248 die ZISTERZIENSERINNENABTEI GRAEFENTHAL. Die Klosterkirche wurde nach der Säkularisation abgerissen, die Klostergebäude blieben zu einem guten Teil erhalten. Erhalten blieb auch das Grabmal des Stifters. Ursprünglich stand es im Chor der Kirche, bei deren Abbruch blieb es an der alten Stelle, nunmehr unter freiem Himmel, stehen. Ein weiteres, nicht unbedeutendes Kloster, war das der Augustinerchorherren in der Gemeinde Hassum. Seit 1849 ist es der Sitz des bischöflichen Collegium Augustinianum Gaesdonk. Die 1437 geweihte Stiftskirche, ein einschiffiger, kreuzrippengewölbter Bau, besticht durch ihre gestreckten Proportionen. Zur Ausstattung gehört eine schöne Mut-

Cornelis Pronk, Blick auf Graefenthal von Südost. 1731. Rijksprentenkabinet, Amsterdam

WEEZE · KEVELAER

tergottesfigur aus dem Anfang des 16. Jh., die dem Meister von Elsloo zugeschrieben werden darf. Das Chorgestühl von 1623 (heute im Kolleg) ist von guter Qualität. In den Formen der Spätrenaissance ist die Kanzel von 1621 errichtet.

WEEZE war im Hochmittelalter Besitz der Abtei Lorsch, die hier die Pfarrkirche St. Cyriacus errichtete. Die weltliche Vogtei übte ein Geschlecht namens Hertefeld aus. Sie übertrugen 1322 ihre Vogteirechte an die Grafschaft Kleve. Dadurch wurde Weeze eine klevische Enklave im Herzogtum Geldern. Während sich die Hertefeld der Reformation anschlossen, blieben die benachbarten Loë, Besitzer der WASSERBURG WISSEN – östlich der B 9 etwa 1 km nördlich von Weeze (Ft. 37, Abb. 115) –, katholisch. Die Burg wird 1213 erstmals erwähnt. Das heutige Herrenhaus stammt im Kern aus dem 16. Jh. Auf alten Ansichten erscheint es als malerischer, mit Türmchen, Erkern und Giebeln reichlich geschmückter Renaissancebau niederländischen Gepräges. Das Dekor beseitigte leider großenteils ein Umbau 1770. Nach Plänen von Vincenz Statz wurde das Herrenhaus 1850 in einem ziemlich trockenen, neugotischen Stil umgestaltet. 1876–78 erbaute der gleiche Architekt die neue Schloßkapelle, die Edward von Steinle ausmalte. Der schlechte Zustand des Gebäudes machte in den letzten Jahren einen abermaligen Umbau notwendig. Er sucht Zweckmäßigkeit und Traditionsbewußtsein zu vereinen. Von der dreiflügligen Vorburg gehören Ost- und Südflügel mit rundem Eckturm noch zur Anlage des 14. Jh. Sie sind zweigeschossige Backsteintrakte mit Wehrganggeschoß. An der Ostseite befindet sich der alte Haupteingang, ein spitzbogiges Portal, flankiert von erkerartig vorgekragten Halbtürmchen. Im 18. Jh. erneuerte man den Westflügel und versah ihn mit einem schönen Torbau. Gleichzeitig erhielt der Südflügel eine neue Hoffassade und ein neues Dach mit krönendem Uhrtürmchen. Zum Wasserschloß Wissen gehört auch eine alte Mühle. Baumumstanden ist Schloß Wissen immer noch recht malerisch.

Von der gotischen Pfarrkirche ST. CYRIACUS des 15. Jh. blieben nach der Zerstörung 1945 nur die Ostteile erhalten. Sie wurden in den Backsteinneubau von 1953/54 einbezogen. Der langgestreckte Chorbau von 1448 dient heute als Taufkapelle. Im Chor findet sich u. a. der Grabstein des Franz von Loë zu Wissen († 1574) und seiner Gemahlin, Sophia von Nesselrode († 1591), mit guten heraldischen Reliefsskulpturen. Von der Ausstattung muß vor allem die schöne thronende Muttergottes aus dem Anfang des 14. Jh., jedoch in neuer Fassung, genannt werden, eine kölnische Arbeit, die von Lothringen her beeinflußt ist. Der Kruzifixus vom Ende des 14. Jh. gehört noch dem Typus der Pestkreuze an, zeigt aber bereits schon den Übergang zum Weichen Stil.

Von Weeze folgen wir der B 9 nach KEVELAER. Als Marienwallfahrtsort erfreut sich die Stadt bis zum heutigen Tag großer Beliebtheit. Ihren Ursprung verdankt sie der Not des Dreißigjährigen Krieges. Kevelaer war damals ein Bollwerk des Katholizismus gegen das Vorrücken der Kalvinisten. Das Gnadenbild ist ein kleiner Kupferstich aus Pergament mit der Darstellung der 1624 durch den Jesuitenpater Brocquart in der Nähe der Stadt Luxemburg aufgestellten Muttergottesfigur, die sich bald größer

Verehrung erfreute. Von einem Leutnant der Kompanie von Mackewitz erhielten der Hausierer Hendrik Busman und seine Frau Mechthilde den Kupferstich mit der Darstellung ›Unserer Lieben Frau von Luxemburg‹ geschenkt, für den sie das Heiligenhäuschen auf der Kevelaerer Heide errichten ließen. Schon bald darauf, 1643–45, wurde die erste Wallfahrtskirche – die heutige sog. Kerzenkapelle – errichtet. Der Bischof von Roermond, zu dessen Diözese Kevelaer gehörte, bestellte 1646 Oratorianer aus Belgien zur Betreuung der Wallfahrt. 1654 wurde der Bildstock mit dem Gnadenbild durch die sechseckige Gnadenkapelle umbaut. Gewiß hatte die Wallfahrt auch eine religionspolitische Bedeutung. Doch wäre es töricht, sie zu überschätzen. Die Wallfahrt nach Kevelaer entsprach dem spontanen, religiösen Bedürfnis der Katholiken in Jülich, Berg und dem Kölnischen. Daher überdauerte sie Aufklärung, Französische Revolution, Aufhebung des Klosters der Oratorianer. Im 19. Jh. nahm die Zahl der Pilger erneut so zu, daß eine neue Marienwallfahrtskirche gebaut werden konnte. Wer heute nach Kevelaer kommt, wird spontan erfahren, daß trotz aller Wandlungen des religiösen Bewußtseins die Wallfahrt nichts von ihrer Beliebtheit eingebüßt hat (Abb. 117).

Darum ist es kein Zufall, daß die Stadt ganz durch die kirchlichen Bauwerke geprägt ist. Mittelpunkt des großen mit Bäumen bepflanzten Platzes, den die Kerzenkapelle, die Basilika und das Priesterhaus rahmen, ist die GNADENKAPELLE, ein sechsseitiger Kuppelbau mit Schmuckgittern (Ft. 21). Die 1664 hergestellte silberne Lectica schließt das Gnadenbild ein. Diese wiederum ist in eine reich verzierte Silberplatte von 1681 eingelassen. Unter dem Gnadenbild befindet sich ein Gedenkstein für den Stifter und seine Ehefrau. 1888 hat Friedrich Stummel die Kuppel der Gnadenkapelle ausgemalt. Wie der Gedenkstein neben dem inneren Seitenportal bezeugt, hat Hendrik van Arssen 1643–45 die ältere Wallfahrtskirche errichtet, die nach den großen für Kevelaer charakteristischen Kerzen den Namen KERZENKAPELLE führt. Sie ist ein einschiffiger gotisierender Backsteinbau. Die Westfassade wird durch die barocke Portalumrahmung ausgezeichnet, über der in einer Nische eine Madonnenstatuette steht. Den Giebel krönt die vergoldete Barockstatue des hl. Michael, der den Drachen tötet. Hauptaltar und Seitenaltäre sind gute Barockarbeiten aus der Zeit von 1645–82. Den Tabernakel des Hochaltars fertigten 1682 die Antwerpener Goldschmiede Jean und Philipe Moermans.

Die Basilika, die neue WALLFAHRTSKIRCHE ST. MARIA, errichtete 1858–64 Vincenz Statz. Sie ist eines der Hauptwerke des Kölner neugotischen Architekten. Friedrich Stummel und seine Schüler haben die Chöre und das Querschiff zu Ende des 19. und zu Beginn des 20. Jh. ausgemalt. Seit ihrer Restaurierung treten die Farben der Wandmalereien wieder leuchtend hervor. Im linken Querschiff befindet sich eine hl. Anna Selbdritt, niederrheinisch, Mitte des 16. Jh.

Ursprünglich gehörte Kevelaer zur Pfarrei Weeze. Seit dem 14. Jh. besteht eine eigene Pfarrkirche. In den 1900 nach Plänen von Caspar Clemens Pickel errichteten neugotischen Bau der Pfarrkirche ST. ANTONIUS wurden zwei Schiffe des spätgotischen Vorgängerbaus von 1472 einbezogen. Am wertvollsten von der Ausstattung ist die im Chorraum aufgestellte Kreuzigungsgruppe aus der Zeit um 1525, die gleichzeitig

271

GELDERN · SCHLOSS HAAG · WALBECK

mit dem Berendonckschen Kalvarienberg am Dom von Xanten (s. S. 168) entstanden, jedoch nicht einheitlichen Ursprungs ist. Unter dem dornengekrönten Christus am Kreuz stehen in zwei Gruppen Maria, die Mutter Jesu, und der Evangelist Johannes, Maria Magdalena und Johannes der Täufer. Diese Skulpturen sind vielleicht Arbeiten des Xantener Meisters.

An die Leiden Kevelaers während des Dreißigjährigen Krieges erinnert das KROATEN-KREUZ am Westrand der Stadt an der Kroatenstraße. Am 1. August des Jahres 1635 wurden nahezu sämtliche Bewohner Kevelaers, die in einer Schanze Schutz gesucht hatten, von Kroaten – Soldaten des kaiserlichen Feldherrn Piccolomini – ermordet.

In einem Bürgerhaus des 18. Jh., Hauptstraße 18, hat das MUSEUM FÜR NIEDER-RHEINISCHE VOLKSKUNDE Unterkunft gefunden. Mit dem Wachsen der Sammlungen waren Erweiterungsbauten notwendig. Das Museum gibt einen Einblick nicht nur in die Volkskunde, sondern auch in die Geschichte der Kevelaerer Wallfahrt. Diese regte nicht zuletzt das Töpferhandwerk zur Schaffung von Marienstatuen und ähnlichem an. Das Töpferhandwerk hat in den niederrheinischen Dörfern und Kleinstädten in Kevelaers Umgebung mehrere Jahrhunderte lang bedeutende Leistungen hervorgebracht. Hervorgehoben werden müssen zwei schöne Hungertücher, das eine eine westfälische Leinenstopfarbeit der Zeit um 1650 mit ständig wiederkehrender Darstellung der Leidenswerkzeuge, der sog. Arma Christi, das andere in herrlicher Farbzusammenstellung (Ft. 34). Das Museum besitzt außerdem eine Kupferstichsammlung des Hendrick Goltzius (1558–1617). Zu den Spezialsammlungen gehört die großartige Sammlung Kinderspielzeug. Die Werkstätten für Mosaik, Glasmalerei, Gold- und Silberschmiede, Wachszieher und Bronzegießer machen Kevelaer zu einem Mittelpunkt vor allem kirchlichen Kunsthandwerks.

Wir folgen der B 9 nach GELDERN im Niersbruch. An die Burg der Grafen von Geldern lehnte sich eine Siedlung an, die um 1230 zur Stadt erhoben wurde. Sie nahm am wirtschaftlichen Aufschwung des Landes teil, doch gelang es ihr nicht, die Führung in der Grafschaft bzw. dem späteren Herzogtum zu behaupten. Hauptort des Geldrischen Oberquartiers war seit 1347 Roermond, während Nimwegen Hauptstadt des Unterquartiers war. Geldern blieb nur die Rolle einer bescheidenen Landstadt. Für das geistige Leben in Stadt und Land gewann das 1306–15 vom Grafen Reinald gegründete Karmeliterkloster eine entscheidende Bedeutung. Seit der Besetzung durch Karl den Kühnen 1473 teilte Geldern mit dem Oberquartier die Geschicke der burgundisch-spanischen Niederlande. Im 16. Jh. gab es auch in Geldern eine kalvinistische Minderheit. Ihr gelang es 1579, das Stadtregiment in die Hand zu bekommen. Ihre intolerante Haltung reizte aber den Widerstand der Katholiken. Schon 1587 vertrieben diese die republikanische Garnison. Seither war Geldern eine Vorhut der Gegenreformation. Im Spanischen Erbfolgekrieg wurde die Stadt von preußischen Truppen besetzt. Im 19. Jh. galt sie als ein stilles, fast langweiliges Landstädtchen. Der Zweite Weltkrieg vernichtete viele Zeugnisse der wechselvollen Geschichte der Stadt. Von der ehem. Stadtbefestigung, die bereits 1764 geschleift wurde, blieben geringe Reste der mittelalterlichen Wehrmauern und ein im 17. Jh. zur Windmühle eingerichteter mittelalterlicher Rundturm. Die Pfarrkirche ST. MARIA MAGDALENA, einstmals Klosterkirche der Karmeliterinnen wurde 1945 bis auf die Umfassungsmauern zerstört. Ein Neubau von Dominikus Böhm, 1952, der die gotischen Umfassungsmauern einbezieht, ersetzt sie. Die gravierte Messingplatte vom Grab der Katharina von Geldern († 1497) mit der Liegefigur der Verstorbenen, heute neben dem Südeingang aufgestellt, stammt aus dem Werkstattkreis des Kölner Meisters Willem Loeman († 1512). Das Gewand der Regentin ist gerafft und mit einem vorn geöffneten Schleier bedeckt. Zwei Hunde, Symbole der Treue, wachen zu ihren Füßen. Auf dem nördlichen Seitenaltar befindet sich die Kopie eines Marienbildes um 1500, Original im Pfarrhaus. Zu Füßen der Gottesmutter zeigt es Katharina von Geldern († 1537), Tochter der Herzogin und Priorin des Augustinerinnenklosters Nazareth, und im Hintergrund die Silhouette der Stadt.

Nach Geldern ist seit der letzten Gemeindereform KAPELLEN eingemeindet. Der Ort besitzt eine dreischiffige kreuzrippengewölbte Kirche aus der 1. Hälfte des 15. Jh., die Pfarrkirche St. Georg. Nach erheblicher Kriegszerstörung konnte sie bis 1959 wieder hergestellt werden. Schön ist die Kanzel von 1714. Zwischen den Ortsteilen Kapellen und Veert – bei letzterem Ort ein alter Mühlensteinbaubetrieb, der besichtigt werden kann – führt ein Weg zum SCHLOSS HAAG. Es war der bedeutendste Adelshof des alten Amtes Geldern. Die gotische Wasserburg entstand um die Mitte des 14. Jh. in der Bruchniederung der Niers. Ihr Gründer war Johann van Boedberg. Im Kampf um Geldern während des Spanisch-Holländischen Krieges nahm Schloß Haag eine Schlüsselstellung ein. Seine Wälle und Mauern wurden 1587 zerstört. Die Reichs- und Markgrafen von Hoensbroich erwarben die Ruine 1622 und bauten das Wasserschloß wieder auf. Berühmt war die Sammlung vorwiegend niederländischer Kunst des 17. Jh., insbesondere der flämischen Gobelins mit Motiven nach Rubens. Zugleich mit dem stattlichen Herrenhaus ging sie 1945 zugrunde. Verschont blieben nur die beiden Vorburgen (Ft. 26). Sie bieten einen noch immer eindrucksvollen Anblick. Charakteristisch sind die Türme. Die innere Vorburg ist eine Dreiflügelanlage mit vier Ecktürmen, über mittelalterlichem Grundriß und unter Verwendung der gotischen Baureste errichtet (Abb. 118). Der Bauperiode des 15. Jh. gehören die Außenmauern des Westtraktes, der viereckige zweigeschossige Torturm an der Südwestecke und der mächtige Rundturm an der Nordwestecke mit seiner hohen Schieferpyramide an. Die Türme an der Ostseite sind Bauten des 17. Jh.

Wir wählen von Geldern die Straße, die über Lüllingen nach WALBECK führt. Der Ort besitzt zwei eindrucksvolle Windmühlen. Seine Kirche, ein zweischiffiger gotischer Backsteinbau wurde 1432 erbaut. Außerhalb des Ortes, nahe an der holländischen Grenze, liegt Schloß Walbeck, das heute als sozialpädagogisches Institut dient, in einem Waldpark mit schönen Laubbäumen, Eichen, Walnüssen, Kastanien. Das Herrenhaus gehört im Kern noch dem 16. Jh. an. Es ist auf quadratischem Grundriß um einen kleinen Binnenhof als Vierflügelanlage errichtet, mit am Dachfuß ausgekragten Ecktürmchen. Einst verlief zwischen ihnen der Wehrgang. Der kastellartige Bau des

273

STRAELEN · HAUS CAEN

Schlosses Walbeck richtet sich nach dem Vorbild der holländischen Kastelle der Nachbarschaft. Dem Herrenhaus ist eine kleine dreiflügelige Vorburg vorgelagert. Als sich die Familie Schenk im 15. Jh. in eine Walbecker und eine Blyenbecker Linie teilte, behielt die erstere das Schloß Walbeck, während sich die letztere das nahegelegene HAUS STEPRATH baute. Aus verschiedenen Bauteilen des 16.–18. Jh. zusammengewachsen, ist Haus Steprath eine zweiteilige Backsteinanlage. Von den doppeltgestaffelten Gräben, die sie einst umgaben, ist nur noch ein Teil erhalten.

Von Walbeck fahren wir zur B 58 in Richtung Straelen. An der Kreuzung Vossum, links abbiegend, erreichen wir HAUS VLASSRATH. Sein Prachtstück ist der ›Vlassrather Kamin‹, gestiftet anläßlich der Vermählung des Johann von Brempt mit Johanna von Berghe-Trips, bedeutsam wegen seiner Darstellung des Waffenstillstands vom 9. April 1609 in Antwerpen, der die Friedenshoffnung nach vierzig Jahren Krieg begründete. Freilich sollte der Waffenstillstand nur 12 Jahre währen. STRAELEN war ursprünglich eine Waldmark, im Westen von der Maas, im Osten von der Niers begrenzt. Ihre Herren waren die späteren Grafen von Geldern. Erzbischof Anno von Köln erwarb die Mark und stattete damit seine Abtei Siegburg aus. Aus dem Haupthof der Abtei, dem Hof des Vogtes und um die Kirche erwuchs eine Siedlung, die spätere Stadt Straelen. Die Vögte und die Stadt führen einen ›Strahl‹, das ist ein Pfeil, im Wappen. Als die Vögte ihre Rechte an die Grafen abtraten, war Straelen wieder geldrisch. 1386 wurde der Marktort von burgundischen Truppen zerstört. Der Herzog von Geldern ließ daraufhin den Ort erneut befestigen. 1428 wurde Straelen zur Stadt erhoben. Ihre Wohlhabenheit im Spätmittelalter spiegelt sich in ihrer Stadtkirche. Der achtzigjährige Krieg zwischen Spanien und den Niederlanden führte zur Verarmung. In unserem Jahrhundert gewann Straelen Bedeutung und neuen Wohlstand als Obst- und Gemüsestadt. Die Schmuckheit der Häuser entzückt jeden Besucher. Die heutige Pfarrkirche ST. PETER UND PAUL wurde vom 14. bis 16. Jh. gebaut. Die vier westlichen Joche mit dem eingebauten Westturm stammen aus der gegen Ende des 14. Jh. errichteten dreischiffigen Backsteinhalle. Von der mit parallelen Satteldächern geschlossenen Halle setzen sich deutlich die nach einem Brand des Jahres 1498 zu Beginn des 16. Jh. errichteten wesentlich höheren Ostteile der Kirche ab: drei pseudobasilikal gebaute Joche unter großem, gestuftem Einheitsdach, mit dreiseitig geschlossenem Chor. Diesen begleiten zwei rechteckige Anbauten, eine Seitenkapelle im Norden und die Sakristei mit achteckigem Treppentürmchen im Süden. Die Halle des 14. Jh. besitzt ein Kreuzrippengewölbe, die spätgotische Pseudobasilika Netzgewölbe im Mittelschiff, Kreuzrippengewölbe in den Seitenschiffen und ein Sterngewölbe im Chor. Den Übergang von der Halle zur Basilika vermitteln die Schrägstellung der Arkaden und die Verzerrung der Kreuzgewölbe im östlichen Joch der Halle auf einfache aber perspektivisch reizvolle Weise. Dadurch wird die Raumwirkung von West nach Ost eindrucksvoll gesteigert. Der Straelener Ostbau steht am Niederrhein vereinzelt da. In seiner Raumhöhe und der Gestaltung des Netzgewölbes im Mittelschiff hat er sein unmittelbares Vorbild in der Pfarrkirche zu Venray im holländischen Limburg. Aus dem Vorgängerbau einer romanischen Kirche gelangte in die Straelener Stadtpfarrkirche das Tauf-

Das Wappen von STRAELEN

becken aus Namurer Blaustein, Anfang des 13. Jh. Es zeigt derbe Reliefs der vier Evangelistensymbole, dazu Geburt und Anbetung des Christkindes zwischen vier Eckmasken. Aus weißem Sandstein besteht das Sakramentshaus der Zeit um 1500. In seinem Aufbau ist es vorbildlich für eine ganze Gruppe von Sakramentshäusern im Raume Jülich Berg. Beachtung verdienen die Antwerpener Schnitzaltäre, der Passions- und der Marienaltar der Zeit um 1525. Die Straelener Pfarrkirche besitzt ein Chorgestühl aus der 2. Hälfte des 15. Jh. Hingewiesen sei auch noch auf den niederrheinischen Schnitzaltar, der aus Braunschweig stammt. Er ist der Gottesmutter geweiht. Angefertigt wurde er in der 2. Hälfte des 15. Jh. Die Fassung jedoch ist neu. Die Malereien auf den Außenseiten der Flügel stammen aus der Zeit um 1600.

Straelen umgeben Herrensitze und Wasserburgen. Malerisch an der Niers – Straße nach Wachtendonk – liegt das im 15. Jh. erstmals erwähnte HAUS CAEN. Das Herrenhaus ist ein zweigeschossiger, im Kern mittelalterlicher Putzbau mit Walmdach und Eckrisaliten. Sein heutiges Aussehen erhielt er im 17. Jh. Aus der gleichen Zeit stammt die Wassermühle. Maximilian F. Weyhe gestaltete 1820–30 den Park im englischen Landschaftsstil. Die Wasserburg Haus Caen durfte noch vor wenigen Jahren als besonders typisch für den Niederrhein gelten. Leider wirken heute Gebäude und Park verwahrlost. Erst unlängst ist die schöne Wassermühle abgebrannt, ein schier unersetzlicher Verlust. Sie soll wieder hergestellt werden.

Wir folgen der B 221 Richtung HERONGEN, heute in die Stadt Straelen eingemeindet. Der Ort entstand aus dem merowingischen Krongut Heringa. König Dagobert schenkte es dem hl. Amandus, dem Bischof von Maastricht. An ihn erinnern die Amanduskapelle und der Amandusbrunnen. Sehenswert sind die beiden Turmwindmühlen, die der Ort besitzt.

Auf der Straße Wachtendonk–Wankum, Abzweigung Aerbeck, erreichen wir HAUS LANGENFELD, den Stammsitz der Familie Spee zu Langenfeld, aus der auch der Jesuitenpater Friedrich von Spee stammt, der Vorkämpfer gegen den Hexenwahn. Auf dem Wankumer Friedhof erinnert ein Grabkreuz an die Familie der Spee.

Von Wankum fahren wir weiter nach WACHTENDONK. Das an der Niers gelegene Städtchen war einer der wichtigsten militärischen und daher auch am meisten umstrittenen Orte im Oberquartier Geldern. Seit 1390 stand es unter geldrischer Lands-

WACHTENDONK · ISSUM

hoheit. Die den Niersübergang beherrschende Festung wurde 1440 an Kleve verpfändet. 1473 erwarb Kleve die Landeshoheit. Doch blieb Wachtendonk ein Zankapfel zwischen Kleve und Geldern. 1538 fiel es mit ganz Geldern an das Herzogtum Kleve. Aber im Vertrag von Venlo 1543 mußte der Herzog von Kleve Geldern an Burgund abtreten und verlor damit auch Wachtendonk. Im Spanisch-Holländischen Krieg wurde die Festung Wachtendonk wiederholt umkämpft. Ihre Bedeutung lassen die 1967–71 freigelegten Ruinen nur noch ahnen. Den Verlauf der ehem. Stadtbefestigung bezeichnet der noch zum Teil erhaltene Stadtgraben. Die Pfarrkirche St. Michael ist von den ringförmig angeordneten Häuserzeilen wie von einem Immunitätsbezirk eingeschlossen. Gegen Ende des 14. Jh. wurde sie als dreischiffige kreuzförmige Backsteinhalle mit überhöhtem Mittelschiff und vorgesetztem, viergeschossigem Westturm errichtet. Den Chor erneuerte man um 1520 und fügte auf der Nordseite des Schiffes die Cabaneskapelle und eine kleine Vorhalle an. Die Beschädigungen durch den Zweiten Weltkrieg konnten bis 1951 wieder beseitigt werden.

Unser Weg führt uns nach ISSUM. Der Ortsname weist auf eine Gründung in fränkischer Zeit hin. Die Herrschaft Issum gehörte im Mittelalter den Grafen bzw. Herzögen von Geldern. Später gelangte sie durch Heirat in den Besitz der Familie von Pallandt. Die mittelalterliche Wasserburg Issum wurde 1556 von Otto Schenk zu Nideggen gestürmt und niedergebrannt. Das neue Burghaus mit rechteckigem Torturm entstand als wasserumwehrte Backsteinanlage in der 2. Hälfte des 16. Jh. Heute dient es Issum als Rathaus. Johann von Pallandt führte 1546 die Reformation in Issum ein. Fast ein Jahrhundert lang stritten Katholiken und Protestanten um den Besitz der Pfarrkirche, bis sich 1685 die Protestanten eine eigene Kirche bauten. Die neue ev. Kirche ist ein klassizistischer Rechtecksaal mit an drei Seiten umlaufender Empore und kassettierter Flachdecke. Der Außenbau und der Westturm wurden 1889 im Stil der niederländischen Renaissance umgestaltet. Die kath. Pfarrkirche St. Nikolaus, in neugotischen Formen von 1888/89 errichtet, besitzt ein Triptychon von 1905, dessen Mitteltafel jedoch ein spätgotisches Gemälde, ein Frühwerk des Derick Baegert um 1460–70 ist. Sein Thema ist die Kreuzannagelung. Einflüsse der Schule des Dirk Bouts kreuzen sich hier mit der Tradition der älteren niederländischen Malerei. Von Issum aus verlassen wir den Kreis Kleve in Richtung Kamp-Lintfort und Rheinberg, oder in Richtung Alpen und Xanten.

276

VI Kempen und der Kreis Viersen

Land um Nette, Niers und Schwalm

KEMPEN war ein alter Kölner Marktort. Nach der für das Erzstift unglücklich ver-
laufenen Schlacht von Worringen wurde die Siedlung für den Kölner Erzbischof als
Bollwerk gegenüber Jülich und Brabant wichtig, als Schutz für das befreundete Geldern. Siegfried von Westerburg erhob darum 1294 den Marktort zur Stadt und verlieh
ihm Uerdinger Recht.

Charakteristisch für die Stadt ist ihre fast kreisrunde Anlage. Noch heute ist der
Rundlingsgrundriß erkennbar (Abb. 125). Ringförmig angeordnete Häuserzeilen bilden eine Art Immunitätsbezirk um die Stadtpfarrkirche. Erzbischof Friedrich von
Saarwerden empfand die bisherigen Stadtmauern von Kempen als unzureichend
und sorgte für eine neue Befestigung. Außer einem Teil der Stadtmauern ist eines der
vier Tore, das KUHTOR, erhalten (Abb. 123). Es ist eines der mächtigsten Tore der niederrheinischen Städte. Als viergeschossiges Turmtor ragt es über die Häuser empor.
Über die Pendentifs beim vierten Geschoß erheben sich achtseitige Eckwarten. Auf der
Stadtseite des Tores befinden sich neben dem Portal zwei Figurennischen. In barocker
Architekturrahmung steht eine Kreuzigungsgruppe, die Spätrenaissancerahmung der
zweiten Nische faßt ein Vesperbild aus der Zeit um 1420. Das Original wurde wegen
der Gefährdung durch Witterungsschäden ins Kramermuseum überführt.

Zur einstigen Stadtbefestigung gehört auch die Stadtmühle, die 1581 auf einem
runden Befestigungsturm errichtet wurde. Erhalten blieb außerdem ein runder Flankierturm des äußeren Peterstors von 1522. Vor allem aber muß die kurkölnische BURG
genannt werden (Abb. 174). Auch sie verdankt ihre Entstehung Erzbischof Friedrich
von Saarwerden, der sie für seine Vögte als Wahrzeichen seiner Macht bauen ließ. Als
Baumeister berief er Johannes Hundt. An der Nordostecke der Stadt baute dieser sie
von 1396–1400 und versah sie mit drei Türmen, Wassergraben und Zehntscheune.
Verschwunden ist die Pracht der fürstlichen Gemächer, die nach 1600 der Burg einen
schloßartigen Charakter gaben. Heinrich Wiethase lieferte im vorigen Jahrhundert die
Rekonstruktionsentwürfe, nach denen 1861–63 die Hauptburg im Sinne der Neugotik

KEMPEN · NEERSEN

wiederhergestellt wurde. Sie stellt sich heute als zweigeschossiger Winkelbau holländischen Typus' mit umlaufendem Spitzbogenfries und den drei Ecktürmen dar. Risalitartig springt der Portalturm des Hauptflügels vor, sein Staffelgiebel ist erneuert. Die Kriegsbeschädigungen konnten behoben werden.

Die Bedeutung Kempens im Mittelalter repräsentiert am schönsten die MARIEN-KIRCHE. Ausgrabungen haben in der Mitte der fünfziger Jahre als Vorgängerbau eine querschifflose Basilika der Zeit um 1200 nachgewiesen. In seinem Kern gehört das Mittelschiff noch zu diesem Bau. Allerdings wurden die Pfeiler später ummantelt. Ebenso stammt der mächtige, viergeschossige Westturm aus dem 13. Jh. Im Spätmittelalter empfand man die romanische Basilika als unmodern und gestaltete sie im 14. und 15. Jh. in mehreren Bauabschnitten zu dem heute noch bestehenden weiträumigen, dreischiffigen kreuzrippengewölbten Bau mit Chorumgang aus. Ins frühe 14. Jh. gehört der Anbau des in fünf Seiten des Achtecks gebrochenen Chors. 1453–60 erhielt der Chor den malerischen siebenteiligen Hallenumgang nach westfälischem Muster mit gesondert abgewalmten Dächern. Schon in der 2. Hälfte des 14. Jh. hatte man das Mittelschiff neu gewölbt und das südliche Seitenschiff gebaut. Das nördliche Seitenschiff entstand gleichzeitig mit dem Hallenumgang des Chores. Erst 1482 wurde die zweigeschossige Sakristei auf der Nordseite des Chores errichtet.

Nicht minder bedeutsam wie die Architektur ist auch die spätgotische AUSSTATTUNG. Besonders eindrucksvoll ist der Chor, dessen ursprüngliche Ausstattung noch ganz erhalten geblieben ist. Im nördlichen Chorumgang finden sich Reste eines spätgotischen Gemäldes, sechs Standfiguren von Heiligen. Es verbindet kölnische Tradition mit Einflüssen aus dem Kreis um Derick Baegert. Der Kölner Dombaumeister, Konrad Kuyn, erhielt 1461 den Auftrag zur Errichtung des Sakramentshauses. Es besteht aus Sandstein und zeichnet sich durch die Eleganz seines architektonischen Aufbaus aus. Verhältnismäßig nüchtern wirken die Figuren in den Nischen seines turmartigen Baus. Das zweireihige Chorgestühl fertigte 1486–92 Johannes Gruter an (Abb. 119). Sehr schön der schmiedeeiserne Marienleuchter von 1508 mit stehenden Engeln als Kerzenhalter und hölzerner Doppelmadonna im Strahlenkranz, über der zwei schwebende Engel eine Krone halten. Die Muttergottesfigur könnte aus einer Kölner Werkstatt stammen. Von den einstmals zwanzig urkundlich bezeugten Altären sind heute noch drei vorhanden, alle Antwerpener Arbeiten. Der wertvollste ist der Hochaltar. Er ist ein Preislied auf Mutter Anna, Maria und die heilige Sippe, farbenfroh und vielfigurig. Adrian van Overbeck komponierte die Schnitzgruppe des Schreins symmetrisch und flächig. Während er den Schnitzgruppen entsprechend auf den Innenflügeln das Leben der Mutter Anna schildert, stellt er auf den Außenseiten das Jüngste Gericht dar. Der Bruderschaftsaltar im südlichen Seitenschiff von 1525 enthält einen Passionszyklus. Dem hl. Antonius ist der Altar des nördlichen Seitenschiffes von 1540 geweiht. Besonders aufmerksam gemacht sei auf das sog. ›freudvolle‹ Vesperbild, im Kern ein Werk des ausgehenden 14. Jh. (Abb. 120). Der Leib Christi ist verloren. Aber das Kunstwerk ist in sich so vollendet, daß sein Fehlen verschmerzt werden kann. Maria wird gerade in diesem Vesperbild als die gütige Mutter erfahren.

Im nördlichen Chorgang befindet sich das Orgelgehäuse aus der Mitte des 16. Jh. Es besitzt vorzüglich geschnitzte Renaissancefüllungen. Köstlich sind die Köpfe, die aus den Ornamenten schauen.

Im 16. Jh. ging die Blüte Kempens zu Ende. Die Stadt hatte unter der Pest 1579–85 zu leiden. Hinzu kamen die konfessionellen Kämpfe. Wiedertäufer und Reformierte wurden nach 1600 vertrieben. Im Hessenkrieg 1641–50 gingen viele Gebäude zugrunde. Kempen teilte das Schicksal der Stagnation mit vielen niederrheinischen Städten. Erst im 19. Jh. begann sich die Stadt wieder zu erholen. Gleichwohl entstanden auch im Zeitalter des Barock bedeutende Gebäude. Manches davon ist verschwunden, nicht zuletzt hat der Zweite Weltkrieg mit seinen Bomben in den historischen Bestand schwere Lücken gerissen. Aber noch gibt es aus dem 17. und 18. Jh. einige wertvolle Gebäude. Die BURSE am Platz vor der Marienkirche konnte wiederhergestellt werden und dient heute der Pfarrgemeinde. Auf dem Katharinenhof, den die Franziskaner 1632 erwarben, entstand fünf Jahre später die KATHARINENKIRCHE, ein einschiffiger kreuzgewölbter Bau mit langgestrecktem dreiseitig geschlossenen Chor und zwei Dachreitern. Kurfürst Clemens August gab 1746 den Auftrag zum Wiederaufbau des Franziskanerklosters. Heute dient es dem Städtischen KRAMERMUSEUM als Domizil. Es zeigt niederrheinische Plastik der Gotik, Wohnkultur des 16.–19. Jh., darunter eine vollständig eingerichtete Küche des 18. Jh., rheinisches Steinzeug. Hinzu kommt eine Dokumentation der Stadtgeschichte Kempens. Ein eigener Raum ist Thomas Hemerken gewidmet, der aus Kempen stammt, und der Rezeptionsgeschichte der ›Nachfolge Christi‹.

Rund um Kempen entstanden eine Reihe Herrenhäuser und Wasserburgen. Einige charakteristische Beispiele seien hier vorgestellt. NEERSEN verdankt seinen Namen der Niers. Die Grenzlage zwischen dem kurkölnischen und jülichen Einflußbereich nutzten die Burgherren zur Errichtung einer weitgehend selbständigen Vogtei. Ihre Nachfolger wurden die Reichsgrafen von Virmond. Nach deren Aussterben residierte ein kurkölnischer Amtmann in Neersen. Die gotische Wasserburg ließ Adrian Wilhelm von Virmond 1661–69 unter Mitverwendung des alten Bestandes in einen dreiflügeligen Schloßbau mit vier quadratischen Ecktürmen umbauen. Heute gehört das Schloß der Stadt Willich – Neersen ist seit der kommunalen Neuordnung ein Ortsteil dieser Stadt. Derzeit wird der Westflügel des Schlosses restauriert. Ein schöner Park gehört zu diesem Komplex.

Doch besitzt Neersen noch einen weiteren Anziehungspunkt. Am Ortsausgang steht die WALLFAHRTSKAPELLE BETH-JERUSALEM, auch Klein-Jerusalem genannt. (Schlüssel bei A. Schilling, Kapellen Nr. 19, oder auch im gegenüberliegenden Bauernhof.) Ihr Stifter war Gerhard Vynhoven (1596–1674), der lange Jahre Feldkaplan und Sekretär des kaiserlichen Generals Jan van Werth war. 1625–28 und 1650 unternahm er Pilgerreisen in das Heilige Land. Unter dem Eindruck der Schrecken des Dreißigjährigen Krieges gelobte er die Errichtung einer Wallfahrtskapelle, die die Gnadenorte des Lebens- und Leidensweges Jesu Christi vergegenwärtigen sollte. Trotz einiger nicht unerheblicher Veränderungen seit dem vergangenen Jahrhundert ist der Gesamtplan noch

279

NEERSEN · VORST · DORENBURG · NETTETAL

Wallfahrtskirche Beth-Jerusalem. Zeichnung von Franz Heinen

genau zu erkennen. Die Kapelle ist ein einschiffiger Backsteinbau mit einem hohen kryptaartigen Untergeschoß, der Unterkirche. Letztere besteht aus einem System von Gängen und Kammern, Kapellen, die die Kindheitsgeschichte des Heilandes darstellen. Den größten Teil des Raumes nimmt eine Nachbildung der Geburtsgrotte von Bethlehem ein. Hier fand auch der Stifter sein Grab. Im Chorraum der Oberkirche steht der Kalvarienberg, eine Antwerpener Schnitzarbeit des 16. Jh. In der Mitte des Schiffes ließ Vynhoven die Nachbildung des Heiligen Grabes errichten und mit einer Kapelle überbauen, deren Aussehen der Jerusalemer Grabkapelle vor dem Brand von 1808 entspricht. Der Kreuzweg im Park bestand ursprünglich aus sieben Stationen, wurde aber bei seiner Erneuerung 1885 der heutigen Ordnung entsprechend auf 14 Stationen erweitert. Die Kreuzigungsgruppe auf dem Außenaltar, an dem an Wallfahrtstagen der Gottesdienst gefeiert wird, stand einst bei der Neersener Pfarrkirche. Erst 1934 wurde sie hierher versetzt. Die Beth-Jerusalem-Kapelle verdankt ihr Entstehen dem gleichen Geist der katholischen Erneuerung wie die Wallfahrt nach Kevelaer.

Bei Neersen entstand das freiadelige HAUS STOCKUM. Von ihm ist das burgähnliche Wohnhaus von 1619 erhalten. Sein von wildem Wein umsponnener Vorbau läßt die

Geschlossenheit der kleinen Wasserburg noch romantischer als viele andere der burg-ähnlichen Häuser am Niederrhein erscheinen. Haus Stockum ist ein zweigeschossiger Backsteinbau mit zwei diagonal korrespondierenden Vierecktürmen, die vorgekragte Schweifhauben krönen.

In der Umgebung von VORST gibt es mehrere spätgotische Häuser. Ihr heutiges Aussehen verdanken sie allerdings den Umbauten des 17.–18. Jh. Am hübschesten ist Haus Neersdonk. Ähnlich wie in Stockum überragen den Mittelbau der Wasserburg zwei Flankiertürme, auch sie mit Schweifhauben gekrönt. Haus Brempt steht auf einer künstlich aufgeschütteten Insel. Haus Raedt wurde im 17. Jh. in ein zweigeschossiges Herrenhaus mit geschweiftem Giebel umgebaut. Den Zweiten Weltkrieg überdauerten der Sechseckturm hinter dem breiten Wassergraben und die Vorburg unbeschädigt. Die ursprünglich zweiteilige Wasseranlage der Burg Gastendonk bei St. Hubert wurde im 19. Jh. durch einen Neubau ersetzt. Erhalten blieb die großräumige dreiflügelige Vorburg von 1627, errichtet in Backstein mit zwei quadratischen Flankiertürmen. Den Torturm krönt ein geschweifter Staffelgiebel. Auf ihn führt eine gemauerte Brücke zu. Der Raveshof ist eine wasserumwehrte Hofanlage des niedersächsischen Typus. Er besitzt noch einen Berfes, einen der letzten bäuerlichen Wehrtürme. Er ist ein zweigeschossiger Fachwerkturm mit wehrgangähnlich vorgekragtem Obergeschoß.

Auf der B 509 erreichen wir von Kempen aus Grefrath im Naturpark Schwalm-Nette. Nördlich der Ortschaft liegt die DORENBURG, ein alter Rittersitz. 1326 wird sie erstmals erwähnt. Im Zweiten Weltkrieg wurde das Herrenhaus stark zerstört. In den Nachkriegsjahren wiederaufgebaut, dient es seit 1972 als NIEDERRHEINISCHES FREILICHTMUSEUM. Im Burggebäude werden bäuerliches Mobiliar sowie bäuerliche und handwerkliche Arbeitsgeräte gezeigt, außerdem Wechselausstellungen veranstaltet. 1978 konnte die Dorenburg eine große Puppenstubensammlung erwerben. Das Freigelände ist den Haus- und Siedlungsformen des Niederrheins vorbehalten. Blumen-, Gemüse- und Baumgärten beleben die Anlage. Herrenhaus und Wirtschaftsgebäude der Dorenburg zeigen sich wieder in einem leuchtenden Weiß (s. S. 298).

Von Grefrath folgen wir der B 509 zur Stadt NETTETAL in der Hinsbecker Schweiz, eingebettet zwischen zwölf Seen und ausgedehnten Laubwäldern. Die Stadt ist aus dem Zusammenschluß der Orte Breyell, Hinsbeck, Kaldenkirchen, Leuth und Lobberich entstanden. Hier gibt es noch eine Reihe sehenswerter Mühlen, darunter die Mühle auf den Hinsbecker Höhen und die Leuther Wassermühle. Versteckt im Wald zwischen Hinsbeck und Leuth liegt auf einer Landzunge in der Hinsbecker Seenplatte SCHLOSS KRICKENBECK. Das Kölnische Kastell gehörte seit 1286 den Grafen von Geldern. Ihren Lehnsleuten, den Herren von Krickenbeck genügte im 16. Jh. die mittelalterliche Wasserburg nicht mehr. Der Plan einer großen geschlossenen Vierflügelanlage mit zwei runden Ecktürmen konnte jedoch nur z. T. verwirklicht werden. Im 19. Jh. wurde das Schloß nach Plänen von Vincenz Statz in einem ziemlich trockenen neugotischen Stil umgestaltet. 1904 erhielt Schloß Krickenbeck nach einem Brand sein heutiges Aussehen. Es entstand ein dreiflügeliger Bau in Renaissanceformen (Abb. 126). Leider ist das Schloß heute unbewohnt. Haus Ingenhoven in LOBBERICH ist als Geldrisches Lehen der

281

LOBBERICH · BRÜGGEN · SCHLOSS DILBORN · OVERHETFELD

Herren von Bocholtz seit 1403 bezeugt. Das Herrenhaus der Wasserburg mit seinen zwei Flankentürmen wurde 1544 erbaut. 1866 fand ein gründlicher Umbau statt. An Stelle der ursprünglichen Hofmauern auf der Ost- und Südseite traten zwei Wohnflügel (s. S. 302). In der Nähe des Herrenhauses am Südende von Lobberich steht auch die alte katholische Pfarrkirche inmitten eines gemauerten Friedhofes. Die ursprünglich kreuzförmige Kirche des 15. Jh. wurde nach Kriegszerstörung 1642 zu einer dreischiffigen gotisierenden Hallenkirche mit quer gestellten Walmdächern über den Seitenschiffjochen erweitert. Im Zweiten Weltkrieg erlitt die Kirche schwere Zerstörungen. Eine umfassende Renovierung erfolgte in den sechziger Jahren. Die heutige Pfarrkirche St. Sebastian, eine neuromanische Backsteinbasilika besitzt ein schönes Versperbild aus Kalkstein, um 1420.

Von Lobberich folgen wir der A 61 Mönchengladbach–Venlo bis zur nächsten Abzweigung Richtung Brüggen, ebenfalls im Naturpark Schwalm-Nette. Seit der kommunalen Neuordnung umfaßt das Gemeindegebiet die ehem. Gemeinden Bracht und Brüggen sowie den Ortsteil Born. Wir erreichen zuerst den Ortsteil BRACHT. 1116 wird Bracht bereits in einer Urkunde der Mönchengladbacher Benediktinerabtei genannt. Der berühmteste Sohn des Ortes ist Hendrick Goltzius, 1558 wurde er hier geboren. Sein Vater stammte vom Goltzhof in Hinsbeck. Schon früh trat seine zeichnerische Begabung hervor. Mit 16 Jahren kam er nach Xanten in die Lehre des niederländischen Stechers und Humanisten Coornhert. Er folgte seinem Lehrer nach Haarlem. Als Kupferstecher bewundert, starb Hendrick Goltzius in der Neujahrsnacht 1617 und fand sein Grab in der Grote Kerk zu Haarlem.

Die Marienkirche in Bracht wurde 1484 errichtet. Allerdings ist ihr zweigeschossiger Westturm 1830 eingestürzt. An seine Stelle trat ein viergeschossiger Neubau. Die Kirche ist eine dreischiffige kreuzrippengewölbte Pseudobasilika. Bemerkenswert ist ihre qualitätvolle Spätbarockausstattung aus dem 2. Viertel des 18. Jh., Eichenholz, teilweise vergoldet: Hochaltar, Seitenaltäre, Chorgestühl, Kanzel. Aus der Mitte des 15. Jh. stammt die thronende Muttergottesfigur, die Ecce Homo-Darstellung ist um 1480 entstanden.

BRÜGGEN war das nördlichste Amt des Herzogtums Jülich. Als Grenzfestung waren Burg und Amt Brüggen oft umstritten. Mehr als einmal wurde die Burg zerstört. Obwohl nur noch teilweise erhalten, ist sie doch bis zum heutigen Tag eine bedeutende Wasserburg am Niederrhein. Einstmals diente sie als Kern einer größeren Festungsanlage, in die auch die Stadt Brüggen einbezogen war. Entsprechend dem Vorbild der kurkölnischen Landesburgen gruppierte sich die Hauptburg des 13. Jh. mit ihren Gebäuden um einen fast quadratischen Innenhof (Abb. 121). Von den drei flankierenden Ecktürmen blieb allein der runde Eckturm am Palasgebäude im Südosten erhalten. Außer dem Palasgebäude an der Ostseite kann man heute noch Reste des gegenüberliegenden westlichen Wohnflügels und des Torbaues an der Südseite sehen. Im ausgehenden 15. Jh. umgab die Hauptburg auf allen vier Seiten eine Zwingeranlage. Erhalten sind heute noch die Reste der südlichen Ringmauer und eines runden Eckturms. Von der südöstlichen Seite aus konnte das Burggelände über eine Zugbrücke erreicht werden. Zum Burgbereich gehört auch eine Wassermühle. Sie wird bereits 1289 erwähnt. Heute ist sie zu einer Gaststätte ausgebaut.

Städtebaulicher Mittelpunkt von Brüggen ist bis in unsere Zeit das einstige Kreuzherrenkloster und die Pfarrkirche St. Nikolaus. Graf Vinzenz von Moers und Saarwerden stiftete das Kloster 1479. Das heutige Gebäude ist ein schmuckloser dreigeschossiger Bau des 18. Jh. mit giebelgekräntem Mittelrisalit. Er wird als Rathaus benutzt. Die ehem. spätgotische Klosterkirche ersetzte nach einem Brand ein Neubau 1751–56, ein einfacher Backsteinsaal mit flachem stuckierten Tonnengewölbe. 1967/68 erfolgte eine Erweiterung der Kirche. Die Ausstattung stammt aus der Mitte des 18. Jh. Bemerkenswert ist der Rokokoaufbau des Hochaltars. Sein dunkelbraunes Holz mit reicher Vergoldung steht in bewußtem Kontrast zum lichten Innenraum.

Auch in Bracht und in Brüggen fand das reformatorische Glaubensbekenntnis früh Anhänger. Wanderprediger hielten die Gottesdienste auf den Bauernhöfen. Unter ihnen auch Peter Fliesteden, der in Köln um seines Glaubens willen das Martyrium erlitt. Die Leiden, die die Reformierten während der spanischen Besetzung 1579–89 zu erdulden hatten, brachten ihnen den Ehrennamen ›Kirche unter dem Kreuz‹ ein. 1699 errichteten die Reformierten in Bracht ihre Kirche, einen einfachen rechteckigen Saalbau mit flacher Holzdecke, in die 1965 eine sogenannte Kölner Decke eingebaut wurde. Die zum Markt gerichtete Giebelseite krönt ein verschieferter Dachreiter als Glockenträger. Den Innenraum beherrscht der Altarkanzelprospekt. In der neuen ev. Kirche von Brüggen steht eine gotische Kanzel. Sie stammt noch von der ersten Predigtstätte, dem ›Haus zum weißen Pferd‹, das die Reformierten 1669 pachteten und für ihren Gottesdienst umbauten.

Von den Herrenhäusern und Burgen um Brüggen ist viel verschwunden. Geblieben ist SCHLOSS DILBORN. 1772 wurde das Wasserschloß errichtet (Abb. 122). Nur die Vorburg mit ihren hervortretenden Ecktürmchen stammt noch aus dieser Zeit, ein zweigeschossiger langgestreckter Backsteintrakt mit Mansarddach und risalitartig vorgezogenen dreigeschossigen Ecktürmen. Um 1830 fügte man dem einen Turm einen kleinen zweigeschossigen Flügel hinzu. In den Jahren vor dem Ersten Weltkrieg lebte der Maler Heinrich Nauen auf Schloß Dilborn. Heute dient das Gebäude als Kinderheim.

Von Brüggen nehmen wir die Straße Richtung Elmpt und folgen der Abzweigung nach OVERHETFELD. Inmitten eines baumbestandenen Platzes liegt die Marienkapelle An der Heiden. Die ursprüngliche Gnadenkapelle von 1703 wurde 1734 um das heutige Langhaus, einen einfachen Backsteinsaalbau, erweitert. Die Barockausstattung mit den beiden Seitenaltären geht auf eine Schenkung von Schloß Dilborn im 19. Jh. zurück. Der Hauptaltar mit dem Gnadenbild der Gottesmutter stammt aus der Zeit der Errichtung der ursprünglichen Kapelle. Hübsch ist das Rokokogestühl der 2. Hälfte des 18. Jh. Die größte Kostbarkeit der Kapelle ist jedoch der flandrische Schnitzschrein mit von Johannes de Valle gemalten Flügeln aus der Zeit um 1530–40. Der Altarschrein wurde in Antwerpen angefertigt. Das Schnitzwerk stellt die Passion Christi dar. Die Malereien der Altarflügel ergänzen die Schnitzereien. Die stilistische Einheit von Schnitzwerk und Malerei beweist, daß der heutige Zustand der ursprünglich beabsichtigte ist. Diese Einheit hebt den Elmpter Altar über viele andere ähnliche hinaus. Hinzu kommt, daß die originale farbige Fassung der geschnitzten Figuren ebenso wie der ursprüngliche Holzschrein erhalten blieben.

Overhetfeld gehört mit Elmpt und Brempt zur Gemeinde NIEDERKRÜCHTEN. St. Laurentius in Elmpt ist eine dreischiffige kreuzrippengewölbte Backsteinhalle des 15. Jh. Querhaus und Chor wurden am Ende des 19. Jh. erweitert. Der Westturm stammt aus dem Jahre 1611. Unmittelbar neben der Kirche liegt Haus Elmpt, Stammsitz der seit dem 13. Jh. bezeugten Herren von Elmpt. Brempt erreichen wir am leichtesten auf der direkten Straße Niederkrüchten/Brüggen/Nettetal. Sehenswert ist die Georgskapelle, wahrscheinlich eine Gründung der Herren von Brempt. Die Burg ist längst verschwunden. Die Kapelle ist ein einschiffiger Bau der Zeit um 1500, aus Feldbrandziegeln errichtet. Im Innern hat sie eine barocke Flachdecke. Kostbar in der Ausstattung ist der kleine hölzerne Kruzifixus von 1060–70, der in der Nachfolge des Gerokreuzes des Kölner Doms steht. Doch besitzt die Georgskapelle noch weitere schöne Skulpturen, darunter die kleine Gruppe des hl. Georg als Drachentöter, sowie eine thronende Muttergottes. Der Retabelaltar der Zeit um 1700 ist in seiner alten Farbfassung erhalten.

Die Kirche St. Bartholomäus in Niederkrüchten bestand ursprünglich aus einer dreischiffigen Halle des 15. Jh. mit vorgesetztem, viergeschossigem Westturm von 1604. 1909 legte man das nördliche Seitenschiff nieder und fügte einen nach Norden gerichteten dreischiffigen Erweiterungsbau in neugotischen Formen an. Die Verbindung zwischen den gotischen und neugotischen Teilen ist recht gut geglückt. Die schöne Barockausstattung konnte 1693 in Roermond erworben werden. Stilistisch steht sie dem Antwerpener Barock des Quellinus-Kreises nahe. Zu ihr gehören drei Altäre, zwei Beichtstühle, die Sitzbänke und nicht zuletzt die feine Kanzel, deren Kopf von Engelvoluten getragen wird und die Reliefs der vier Kirchenväter in Medaillons schmücken. Ihr steht die Kanzel der Kirche St. Peter und Paul in Wegberg nahe.

Die an Niederkrüchten anschließende Gemeinde WEGBERG gehört heute politisch zum Kreis Heinsberg, bildet aber landschaftlich mit dem Schwalm-Nettegebiet eine Einheit. Sie darf als das südliche Tor zum Schwalmtal bezeichnet werden. Im Naturlehrpark Haus Wildenrath werden die für die niederrheinische Landschaft charakteristischen Tiere und Pflanzen gezüchtet. Die für das Schwalmtal einstmals bezeichnenden reetgedeckten Gehöfte des 17. und 18. Jh. sind in einigen Beispielen noch erhalten. Die eben erwähnte Kirche St. Peter und Paul im Ortskern Wegberg entstand im 15./16. Jh. als spätgotische Hallenkirche. Die westlichen fünf Joche des Mittelschiffes und des nördlichen Seitenschiffs wurden in den neugotischen Bau aus der Zeit um 1860 miteinbezogen. Ebenso blieb der viergeschossige Westturm der gotischen Kirche erhalten. Die einstige Kreuzbrüderpropstei, eine große Dreiflügelanlage aus der Mitte des 18. Jh., konnte nach Kriegszerstörung bis 1959 wiedererrichtet werden. Von der Burg Wegberg blieb der alte Turm hinter dem Springbrunnen erhalten. Die Burg selbst ist in ein Hotelrestaurant umgewandelt worden.

Die Burgruine in Wegberg-Tüschenbroich umgeben die Teichanlagen der erhaltenen Mühlen, einer Öl- und einer Wassermühle. Von der spätmittelalterlichen Wasserburg steht der Wohnflügel, im 17. und 18. Jh. weitgehend erneuert. Das rundbogige Eingangsportal gehört dem 17. Jh. an. In dem zum Schloß gehörenden Wald befindet sich hinter der Ölmühle eine Gnadenkapelle aus dem 17./18. Jh. Das Gnadenbild, eine mittelalterliche Holzskulptur, jedoch im 18. Jh. neu gefaßt, steht auf dem Barockaltar.

Noch zu Wegberg gehört dicht an der Stadtgrenze von Mönchengladbach-Rheindahlen KIPSHOVEN. Im Ort, nicht weit von der B 57, liegt die gotische Heiligkreuzkapelle. Fast zierlich wirkt das Backsteinbauwerk, eine dreischiffige Stufenhalle mit Chor. Die jetzt verstümmelte Bauinschrift im Westportal nennt das Jahr 1492, vermutlich das Datum der Grundsteinlegung. Um 1500 dürfte der Bau vollendet worden sein. Seine Hauptkostbarkeit sind die vorzüglichen Wandmalereien. Erst die Renovierung 1968 hat sie wieder freigelegt. Spätgotisches Rankenwerk bedeckt die Gewölbe der drei Schiffe wie auch des Chores. Figürliche Motive bereichern es im Mittelschiff, fast lebensgroße Gestalten: Christus als Salvator, die Apostel, der Erzengel Michael und der hl. Christophorus. Die Hauptszenen des Mittelschiffgewölbes sind der Passion Christi gewidmet. Die Arma Christi, die Leidenswerkzeuge, sind auf Wappenschildern dargestellt. Von den ursprünglich 32 Schildern sind noch 24 erhalten. Doch beschränkt sich die Malerei nicht auf die Arma Christi allein. Die Ranken entfalten sich in Blätter und Blüten, manche erinnern an Tulpen, Margeriten, Glockenblumen, auch der Granatapfel durfte nicht fehlen. Zuweilen wachsen aus den Blumen Figuren, so z. B. die Halbfigur einer Dame mit Kopftuch, die in der Linken einen Handspiegel hält oder eine dudelsackspielende Wildsau. Christliche Symbolik wird in dem Pelikan, der mit seinem Blut seine Jungen nährt und zu neuem Leben erweckt, unmittelbar deutlich.

Wir folgen der Straße Richtung Mönchengladbach und biegen ein in Richtung VIERSEN. Die Stadt war eine geldrische Enklave im Jülicher Land und als solche immer wieder bedroht. Mehrfach mußte sie Kriegszerstörungen über sich ergehen lassen. Verhältnismäßig spät erfolgte der Aufstieg der Stadt. So kann es nicht überraschen, daß lange eine bäuerliche Kultur vorherrschend blieb. Von der einstigen Herrlichkeit Viersens im Mittelalter zeugt allein die Remigiuskirche. Die Bombardierungen 1945 haben die ohnehin spärliche Zahl wertvoller Bürgerhäuser dezimiert. Der Bestand der älteren Bauernhäuser im Land um Viersen ist von den wachsenden Wohnansprüchen bedroht. So nimmt auch diese Zahl immer mehr ab. Den ältesten Bauernhof, laut Inschrift 1661 datiert, den Tho-Riethof, Neuwerker Straße 15, mit eingeschossigem Wohngebäude in Fachwerk und Pultdach an der Giebelseite, erwarb die Stadt Viersen 1963 und hat ihn für Museumszwecke bestimmt. Das älteste Steinhaus im Stadtgebiet stammt aus dem 17. Jh. Es ist das Alte Brauhaus, Gereonstraße 21, ein zweigeschossiges Wohnhaus mit Traufseite an der Straße und Attika mit Giebeldreieck in der Mittelachse. Eine kleine Freitreppe führt zum Eingang.

St. Remigius entstand in der Mitte des 15. Jh. als spätgotische Staffelkirche. 1864–66 wurde das Langhaus nach Plänen von Vincenz Statz instand gesetzt und gegen Ende des Jahrhunderts die beiden Seitenschiffe nach Westen verlängert. Schwere Schäden verursachten die Bomben des Luftangriffs im Jahre 1945. Vom Langhaus überdauerten das Mauerwerk einschließlich der 10 Arkadenpfeiler sowie das Gewölbe

VIERSEN

des südlichen Seitenschiffes. Der Wiederaufbau in den alten Formen erfolgte bis 1963. Von der Ausstattung sei die Standfigur der Muttergottes aus dem 17. Jh. hervorgehoben. Anfang des 18. Jh. entstand das Vesperbild, das aus dem ehem. Pauluskloster in Viersen stammt. Aus dem gleichen Kloster kommen die vier Stallen des Chorgestühls, die sich heute in der neugotischen Hallenkirche St. Helena in Viersen finden. Sie gehören dem 15. Jh. an und könnten in Köln entstanden sein. Einige figürliche Szenen sind erhalten geblieben, so an einer Chorstuhlwange das Relief des Mönches, vielleicht der hl. Franz von Assisi. Erhalten blieben auch vier der Miserikordien, darunter eine Fabelmaske und eine sich bückende Nonne. Bemerkenswert ist auch die geschnitzte Kanzel aus der Mitte des 17. Jh. Ihre Brüstung ist mit Knorpelornamenten reich verziert. In der Hauptzone Christus zwischen den vier Evangelisten. Von Viersen führt uns der Weg nach Mönchengladbach.

Raum für Ihre Reisenotizen

Anschriften neuer Freunde, Foto- und Filmvermerke, neuentdeckte gute Restaurants, etc.

Raum für Ihre Reisenotizen

Anschriften neuer Freunde, Foto- und Filmvermerke, neuentdeckte gute Restaurants, etc.

Praktische Reisehinweise

Von niederrheinischen Bräuchen

Die Veränderungen der sozialen Verhältnisse, die Mobilität unserer Gesellschaft, die Angleichung der Wunschvorstellungen durch die Suggestion der Massenmedien haben – wie in anderen Gebieten Deutschlands – auch am Niederrhein manchen alten Brauch in Vergessenheit geraten lassen. Vieles wird nur noch in der Erinnerung der Chronisten bewahrt. Doch hat es Veränderungen im Brauchtum nicht erst in jüngster Zeit gegeben. Geschichtliche Ereignisse, die zu Wandlungen in Anschauungen und Lebensweisen führten, blieben nicht ohne Einfluß auf den Brauch. Neusser Schützenfest und Rheinischer Karneval in ihrer heutigen Gestalt wären ohne Romantik und Biedermeier wohl nicht entstanden. Trotz aller Verluste an überliefertem Brauchtum hat sich noch genügend erhalten, was der Beachtung wert ist.

Von Pumpen und Pumpennachbarschaften

Charakteristisch für Städte und Dörfer am Niederrhein sind die einfachen, zumeist holz-, seltener steinummantelten öffentlichen Pumpen. Die Kanalisierung der Städte hat sie allerdings inzwischen zu einem guten Teil verdrängt. In Düsseldorf bestanden sie bis zu den siebziger Jahren des vergangenen Jahrhunderts. Bis zum Ende des Zweiten Weltkrieges standen in Xanten noch 21 Nachbarschaftspumpen. Heute gibt es nur noch einige in der Stadt.

Die Pumpennachbarschaft war bis weit ins vergangene Jahrhundert keine private Vereinigung, der man nach Belieben angehören konnte, sondern eine unentbehrliche Nachbarschaftshilfe. Sie garantierte dem einzelnen die Versorgung mit frischem Wasser, half bei Feuersbränden, darüber hinaus aber in jeder Notlage. Das soll sie übrigens noch heute tun. Wenn eine Hausfrau erkrankt, übernehmen Mitglieder der Pumpennachbarschaft die Versorgung ihres Haushaltes. Tritt ein Todesfall ein, stellen die Pumpennachbarn die Sargträger und stiften einen Kranz. Hochzeiten und Jubiläen rufen sie auf den Plan. Kurz, alle wichtigen Ereignisse begleiten sie helfend oder teilnehmend. Zwar hat die Geselligkeit heute die größere Bedeutung, aber die Verpflichtung zur Solidarität ist nicht vergessen. Zu jeder Pumpennachbarschaft gehören die Ämter des Pumpenmeisters und des Kro-

DAS NEUSSER SCHÜTZENFEST

Das Neusser Schützenfest. Festprogramm von 1841. Steindruck. Clemens-Sels-Museum, Neuss

nenmeisters. Bei ersterem war – jedenfalls in Xanten bis zum Ende des Zweiten Weltkrieges – Voraussetzung, daß er Hauseigentümer war. Der Pumpenmeister hatte sich um den Zustand der Pumpen zu kümmern. Der Kronenmeister war sein Assistent und zugleich der Kassierer der Nachbarschaft. Zum Peter- und Paulstag, am 29. Juni, hatte der Kassenbericht vorzuliegen und die Neuwahl zu erfolgen. Heute können auch Frauen Pumpen- und Kronenmeister werden.

Am Johannestag, dem 24. Juni, feierte man die Pumpenkirmes. Sie ist auch heute noch nicht außer Gebrauch. Ursprünglich war sie verhältnismäßig einfach. Die Pumpe wurde zu ihrem Ehrentag neu gestrichen und mit Fichten- oder Birken-grün geschmückt. Der Pumpenmeister lud entweder selbst oder durch Herolde zur Kirmes ein. Die Kirmes begann am Nachmittag mit einem Kaffeeklatsch für die Nachbarinnen, abends kamen die Männer hinzu, der Pumpenmeister hielt ein Loblied auf die Pumpe. Natürlich durfte der Umtrunk nicht fehlen. Manche Pumpennachbarschaften entwickelten im Laufe der Zeit für ihre Kirmes ein regelrechtes Programm mit Vorträgen, kleinen Schauspielen, Liedern und Tänzen. Gibt es auch heute zahlreiche andere Unterhaltungen, so braucht die noch immer gefeierte Pumpenkirmes durchaus nicht anachronistisch zu sein, sofern sie nur das Bewußtsein der Solidarität der Nachbarschaft stärkt.

Das Neusser Schützenfest

Am Anfang des Neusser Schützenfestes (Ft. 11) steht der Zusammenschluß der Handwerksgesellen und Unverheirateten zu einer Junggesellensodalität. Diese bildete 1828 ein Komitee, das die Veranstaltungen der Vogelschützen leiten sollte. Sie war der Anfang der Bürgerschützengesellschaft, wie sie sich seit 1836 nannte. Diese machte allerdings keinen Unterschied mehr zwischen Ständen und Konfessionen, entfernte sich somit von den Statuten der Junggesellensodalität. Bald schon gliederte sich die Gesellschaft in verschiedene Gruppen der Reiter und Grenadiere. Beim Jubiläum 1898, als der Bürgerschützenverein 75 Jahre bestand, gab es bereits 24 Züge der Grenadiere und 11 der Jäger. Am Ende des Zweiten Weltkrieges schien die Schützenherrlichkeit für immer dahin zu sein. Doch die Kraft zur Erneuerung war so stark, daß das Schützenfest in alter Form wiederhergestellt werden konnte. Einen Auftrieb gab das Doppeljubiläum im Jahre 1950 mit der Erinnerung an den Sieg in der Fehde mit Karl dem Kühnen, 1475, und an die Übertragung der Reliquien des Stadtpatrons, des hl. Quirinus, vor 900 Jahren. Seither erfreut sich das Schützenfest stets zunehmender Beliebtheit. Am Festzug beteiligen sich in der Regel 3000–4000 Schützen in den historischen Trachten und an die 50 Kapellen.

Der Neusser Bürgerschützenverein konstituiert sich in jedem Jahr aufs neue. Nur das Komitee bleibt im Kern bestehen. Im kurkölnischen Neuss war es üblich, den Königsvogel in der Pfingstzeit zu schießen

ST. MARTIN · NIKOLAUSTAG

(Pfingstschießen war auch in vielen anderen niederrheinischen Schützenbruderschaften üblich). 1823 bestimmten die jungen Gesellen als neuen Stichtag den 24. August, an dem seit alters her der Bartholomäus-Jahrmarkt gehalten wurde. Mit Rücksicht auf die auswärtigen Besucher beschloß man sechs Jahre später, das Schützenfest auf den Sonntag nach Bartholomäus und den Jahrmarkt auf den folgenden Montag festzulegen. Seither sind Kirmes und Schützenfest im Neusser Sprachgebrauch zu einem Begriff verschmolzen. Zum Samstag, der sechs Wochen vor dem Termin des Schützenfestes liegt, lädt das Komitee nach altem Brauch die Neusser Bürger und Bürgersöhne ein, das Schützenfest aktiv zu begehen. Nach der Zahl der Anmeldungen richtet sich die Größe des Zuges.

Bereits am Kirmessamstag findet der große Fackelzug statt, zu dem sich gegen 20 Uhr das Schützenregiment versammelt. Schon im vergangenen Jahrhundert begannen die Neusser Schützen große Fackeln zu bauen. 1903 waren es bereits zehn Großfackeln aus Holz, Papier und Draht, Werke echter Volkskunst. Bedingung ist, daß die zugrundliegende Idee Originalität besitzt, weder beleidigt, noch der Reklame dient. Die Großfackeln glossieren Erlebnisse und Affären der Stadt. Seit eine elektrische Beleuchtung möglich ist, nehmen die Dimensionen der Großfackeln so zu, daß sie auf ein Fahrgestell montiert werden müssen. Eine Neusser Kirmesfackel – mehrere Meter lang, breit und hoch – soll bewegliche Figuren aufweisen, die gut erkennbar und hell erleuchtet sind. Anfang der sechziger Jahre gab es bereits an die 50 Großfackeln. Dazu tragen die Schützen jeweils ihre eigene Fackel. Den Höhepunkt aber bringt der Kirmessonntag mit der Parade vor dem Schützenkönig.

Martinsumzug und Nikolaustag

In vielen niederrheinischen Dörfern und Städten erfreut sich der Martinsumzug großer Beliebtheit. Otto Brües erinnert sich in seinem Buch ›An den vier Wällen‹ der Jugendtage in Krefeld: »*Ein* Fest sollte man nicht streichen, niemals, das Fest des St. Martin, der mit dem Bettler am vereisten Straßenrand seinen Mantel teilte. Und überdies ist der Tag den beiden überlieferten großen Konfessionen lieb und wert. So habe ich denn als Knabe, ohne daß mein Großvater als Ältester der evangelischen Gemeinde den Kopf geschüttelt hätte, zusammen mit meinen katholischen Schulfreunden diesen Tag von Jahr zu Jahr die ganze Kindheit durch nach festlicher Regel begangen. Wir klebten seit Wochen an den bunten Lampions, wir bastelten die großen Schaufackeln, die man an langen Stangen trug, wir übten unsere Lieder, und kam die Dämmerung des Martinstages, so gingen wir, ein Rudel von Freunden, artig von Haus zu Haus, sangen unsere Strophen, dankten, wenn es Äpfel, Nüsse oder Gebäck in unsere Schülermützen regnete, oder krähten den gereimten Schmähruf, der für die Geizhälse erfunden war. Als ABC-Schützen wagten wir uns nur zu den Verwandten und Bekannten; mit dem Latein kam die Scholarenfrechheit, so daß wir bei jedermann anklopften, mit dem Griechischen steigerte sie sich noch, in der Obersekunda, als das Englische hinzu kam, war auch der Dünkel da, so daß wir den kleineren Brüdern das Feld überließen.«

Auf den Dörfern am Niederrhein war vielfach noch in der 2. Hälfte des 19. Jh. das Martinsfeuer und der anschließende Heischegang Hauptbestandteil des Brauches am Martinstag. Die jungen Burschen liebten es, ähnlich wie sie beim Maien den Maibaum stahlen, den Nachbarn das Brennmaterial zu entwenden. Dieter Pesch schreibt: »Diebstahl nämlich galt am Martinstag als Zauber, er wurde demnach nicht bestraft. Eine Plage wurde schließlich auch das Stehlen der Martinskuchen, der Buchweizenkuchen, die nach dem Backen zum Ausdünsten auf die Fensterbank gestellt wurden. Um dies zu unterbinden, wurden in die Kuchen nicht selten Lappen hineingebacken, oder die Köchin benutzte statt Fett Rizinusöl.« Nach der Entzündung des Martinsfeuers zogen die Jungen vor die Häuser und sangen die Martinslieder. Ein Beispiel aus Süchteln lautet:

> Zint Mäten, Zint Mäten,
> Mer habben noch lang net gehten.
> Eenen Bockerzkook, eenen Eierkook,
> Dä schmeckt os allemoele goot.

Um Exzessen vorzubeugen, übernahmen die Volksschullehrer schon im vergangenen Jahrhundert die Rolle der Brauchtumsträger und organisierten die Martinszüge der Schulklässler und jungen Leute. Gewöhnlich reitet St. Martin als Ritter oder Bischof den nach Schulklassen geordneten Kindern voran. Feuerwehrleute begleiten den Umzug oder übernehmen das Entzünden des Holzstoßes. Martinsvereine sind entstanden, die die Kinder mit Kuchen bescheren und Martinsbälle veran-

Niederländische Pfefferkuchenform (Koekprent), aus Holz geschnitzt

stalten. Dabei darf die Tombola mit der Verlosung der Martinsgans nicht fehlen.

In katholischen Gegenden hatte der Nikolaustag als Tag der Kinderbescherung bis weit ins 19. Jh. eine größere Bedeutung als der Heiligabend. Inzwischen hat die Weihnacht ihn in dieser Funktion längst abgelöst. Gleichwohl ist er nicht ganz in Vergessenheit geraten. Während der Adventszeit sieht man heute in den Schaufenstern der Bäcker- und Konditorläden die ›Klaskerle‹ oder ›Hellejemannskäälcher‹, im Kreis Viersen meist ›Buckmann‹ genannt. Otto Brües berichtet über die ›Klaskerle‹ in Krefeld, daß dort die Bäcker einen Honigkuchen herberer Art verwenden, ohne die Süße, die man anderswo beimischt: »Die Bäcker machen aus dem zähen Teig die wunderlichsten Figuren, Trauben und Körbe, Früchte und

Tiere, die alle tief braun erscheinen. Dazu kommt noch von dem Eiweiß, mit dem das Gebäck bestrichen wird, ein Widerglanz von spiegelnden Lichtern. Man zerschneidet das ganze zu dünnen Streifen und gibt es wie einen Belag auf das schwarze und weiße Brot.« Die Nikolausfeier gibt es im Rheinland schon seit dem frühen Mittelalter am 6. Dezember.

Humor und Frömmigkeit können sich gut miteinander verbinden. Das beweist ein Spruch, den die Kinder früher gerne im Kreise Viersen vor St. Nikolaus sangen:

> Sinter Klos, hellije Mann,
> breng de kleene Kender wat,
> loat de Groote loope,
> die könne sech selvs wat koope.

Fastelovend in Düsseldorf

Die regelmäßige Fernsehübertragung dürfte es inzwischen jedem deutlich gemacht haben, daß es am Rosenmontag nicht nur in Mainz und Köln, sondern auch in Düsseldorf einen originellen Rosenmontagszug gibt. Schon die bergischen Herzöge verbrachten im Spätmittelalter auf ihrem Düsseldorfer Schloß die drei Fastnachtstage in froher Gesellschaft bei Tanz und Schmaus. Aber auch die Bürgerschaft wußte zu feiern. Aus dem Jahr 1497 ist überliefert, daß die Düsseldorfer Handwerksmeister als Schwerttänzer ihre Künste vor dem Herzogshof zeigten. Der romantische Karneval galt der Obrigkeit als Ventil des Freiheitsdrangs. Aufschlußreich ist eine Polizeiverordnung vom 16. Februar 1811: »Keiner, der während der drei Karnevalstage verkleidet oder maskiert über die Straßen geht, darf ohne besondere Erlaubnis des Polizeiamtes Degen, Säbel oder sonstige Waffen tragen. Keiner darf eine Maske oder Verkleidung wählen, wodurch die Sittlichkeit und die öffentliche Ruhe gestört würden. Es ist allen Maskierten auf's schärfste untersagt, mit jemand, wer immer es sein möge, Streit zu suchen oder mit Gewalt in Häuser und Läden einzudringen. Es ist gleichfalls jedermann verboten, die maskierten Personen zu necken oder zu insultieren.«

Der Düsseldorfer Marktplatz. Federzeichnung von Felix Mendelssohn-Bartholdy auf einem Brief an F. Rosen vom 27. Sept. 1833. Original im Museum Heinrich-Heine-Haus, Düsseldorf

Die restriktiven Bestimmungen der Obrigkeit konnten die Lebenslust der Düsseldorfer nicht einschränken. Vom heutigen Karneval meint allerdings Hans Müller-Schlösser in ›Die Stadt an der Düssel‹: »Er unterscheidet sich von dem früheren Fastelovend dadurch, daß er sich von den Straßen zurückgezogen hat und in den Festsälen und großen und kleinen Karnevalsgesellschaften residiert, um dann zwar am Rosenmontag, dem rasenden Montag, in aller Pracht und Herrlichkeit in stundenlang dauerndem bunten Zuge durch die Straßen zu ziehen, ein verwirrendes, mitreißendes Bild der närrischen Fröhlichkeit, des schrankenlosen Übermutes, der sich in tollsten Sprüngen über die Enge des Alltags und über die Widerwärtigkeiten des Lebens hinwegsetzt.« Das Vorbild des Düsseldorfer wie des Kölner Karnevals mit den Maskenbällen, den Büttenabenden, dem Straßenkarneval, den Umzügen hat in vielen großen und kleinen niederrheinischen Städten Eingang gefunden. Die älteren Fastnachtsbräuche sind dadurch verdrängt worden.

Die Dülkener Narrenakademie

In Goethes Nachlaß fand sich ein Schreiben aus Dülken, datiert vom 5. Oktober 1828. In ihm wird ihm mitgeteilt: »Der Hohe Senat der berittenen Akademie der Künste und Wissenschaften, welche seinen permanenten Sitz in Dülken hat, hat in seiner unbegreiflichen Weisheit Ew. Hochmögenden zum Ritter des jungen Lichtes erster Größe geschlagen und zum erlauchten Doktor der Monduniversität promoviert laut beiliegenden Patenten und Orden.« Goethe hat auf den Scherz, wie seine handschriftliche Eintragung verrät, einigermaßen unwillig reagiert. Orden und Diplom ließ er als rheinische ›Absurditäten‹ in seiner Schublade verschwinden.

Die Dülkener Narrenakademie hat mit den Karnevalsgesellschaften gemein, daß sie am 11. 11. das närrische Jahr eröffnet. Sie besitzt auch einen festen Wagen im Dülkener Rosenmontagszug. Doch unterscheidet sie sich von den üblichen Karnevalsgesellschaften durch ihren Charakter als Persiflage auf das Brauchtum von Freimaurern und Illuminaten. Zwar schreibt sie sich eine Herkunft aus dem Mittelalter zu, doch dürfte sie erst in der 2. Hälfte des 18. Jh. entstanden sein. Ihre eigentliche Gestalt gab ihr aber erst der Kandidat der Philologie, Heinrich Weimann, der 1822/23 von Bonn nach Dül-

WALLFAHRTEN · SPEZIALITÄTEN

ken kam. Er hat die Versendung der Diplome, Rezeptionszertifikate und Einladungen angeregt, von denen eine auch der Geheime Rat Goethe in Weimar – wie eben erwähnt – erhalten hat. Als Weimann 1830 Dülken verließ, entbehrte die Narrenakademie des Spiritus Rector. Sie löste sich auf. Wiederbelebungsversuchen war kein rechter Erfolg beschieden. Zwar meinte Ludwig Mathar bereits bald nach dem Ersten Weltkrieg: »Gloria tibi Dülken! Rheinische Schelmerei, harmloses, biedermeierlich gemütliches Schildbürgertum, Steckenpferdritt um die akademische Mühle, Rittertum des aufgehenden Mondes – das alles klingt dem rastlosen, nüchternen zwanzigsten Jahrhundert trotzig jubelnd entgegen aus diesem stolzen althergebrachten Ruf. Aber auch

tiefe Heimatliebe, Vertrauen auf eigene Kraft, starkes offenherziges Selbstbewußtsein. Ja, die Dülkener Gecken, sie können in Eisengießerei, Weberei, Röstereien ganz ernsthafte, bienenfleißige Leute sein. Ihr Narrentum ist typisch für rheinische Wesensart.« Die Wiederbelebung erfolgte erst in den dreißiger Jahren. Am 11. November 1937 stellte Ernst Hellmund, wie Weimann ein Zugewanderter, sich der vollständigen Akademie und zugleich der Öffentlichkeit als Rektor Magnificus vor. Vieles von den Bräuchen der Narrenakademie aus dem frühen 19. Jh. ist nur noch in der Erinnerung geblieben, nicht mehr lebendiges Brauchtum. Doch noch besteht der Narrenritt und als ein Museum besonderer Art die historische Narrenmühle.

Wallfahrten

Wallfahrten und Prozessionen gehören zum Leben der katholischen Kirche. Neben der Fronleichnamsprozession gibt es noch manch andere Prozessionen und Pilgerfahrten. So bereits seit dem Mittelalter die St. Viktors-Tracht in Xanten, die Quirinusprozession in Neuss, die Gotthardus-wallfahrt in Vorst. Kranenburg gehört zu den ältesten Orten mit einer Kreuzwallfahrt. Noch immer hat Marienbaum für die Umgebung eine Bedeutung als Marienwallfahrtsort. Klein-Jerusalem in Neersen vergegenwärtigt die Orte der Heilsgeschichte im Heiligen Land. Alle Wallfahrtsorte aber hat bei weitem Kevelaer überflügelt. Auch die Pilgerfahrten nach Lourdes oder Fatima haben Kevelaer

nichts von seiner Beliebtheit nehmen können: Zur Muttergottes von Kevelaer tragen heute wie eh und je die Menschen von fern und nah ihre Sorgen und erfahren sie als die Trösterin der Betrübten. Holländer und Deutsche treffen sich gerne in Kevelaer.

Vom Düsseldorfer Mostert, dem Alt und dem Rheinberger Underberg

Senf wird vielerorts hergestellt. Der Düsseldorfer, MOSTERT genannt, hat seine besondere Qualität. Gottfried Esser, der ihn seit 1773 herstellte, versprach einen solchen Senf zu liefern »nach hiesiger Landessprache Mostert genannt, welcher von vielen nicht allein gerühmt, sondern auch an weit entlegene Orte versendet wird«. Seine Firma besaß er in der Ritterstraße. Inzwischen gibt es verschiedene Düsseldorfer Mostertfabriken und auch verschiedene Sorten des Fabrikats. »Der alte, gute Düsseldorfer Mostert«, schreibt Hans Müller-Schlösser »ist jedenfalls beißend scharf, hat einen wirklichen Wohlgeschmack und eine schöne braune Farbe. Sie entsteht durch Vermahlen holländischer Senfsaat mit der Schale ... In der Hauptsache wird Senfmehl und Essig zur Mostertbereitung genommen. Es kommen noch einige Gewürze hinzu. Aber die Fabriken wahren ängstlich ihr Geheimnis. Die eine setzt Zwiebel, Knoblauch, Nelkenpfeffer zu, die andere Kardamon, Zimt, eine dritte Estragon, Zucker, Majoran, Ingwer, Fenchel.« Otto Frenzel erfand in seiner 1903 gegründeten Senffabrik den scharfen, den sogenannten Löwensenf.

Der Mostert charakterisiert sich selbst: »Ich ben et, de Düsseldorf berühmt gemacht hät. Kölle hät sine Dom, Esse sine Krupp, äver Düsseldorf hät sine Mostert. Wo gekocht Renkfleesch gegesse wöd, do ben ich bei, on wat wör Stockfesch ohne Mostertszauß oder ene halwe Hahn ohne e Klätschke Mostert? We mich nit kennt on mich frißt löffelwies wie Äzezupp, dem vergeht dr Odem. Ich ben nix för zarte Gemöter. Wer mich nit verdrage kann, de moß sich nit wondere, dat' em de Oge öwergont, wenn ich 'em op de Zong koom. Mer süht es manch eenem nit aan, wat en 'em es. Dröm moß mer mich met Vörsicht on Verstand geneeße.«

Was dem Kölner sein Kölsch, das ist dem Düsseldorfer sein ALT, ein obergäriges Bier. Es muß richtig uerig sein. Man kann das Uerige überall in Düsseldorf trinken, aber besonders gut in der ALTSTADT. Sie mißt nur einen knappen halben Quadratkilometer und beinhaltet dennoch eine ganze Welt. Im Westen wird sie vom Rhein, im Osten von der Heinrich-Heine-Allee mit dem Hofgarten, im Norden von der Kunstakademie und im Süden von Banken und Verwaltungen begrenzt. Auf diesem engen Raum finden sich Kirchen und Klöster, die Kunsthalle, das Kom(m)ödchen, Boutiquen, Läden und last not least an die 200 Wirtschaften oder Gaststätten. Letztere haben der Altstadt den Ruf eingetragen, die längste Theke der Welt zu besitzen. Man kann hier alles finden, das Heimische, wie das Exotische. ›Der Uerige‹ ist ein uralter Brauereiausschank, eine Mischung von Stehbierhalle und rustikalem Gasthaus. Hier und in den anderen Düsseldorfer Kneipen fließt das Altbier aus dem Faß, bietet die heimische Küche deftige Speisen: ein Röggelchen mit Käse und Blutwurst, Kasseler mit Kraut oder Rheinischen Sauerbraten. Die Tische sind blank gescheuert. Selbstverständlich gibt es auch die Pizzerien. Pizza ist längst heimisch geworden. Wer jugoslawisch oder chinesisch oder französisch essen will, kommt ebenfalls auf seine Kosten. Vergnügen und Gemütlichkeit wird groß geschrieben. Nepp ist selten. Manche andere Stadt beneidet Düsseldorf um seine einzigartige Altstadt, aber sie scheint unwiederholbar zu sein.

Wer sich den Magen verdorben hat, greift zum UNDERBERG. Gegründet wurde die Firma Underberg im vergangenen Jahrhundert, genau am 17. Juni 1846 in Rheinberg. Die Anfänge waren bescheiden, aber schnell schon fanden die Erzeugnisse An-

297

KÜCHE UND KUNSTGEWERBE

klang, so daß die Firma ihr großes Fabrikgebäude bauen konnte. Es begann mit dem Bitterfabrikat Boonekamp of Maag-Bitter. Zum Warenschutz ließ sich die Firma ihr Fabrikat als Underberg Boonekamp 1898 mit dem Wahlspruch ›Semper idem‹ patentieren. Auf das Wort Boonekamp verzichtete man bald. Seit dem 14. Oktober 1916 heißt die Warenbezeichnung schlicht Underberg. Der Wahlspruch ›Semper idem‹ garantiert die stets gleiche Qualität.

Und was steht auf der Speisekarte?

Spargel ißt man gerne am Niederrhein. Als Spargeldorf gilt Geldern-Walbeck. Berühmt ist der Gemüse- und Blumenmarkt in Straelen. Für ›Salat untereinander‹ verwendet man nach altem Rezept in Kalkar Kartoffelpüree, mit Sahne und ausgelassenen Speckscheiben verfeinert, zum Schluß mit Endiviensalat untermischt. Das Gericht muß sofort serviert werden.

Zu einem Festessen im Gebiet zwischen Rheinberg und Xanten gehört zunächst eine Suppe mit Rindfleisch, Eieinlage und Klößchen, dann Suppenfleisch mit Senf und Gurken, danach Rindfleisch oder Schweinebraten mit Salzkartoffeln, Erbsen, Möhren, Bohnen, Spargel oder Blumenkohl. Es sollten zwei bis fünf verschiedene Arten Gemüse gereicht werden. Als Abschluß gibt es Pudding mit Sahne oder Weincreme.

Die Museumsgaststätte ›Zur Post‹ auf dem Gelände des Niederrheinischen Freilichtmuseums Dorenburg in Grefrath erweitert ihren Namen als Pannekooke-Huus. Der Name enthält das Programm. Die Gaststätte versteht sich als Spezialitätenrestaurant für niederrheinische Gerichte. Außer den verschiedenen Arten von Pfannkuchen stehen auf dem Speisezettel: Roggenbrot mit Griebenschmalz, Stielmus, Karbonade, Bockerskook, Panhas, Weck mit Kruut. Unmöglich die Rezepte im einzelnen zu erklären. Man muß die Gerichte selbst versuchen. Übrigens soll auf der Bahn neben der Gaststätte das einst beliebte, aber fast vergessene Bügelspiel wieder gepflegt werden können.

Textil hat Tradition

In Städten wie Krefeld und Mönchengladbach hat die Textilindustrie eine lange Tradition. Davon zeugt das Rheydter Schloßmuseum. Hier sind die alten Webstühle noch stundenweise in Aktion. Man erinnert sich in Krefeld und Mönchengladbach jedoch nicht nur der einstigen Webtradition, man geht auch mit der Mode. Krefelder Modegeschäfte wissen, wie eine Frau sich anziehen muß. Düsseldorf schien in der Vergangenheit einen Vorsprung an Eleganz zu besitzen. Heute können sich Krefeld und Mönchengladbach daneben durchaus behaupten. Von dem Etikett ›Chic der Mittelklasse‹ will Mönchengladbach wegkommen. Es konnte

Detail von einem persischen Seidenstoff aus dem 17. Jahrhundert. Textilmuseum, Krefeld

gerade hier, vor allem für die Niederländer, eine Lücke schließen. Die Tagesmode war im niederländischen Angebot nicht genügend vertreten. Hier bot sich für Mönchengladbach ein guter Markt. Produziert wird aber auch Mode für die höchsten Ansprüche. Der Name van Laack, einst reserviert für ›königliche Hemden‹, gilt heute auch für die Kollektion der Lady van Laack.

Von der Bauerntöpferei zur modernen Keramik

Die reichen Tonerden im Gebiet um Kempen und um Geldern boten die Voraussetzung für eine vielfältige Bauerntöpferei, deren Erzeugnisse man in manchen niederrheinischen Museen, so in Kevelaer und in Krefeld, bewundern kann. 300 Jahre lang dauerte diese Manufaktur, bis sie durch die Industrialisierung im 19. Jh. zum Erliegen kam. Heute jedoch gibt es eine Reihe Künstler, die sich den Arbeiten in Ton wieder zugewandt haben, so im Landkreis Viersen. Anneliese Langenbach hatte viele Jahre in ihrem Düsseldorfer Atelier als Holzbildhauerin gearbeitet, ehe sie 1963 nach Tönisberg übersiedelte, einer einstmals berühmten Töpferstadt, und damit begann, Plastiken aus Ton zu bauen. Ihr Interesse gilt der Gestalt des Menschen, insbesondere der Frau. Horst Göbbels lebt seit 1972 in Hinsbeck. Er konzentriert sich auf die Erfindung von Gefäßen. Charakteristisch ist das von ihm gefundene Hinsbecker Grün, eine gelblichgrüne Glasur aus Formsand. Tierplastiken stammen aus der Hand von Dietrich Feller in Grefrath-Vinkrath. Beispiele, die zugleich für andere stehen mögen.

Künstlersiedlungen

Hinsbeck wird zuweilen Worpswede verglichen. In und um Hinsbeck leben in der Tat zahlreiche Künstler: Maler, Bildhauer und Graphiker, darunter manche Landschafter. Eine andere Künstlerkolonie hat sich in den zwanziger Jahren um Marienthal gebildet. Die stille Landschaft übt immer wieder ihren Reiz auf Maler und Bildhauer aus.

THEATER

Niederrheinische Theaterlandschaft

In DÜSSELDORF gibt es eine lange Schauspieltradition, die sich mit den Namen von Immermann, Louise Dumont und Gustav Lindemann verbindet. Gustav Gründgens hat nach dem Zweiten Weltkrieg die Schauspieltradition erneut begründet. Er knüpfte noch einmal bewußt an die zwanziger Jahre an, an ihre Art des Denkens, an ihre Spielmöglichkeiten. Karl-Heinz Stroux führte dieses Erbe fort. Direkte Konfrontation mit der Aktualität wurde dabei vermieden. Man deutete sie lieber in Parabeln an. Das wurde erst anders in dem neuen 1970 eröffneten Theatergebäude, als zwei Jahre später Ulrich Brecht die Leitung übernahm. Sein Versuch, das Theater zu politisieren, ist gescheitert. Unter Günther Beelitz hat sich das Düsseldorfer Schauspielhaus wieder gefangen. Einen anspruchsvollen Spielplan bieten auch die Kammerspiele Düsseldorf. Ein breit gestreutes Stammpublikum hält dem Kom(m)ödchen die Treue, dem ältesten literarischen Kabarett der Bundesrepublik. Boulevardtheater zeigt die Komödie. Daneben gibt es die Kleinbühnen: das Marionettentheater Zangerle in der Bilker Straße, das Kneipentheater in der Oberkasseler Kneipe Zille. Peter Kuiper führte dort mit großem Erfolg ›Fall Keefman‹ auf und ging jüngst mit seinem neuesten Stück ›Mariechen von Nimwegen‹ in die Berger Kirche in der Düsseldorfer Altstadt. Düsseldorf und Duisburg haben sich hinsichtlich der Oper zu einer Theatergemeinschaft zusammengetan, der ›Deutschen Oper am Rhein‹. Ihre Aufführungen werden ergänzt durch die des Studios der Deutschen Oper in Zusammenarbeit mit dem Robert-Schumann-Institut in Düsseldorf, der Hochschule für Musik Rheinland. Das Planetarium dient heute als Konzerthaus.

DUISBURG hat in den letzten Jahren besonderes Interesse durch seine programmatischen Aufführungen erweckt, vor allem durch seine Shakespeare-Woche, zu der zahlreiche Gäste geladen waren. MÜLHEIM hat seit einigen Jahren mit seinen Dramatikerwettbewerben besonderes Profil. Die Mülheimer Theatertage haben weit über die Grenzen Nordrhein-Westfalens Aufmerksamkeit gefunden.

Theater in den kleineren Städten steht immer vor großen Schwierigkeiten finanzieller und organisatorischer Art. Die Versuche zum Zusammenschluß, um diese Schwierigkeiten zu überwinden, sind nur z. T. von Erfolg gekrönt. Die Theaterehe Krefeld–Mönchengladbach hat sich offensichtlich bewährt. Dinslaken und Kleve hingegen trennten sich wieder. Kleve will nun mit Neuss kooperieren.

Frauen in leitenden Positionen, gar als Intendant eines Theaters, sind selten. Die Burghof-Bühne DINSLAKEN leitet Katrin Türks. Gespielt wird im Sommer bei gutem Wetter in der Arena vor den historischen Teilen der Burg Dinslaken, ansonsten in der Stadthalle. Bemerkenswert ist, daß die Stadtbibliothek den Spielplan durch ein entsprechendes Leseangebot unterstützt. KLEVE bietet neben dem Spielplan des Theaters am Niederrhein als Besonderheit das Theater Klick; für die Spielzeit 1978/79 gibt es eine Serie über Komödiendichter und Komponisten. Wie Dinslaken hat auch MOERS neben den Aufführungen im Schloßtheater seine Freilichtaufführungen. Trotz des nicht gerade seltenen Regens behaupten sich die Frei-

lichttheater in BIRTEN und in ZONS. In Birten gibt man gerne Komödien, in Zons Märchenspiele.

Neben den Theaterveranstaltungen sollten die Aktivitäten genannt werden, die von MUSEEN ausgehen. Besonders einfallsreich ist das Programm des Regionalmuseums Xanten. Es lädt zu Konzerten und Filmvorführungen ein und bemüht sich besonders um die Jugend.

Der Düsseldorfer Filmemacher Lutz Mommartz schuf jüngst einen Film, dem er den Namen ›Der Garten Eden‹ gab. Nach einer alten Legende soll der Paradiesgarten irgendwo am Niederrhein im deutsch-holländischen Grenzgebiet liegen. Der Film gliedert sich in zwei Teile. Im ersten sieht man den Autor auf der Suche nach dem Garten Eden, im zweiten Teil findet er ihn beim Schenkenschanzer Schützenfest.

Zu Gast auf Burg oder Schloß

Soweit die Schlösser nicht als Museen erschlossen sind, sondern sich noch im privaten Besitz befinden, sind sie nur schwer zugänglich. Dennoch gibt es am Niederrhein durchaus die Möglichkeit, auf einem Schloß oder einer Burg zu Gast zu sein. So wurde Burg Ingenhoven in ein Hotel umgewandelt. Erstmals wird Ingenhoven als Bauernhof im Besitz der Herren von Bocholtz in einer Chronik zum Jahre 1326 erwähnt. Von einer Burg ist bereits im Lehensregister des Herzogtums Geldern 1403 die Rede. Der ehem. Rittersitz ging in den Besitz der Gemeindesparkasse Lobberich über und gehört heute der Stadt Nettetal. Der Plan, die Burg als Hotel zu nutzen, drohte lange an der Höhe der Restaurierungskosten zu scheitern. Schließlich fand sich ein wagemutiger Pächter. Er will außerdem niederrheinische Künstler zu regelmäßigen Ausstellungen einladen.

Ebenso neu entstanden ist das Hotel auf Burg Winnenthal bei Xanten. Auch hier wird Altes mit Neuem verbunden. Da der Inhaber sich für Lateinamerika interessiert, bietet er eine ständige Ausstellung paraguayischen Kunsthandwerks an. Burgrestaurants gibt es mehrere, so z. B. in Brüggen oder die Schloßgaststätte von Schloß Rheydt. Am Hariksee im Schwalmtal findet sich das Inselschlößchen.

Burg Linn

Wer eine alte Mühle bevorzugt, findet sie sowohl in Brüggen als am Hariksee. Dort sind es die Mühlrather Mühle und der Mühlrather Hof. Genug der Beispiele. Sie sollen nur Hinweise sein.

Reiten, Radfahren, Angeln

Der Niederrhein mit seinen geringen Erhebungen bietet dem Radfahrer willkommene Erholung. Übrigens kann man Fahrräder auch bei den Bahnhöfen der Deutschen Bundesbahn entleihen. Die Radtour läßt die verborgenen Schönheiten und kunsthistorischen Kostbarkeiten leichter entdecken als eine allzu schnelle Autofahrt durch das Land. Neben dem Fahrrad erfreut sich der Reitsport zunehmender Beliebtheit. Das Angebot der niederrheinischen Gemeinden ist reichhaltig. Auch der Angler kommt auf seine Kosten. Zwar ist der Rhein selbst infolge der Industrialisierung fischarm geworden. Doch gibt es genügend kleinere Flüsse und Seen, nicht zuletzt Fischzuchtanlagen. So veranstaltet die Fischzucht Niederrhein Forellenhof Sonsbeck an den Sonntagen regelmäßig ein Preisangeln.

Was es sonst noch gibt

Naturschutzgebiete laden zum Wandern ein. Den Kindern bietet Elten einen Märchenberg-Naturpark. Ein Cowboydorf fehlt dort nicht. Ein Indianerdorf gibt es für die Kinder im Natur- und Tierpark Schwalmtal. Wer einen Abstecher in den Kreis Heinsberg macht, findet in Selfkant-Tüddern Gelegenheit zu einer Autosafari zu Großwild. Wer traditionelle Erholung sucht, dem bietet Schermbeck Planwagenfahrten an, Sonsbeck Kutschfahrten. Segel- und Rundflüge sind möglich von Hünxe-Dinslaken, Flugplatz Schwarze Heide, Kamp-Lintfort, Flugplatz Saalhoff, und Wesel, Flugplatz Römerwardt. Die Seen laden zum Segeln ein. So läßt sich eine Kunst- leicht mit einer Erholungsreise verbinden. Der Zusammenklang von landschaftlicher Schönheit, kleinen und großen Kunstwerken, vielfältigen Sportmöglichkeiten macht den Besuch des Niederrheins erlebnisreich.

Zum Schluß nach ein Hinweis. Die Museen sind in der Regel am Montag geschlossen. Manche Museen machen überdies eine Mittagspause. Wenn Sie beim Besuch einer Kirche nicht die Enttäuschung erleben wollen, daß sie geschlossen ist, dann melden Sie sich vorsichtshalber frühzeitig an. Da die Kirchendiebstähle inzwischen zur Plage geworden sind, nimmt die Zahl der Kirchen, die außerhalb des Gottesdienstes grundsätzlich geschlossen sind, immer mehr zu.

Fotonachweis

Amt für Fremdenverkehr und Wirtschaftsförderung der Stadt Düsseldorf (Foto Gräf) Farbt. 2

Anthony-Verlag, Starnberg (Hanisch) Abb. 88

Bavaria-Verlag, Gauting (Ruth Hallensleben) Abb. 48, 60; (J. Jeiter) Abb. 79; (M. Jeiter) Farbt. 20

Ruth Hallensleben, Wuppertal Abb. 52

A. Herold, Gerbrunn Farbt. 30

Michael Jeiter, Aachen Einband Rückseite; Farbt. 7, 17, 22, 28; Abb. 4–15, 17, 27, 40, 44, 45, 50, 57, 61, 64–70, 72, 74, 75, 77, 78, 80–85, 94–98, 101, 106–109, 111, 123, 124

Ruth Kaiser, Viersen Abb. Seite 105

Gerhard Kerff, Hamburg Farbt. 15, 16; Abb. 16, 35, 87, 105, 121

Walter Klein, Düsseldorf Einband vord. Innenklappe; Abb. 28–31

Landesbildstelle Rheinland, Düsseldorf Abb. 23–26, 51, 62

Landeskonservator Rheinland, Bonn Abb. 86, 99, 104, 110

Ruth Lauterbach, Neuss Abb. 54, 55, Seite 14

Wulf Ligges, Flaurling Einband Vorderseite; Farbt. 1, 3–6, 9, 11–14, 18, 19, 21, 23–26, 29, 32, 33, 36, 37; Abb. 1, 2, 18–21, 33, 36, 39, 41, 46, 53, 56, 63, 76, 89–93, 102, 115–117, 122, 126, 127

Bildarchiv Foto Marburg Abb. 100

Rheinisches Bildarchiv, Köln Frontispiz, Abb. 113

Rheinisches Landesmuseum, Bonn Abb. 71, 73

L. Ströter Abb. Seite 18, 19, 20, 152

Aero-Foto Schwarzer, Mönchengladbach Abb. 3, 22, 47, 49, 58, 59, 103, 112, 114, 118, 125 (freigegeben Reg.Präs. Düsseldorf 06/H 175, 06/1122, 06/H 662, 06/702/03, 06/552/10, 06/789, 06/948/71, 06/H 585, 06/H 264, 06/H 700, 06/H 528)

Günter Voss, Köln Farbt. 8, 27, 31, 34, 35; Abb. 32, 34, 119, 120

Wilhelm-Lembruck-Museum der Stadt Duisburg Abb. 37, 38, 42, 43

ZEFA, Düsseldorf (W. Westermann) Farbt. 10

Register

Namensverzeichnis

A = Architekt u. Baumeister, B = Bildhauer, G = Glasmaler, Go = Goldschmied, Ing = Ingenieur, M = Maler, Sch = Schnitzer, St = Stukkateur
Bei den Erzbischöfen und Äbten wurden die Vornamen bei der alphabetischen Einreihung berücksichtigt und wie bei den Herrschern die Regierungsdaten angegeben.

Achenbach, Andreas (M)   13, 66, 143
Adalbero, Abt v. Mönchengladbach
  (1090–1110)   101
Adolf, Graf von Berg   29
Adolf, Herzog von Geldern   23, 268
Adolf I., Graf von Kleve-Mark (1368–1394)
  228
Adolf I., Herzog von Kleve (1394–1448)
  186, 189, 203, 205, 209, 223, 228, 264
Albert (Go)   140
Alberts, Nikolaus (Sch)   231
Albertus Aquensis († um 1162)   140
Albrecht I., König (1298–1308)   199
Albuzzio, Giuseppe Antonio (St)   57
Aldegrever, Heinrich (Kupferstecher)   215
Amandus (Hl.), Bischof v. Maastricht   275
Amplonius Rating de Berka   201
Anastasius I., oström. Kaiser (491–518)
  79
Anno II., Erzbischof v. Köln (1056–1075)
  21, 274
Arenberg, Prinz Johann von   149
Arnold I., Graf von Kleve (1117–1142)
  228, 265
Arnold, Herzog von Geldern († 1473)
  23, 268
Arnt van Tricht (B)   162, 168, 210, 215, 216,
  220, 223
Arnt von Zwolle (B)   210, 211, 213, 231, 258,
  265
Arssen, Hendrik van (A)   271

Backerweerd, Willem (A)   208, 219
Bader, Walter   19, 152, 158, 162

Baegert, Derick (M)   166, 190, 211, 276, 278
–, Jan (M)   166, 253
Baen, Jan de (M)   232
Barlach, Ernst (B)   68
Baumeverd, Dieter G. (A)   259
Baur, Ludwig (M)   194
Beckerath (Krefelder Familie)   100
Beckmann, Max (M)   65
Beelitz, Günther (Theater)   300
Behrens, Peter (A)   64
Belling, Rudolf   Abb. 38
Berendonck, Gerhard (Kanoniker)   168, 272
Bernts, Heinrich (B)   218
Beuys, Joseph   66, 149, 251
Beyer, Jan de (M u. Z; 1703–1785)   12, 97,
  220, 269
Beyer, Konrad (A)   104
Bienen, Hildegard (B)   190
Bissier, Julius (M)   65
Bocholtz, Herren von   282, 302
Bodt, Jean de (A)   192
Boedberg, Johann van   273
Böhm, Dominikus (A)   138, 190, 273
–, Gottfried (A)   138
Bonatz, Paul (A)   64
Bongard, Hermann (Büchsenmacher)   145
Bongartz, Otto (A)   197
Borger, Hugo (Museumsdirektor)   19
Bouts, Dirk (M)   276
Branden, Mathäus van den (Sch)   57
Brecht, Ulrich (Theater)   300
Brües, Otto (Schriftsteller)   292, 293
Bruno I., Erzbischof v. Köln (953–965)
  20, 164

305

REGISTER

Bruno II., Erzbischof v. Köln   72, 104
Bruyn, Abraham   108
Bruyn, Barthel d. Ä. (M)   163, 164, 187
Buis, Johann Badis   166
Busch, Julius (A)   104
Bylandt, Familie von   100

Cäsar, Gajus Julius (100–44 v. Chr.)   16
Campen, Jakob van (A)   232
Campendonk, Heinrich (M)   111, 194
Carus, Carl Gustav (M)   66; Abb. 25
Chagall, Marc (M)   65; Abb. 28
Chlodwig I., König d. Franken (481–511)   19
Christian, Propst in Knechtsteden († 1151)   140
Cladders, Johannes (Museumsdirektor)   106
Clauberg, Johannes (Rektor d. Universität Duisburg; † 1665)   70
Clemen, Paul   147
Clemens August, Kurfürst u. Erzbischof v. Köln (1723–1761)   77, 139, 279
Cornelius, Peter (M)   13, 26, 60
Coters, Colijn de (M)   198
Couven, Johann Josef (A)   54, 58, 59
Cranach, Lucas d. Ä. (M)   66
Cremer, Johann Peter (A)   61
Cuvilliés, François de (A)   144

Deilmann, Harald (A)   109
Derick, Jakob (B)   228
Dieckmann, Heinrich (G)   194
Diesterweg, Adolf (Pädagoge)   199
Dietrich, Abt v. Mönchengladbach (1256–1298)   102
Dietrich von Asberg (Xantener Kanoniker)   159
Dietrich von Moers, Kurfürst u. Erzbischof v. Köln (1414–1463)   23, 24
Dinnendahl, Heinrich (B)   259
Dinnendahl-Benning, Trude (G)   194
Doomer, Lambert (M)   12
Douvermann, Heinrich (B)   164–166, 187, 210, 214–216, 228, 253; Abb. 80
Dürer, Albrecht (M)   166
Dumont, Louise (Theater)   300
Dupuy, Etienne (Ing)   191
Dyck, Herren von   143, 147

Egell, Augustin (Sch)   57
Elmpt, Herren von   284
Endler, Eduard (A)   26, 137

Ernst, Max (M)   64, 65, 68
Esters, Joseph   100
Etzold (Kunstsammler)   106
Ey, Johanna (gen. Mutter Ey)   27
Eyck, Jan van (M)   197

Fahrenkamp, Emil (A)   76
Feltman, Henrik (M)   253
Flechtheim, Alfred (Kunsthändler)   27
Fleischhauer, Leopold (B)   73
Fliedner, Theodor (ev. Theologe; 1800–1864)   32
Fliesteden, Peter (luth. Prediger; † 1529)   283
Flinck, Govaert (M)   12
Floh (Krefelder Familie)   99
Floris, Cornelis (A)   107
Flügel, Rutger (A)   60
Francken, Franz (M)   255
Freyse, Heinrich Johann (A)   198
Freyse, Heinrich Theodor (A)   61
Friedrich I., Erzbischof v. Köln (1100–1131)   21, 201
Friedrich I. Barbarossa, Kaiser d. Hl. Röm. Reiches (1152–1190)   21, 31
Friedrich I., König v. Preußen (1701–1713)   192, 199
Friedrich II., d. Gr., König v. Preußen (1740–1786)   199, 222
Friedrich III., Kaiser d. Hl. Röm. Reiches (1440–1493)   24
Friedrich von Hochstaden, Propst in Xanten (1247–1265)   161
Friedrich von Saarwerden, Erzbischof v. Köln (1370–1414)   77, 78, 139, 142, 143, 168, 185, 277
Friedrich, Caspar David (M)   66
Friedrich Wilhelm (Großer Kurfürst), Kurfürst v. Brandenburg (1640–1688)   56, 70, 86, 192, 227
Friedrich Wilhelm III., König v. Preußen (1797–1840)   249
Friedrich Wilhelm IV., König v. Preußen (1840–1861)   52, 249
Fuhlrott, Johann Carl (Naturforscher)   15

Gabo, Naum   Abb. 37
Gebhard Truchseß von Waldburg, Kurfürst u. Erzbischof v. Köln (1577–1583)   108, 142, 143
Geertgen tot Sint Jans (M)   213
Geisselbrunn, Jeremias (B)   54

Geldern, Grafen u. Herzöge   23, 257, 258, 270, 272–274, 276, 281, 302
Gerhard (Dombaumeister; † vor 1271)   102
Gernot, Hein (B)   49
Gero, Erzbischof v. Köln (969–976)   21, 101
Geyer, Wilhelm (G)   163
Giesen, Peter (Bürgermeister v. Kalkar; † 1493)   210
Gilles, Werner (M)   76
Goebbels, Joseph   101
Goethe, Johann Wolfgang von   60, 62, 295, 296
Goltzius, Hendrick (M u. Kupferstecher; 1558–1617)   272, 282
Goosen, Alexander (M)   251
Gorissen, Friedrich   252
Gossaert, Jan (M)   164
Goyen, Jan van (M)   12
Grabbe, Christian Dietrich   26
Graubner, Gerhard (A)   76
–, Gotthard (M)   66
de Greiff (Krefelder Familie)   78, 80, 97
Großer Kurfürst   s. Friedrich Wilhelm
Großmann, Hans (A)   76
Gründgens, Gustav (Theater)   300
Grupello, Gabriel de (B)   32, 51, 54–56, 66, 138, 142, 144, 190, 229; Abb. 11
Gruter, Johannes (Sch)   278

Hagen, Kasimir (Kunstsammler)   265
Halderen, Jan van (B)   213
Haller, Johannes (A)   69
Hatzfeldt, Maria Anna Gräfin von   61
Hatzfeldt, Sophie Gräfin von (1805–1822)   61
Hayd, Eustachius (Go)   108
Heermann, Karl Gottlieb (A)   26, 261
Heine, Heinrich   60, 68
Heinrich II. von Virneburg, Erzbischof v. Köln (1304–1322)   77, 142
Heinrich IV., Kaiser d. Hl. Röm. Reiches (1056–1106)   21
Heinrich von Molenark, Erzbischof v. Köln   185, 199, 260
Heintz, Josef d. Ä. (M u. A)   53
Hellmund, Ernst (Dülkener Narrenakademie)   296
Hellwig, Karl (G)   70
Henriette von Oranien   199
Hentrich, Helmut (A)   64, 66
Herberz (Uerdinger Familie)   97, 98

Hermanns, Toni (A)   71
Hermannus de Dicco   143, 144
Hetjens, Laurenz Heinrich (Kunstsammler)   68
Hochstaden-Wickrath, Gerhard von   72
Hoen, Johannes (B)   54
Hoensbroich, Reichs- u. Markgrafen von   273
Hoerle, Heinrich (M; 1895–1936)   14
Hollein, Hans (A)   106
Holt, Henrick von (Sch)   166
Holthuys, Dries (B)   162, 166, 214, 216, 221, 232, 259
Hülchrath, Grafen von   142
Hülsen, Dietrich, Abt v. Mönchengladbach (1592–1600)   103
Hürden, Johann von (A)   208
Hürten, Sepp (B)   141
Hugo von Sponheim (Dekan)   140
Hundt, Johannes (A)   277
Huschberger, Kaspar Anton (A)   60, 62, 63

Immermann, Karl L.   26, 64, 300
Irmgardis von Aspel (Hl.), Gründerin d. Marienstiftes v. Rees († 1064)   260
Isabella Clara Eugenia, Erzherzogin (Tochter Philipps II.)   8, 200
Israhel von Meckenem (Kupferstecher)   259

Jacobi (Düsseldorfer Familie)   62
Janssen, Gerhard (M)   206
Janssen, Johannes (Kunstsammler)   66
Jantzen, Peter (M)   63
Joest, Jan (M)   164, 205, 213, 214; Ft. 28, Abb. 101
Johann I., Herzog v. Kleve (1448–1481)   185, 228
Johann II., Herzog v. Kleve (1481–1521)   187
Johann III., Herzog v. Kleve-Mark (1521–1539)   23, 187
Johann ohne Furcht, Herzog v. Burgund (1404–1419)   223, 228
Johann von Brempt   274
Johann von Langenberg (Kölner u. Xantener Dombaumeister)   162, 189, 208
Johann von Pallandt   276
Johann von Wintern (A)   259
Johann Moritz von Nassau, Statthalter v. Kleve († 1679)   11, 12, 25, 26, 157, 224/225, 232, 249, 250, 252, 254/255

307

REGISTER

Johann Sigismund, Kurfürst v. Brandenburg
(1608–1619) 24, 25
Johann Wilhelm, (letzter) Herzog v. Kleve
(1592–1609) 24, 51
Johann Wilhelm (Jan Wellem), Kurfürst v. d.
Pfalz, Herzog v. Jülich-Berg (1690–1716)
25, 54–56, 66
Johannes de Valle (M) 283
Josef Clemens, Kurfürst u. Erzbischof v. Köln
(1688–1723) 77
Juppe, Ludwig (Meister Loedewig; B)
210, 211, 213, 214, 220

Kaendler, Johann Joachim   Abb. 24
Kaesbach, Walter (Kunstsammler) 106
Kandinsky, Wassily   Abb. 29
Karl d. Gr., Kaiser d. Hl. Röm. Reiches
(800–814) 20
Karl d. Kühne, Herzog v. Burgund
(1467–1477) 23, 24, 141, 268, 272, 291
Karl Theodor, Kurfürst v. d. Pfalz u. Bayern,
Herzog v. Jülich-Berg (1742–1799) 25, 29,
57
Katharina, Herzogin v. Geldern († 1497) 273
Kaulbach, Wilhelm (M) 76
Kerstken von Ringenberg (B) 216, 218, 220
Kippenberg, Anton u. Katharina 60
Klapheck, Richard 15
–, Konrad (M) 66
Klee, Paul (M) 65
Kleve, Grafen u. Herzöge 21, 66, 77, 188,
203, 205, 221–229, 253, 257, 258, 262, 265,
269, 270, 276
Klos, Joachim (G) 266
Koch, Hugo (A) 100
Koekkoek, Barend Cornelis (M; 1803–1862)
14, 26, 251–253
Konrad von Heresbach (Humanist) 24
Konrad von Hochstaden, Erzbischof v. Köln
(1238–1261) 104
Konrad von Soest (M) 111
Kotzebue, August von 70
Krahe, Lambert (Akademiedirektor) 57
Kreis, Wilhelm (A) 64
Krickenbeck, Herren von 281
Krogs, Rütger (M) 164
Kuhn, Johann (St) 54
Kuhn, Waldemar (B) 260
Kuiper, Peter (Theater) 300
Kuyn, Konrad (Dombaumeister; 1443–1469)
278

Lange (Krefelder Familie) 100
Langenberg, Alois (B) 268
Langenberg, Ferdinand (Restaurator) 210
Lassalle, Ferdinand (1825–1864) 61
Lastmann, Pieter (M) 255
Lauff, Joseph von (Dichter) 206
Leen, Arnold van de (A) 259
Léger, Fernand   Abb. 30
Lehmbruck, Wilhelm (B) 73
–, Manfred (A) 73; Abb. 39
Lessing, Karl Friedrich (M; 1807–1863)
13, 66
Levetzow, Dieter von 251
Leydel, Georg Peter (A) 61
Leyen (Krefelder Familie) 98, 99, 148
Linde, Otto zur 68
Lindemann, Gustav (Theater) 300
Loeman, Willem (B) 228, 273
Loesen, Rudolf (M) 166
Lollio, Johann (A) 53
Ludger, Abt v. Knechtsteden 141
Ludwig IV. von Bayern, Kaiser d. Hl. Röm.
Reiches (1314–1347) 198
Lückger (Kunstsammler) 66
Lütkenhaus, Almuth (B) 194

Macke, Helmuth (M) 194
Maillol, Aristide (B) 60
Manskirch, Christoph (B) 139
Margareta von Berg, Gemahlin d. Grafen
Adolf I. v. Kleve-Mark 228
Maria von Burgund, Gemahlin d. Herzogs
Adolf I. v. Kleve-Mark 186, 189, 205,
209, 223, 228
Maria Theresia von Reuschenberg, Äbtissin v.
Saarn 76
Martin von Tours 21, 262
Mataré, Ewald (B) 49
Mathar, Ludwig (Schriftsteller) 296
Maucher, Johann Michael (Büchsenmacher)
145
Mengelberg, Egidius (M) 223
Mercator, Gerhard (Kartograph) 70
Merian, Matthäus 10, 98
Mies van der Rohe, Ludwig (A) 100
Mockell, Joest (Kanoniker) 166
Moermans, Jean (Go) u. Philipe (Go) 271
Moers, Grafen von 77, 283
Mommartz, Lutz (Filmregisseur) 302
Moreau, Gustave (M) 111
Moritz, Graf von Spiegelberg († 1483) 258

308

Moritz, Prinz von Oranien (1584–1625)
77, 199
Moshage, Heinrich (B) 206
Müller-Schlösser, Hans (Schriftsteller)
295, 297
Müsch, Leo (B) 64
Murat, Joachim, Großherzog v. Berg 58

Napoleon I., Kaiser d. Franzosen 8, 192
Nathow, Wolfgang (A) 232
Nauen, Heinrich (M) 13, 64, 206, 283

Olbrich, Joseph Maria (A) 63; Abb. 4
Ondereyck, Ludwig Heinrich (Bürgermeister
v. Kleve) 251
Orth, Benjamin u. Jacob (M) 97
Otto I., Kaiser d. Hl. Röm. Reiches (936–973)
20, 22, 164, 256
Otto II., Graf von Geldern (1229–1271)
257, 267, 269
Overbeck, Adrian van (Sch) 278

Pankok, Otto (M) 76, 194
Pasqualini, Alessandro (A) u. Maximilian (A)
52, 224
Pesch, Dieter (Schriftsteller) 293
Petschnigg, Hubert (A) 64
Pfau, Bernhard (A) 64
Philipp II., König v. Spanien 103, 200
Philipp von Heinsberg, Erzbischof v. Köln
(1167–1191) 74
Philipp Wilhelm, Kurfürst v. d. Pfalz
(1685–1690) 55, 57
Picasso, Pablo (M) 68
Pickel, Caspar Clemens (A) 271
Pietersz, Pieter (B) 219
Pigage, Nicolas de (A) 57, 59, 60
Pippin d. Mittlere (687–714) 20
Pithan, Hermann (B) 249
Pollock, Jackson Abb. 31
Post, Maurits (A) 232
Post, Pieter (A) 225, 250

Quellinus d. Ä., Artus (B) 232, 284

Rabe, Meister (Sch) 260
Rainald von Dassel, Erzbischof v. Köln 22
Rauch, Daniel Christian (B) 73
Raves, Lambertus, Abt v. Mönchengladbach
(1772–1799) 106
Reifferscheidt, Herren von 143, 147

Reinking, August (A) 61
Rethel, Alfred (M) 64
Rheindorf, Ägidius (Schreiner) 139
Riffart, Hermann (A) 63
Roelofsz, Ernst (M) 263
Rogier van der Weyden (M) 210, 231
Rousseau, François (M) 144
Rubens, Peter Paul (M) 25, 65, 266, 273;
Abb. 26
Rüdell, Carl (A) 265
Rumpf, Gernot 165
Rupert, Abt v. Mönchengladbach 101

Salla, Bartolomeo (A) 202
Salm-Reifferscheidt-Dyck, Grafen u. Fürsten
143–145, 257
Schadow, Wilhelm (M) 13, 26, 64
Scharff, Edwin (B) 194
Scheben, Gerhard (B) 51
Schell, Reiner (A) 156
Schill, Adolf 63
Schill, Major Ferdinand von 192
Schinkel, Karl Friedrich (A) 63, 80, 149, 192
Schirmer, Johann Wilhelm (M) 13, 66
Schlaun, Johann Conrad (A) 138, 139
Schlüter, Andreas (B) 56
Schmidt, Friedrich von (A) 222
Schnitzler, Anton (A) 61
Schütte, Johann Heinrich (Arzt) 251
Schwarz, Rudolf (A) 190
Sebus, Johanna 253
Sels, Clemens (Kunstsammler) 111
Serro, Antonio (Ing) 53
Siegfried von Westerburg, Erzbischof v. Köln
(1274–1297) 29, 199, 277
Spaen, Alexander von (Gouverneur v. Wesel)
192
Specht, Ambrosius, Abt v. Mönchengladbach
(1750–1772) 105
Specht, Ferdinand (A) 69
Spee, Friedrich von (Jesuit) 21, 31, 275
Spilberg, Johann (M) 57
Statz, Vincenz (1819–1898; A) 270, 271,
281, 285
Steeger, Albert 79
Steinle, Edward von (M) 270
Stinnes, Mathias (1790–1845) 73, 74
Stockum, Everhardus a (Kanoniker) 166
Strater, Josef (M u. B) 194
Stroux, Karl-Heinz (Theater) 300
Stummel, Friedrich (M) 263, 271

309

REGISTER

Sueder von Dingden   192, 193
Suitbert (Missionsbischof; † 713)   21, 30, 31
Székessy, Zoltán (B)   185

Terhorst, Bernd (M) u. Elisabeth   260
Tersteegen, Gerhard (Ev. Prediger)   75, 199
Teuwen, Wilhelm (G)   49
Thieler, Fred (M)   260
Thoma, Heinz (A)   72
Thomas Hemerken von Kempen   24, 279
Thorn Prikker, Jan (G u. M)   26, 49, 64, 76, 137, 194
Tilman von der Burch (Steinmetz)   137, 253, 258
Trillhaase, Adalbert (M)   111
Türks, Katrin (Theater)   300
Tußmann, Heinrich (A)   52

Uecker, Günter   66

Vagedes, Adolf von (A)   29, 50, 56, 59, 61, 63
Vaick, Gerhard (Dombaumeister v. Xanten)   159
Varus (röm. Feldherr)   16
Velde, Esaias van der (M)   108
Virmond, Reichsgrafen von   279
Voltaire (franz. Philosoph)   222
Vynhoven, Gerhard (Feldkaplan v. Jan van Werth)   279, 280

Weimann, Heinrich (Dülkener Narren-akademie)   295, 296
Weinbrenner, Friedrich (A)   61
Weins, Matthias (Büchsenmacher)   145
Wember, Paul (Museumsdirektor)   100

Wendling, Anton (G)   194
Werth, Jan van (Reitergeneral; 1591–1652)   109, 148, 279
Weyhe, Maximilian Friedrich (Gartenbau-architekt)   26, 29, 59–64, 80, 111, 199, 249, 275
Wickrath, Herren von   106
Wiethase, Heinrich (A)   141, 277
Wilhelm I., dt. Kaiser (1871–1888)   100, 191
Wilhelm II., Herzog v. Jülich-Berg (1475–1511)   50 (im Text irrtümlich Wilhelm III.)
Wilhelm III. von Oranien (1672–1702)   199
Wilhelm III. (der Reiche), Herzog v. Jülich-Berg u. Kleve (1539–1592)   23, 24, 51, 224, 269
Wilhelm IV., Herzog v. Jülich-Berg   23
Wilhelm von Gennep, Erzbischof v. Köln (1349–1361)   226
Wilhelm von Roermond (Sch)   163
Wilhelm Rouver I. von Wevelinghoven, Abt v. Mönchengladbach (1424–1450)   102
Willemsen, Ernst (Amtsrestaurator)   209
Wimmer, Hein (Go)   194
Winkelmann, Augustinus (Pfarrer v. Marien-thal)   193
Wissel, Hans (B)   194
Wolbero (Dombaumeister v. Neuss)   112
Wolf, Johannes (B)   54
Wolfgang Wilhelm, Pfalzgraf v. Neuburg, Herzog v. Jülich-Berg († 1653)   24, 25, 53, 54
Woyers, Kersten (B)   193
Wyrenbergh, Johann (A)   208

Zeller, Franz (Tischler)   57
Zwirner, Ernst Friedrich (A)   222

Ortsverzeichnis

Durch die kommunale Neugliederung in den letzten Jahren sind Großgemeinden entstanden. Sie finden die ehem. selbständigen Orte unter ihrer früheren Bezeichnung mit Hinweis auf die Großgemeinde.
Burgen, Häuser und Schlössser wurden ein zweites Mal gesondert aufgeführt.
Sind mehrere Seitenzahlen angegeben, bedeuten kursive Ziffern ausführliche Beschreibung.

Alpen   202
Altenberg   22, 55
Asperden   269

Bedburdyck   147
Bedburg-Hau   22, *265–266*
Beeck   siehe Duisburg

Benrath   siehe Düsseldorf
Bensberg, Schloß   55
›Berg und Tal‹   siehe Kleve
Berlin   56, 63, 223
Bilk   siehe Düsseldorf
Birten   siehe Xanten
Bonn   7, 10, 16, 21, 32, 250
Born   siehe Brüggen
Bracht   siehe Brüggen
Brempt   siehe Niederkrüchten
Breyell   siehe Nettetal
Brüggen   14, *282–283*, 302, 303; Abb. 121
Büderich   siehe Meerbusch
Büttgen   siehe Kaarst
Burg an der Wupper   22, 29
Burg
    Dorenburg (Grefrath)   281, 298
    Friedestrom (Zons)   140
    Gastendonk (St. Hubert)   281
    Gierath (Kreis Neuss)   147
    Hülchrath (Grevenbroich)   *142–143*, 198;
       Abb. 58
    Ingenhoven (Lobberich)   281–282, 302
    Krakau (Krefeld) zerstört   98
    Liedberg (Kreis Neuss)   146
    Linn (Krefeld)   *77–80*, 198; Ft. 9,
       Abb. 46, 47
    Meer (Meerbusch-Büderich)   22, 148
    Odenkirchen (Mönchengladbach)   109
    Rindern (Kleve)   254
    Wegberg (Wegberg)   284
    Winnenthal (Xanten)   188, 196, 302;
       Abb. 82
    Wissen (Weeze)   270; Ft. 37, Abb. 115

Dilborn   13, 14
Dinslaken   *197–198*, 300
Dolhoven   140
Donsbrüggen   siehe Kleve
Dormagen   140
– Zons   siehe Zons
Dülken   295–296
Dusseldorf   10, 13, 14, 15, 25, 26, 27, 29–68,
    294–295, 296, 297, 300; Ft. 2–6, 29,
    Abb. 3–34
    Alte Martinskirche (Bilk)   30
    Altstadt   297; Ft. 4, Abb. 20, 21
    Benrath   siehe Schloß
    Ehrenhofanlage   64, 65, 68
    Goethe-Museum   60
    Golzheimer Friedhof   64

Heinrich-Heine-Haus   68
Hetjens-Museum   57, *66–68;* Abb. 23, 24
Hochhäuser   64; Abb. 32
Hofgarten   *59–60,* 63
Jägerhof   siehe Schloß
Kalkum   siehe Schloß
Kirche der Karmelitessen   55
Kirche der Kreuzherren   51
Königsallee   62–63; Ft. 2, 3, 5, 6,
    Abb. 4, 18
Kunstakademie   63; Abb. 15
Kunstmuseum   13, *65–66;* Abb. 25, 26
Kunstsammlung Nordrhein-Westfalen
    58, *64–65;* Abb. 27–31
Malkasten   62
Neanderkirche   55; Abb. 17
Palais Nesselrode   57,
    s. a. Hetjens-Museum
Palais Spee   *56–57,* s. a. Stadtgeschichtl.
    Museum
Pfalz (Kaiserswerth)   31–32; Abb. 10
Ratinger Tor   60, 63; Abb. 16
Reiterdenkmal d. Kurfürsten Johann
    Wilhelm   55–56; Abb. 11
Schauspielhaus   64; Abb. 33
Schloß   52
Schloß Benrath   57–58; Abb. 22
Schloß Jägerhof   58–59, s. a. Kunstslg.
    Nordrhein-Westfalen
Schloß Kalkum   60–61; Abb. 34
St. Andreas   53; Abb. 14
St. Lambert   *49–51,* 52; Abb. 6, 8, 9
St. Margaretha, ehem. Damenstiftskirche
    (Gerresheim)   32
St. Maximilian   54–55
St. Nikolaus (Himmelgeist)   30
St. Remigius (Wittlaer)   49
St. Suitbert (Kaiserswerth)   30–31;
    Abb. 5, 7
Stadtgeschichtliches Museum   57, 68
Theodor-Fliedner-Kirche (Kaiserswerth)
    32; Abb. 13
Duisburg   7, 10, 11, 12, 21, 24, 26, 68–73, 75,
    300
    Hafen   68–69; Abb. 36
    Haus Angerort (Hüttenheim)   72
    Karmelkirche   70–71
    Niederrhein. Museum   16, 70
    Salvatorkirche   *69–70,* 138
    Schiffahrtsmuseum   73
    St. Dionysius (Mündelheim)   72

REGISTER

St. Johann Baptist (Hamborn) 72
Wilhelm-Lehmbruck-Museum 73;
  Abb. 37–39
Dyck siehe Schloß

Elsen siehe Grevenbroich
Elten, Eltenberg 249, 256
Emmerich 8, 11, 12, 15, 256–260; Abb. 113
  Alter Markt 260
  Heilig-Geist-Kirche (Leegmeer)
    26, 259–260
  Rathaus 260
  St. Aldegundis 259
  St. Martin 257–259; Abb. 113
– Elten 249, 256
Essen 16

Gartrop 195
Geldern 8, 9, 22, 23, 24, 200, 272–273;
  Ft. 26, Abb. 118
Gellep siehe Krefeld
Gerresheim siehe Düsseldorf
Giesenkirchen siehe Mönchengladbach
Glehn 146, 147
Gnadental siehe Neuss
Götterswickerhamm 196
Goch 9, 12, 266–269; Ft. 22, 32
Gohr 142
Grefrath 281, 298
Grevenbroich 150
  Burg Hülchrath 142–143; Abb. 58
Grieth 222
Griethausen 253; Abb. 105

Hamborn siehe Duisburg
Hamm siehe Düsseldorf
Hamminkeln 192–193
Hanselaer 219–221
Hassum 269
Haus
  Ahr (Voerde) 196
  Angerort (Duisburg-Hüttenheim) 72
  Balken (Xanten-Marienbaum) 188
  Brempt (Vorst) 281
  Bürgel (bei Düsseldorf-Benrath) 7
  Caen (bei Straelen) 275
  Dyckhoff (Meerbusch-Büderich) 148
  Elmpt (Niederkrüchten) 284
  Esselt a. d. Issel 194
  Fleckenhaus (Glehn) 146
  Fürth (Glehn) 146

Greiffenhorst (Krefeld-Linn) 80; Ft. 8
Gripswald (Meerbusch-Bösinghoven)
  149
Horst (Mönchengladbach) 108; Abb. 49
Horst (Kalkar) 222
Kemnade (Wissel) 222
Koekkoek (Kleve) 251–252
Lange (Krefeld) 100
Langenfeld (bei Wachtendonk) 275
Latum (Meerbusch-Lank/Latum) 149
Leyental (Krefeld) 99
Meer (Meerbusch-Büderich) 21, 148
Neersdonk (Vorst) 281
Neuenhoven (Kreis Neuss) 146–147
Ossenberg (bei Rheinberg) 201
Raedt (Vorst) 281
Steprath (Walbeck) 274
Stockum (bei Neersen) 280–281
Vlassrath (bei Straelen) 274
Voerde 195–196
Wildenrath (Wegberg) 284
Wohnung (bei Götterswickerhamm) 196
Zoppenbroich (Mönchengladbach) 108
Hildesheim 109
Himmelgeist siehe Düsseldorf
Hinsbeck siehe Nettetal
Hülchrath siehe Grevenbroich
Hünxe 194–195
Hüttenheim siehe Duisburg

Issum 200, 276

Jerusalem 280

Kaarst 147–148
Kaiserswerth siehe Düsseldorf
Kaldenkirchen siehe Nettetal
Kalkar 8, 10, 11, 15, 23, 186, 196, 205–218,
  222, 265; Ft. 28, Abb. 94–102
  Beginenhof 206
  Rathaus 208; Abb. 101
  St. Nikolai 208–219, 222; Ft. 28,
    Abb. 94–102
  Städt. Museum u. Stadtarchiv 206–208
– Umgebung 219–223
– Hanselaer 219–221
Kalkum siehe Düsseldorf
Kamp-Lintfort 8, 21, 22, 26, 75, 201–202
Kapellen siehe Geldern
Kempen 277–278; Abb. 119, 120, 123–125
– Umgebung 279

Kevelaer 24, 187, *270–272*, 280, 296, 299;
Ft. 21, 34, Abb. 117
Kipshoven siehe Wegberg
Kleve 7, 8, 9, 11, 12, 13, 14, 15, 22, 23, 24,
25, 26, *223–253*, 256, 265, 300; Ft. 24, 27,
35, Abb. 104, 108–112
›Berg und Tal‹ 249–250; Abb. 111
Burg Rindern (Rindern) 254
Gartenanlagen 232, 249
Haus Koekkoek 251–252, s. a. Städt.
Museum
Propsteikirche Mariä Himmelfahrt
226–229; Ft. 35, Abb. 104
Schloß Gnadenthal (Donsbrüggen)
254–255
Schloß Schmithausen (Kellen) 254
Schwanenburg 223–225; Abb. 108, 109,
112
St. Mariä Empfängnis 229–231; Ft. 27
St. Willibrord (Rindern) 253
Städt. Museum Haus Koekkoek 252
– Wardhausen 253
Knechtsteden (Prämonstratenserabtei)
22, *140–142;* Abb. 62
Köln 10, 11, 14, 15, 17, 18, 20, 21, 22, 23, 24,
29, 32, 77, 80, 102, 112, 137, 143
Korschenbroich 143, 146, 147
Kranenburg 24, *262–265,* 296
– Zyfflich 262
Krefeld 8, 18, 26, 27, *77–101,* 298, 300;
Ft. 7–9, Abb. 40–47
Burg Linn *77–80,* 198; Ft. 9, Abb. 46, 47
Floh'sches Haus 98–99; Abb. 45
Haus Greiffenhorst (Linn) 80; Ft. 8
Haus Lange 100
Haus Leyental 99
Herberzhäuser (Uerdingen) 80
Hohes Haus 100
Kaiser-Wilhelm-Museum 100; Abb. 42, 43
Rathaus 99; Abb. 44
St. Margarete (Linn) 80
St. Peter (Uerdingen) 81; Ft. 7
Textilmuseum 100–101

Lang-Latum siehe Meerbusch
Leegmeer siehe Emmerich
Leuth siehe Nettetal
Liedberg siehe Burg Liedberg
Linn siehe Krefeld
Lobberich siehe Nettetal
Louisendorf 9

Marienbaum 24, *186–187,* 296
Marienthal 26, *193–194*
Meerbusch 21, *148–150*
Meiderich siehe Duisburg
Mönchengladbach 8, 21, *101–109,* 298–299,
300; Abb. 48–53
Ehem. Benediktinerinnenkloster (Neuwerk)
104
Burg Odenkirchen 109
Haus Horst (Giesenkirchen) 108; Abb. 49
Haus Zoppenbroich 108
Schloß Rheydt 106–108; Abb. 48
Schloß Wickrath 106
St. Helena (Rheindahlen) 105
St. Mariä Himmelfahrt (Marktkirche)
104
St. Vitus 101–104; Abb. 50–52
Städt. Museum 106
Moers 22, 77, *198–199,* 300; Abb. 93
Moyland siehe Schloß
Mülheim a. d. Ruhr 10, *73–76*
Petrikirche 74–75
Schloß Broich *73,* 74
Schloß Styrum 74
St. Mariä Geburt 76
St. Maria Himmelfahrt (Saarn) 76
Stadthalle 76
Städt. Kunstmuseum 76
Tersteegen-Haus 75
München 25, 55, 65
Münster 138
Myllendonk siehe Schloß

Neandertal 15
Neersen 8, *279–281,* 296
Nettetal *281–282,* 299, 302; Abb. 126
Neuenhoven 146–147
Neuss 7, 8, 14, 21, 23, 24, 26, *109–138,* 139,
141, *291–292,* 296, 300; Ft. 11, 30, 31,
Abb. 54–57
Clemens-Sels-Museum *109–111;*
Abb. 54, 55
Hl. Drei Könige 137
Kybele-Heiligtum 109
Marienberg (Kloster Marienberg) 137
Observantenkloster 137; Ft. 30
St. Konrad (Gnadental) 138
St. Quirin 32, *111–112,* 137; Ft. 11,
Abb. 56, 57
St. Sebastianskapelle 137
Neuwerk siehe Mönchengladbach

313

REGISTER

Niederdonk   siehe Meerbusch
Niederkrüchten   283–284
Nierswalde   9
Nievenheim   138
Nimwegen   16
Norf   138

Orsoy   198
Ossum-Bösinghoven   siehe Meerbusch
Osterath   siehe Meerbusch
Overhetfeld   siehe Niederkrüchten

Ramrath   142
Rees   8, 11, 12, 15, 26, 260–262;
   Abb. 114, 116
Rheinberg   8, 10, 198, 199–201, 297–298;
   Ft. 25
Rheindahlen   siehe Mönchengladbach
Rheydt   siehe Mönchengladbach
Rindern   siehe Kleve
Ringenberg   siehe Hamminkeln
Rommerskirchen   142
Ruhrort   siehe Duisburg

Saarn   siehe Mülheim a. d. Ruhr
Schloß
   Benrath (Düsseldorf)   57–58
   Broich (Mülheim a. d. Ruhr)   73, 74
   Diersfordt (Wesel)   192
   Dilborn (Brüggen)   283; Abb. 122
   Dyck (Jüchen)   143–146; Ft. 15,
      Abb. 59, 61
   Elbroich (Düsseldorf)   57
   Gartrop (Hünxe)   195
   Gnadenthal (Kleve-Donsbrüggen)
      254–255
   Haag (Geldern)   273; Ft. 26, Abb. 118
   Jägerhof (Düsseldorf)   58–59
   Kalkum (Düsseldorf)   60–61
   Krickenbeck (Hinsbeck)   281; Abb. 126
   Moyland (bei Kalkar)   222; Ft. 13,
      Abb. 103
   Myllendonk (bei Korschenbroich)   147;
      Abb. 60
   Neersen (Willich)   279
   Pesch (Meerbusch)   149–150
   Rheydt (Krefeld)   106–108, 302; Abb. 48
   Ringenberg (Hamminkeln)   192–193
   Schmithausen (Kleve-Kellen)   254
   Styrum (Mülheim a. d. Ruhr)   74
   Walbeck (Walbeck)   273–274

Wickrath (Mönchengladbach)   106
Wissen (Weeze)   270; Ft. 37, Abb. 115
Sonsbeck   203
St. Hubert   281
– Raveshof   281
Straelen   274–275, 298
– Umgebung   275

Till   222–223
Tüschenbroich   siehe Wegberg

Uerdingen   siehe Krefeld
Utrecht   257, 259

Veert   siehe Geldern
Venlo   8, 200
Viersen   285–286
Voerde   195–196
Vorst   281, 296

Wachtendonk   275–276
Walbeck   273–274, 298
Wardhausen   siehe Kleve
Weeze   16, 270
Wegberg   284–285
Wesel   8, 9, 10, 11, 12, 15, 23, 24, 188–198;
   Abb. 84, 85
   Berliner Tor   191; Abb. 85
   Schloß Diersfordt   192
   St. Maria Himmelfahrt   190
   St. Martin   190
   Städt. Museum   190
   Willibrordikirche   188–189; Abb. 84
Willich   279–281
Winnenthal   siehe Burg
Wissel   10, 214, 221–222; Abb. 106, 107
Wittlaer   siehe Düsseldorf

Xanten   7, 10, 11, 12, 15, 18, 19, 20, 24, 25,
   26, 151–186, 289, 296; Ft. 17, 19, 20,
   Abb. 64–81
   Archäologischer Park   153–155
   Markt   186
   Regionalmuseum   155–160, 302; Ft. 20,
      Abb. 68–75
   St. Viktordom u. Stift   111, 160–185, 188;
      Ft. 17, Abb. 64–67, 77–80
   Stadtmauer und -tore   185; Abb. 81
– Birten   153, 302; Ft. 12
– Marienbaum   26, 193–194; Abb. 83

Zons   139, 302; Ft. 10, Abb. 1, 63
Zyfflich   21, 262

314

DuMont Kunst-Reiseführer

Ägypten – Geschichte, Kunst und Kultur im Niltal

Vom Reich der Pharaonen bis zur Gegenwart. Von Hans Strelocke

Äthiopien – Kunst im Verborgenen

Ein Reisebegleiter im ältesten Kulturland Afrikas. Von Hans Helfritz

Algerien – Kunst, Kultur und Landschaft

Von den Stätten der Römer zu den Tuareg der zentralen Sahara. Von Hans Strelocke

Belgien – Spiegelbild Europas

Eine Einladung nach Brüssel, Gent, Brügge, Antwerpen, Lüttich und zu anderen Kunststätten. Von Ernst Günther Grimme

Deutsche Demokratische Republik

Geschichte und Kunst von der Romanik bis zur Gegenwart. Brandenburg, Mecklenburg, Sachsen-Anhalt, Sachsen, Thüringen. Von Gerd Baier, Elmar Faber und Eckhard Hollmann

Franken – Kunst, Geschichte und Landschaft

Entdeckungsfahrten in einem schönen Land – Würzburg, Rothenburg, Bamberg, Nürnberg und die Kunststätten der Umgebung. Von Werner Dettelbacher

Köln

Stadt am Rhein zwischen Tradition und Fortschritt. Von Willehad Paul Eckert

Der Niederrhein

Das Land und seine Städte, Burgen und Kirchen. Von Willehad Paul Eckert

Die Pfalz

Die Weinstraße – Der Pfälzer Wald – Wasgau und Westrich. Wanderungen im ›Garten Deutschlands‹. Von Peter Mayer

Zwischen Neckar und Donau

Kunst, Kultur und Landschaft von Heidelberg bis Heilbronn, im Hohenloher Land, Ries, Altmühltal und an der oberen Donau. Von Werner Dettelbacher

Schleswig-Holstein

Zwischen Nordsee und Ostsee: Kultur – Geschichte – Landschaft. Von Johannes Hugo Koch

Dänemark

Land zwischen den Meeren. Kunst – Kultur – Geschichte. Von Reinhold Dey

Süd-England

Von Kent bis Cornwall. Architektur und Landschaft, Literatur und Geschichte. Von Peter Sager

Die Bretagne

Im Land der Dolmen, Menhire und Calvaires. Von Frank und Almut Rother

Burgund

Kunst, Geschichte, Landschaft. Burgen, Klöster und Kathedralen im Herzen Frankreichs: Das Land um Dijon, Auxerre, Nevers, Autun und Tournus. Von Klaus Bußmann

Südwest-Frankreich

Vom Zentralmassiv zu den Pyrenäen – Kunst, Kultur und Geschichte. Von Rolf Legler

Das Tal der Loire

Schlösser, Kirchen und Städte im ›Garten Frankreichs‹. Von Wilfried Hansmann

DuMont Kunst-Reiseführer

Die Provence

Ein Reisebegleiter durch eine der schönsten Kulturlandschaften Europas. Von Ingeborg Tetzlaff

Athen

Geschichte, Kunst und Leben der ältesten europäischen Großstadt von der Antike bis zur Gegenwart. Von Evi Melas

Die griechischen Inseln

Ein Reisebegleiter zu den Inseln des Lichts. Kultur und Geschichte. Hrsg. von Evi Melas

Kreta – Kunst aus fünf Jahrtausenden

Minoische Paläste – Byzantinische Kirchen – Venezianische Kastelle. Von Klaus Gallas

Alte Kirchen und Klöster Griechenlands

Ein Begleiter zu den byzantinischen Stätten. Hrsg. von Evi Melas

Tempel und Stätten der Götter Griechenlands

Ein Reisebegleiter zu den antiken Kultzentren der Griechen. Hrsg. von Evi Melas

Guatemala

Honduras – Belize. Die versunkene Welt der Maya. Von Hans Helfritz

Indien

Bauformen und Stadtgestalt einer beständigen Tradition. Von Niels Gutschow, Bernhard Kölver und Jan Pieper

Indonesien

Ein Reisebegleiter nach Java, Sumatra, Bali und Sulawesi (Celebes). Von Hans Helfritz

Iran

Kulturstätten Persiens zwischen Wüsten, Steppen und Bergen. Von Klaus Gallas

Irland – Kunst, Kultur und Landschaft

Entdeckungsfahrten zu den Kunststätten der ›Grünen Insel‹. Von Wolfgang Ziegler

Rom

Kunst und Kultur der ›Ewigen Stadt‹ in mehr als 1000 Bildern. Von Leonard von Matt und Franco Barelli

Von Pavia nach Rom

Ein Reisebegleiter entlang der mittelalterlichen Kaiserstraße Italiens. Von Werner Goez

Ober-Italien

Kunst, Kultur und Landschaft zwischen den Oberitalienischen Seen und der Adria. Von Fritz Baumgart

Florenz und die Medici

Ein Begleiter durch das Florenz der Renaissance. Von My Heilmann

Das etruskische Italien

Entdeckungsfahrten zu den Kunststätten und Nekropolen der Etrusker. Von Robert Hess

Apulien – Kathedralen und Kastelle

Ein Reisebegleiter durch das normannisch-staufische Apulien. Von Carl Arnold Willemsen

Venedig – Geschichte und Kunst

Erlebnis einer einzigartigen Stadt. Von Marianne Langewiesche

Sardinien

Geschichte, Kultur und Landschaft – Entdeckungsreisen auf einer der schönsten Inseln im Mittelmeer. Feengrotten, Nuraghen und Kastelle. Von Rainer Pauli

Sizilien

Insel zwischen Morgenland und Abendland. Sikaner/Sikuler, Karthager/Phönizier, Griechen, Römer, Araber, Normannen und Staufer. Von Klaus Gallas

DuMont Kunst-Reiseführer

Japan – Tempel, Gärten und Paläste

Einführung in Geschichte und Kultur und Begleiter zu den Kunststätten Japans. Von Thomas Immoos und Erwin Halpern

Jugoslawien

Geschichte, Kunst und Landschaft. Von Frank Rother

Malta und Gozo

Die goldenen Felseninseln – Urzeittempel und Malteserburgen. Von Ingeborg Tetzlaff

Marokko – Berberburgen und Königsstädte des Islam

Ein Reisebegleiter zur Kunst Marokkos. Von Hans Helfritz

Die Götterburgen Mexikos

Ein Reisebegleiter zur Kunst Alt-Mexikos. Von Hans Helfritz

Nepal – Königreich im Himalaja

Geschichte, Kunst und Kultur im Kathmandu-Tal. Von Ulrich Wiesner

Salzburg, Salzkammergut, Oberösterreich

Kunst und Kultur auf einer Alpenreise von Dachstein bis zum Böhmerwald. Von Werner Dettelbacher

Wien und Umgebung

Kunst, Kultur und Geschichte der Donaumetropole. Von Felix Czeike und Walther Brauneis

Portugal

Ein Begleiter zu den Kunststätten von Porto bis zur Algarve-Küste. Von Albert am Zehnhoff

Rumänien

Schwarzmeerküste – Donaudelta – Moldau – Walachei – Siebenbürgen: Kultur und Geschichte. Von Evi Melas

Kunst in Rußland

Ein Reisebegleiter zu russischen Kunststätten. Von Ewald Behrens

Die Schweiz

Zwischen Basel und Bodensee · Französische Schweiz · Das Tessin · Graubünden · Vierwaldstätter See · Berner Land · Die großen Städte. Von Gerhard Eckert

Skandinavien – Dänemark, Norwegen, Schweden, Finnland

Kultur, Geschichte, Landschaft. Von Reinhold Dey

Zentral-Spanien

Kunst und Kultur in Madrid, El Escorial, Toledo und Aranjuez, Avila, Segovia, Alcalá de Henares. Von Anton Dieterich

Südamerika: präkolumbische Hochkulturen

Ein Reisebegleiter zu den indianischen Kunststätten in Peru, Bolivien und Kolumbien. Von Hans Helfritz

Tunesien

Karthager, Römer, Araber – Kunst, Kultur und Geschichte am Rande der Wüste. Von Hans Strelocke

Städte und Stätten der Türkei

Ein Begleiter zu den Kunstwerken Istanbuls und Kleinasiens. Von Kurt Wilhelm Blohm

---

Alle Bände mit vielen, zum Teil farbigen Abbildungen; dazu Zeichnungen, Karten, Grundrisse, praktische Reisehinweise

»Richtig reisen«

Die »Richtig reisen«-Führer wollen für Urlaub und Reise gegen das konfektionierte Tourismus-Angebot Möglichkeiten eines individuellen erlebnisreicheren und interessanteren Reisens aufzeigen. Unter solcher Zielsetzung erschließen sie neu Weltstädte – wie London, New York, Paris, Kopenhagen – oder größere Ziele des Fern-Tourismus.

»Richtig reisen«: Amsterdam

Von Eddy und Henriette Posthuma de Boer. 203 Seiten mit 12 farbigen und 130 einfarbigen Abbildungen, Stadtplänen, Karten, praktische Reisehinweise

»Richtig reisen«: Ferner Osten

Von Charlotte Peter und Margrit Sprecher. 302 Seiten mit 14 farbigen und 120 einfarbigen Abbildungen, Stadtplänen, Karten, praktische Reisehinweise

»Richtig reisen«: Ibiza/Formentera

Von Ursula von Kardorff und Helga Sittl. 248 Seiten mit 52 farbigen und 153 einfarbigen Abbildungen, Karten und Plänen, praktische Reisehinweise

»Richtig reisen«: Istanbul

Von Klaus und Lissi Barisch. 257 Seiten mit 28 farbigen und 173 einfarbigen Abbildungen, Zeichnungen, Karten und Plänen, praktische Reisehinweise

»Richtig reisen«: Kanada und Alaska

Von Ferdi Wenger. 332 Seiten mit 39 farbigen und 118 einfarbigen Abbildungen und Karten, 64 Seiten praktische Reisehinweise

»Richtig reisen«: Kopenhagen

Von Karl-Richard Könnecke. 200 Seiten mit 32 farbigen und 116 einfarbigen Abbildungen, Karten und Plänen, praktische Reisehinweise

»Richtig reisen«: London

Von Klaus Barisch und Peter Sahla. 251 Seiten mit 18 farbigen und 189 einfarbigen Abbildungen, Stadtplänen, Karten, praktische Reisehinweise

»Richtig reisen«: Mexiko und Zentralamerika

Von Thomas Binder. 330 Seiten mit 32 farbigen und 119 einfarbigen Abbildungen, Karten und Plänen, praktische Reisehinweise

»Richtig reisen«: Moskau

Von Wolfgang Kuballa. 268 Seiten mit 36 farbigen und 150 einfarbigen Abbildungen, Karten und Plänen, praktische Reisehinweise

»Richtig reisen«: Nepal

Kathmandu: Tor zum Nepal-Trekking. Von Dieter Bedenig. 288 Seiten mit 37 farbigen und 97 einfarbigen Abbildungen, Karten und Plänen, praktische Reisehinweise

»Richtig reisen«: New York

Von Gabriele von Arnim u. Bruni Mayor. 312 Seiten mit 61 farbigen und 182 einfarbigen Abbildungen, Plänen und praktische Reisehinweise

»Richtig reisen«: Paris

Von Ursula von Kardorff und Helga Sittl. 277 Seiten mit 34 farbigen und 172 einfarbigen Abbildungen, Karten und Plänen, praktische Reisehinweise

»Richtig reisen«: San Francisco

Von Hartmut Gerdes. 248 Seiten mit 33 farbigen und 155 einfarbigen Abbildungen, Karten und Plänen, praktische Reisehinweise

»Richtig reisen«: Südamerika

Kolumbien, Ekuador, Peru, Bolivien. Von Thomas Binder. 252 Seiten mit 35 farbigen und 121 einfarbigen Abbildungen, Karten und Plänen, praktische Reisehinweise

»Richtig reisen«: Südamerika 2

Argentinien – Chile – Uruguay – Paraguay. Von Thomas Binder. 330 Seiten mit 37 farbigen und 110 einfarbigen Abbildungen, Karten und Plänen, praktische Reisehinweise

Zeittafel

35 000 v. Chr. Neandertaler.

Um 4000 Jungsteinzeit: Schnurkeramiker und Glockenbecherkultur verschmelzen am Niederrhein zur rheinischen Becherkultur.

700–500 Hallstattzeit, Niederrheinische Grabhügelkultur, Nekropole von Duisburg-Wedau.

58–51 Julius Cäsar erobert Gallien, einschl. des linken Niederrheins.

Um 15 Gründung von Castra Vetera (Birten).

12 Von Castra Vetera dringt Drusus bis zur Elbe vor.

9 n. Chr. Varus wird von Arminius im Teutoburger Wald geschlagen. Die Römer ziehen sich in der Folge auf die Rheinlinie zurück.

14–36 Kaiser Tiberius: Bau des Rheinlimes.

69–70 Bataver-Aufstand. Die Römischen Lager werden erstürmt.

Um 100 Verleihung der Stadtrechte an die nahe dem heutigen Xanten entstandene Zivilsiedlung durch Kaiser Ulpius Traianus, Colonia Ulpia Traiana.

Um 140 ›Stummer Diener‹, Bronzeknabe aus Xanten-Lüttingen.

Um 200 Das aus der Zeit der Stadterhebung der Colonia Ulpia Traiana stammende Amphitheater wird in Stein umgebaut.

Nach 200 Kybele-Kultkeller in Neuss.

259 Germanen überrennen den Limes. Völkerwanderungszeit.

358/363 Doppelgrab für zwei gewaltsam getötete Römer auf dem Friedhof der Colonia Ulpia Traiana, an das bald eine Totenverehrung anknüpft.

Vor 450 Köln fest in der Hand der Franken. Sie begründen das ripuarische Teilreich.

Um 500 ›Fürstengrab‹ eines fränkischen Adligen in Krefeld-Gellep.

507 König Chlodwig beseitigt das ripuarische Teilreich.

695/700 Suitbert, einer der Gefährten des Friesenmissionars Willibrord, gründet das Benediktinerkloster Kaiserswerth.

697 Erste Erwähnung von Emmerich.

752/768 Bau der ersten Xantener Kirche und Gründung eines Stiftes.

800 Karl d. Gr. wird in Aachen zum Kaiser gekrönt.

843 Vertrag von Verdun, Teilung des Frankenreiches. Das Rheinland gehört zu Lotharingien.

863 Nach den ›Annales Xantenes‹ rettet der Xantener Propst die Gebeine des hl. Viktor vor den Normannen nach Köln. – Normannen zerstören die Städte am Rhein.

Vor 870 Der fränkische Adlige Gerrich gründet das hochadlige Kanonissenstift Gerresheim.

877 Neuss, eine der frühesten königlichen Zollstätten am Rhein.

880 Der Graf von Hamaland legt wegen der Normannenbedrohung eine Burg auf dem Eltenberg an.

883/884 Normannen erobern Duisburg.

Um 900 Gründung des Benediktinerinnenklosters in Neuss.

925 König Heinrich I. gewinnt Lotharingien für das Ostreich, das spätere deutsche Reich.

939 Sieg Ottos I. bei Birten über die Lotharingier.

953 Ottos Bruder, der Erzbischof Bruno von Köln, wird Herzog von Lotharingien. Er erbaut eine Burg innerhalb des Immunitätsbezirks des Xantener Stifts.

967 Graf Wichmann wandelt seine Burg auf dem Eltenberg in ein freiadeliges Damenstift um.

Um 974 Erzbischof Gero von Köln gründet die Benediktinerabtei St. Vitus in Mönchengladbach.

Um 1000 Graf Balderich und seine Gemahlin Adela gründen das Martinsstift in Zyfflich.

1028 Die Gräfin Irmgard überträgt Stift Rees dem Kölner Erzbistum.

Um 1050 Nach dem als ›Kliff‹ bezeichneten Berg benennen sich die Grafen von Kleve.

1062 Erzbischof Anno I. entführt bei Kaiserswerth den jungen Heinrich IV. und verdrängt dadurch die Kaiserinmutter Agnes aus der Regentschaft.

1075 Ausbruch des Investiturstreits zwischen Gregor VII. und Heinrich IV.

1122 Wormser Konkordat, Erzbischof Friedrich I. von Köln gründet das erste deutsche Zisterzienserkloster in Kamp.

Um 1124 Graf Arnold II. von Kleve gründet das Prämonstratenserkloster Bedburg bei Kleve.

1130 Der Kölner Domdechant Hugo von Sponheim gründet das Prämonstratenserkloster Knechtsteden.

1142 Bund niederrheinischer Kaufleute. Ihm gehört u. a. Emmerich an.

1167 Baubeginn des Westchors des heutigen Xantener Doms.

1174–84 Kaiser Friedrich Barbarossa läßt die staufische Pfalz Kaiserswerth erbauen.

1180 Erzbischof Philipp von Heinsberg erhält nach dem Sturz Heinrichs des Löwen aus dessen Lehnsbesitz das Herzogtum Westfalen.

Um 1200 Bau des Palas der Hochburg der Grafen von Kleve. Reste des staufischen Portals sind noch erhalten.

1228 Erzbischof Heinrich von Molenack erhebt Rees und Xanten zur Stadt.

1233 Graf Otto II. von Geldern erhebt Emmerich zur Stadt.

1241 Wesel von Graf Dietrich V. von Kleve zur Stadt erhoben.

Um 1242 Der gleiche Graf erhebt Kalkar und Kleve zur Stadt.

1248 Erzbischof Konrad von Hochstaden legt den Grundstein zum gotischen Kölner Dom.

Um 1250 Graf Otto II. von Geldern verleiht Goch Stadtrechte.

1263 Propst Friedrich von Hochstaden legt den Grundstein zum gotischen Xantener Dom.

1275 Albertus Magnus weiht den Hochaltar der Abtei Mönchengladbach.

1288 5. Juni, Erzbischof Siegfried von Westerburg, im Bündnis u. a. mit den Grafen von Geldern, Luxemburg, Moers und Nassau, verliert die Schlacht bei Worringen gegen die von Herzog Johann von Brabant geführte Koalition der Grafen von Berg, von der Mark, Jülich und der Stadt Köln so wie anderer. Die Vormacht des Erzstiftes ist gebrochen, der Aufstieg der kleinen Landesherren wird dadurch möglich. Köln wird de facto Freie Reichsstadt. – Am 14. August erhebt Graf Adolf von Berg Düsseldorf zur Stadt und St. Lambert zur Stiftskirche.

14. bis Ende 15. Jh. Die Tuchmanufaktur begründet den Wohlstand niederrheinischer Städte wie Goch und Kalkar.

1336 Graf Wilhelm von Jülich zum Markgrafen erhoben.

1339 Graf Rainald II. von Geldern zum Herzog erhoben.

1349 Die Pest am Niederrhein. Aufstand des Ritterbundes der Gesellen von den Fahlen Pferden gegen Markgraf Wilhelm von Jülich.

1356 Die Goldene Bulle Kaiser Karls IV. bestätigt die Rechte der Kurfürsten. – Markgraf Wilhelm von Jülich wird zum Herzog von Jülich erhoben.

1368 Graf Adolf I. von der Mark vereinigt nach dem Tod Johann von Kleves die beiden Grafschaften. – Jüngere Linie in Kleve.

1370 Friedrich von Saarwerden wird Erzbischof in Köln († 1414).

1372 Erzbischof Friedrich von Saarwerden verlegt den Rheinzoll von Neuss nach Zons und befestigt Burg und Stadt.

1373 Graf Friedrich II. von Moers erhebt Krefeld zur Stadt.

1380 Graf Wilhelm wird zum Herzog von Berg erhoben. Thomas Hemerken – gen. Thomas a Kempis – geboren, der mutmaßliche Verfasser der ›Nachfolge Christi‹.

1389 Erzbischof Friedrich von Saarwerden verstärkt seine Xantener Burg und befestigt die Stadt gegen Kleve.

1392 Kurköln und Kleve teilen sich die Herrschaft über Xanten.